CADERNOS DE LANZAROTE II

Obras do autor publicadas pela Companhia das Letras

Alabardas, alabardas, espingardas, espingardas
O ano da morte de Ricardo Reis
O ano de 1993
A bagagem do viajante
O caderno
Cadernos de Lanzarote
Cadernos de Lanzarote II
Caim
A caverna
Claraboia
Com o mar por meio – Uma amizade em cartas
O conto da ilha desconhecida
Don Giovanni ou O dissoluto absolvido
Ensaio sobre a cegueira
Ensaio sobre a lucidez
O Evangelho segundo Jesus Cristo
História do cerco de Lisboa
O homem duplicado
In Nomine Dei
As intermitências da morte
A jangada de pedra
O lagarto
Levantado do chão
Uma luz inesperada
A maior flor do mundo
Manual de pintura e caligrafia
Memorial do convento
Objeto quase
As palavras de Saramago (org. Fernando Gómez Aguilera)
As pequenas memórias
Que farei com este livro?
O silêncio da água
Todos os nomes
Viagem a Portugal
A viagem do elefante

JOSÉ SARAMAGO

CADERNOS DE LANZAROTE II

2ª edição

Copyright © 1997, 1998 by Herdeiros de José Saramago
e Fundação José Saramago

Capa:
Adaptada de *Silvadesigners*,
autorizada por *Porto Editora S.A.*
e *Fundação José Saramago*

Caligrafia da capa:
Jeferson Tenório

Revisão:
Carmen T. S. Costa
Ana Maria Barbosa

A editora manteve a grafia vigente em Portugal, observando as Regras do Acordo Ortográfico da Língua Portuguesa de 1990.

Dados Internacionais de Catalogação na Publicação (CIP)
(Câmara Brasileira do Livro, SP, Brasil)

Saramago, José, 1922-2010
  Cadernos de Lanzarote II / José Saramago. — 2ª ed. — São Paulo : Companhia das Letras, 2023.

  ISBN 978-65-5921-175-3

  1. Escritores portugueses — Diários 2. Saramago, José, 1922--2010 — Diários I. Título.

23-142076   CDD-869.803

Índice para catálogo sistemático:

1. Diários : Literatura portuguesa   869.803

Inajara Pires de Souza – Bibliotecária – CRB PR-001652/O

Todos os direitos desta edição reservados à
EDITORA SCHWARCZ S.A.
Rua Bandeira Paulista, 702, cj. 32
04532-002 — São Paulo — SP
Telefone: (11) 3707-3500
www.companhiadasletras.com.br
www.blogdacompanhia.com.br
facebook.com/companhiadasletras
instagram.com/companhiadasletras
twitter.com/cialetras

DIÁRIO IV

A Pilar
A Baptista-Bastos

1 de janeiro

Há em frente da casa um morro a cujo cimo se chega por uma encosta suave, mas que, do outro lado, desce abruptamente sobre a planície que se estende até ao mar. É o Pico de la Tejada, que de pico só tem o nome, porventura resto de épocas mais altaneiras. Em tempos houve ali uma casaria, umas poucas moradas toscas rodeadas de pitas-da-índia, com os seus dulcíssimos figos espinhosos, algum moinho de vento, uma terra pedregosa, desbotada, como ossos velhos que o sol tarda a desfazer. No geral dos dias, a paisagem que hoje dali se vê é escura, com o chão coberto de troços de lava triturada pelas estações, uma vegetação rala e rasteira, amarelada, de longe quase invisível, continuamente sacudida pelo vento. Os muros baixos de pedra seca já não dividem as antigas parcelas em que se cultivava o trigo, a batata, o tomate. Agora apresentam a figura de um tabuleiro de xadrez mal desenhado donde os reis, os bispos e os cavaleiros se foram a melhor vida, e de onde os peões emigraram para irem ganhar o pão no turismo da costa. Tem chovido com abundância nestas semanas. Como sempre, por toda a parte, reverdeceram logo as ervas, ainda sombriamente porém, como se nas seivas viesse misturado algo do negrume calcinado da terra. Vou até ali de vez em quando, se mais longos passeios não me apetecem, e julgava conhecer o morro passo a passo, com os seus restos de velhos muros onde se escondem, rápidas, as lagartixas, e onde esquálidos arbustos lutam contra a ventania, mas hoje, num rebaixo, fui descobrir dois algibes que antes sempre me haviam parecido simples amontoados de antigos escombros. Subi aos tetos abobadados e espreitei pelas frinchas das pedras mal ajustadas. Havia água no interior, uma água verde, imóvel. Não existem nascentes perto (quase não as há em toda a ilha), portanto toda aquela água caiu do céu, alguma é destes dias, outra do ano passado, outra, quem sabe, está aqui desde a primeira de todas as chuvadas recolhidas, sabe-se lá há quanto tempo. Quando regresso a casa olho para trás. Ali estão os algibes, tranquilos como uma ruína, indiferentes ao deserto em que os abandonaram. Vendo-os assim, guardando o que lhes foi confiado, compreendi a razão por que a estas cisternas chamamos também arcas de água. Ao dizer arca, ao dizer água, estamos a dizer tesouro.

2 de janeiro

De El Hierro, a ilha mais pequena e mais ocidental do arquipélago, chega-me a carta de um professor primário que assina, simplesmente, Antonio. É outra joia para a caverna de um Ali-Babá que nunca roubou nada a ninguém, mas a quem tem sido dado, às mãos cheias, o que no mundo existe de mais precioso: palavras boas. Eis a carta, em espanhol, tal como foi escrita, para que *melhor* se entenda:
"Usted no me conoce pero yo lo tengo como amigo, así que... Querido amigo Saramago: éste que le escribe es un maestro de escuela, un maestro rural del Hierro, al otro lado del archipiélago. La otra mañana, un domingo, estaba en la escuela haciendo algunos trabajillos y se me ocurrió poner la tele y mira por donde me encontré con usted. Yo no tengo televisión, no

10

la echo en falta, aunque si supiera con certeza que de vez en cuando sale usted o tanta gente que está en mí devocionario particular, seguro que la vería. Yo ya había leído por ahí que usted vivía en Lanzarote y no sé como explicar una especie de remoto aunque cierto orgullillo saber que está tan cerca, en esta variopinta tierra y alma canaria. Y nunca pensé, claro, que una tarde como esta, de niebla, como es frecuente en este norte herreño, me iba a ponerme a escribirle. Un día releeré los memoriales del convento, los alzados del suelo, las muertes de Ricardo Reis, las historias del cerco de Lisboa, las balsas de piedra y las seguiré compartiendo con mi hermana Paz y con mis amigas María Luisa y Milagros, también maestras, en Granada, de donde yo procedo. Un domingo, hace un par de años, cogimos el coche y la balsa de piedra y nos fuímos derechos a Venta Micena y Orce. Estábamos en comunión tras haber leído su libro.

"No pretendo alabarle más de lo que ya lo han hecho, ni quitarle con la lectura de mí carta tiempo para su escribanía, sólo quería agradecerle su invención, su poesía, su sentimiento, su ironía, agradecerle que escriba y desearle salud y vida para que lo siga haciendo, en Lanzarote o en el querido Portugal.

"Le voy a contar una cosilla: en el año 91 yo pasé, viajando en bicicleta, por Rumanía. Allí, concretamente en la ciudad transilvana de Cluj, en la plaza, en un mercado de libros ví el suyo *Pluta de piatra*. Casi me da un grato soponcio.

"Ahora le voy a pedir un pequeño (o grande) favor. Una de estas amigas que le cito (M.ª Luisa) ya ha leído *todo* lo que en las librerías españolas hay de usted (y de Pessoa). Cuando estuvo usted en Mollina (Málaga) quería que fuésemos a verle, habla de usted con devoción y admiración. No me puedo imaginar la sorpresa (es poca palabra) y la alegría que se llevaría si recibiera de su mano una simple carta, una postal, puede que una foto dedicada... Por mí parte aqui estoy 'peleando' con 21 niños de 4 a 9 años."

Para si mesmo, Antonio não pede nada, não me diz sequer onde mora, mas dá-me a direção da sua amiga María Luisa. Vou ter de passar por Granada se quiser chegar a El Hierro...

3 de janeiro

O último número da revista norte-americana *The New Yorker* publica uma crítica de George Steiner a um livro, publicado por Carcanet Press, sobre o centenário de Pessoa. Aí se diz, a rematar: "Os editores incluíram duas entrevistas imaginárias póstumas, mas faltou-lhes o melhor nesta matéria. *O ano da morte de Ricardo Reis*, de José Saramago, que foi traduzido em 1991 por Giovanni Pontiero, é um dos grandes romances das letras europeias recentes. Fala do regresso de Ricardo Reis, vindo do Brasil, à pátria, fala do fascismo em Lisboa, fala do encontro entre Reis e o seu falecido criador. Acerca de Pessoa e das suas contraditórias sombras, nada foi escrito de mais perceptivo". Aviso necessário aos comandantes das vedetas patrulheiras que, de binóculo em riste e apito na boca, vigiam as praias e os alcantilados literários: não conheço George Steiner, nunca o vi, nunca lhe falei, enfim, estou inocente...

7 de janeiro

No dia em que principiei estes *Cadernos*, tinha começado também a escrever o que viria a ser *O conto burocrático do capitão do porto e do diretor da alfândega*, aproveitando um caso real de acumulação de funções de que tive conhecimento por Ângela Almeida, conforme deixei escrupulosamente consignado, para não tirar a virtude a quem a tem. Apesar de o resultado do trabalho não me ter deixado satisfeito de todo, enviei-o, tempos depois, a Pablo Luis Ávila, que me havia pedido um texto inédito para um livro de homenagem ao professor Césare Acutis, da Universidade de Turim. A obra, com o título *Claridad Alarmada*, saiu nestes dias, graças ao que, já liberto do compromisso de conservar o ineditismo absoluto da história, pude agora dar satisfação a outro pedido, o de José Manuel Mendes, para a revista da Associação Portuguesa de Escritores, onde irá aparecer com o que denominarei ineditismo relativo, não só porque apenas foi publicado em Itália mas também porque aproveitei a ocasião para o limpar de redundâncias, tropeços, inutilidades, palhadas e outras excrescências. Eis como finalmente ficou:

"Quando o capitão do porto entrou no gabinete e viu em cima da mesa a folha de papel azul, acenou ligeiramente com a cabeça e fez uma cara que qualquer observador, mesmo desconhecendo antecedentes e razões, não teria dúvidas em qualificar de irónica, como se a simples presença daquele papel tivesse acabado de confirmar certas gozosas e de antemão saboreadas expectativas. Sentou-se à secretária, e o seu primeiro gesto, após ter esticado as mangas do casaco da farda e sacudido das reluzentes divisas um pó invisível, foi afastar para o lado a folha de papel. Depois, metodicamente, examinou e assinou documentos, fez e atendeu chamadas telefónicas, deu instruções e ordens aos funcionários da capitania, recebeu e conversou com dois comandantes de barcos fundeados no porto, e, chegada a hora, foi almoçar a casa, como sempre. No fim, a mulher, enquanto deitava o café nas chávenas, perguntou-lhe se já tinha dado despacho ao requerimento, ao que ele respondeu que trataria disso à tarde. Com efeito, de volta ao escritório, o capitão do porto, depois de sentar-se e repetir os gestos de puxar as mangas e espoar as divisas, pegou no papel que de manhã repelira e, sem dar-se ao trabalho de o ler, apurando uma caligrafia arejada e redonda, própria de marinheiro, que contendia com a letrinha miúda e arrastada do requerimento, escreveu, Tendo em conta a manifesta inoportunidade de um pedido que parece ignorar cientemente a precária situação dos serviços, desfalcados de pessoal, indefiro. Tocou a campainha e disse ao marinheiro que fazia de contínuo, Vai à alfândega e põe isto na secretária do diretor. Quando, horas mais tarde, terminado o trabalho, o capitão do porto regressou a casa, a mulher tornou a perguntar-lhe, Despachaste, e ele respondeu, Despachei. Não disse como, porque, em seu entender, comprovado por uma longa experiência, a separação de funções implica que em caso algum o conhecimento dos factos seja antecipado ao momento do seu efetivo acontecer, pois de contrário se alteraria perigosamente a harmonia consequente do mundo, a qual, entregue à irreflexão e ao arbítrio, não sobreviveria por muito tempo.

"No dia seguinte, o diretor da alfândega entrou no seu gabinete e, vendo o requerimento, sentiu uma pancada no coração. Sabia que não eram boas as notícias do despacho. Como uma vela cheia de vento, curva e tensa, o desenho caligráfico do capitão do porto, lançado de través no papel e dominando a escrita rasa do peticionário, era a imagem duma armada vencedora, pairando soberbamente à vista dos destroços flutuantes do cargueiro inimigo. O diretor da alfândega não precisou de ler a fundamentação do despacho, olhou apenas a ominosa palavra, Indefiro. Num rompante de ira, atirou o papel para o chão, de onde logo, humilde, o foi recolher. Depois, fazendo por não pensar na sorte que o obrigava, sendo diretor, a ser também subordinado, deitou mãos ao trabalho, acumulado desde o dia anterior. Consultou pautas, aplicou percentagens, calculou taxas, deu instruções e ordens, recebeu dois exportadores descontentes e um importador agradecido, mandou dizer a um despachante que voltasse daí a dois dias, e, chegada a hora, foi almoçar a casa, como sempre. Mal entrou a porta, perguntou-lhe a mulher, Então, e ele respondeu, Indeferido, Queres dizer que não vamos para férias, Exatamente, não vamos para férias, E porquê, Porque estamos com falta de pessoal na alfândega e na capitania, Tu não pertences à capitania, és diretor da alfândega, Pois sou, mas na escala hierárquica da administração o capitão do porto está acima do diretor da alfândega, E agora, Vamos ter de esperar que a situação melhore, E entretanto não haverá férias, Sim, não haverá férias, E a ti parece-te isso bem, Não me parece bem nem mal, provavelmente teria feito o mesmo se estivesse no lugar dele, Por que não lhe escreves uma carta simpática, falando-lhe aos sentimentos, que estás muito cansado, que a tua mulher andava a sonhar com estas férias, coisas neste estilo, Não creio que dê resultado, mas posso tentar. Assim fez. Regressado à alfândega, avisou o contínuo de que durante a próxima hora não estaria para ninguém, depois fechou-se no seu gabinete de diretor e pôs-se a escrever. Não uma carta, mas várias, porque não gostou das primeiras redações, pareceram-lhe frouxas, sem nervo, pouco persuasivas, e se nem mesmo a si, que as escrevia, o convenciam, menos capazes ainda seriam de levar o capitão do porto a mudar de ideias. Deu-se por satisfeito, finalmente, quando, estremecido de pura compaixão da sua pessoa, sentiu que os olhos se lhe iam humedecendo à medida que as palavras fluíam da alma magoada. Só se o capitão do porto tivesse uma pedra no lugar do coração, é que não se deixaria abalar. Dobrou a carta, meteu-a num sobrescrito e chamou o contínuo, Vá à capitania e ponha isto na secretária do capitão. Depois, sozinho, recostou-se no espaldar da cadeira e deixou-se levar pela imaginação até ao sítio das desejadas férias, pois queria acreditar que, diante de uma carta tão repassada de humildade, pungente, desgarradora até, o capitão do porto, de puro enternecimento, anularia o primeiro despacho e deferiria o pedido. Em casa, a mulher, mesmo sem ler a carta, era da mesma opinião e partilhava a mesma esperança, e, para adiantar, começou a fazer as malas.

"O diretor da alfândega tinha razão, mas só até um certo ponto. De facto, no dia seguinte, o capitão do porto não pôde segurar duas lágrimas enquanto ia lendo a carta, é certo que foram só duas, mas, tratando-se de um oficial, o efeito é digno de nota. Se a comoção durou mais do que o tempo estritamente necessário para enxugar os olhos, não se sabe, mas a mão não lhe tremeu quando, por sua vez, escreveu as palavras que iriam fazer murchar e secar a tímida flor de esperança do diretor da alfândega. Que não, que sentia muito, que ninguém melhor do que ele compreendia a situação, mas o dever do cargo e a responsabilidade das duas funções não lhe permitiam faltar à justiça e ignorar a letra e o espírito das leis e regulamentos atinentes, que, nestas circunstâncias, como em todas, exigem ao serviço público a dignidade exemplar que representa o sacrifício dos interesses particulares em aras do bem comum. Por estas razões, e embora lamentando o transtorno, confirmava o despacho e mantinha o indeferimento. Mandou levar a carta ao gabinete do diretor da alfândega e, desgostoso, foi para casa mais cedo. A mulher estranhou, preocupou-se, Não me digas que estás doente, agora que o diretor da alfândega tirou férias, e ele respondeu, Nem eu estou doente, nem o diretor da alfândega irá para férias, Mas então, a carta, Fez-me muita pena, mas os regulamentos existem para serem cumpridos, eu apenas sou a mão com que a lei assina as sentenças, Achas que se conformará, Não terá outro remédio, rematou o capitão do porto. Fez uma pausa, e depois disse, Vou-me deitar um bocado, talvez possa dormir, e enquanto durmo, esqueço, Espera um pouco, deixa-me desfazer as malas primeiro.

"O diretor da alfândega, no dia seguinte, reagiu com uma carta furibunda em que, começando por acusar o capitão do porto de falta de solidariedade institucional, terminava perguntando-se, com ironia fingida, e sem medir as distâncias, se ele, capitão, não seria um caso clínico, agudo, de mania das grandezas, Subiram-lhe os galões à cabeça, julga-se almirante, rematava. O capitão do porto, ofendido na sua autoridade, não levou a bem a impertinência. Em nova carta, ameaçou o diretor da alfândega com processo disciplinar, castigo, suspensão, mas foram penas perdidas, porque o diretor retorquiu-lhe com insolência, Suspenda, suspenda, que será a maneira de eu ir mesmo de férias. Não houve, portanto, processo disciplinar, e a azeda troca de correspondência continuou. A partir de certa altura, o motivo inicial do desacordo deixou de ser referido, de férias não se falou mais, as cartas, tanto de um lado como do outro, passaram a encher-se de acusações, de denúncias de erros antigos e recentes, de faltas, uma história completa de desmazelos burocráticos, e, pior do que isto, primeiro por insinuações, depois com aberta exibição das provas, de atos de corrupção ativa e passiva cometidos pelas duas partes no exercício das suas funções, De onde é que lhe veio o dinheiro para comprar o automóvel, De onde é que lhe veio o dinheiro para fazer a casa. Tanto o capitão do porto como o diretor da alfândega andavam de cabeça perdida, na febre de escrever cartas até se lhes tinha alterado a caligrafia, a do capitão era agora rasa, miudinha, a do diretor altaneira e desafiadora. Em casa, os beligerantes desabafavam com a mulher, Aquele capitão merecia era ir para a cadeia, Aquele diretor devia era estar no manicómio, mas as respostas que ela dava, se bem que proferidas com intenção e inflexão diferentes, eram, palavra por palavra, iguais, Tudo por causa de umas férias, ao que o capitão ripostava, Não, tudo por causa de um indisciplinado, e o diretor, Não, tudo por causa de um autoritário. Em tentativa que iria ser a última, o diretor da alfândega mudou de tom. Tarde de mais, se diria, se alguma vez a obstinada resistência do capitão do porto pôde ter sido demovida. Ao tom novamente implorativo do diretor, respondeu o capitão com uma só palavra, seca e definitiva, Arquive-se.

"Então, o diretor da alfândega suicidou-se. A caminho do cemitério, o préstito fúnebre deteve-se durante dois minutos diante dos edifícios da capitania e da alfândega. Em um e outro as bandeiras estavam a meia haste, e, às janelas, os marinheiros e os funcionários civis, que por obrigação de serviço não podiam acompanhar o féretro, despediam-se do seu chefe. Acabrunhada pelo inesperado luto, a mulher fora aconselhada a ficar em casa. Quando as amigas se retiraram, deixando muitas recomendações de resignação e paciência, foi reler o bilhete de despedida do marido. Dizia assim, simplesmente, Agora já podes ir de férias, o capitão nunca mais indeferirá requerimentos. Então, a pensar que vestidos conviria tingir de preto, a viúva abriu o guarda-fato. Ali estava, com os galões reluzindo, a farda do capitão do porto."

8 de janeiro

Na noite de Natal puseram-me no sapatinho a promessa de uma antena parabólica. Pilar tinha achado que eu não podia continuar a viver sem notícias regulares da pátria, especialmente nestes dias que vamos ter eleições para a Presidência da República. A antena só hoje foi instalada porque em Lanzarote a palavra *já* ainda não saiu do sono do dicionário para entrar na vida prática. Às sete horas da tarde liguei-me pela primeira vez ao satélite e ato contínuo entraram-me as inundações pela porta dentro, eram os rios transbordados, eram as pontes derruídas, eram as pessoas angustiadas. Sabia, pelas informações da meteorologia espanhola, que andava a chover muito em Portugal, mas não imaginava que o desastre atingisse tal dimensão. Percebi então que estar longe é não poder participar, não ser molhado pelas mesmas chuvas, não sentir as mesmas aflições. E quando me apareceram, alagados, os campos do meu velho Ribatejo, aí foi pior, experimentei a sensação incómoda de ser uma espécie de trânsfuga... Vá lá a gente entender a alma humana.

9 de janeiro

Os dados estão lançados. Expedida por Ray-Güde Mertin, uma longa tira de papel saída do fax, que reproduz treze páginas de contrato, diz-me que cedi os direitos de adaptação cinematográfica da *Jangada de pedra*. Tantas gotas de água vieram caindo sobre esta pedra, que acabaram por fazer nela um buraco por onde vejo sumir-se-me a antiga decisão de não permitir que os meus livros fossem levados ao cinema. A culpa do "desaire" teve-a Yvette Biro, constante enamorada do romance e paciente negociadora, a quem as dificuldades nunca conseguiram diminuir o ânimo nem puderam amortecer a esperança. Temos finalmente um produtor, falta agora que o voto de Yvette: "Vamos fazer um belo filme", se torne em realidade. Em todo o caso, ainda desconfio de que isto não irá por diante.

10 de janeiro

A RTP (abençoada ela seja por esta vez) trouxe-nos, decentemente concebido e realizado, um documentário sobre o Fernando Lopes-Graça. Éramos quatro (Carmélia e a mãe, Pilar e eu) os que, recolhidamente, escutávamos a palavra do amigo desaparecido e assistíamos a uma reconstituição ordenada da sua vida. Enquanto o documentário ia passando, imagens, palavras, palavras, imagens, a informação pareceu-me bastante equilibrada, satisfatória, quer em amplitude quer em rigor, mas, quando ele chegou ao fim, tive a impressão, como já me tem sucedido em casos semelhantes, de que o mais importante tinha ficado por dizer e mostrar. Lopes-Graça respondeu a tudo o que lhe perguntaram, a câmara apresentou os lugares onde ele viveu e por onde andou, o piano, as mãos a escrever ou a tocar, registou comentários de músicos e não músicos, mas algo estava a faltar ali, não me perguntem o quê. Era como se tudo o que eu via e ouvia, ainda que claro, ainda que inteligível em si mesmo, se fosse convertendo ao mesmo tempo numa cortina que me impedia de chegar ao íntimo (mas que íntimo?) da pessoa que Fernando Lopes-Graça foi. Protestam-me de todos os lados que as obras é que contam, que os seus autores constituem uma parcela pouco menos que despicienda quando chega o momento de as analisar, mas a verdade é que cada vez me vem interessando menos o que as obras *dizem* e mais o que as pessoas *são*.

11 de janeiro

Há em Oviedo um cão boxer, chamado Simba, que, de vez em quando (soube-o agora por um recorte que de lá me chegou), escreve umas crónicas para os jornais, onde depois saem publicadas com o nome do dono. O dono do Simba é o escritor asturiano Manuel Herrero, que teve a inaudita ventura de lhe haver saído na rifa um cão com habilidades de literato. A mim, que tenho não um, mas três cães, não acontecem fortunas dessas. O que os meus fazem, além do comer, ladrar e dormir que a natureza pede, é entrar-me a toda a hora no escritório para fiscalizar o andamento do trabalho. Greta, que é a mais abelhuda, tem a mania de subir-me para o colo, suponho que para ver de perto o que estou a fazer. Pepe, digno e discreto, como mais velho, limita-se a sentar-se, a levantar a cabeça e a pôr-me uma pata na perna, pregando em mim um olhar que significa claramente: "Como vai isso?". Quanto a Camões, que, esse sim, poderia indicar-me o caminho para a imortalidade, desconfio que resolveu abandonar definitivamente as letras depois de ter escrito *Os lusíadas*. Se alguma vez o Manuel Herrero vier de visita a Lanzarote, pedir-lhe-ei que traga consigo o Simba para que leia aos cachorros da casa o belíssimo artigo que sobre eles e sobre mim escreveu, justa e precisamente intitulado " Os amigos de Saramago"...

13 de janeiro

Em Lisboa, para votar. Encontro alguns amigos preocupados com o resultado das eleições de amanhã. Tudo aponta para uma vitória folgada de Jorge Sampaio, mas eles duvidam, parece-lhes bom de mais para poder ser verdade. Apresento um argumento para o qual não há resposta: "É impossível que este país tenha como presidente da República um homem chamado Aníbal Cavaco Silva. Não porque não fizesse sentido, mas porque o faria de mais...".

Em *El País*, um artigo de Eduardo Haro Tecglen, com o título "San Saramago", termina assim: "Saramago gostaria que se encontrassem algumas provas arqueológicas e radioativas da existência de Deus para poder desculpar o homem. Em certa altura [dos *Cadernos*], ao responder a umas perguntas que lhe faz o semanário *France Catholique*, pergunta-se se já será um teólogo. Tendo em conta que a teologia, no seu sentido mais amplo e mais universal, não exclui nunca o tema da existência de Deus (por conseguinte, o da não existência revelada no baixo--relevo da afirmação), e não deveria excluir o dos tremendos erros, no caso de que se aceitasse a sua existência (ou basta a prova do erro natural para aceitar a não existência do divino?), é um teólogo. Mais: é um evangelista. O seu *Evangelho* não se pode ler senão a partir duma revelação do nada. É uma humanização de Deus. Ah, aquele momento no lago de Tiberíades...".

14 de janeiro

A minha tranquilidade tinha razão, Jorge Sampaio ganhou. À noite, de Lanzarote, telefona-me Pilar a dizer que *El País* se lembrou de pedir-me um artigo sobre as eleições. Pergunto-lhe o que acha, e ela acha que sim, que devo escrevê-lo. A questão, agora, é descobrir por que ponta irei pegar no tema amanhã, depois de chegar a casa. Certezas, só tenho uma: não falarei de Cavaco Silva. Talvez aproveite um episódio contado por Jorge Sampaio na televisão.

15 de janeiro

"A esquerda explicada". Assim chamei ao artigo, interrompido não sei quantas vezes por chamadas de Madrid a reclamá-lo com desesperadora urgência. Não sei se os leitores vão realmente encontrar a esquerda explicada. Por mim, penso que esta será uma maneira tão boa como outra de dizer o que a esquerda é:
"Certamente são muito poucos os espanhóis que têm notícia de ter havido em Portugal, há mais de trinta anos, precisamente em 1962, um vasto movimento de protesto e reivindicação estudantil, de que a Universidade de Lisboa foi um dos principais focos. Menos ainda serão os que ouviram falar da existência, naquela época, entre o corpo docente da Universidade, de um professor que se chamava Luís Filipe Lindley Cintra, filólogo. E não há com certeza um só espanhol que tenha conhecimento de que o secretário-geral do órgão coordenador das diversas associações académicas era então um jovem licenciado em direito, de 23 anos, chamado Jorge Sampaio. Para entender o que vem a seguir, seria preciso começar por saber isto. Aí fica, pois.

"Não estarei a caluniar ninguém se disser que, naqueles tempos, quando o fascismo português começou a receber os primeiros golpes duros (o assalto ao navio *Santa Maria*, o começo da luta independentista de Angola, a invasão de Goa pelas tropas indianas), os eméritos catedráticos da Universidade não eram propriamente pessoas que se distinguissem por cultivar fortes ideais de progresso e manifestar pública ou privadamente insofridas ânsias de liberdade. Digamos que o contrário esteve sempre muito mais perto da verdade. Haveria algumas discretas exceções, e uma ou outra aberta e declarada, como foi o caso do professor Lindley Cintra, que, corajosamente, tomou o partido do movimento estudantil universitário. A gratidão dos estudantes de direito levou-os, nesses dias, a oferecer ao professor Cintra uma pintura, um quadro em cujo verso, usando as palavras mais simples, sem retórica revolucionária ou qualquer outra, expressaram o respeito e a admiração que ele lhes merecia.

"Passaram trinta e quatro anos. Dois filhos que o professor tinha, cresceram e tornaram-se homens (um deles, Luís Miguel Cintra, é hoje, sem dúvida, o maior ator português), há poucos anos a morte levou o professor Lindley, o quadro que tinha sido oferecido pelos estudantes de direito, em 1962, ficou, sem o saber, à espera da segunda parte do seu destino. Que principiou há três dias: depois de obtido o consentimento e a aprovação de seu irmão, Luís Miguel Cintra procurou Jorge Sampaio para lhe entregar o quadro. Trinta e quatro anos depois, a pintura voltou às mãos que primeiro lhe tinham tocado.

"É isto suficiente para explicar a esquerda? Um leitor dirá que sim, outro dirá que não. Contemos então mais uma história, esta brevíssima. No domingo, Jorge Sampaio, já presidente eleito da República Portuguesa, teve de responder, em conferência de imprensa, a uma pergunta impertinente e mal-intencionada de uma jornalista, que quis saber que ia ele fazer agora do cartão de militante do Partido Socialista, uma vez que havia afirmado que seria o presidente de *todos* os portugueses. A resposta de Sampaio foi esta: 'Não é preciso entregar o cartão partidário para ser isento e responsável na mais alta magistratura do

Estado'. Não tenho a certeza de que a jovem aprendiza de jornalismo tenha compreendido bem aquilo que ouviu. Habituada ao espetáculo quotidiano de um exercício demagógico da política, esperaria provavelmente ouvir de Jorge Sampaio uma tirada grandiloquente sobre os deveres das altas funções em que vai ser investido, esperaria provavelmente que ele aproveitasse a ocasião para anunciar a sua retirada do partido, a fim de que no espírito dos cidadãos não pudesse perdurar qualquer dúvida sobre a futura imparcialidade das suas decisões. O que Jorge Sampaio disse, afinal, foi que o espírito, a inteligência e a sensibilidade não se definem e exercem por causa de um cartão de partido, mas que estão na cabeça e no coração, e que a coerência das ideias, o respeito pelos princípios e a isenção dos juízos não se tornaram mais sólidos pelo facto de se ter devolvido um documento que é muito mais do que a simples prova burocrática duma filiação partidária, porque é o sinal de um sentido de vida, se, quem a ele entendeu não dever renunciar, também não renunciou a si mesmo. Jorge Sampaio é esse."

16 de janeiro

Juan Goytisolo veio a Lanzarote para dar uma conferência. Com ele veio Monique Lange, sua amiga e companheira, mulher inteligente, de uma simplicidade rara, que em tempos foi secretária de Gaston Gallimard. Depois do jantar contou--nos umas quantas histórias fabulosas, excêntricas, perversas, hilariantes, sobre literatos e editores que conheceu, um rol de revelações sobre os fundos falsos da alma humana que me mostraram o pouco que dela sei, afinal...

18 de janeiro

A conferência de Juan Goytisolo, em substância, procedeu a um desvendamento das formas de ocultação, nem todas subtis ou capciosas, de que, desde longa data, por parte da historiografia oficial, tem sido objeto, e sobretudo vítima, a contribuição das culturas árabe e judaica para a formação da cultura espanhola. É inquietante perceber como a intolerância e a xenofobia têm sido capazes de impregnar, sem nos darmos conta, fora do viver quotidiano, o tecido social e cultural de um país. Goytisolo não falou dos seus livros, mas ficámos a entender melhor por que são eles o que são: uma reivindicação do *particular* como única maneira de chegar ao *universal*.

20 de janeiro

Cristina Durán veio a Lanzarote para fazer-me uma entrevista destinada ao jornal *O Estado de S. Paulo*, de que é correspondente em Portugal. Levei-a a Timanfaya, muito mais surpreendido viajante eu do que ela, à vista de uma ilha que mal podia reconhecer, toda coberta de verde graças às chuvas que têm caído, verde como nunca a vi desde que aqui estou. Lembrei-me então de um poema do poeta brasileiro Ribeiro Couto, lido há muitos e muitos anos, e que a memória, vá lá saber-se porquê, guardou, o poema que começa com estas palavras: "Chove. Quando chove é que é bom tempo". Não precisam dizer-me que não é assim em todos os lugares, mas em Lanzarote só o pode saber verdadeiramente quem cá vive.

23 de janeiro

Em *El Mundo*, um recado de Antonio Gala para Jorge Sampaio:
"Se na luta há algo de abraço, Portugal e Espanha, na sua história, não deixaram nunca de abraçar-se. Nenhum país se encontra mais perto, e, ao mesmo tempo, poucos estão tão distantes. Com rios comuns e desdéns europeus comuns; com geografias semelhantes e desenvolvimentos muito parecidos; sendo

Espanha o primeiro investidor em Portugal, e oferecendo-se aos dois países um futuro paralelo; podendo pressionar para que a economia da União nos favoreça a ambos, que estamos costas contra costas, um pouco mais; significando na cultura da Europa um ideal idêntico, não cabe em cabeça humana — espero que nem na do novo presidente — que tantas aparências nos dividam." E o artigo acaba assim: "Lo nuestro es como un polvo enconado". Uma ajudinha para a tradução: *polvo*, além de significar pó, quer também dizer ato sexual; quanto a *enconado*, não é o que parece: tanto pode significar rancoroso como renhido...

24 de janeiro

Afinal, parece que os êxtases de santa Teresa de Jesus não passavam de ataques epilépticos, daqueles que são conhecidos como "epilepsia extática" ou de Dostoiévski, que também deles sofreu. Assim o acaba de afimar, com toda a gravidade das comunicações científicas, o neurologista Esteban García-Albea, professor da Universidade de Alcalá de Henares, que, além das razões próprias do seu foro, aduz, pondo-a em paralelo com as descrições da santa, uma citação de *O idiota*, referida ao príncipe Mishkin: "O seu cérebro parecia incendiar-se por breves instantes, ao mesmo tempo que num extraordinário impulso as suas forças se retesavam ao máximo. A sensação de estar vivo e desperto multiplicava-se por dez nesses momentos, deslumbrantes como descargas elétricas". O que García-Albea nega redondamente é a existência de componentes sexuais nos êxtases da santa, apesar da famosa "visão do querubim", acontecida quando Santa Teresa tinha 47 anos e que ela descreveu nestes termos: "Via-lhe nas mãos um dardo de ouro comprido, e na ponta do ferro parecia-me ter um pouco de fogo. Este parecia meter-se-me pelo coração algumas vezes, e que me chegava às entranhas. Ao tirá-lo, parecia-me que as levava consigo, e me deixava toda abrasada em grande amor de Deus. Era tão grande a dor, que me fazia soltar aqueles queixumes; e tão excessiva a suavidade que me põe esta grandíssima dor, que não quero que se me vá". Com todo o respeito, apetece dizer, voltando a Antonio Gala, que nas tremuras e ânsias de Santa Teresa também haveria algo de *polvo enconado*...

25 de janeiro

Há no Porto um arquiteto que se chama João Campos, dele me chegou a Lanzarote a seguinte carta:
"José, deixe-me assim chamar-lhe, como a quem se se quer bem, só assim, José:
"No dia em que Manuela Ferreira Leite deu uma entrevista à TVI, no sábado seguinte à justa outorga do Prémio Camões deste ano, comecei a ler o *Ensaio*, em voz alta para o meu filho Eduardo Luís, de 13 anos e meio. Ele tinha acabado de exercer a sua espantação por ter ouvido a ex-ministra falar de si e da sua obra, com a depreciação q. b. para não ser uma 'reedição lacaniana', mas confessando nunca ter tido a capacidade de acabar a leitura de uma só das suas obras... Para ela, ler era uma coisa que tinha que ser coisa-pouca, coisa-leve, coisa--coisa.
"Não sabia quão dolorosa iria ser a leitura do seu livro. Houvera já notícia da angústia que tinha sido a escrita, e hesitei, devia ou não, exercitar, com o meu menino, um já longínquo e quase esquecido ato de encantamento e cultura essenciais que é a leitura de estórias aos filhos pequenos.
"(Às vezes gosto de ler alto para saborear as ideias que vêm ao meu encontro, e a que as palavras dão corpo, é como se o mais possível em nós tivesse que estar desperto para a fruição: aconteceu isso com *Levantado do chão* e com o *Memorial*, casos em que minha mulher, Maria José, e eu nos revezávamos, ou com as crónicas da *Bagagem*, no verão de há uns anos, ao lê-las esparsamente para a minha filha Matilde João, hoje com 16 anos.)
"Mas voltando ao Eduardo: a meio do livro quase me ar-

rependera de lho ter começado a ler, mas afinal, e passadas já largas semanas, tenho a certeza que lhe fez bem, no processo de crescimento e afirmação por que passa na sua idade, além de que será mais um incondicional 'saramaguenho', a avaliar pela marca que interiormente guardará e que ultimamente o transporta para uma especial atenção pelas coisas do livro e da literatura, naturalmente à sua escala.

"Não sei bem por que lhe estou a escrever, acho que é só por ser impelido a querer dizer-lhe como gostamos de si, por isso isto de estar a apresentar-lhe a família e o resto. E porque com esta intimidade, tão distante e precária e ilusória, poderei afoitar-me ao resto das linhas que, já agora, poderei escrever com a certeza de que não levará a mal e me desculpará, aos íntimos, mesmo a não íntimos como este, desculpa-se muita coisa.

"Quando pousei o livro, e era todo aquele aperto do coração e um grito interminável a povoar a cabeça, dei por mim a 'criticá-lo' por não ter escrito o que eu, pela primeira vez, desejara que fosse o desfecho que o leitor não deve ousar, fosse ele próprio autor, para a leitura de um qualquer romance: é que julguei que a redenção só seria possível com o surgimento de um novo ser, e ele deveria proceder da heroína, afinal sem filhos até à hora daquela imensa fatalidade, afinal amante do seu marido, mas aí é claro que já nós teríamos de saber que carregaria de esperanças quando se sacrificou no acompanhamento daquele inferno, e.

"Sabe o que pensei, José, que o *Ensaio* podia, e devia, ser transposto para o teatro, acho mesmo que seria fundamental, e você, dramaturgo com tão belas provas dadas, poderia fazê-lo, não sei se a um artista se pode pedir assim que o venha a fazer, estou vendo a dimensão trágica, mas por que não épica, os coros e os protagonistas e a carga cénica de tudo aquilo, vivido e transmitido por pessoas de verdade, cegas, e nós, cegos, a vê-las como elas nos olham na plateia, ou tribunal em que instalados nos achamos.

"Mas basta.

"Gostava muito de ter o *Ensaio* autografado por si. Quando

vier ao Norte, nas suas incursões à pátria, tentarei estar consigo para lhe pedir que nos dedique o nosso exemplar.

"Desculpe-me. Deixe-me abraçá-lo, e agradecer-lhe, por existir e ver."

Mercerei eu tanto? Como sucedeu com outras cartas que tenho tido a felicidade de receber, esta de João Campos (esta carta de João) deixou-me à beira das lágrimas. São documentos assim que justificam o ofício de escritor, não o justificam o aplauso da crítica ou a consagração do prémio. Mais uma vez me vai ser difícil responder. Um dia qualquer espero poder abraçar esta família, agradecer-lhes a enorme riqueza que me deram. Dir-lhes-ei também que já pusemos demasiadas esperanças nas crianças que vão nascendo, que o nosso dever de adultos deveria ser criar as certezas que tornariam possível, a essas crianças que vamos gerando, viver com aquela suprema dignidade humana por que ansiamos e que constantemente nos foge. Quanto ao teatro, João, sofri demasiado para voltar àquele horror. Alguém que se atreva. Eu não...

26 de janeiro

Mais uma obrigação cumprida à última hora, como em tantas outras ocasiões tem sucedido: desta vez, as palavras com que irei agradecer ao presidente do Brasil, Fernando Henrique Cardoso, a entrega do Prémio Luís de Camões. Em casos destes, as conveniências aconselham um discurso "politicamente correto", sem surpresas, um discurso que cumpra o horário, pare em todas as estações, e sobretudo não descarrile. Pensei, contudo, que uma viagem tão longa e um ato previsivelmente tão solene mereciam um grãozinho de fantasia irreverente — e a oração saiu assim:

"Senhor presidente, permitir-me-á que reserve para o fim as palavras formais de agradecimento, não porque elas não sejam devidas já, mas porque terei de agradecer-lhe, nessa altura, por esperançosa antecipação, muitíssimo mais (imagine!) que a honra que nos deu, a minha mulher e a mim, ao convidar-nos a vir ao Brasil, eu, para receber das suas mãos o Prémio Luís de Camões, ela, porque aonde vai um, vai o outro.

"Desde que cheguei à idade do entendimento, ando a ouvir dizer, com encorajadora insistência, que Brasil e Portugal são dois países irmãos, de sangues cruzados e linfas misturadas, e muita história de ida e volta. Quando aqui há uns anos demos por que a pena inconstante e vária de Fernando Pessoa tinha escrito aquilo de ser a pátria dele a língua portuguesa, e, portanto, por extensão, a de todos nós, acredito que os mais idealistas desta costa e da outra, das africanas também, terão pensado que se encontrava ali a chave mágica, graças à qual acederíamos a possibilidades mais fraternas e frutuosas de encontro e de diálogo. Se a língua portuguesa era realmente pátria, então era a pátria de quantos pensavam, falavam e escreviam português, logo, afinidade de espírito e sensibilidade, bandeira e pregão de todos. Se algo faltasse ainda a essa nova pátria para ser pátria geral, que não desesperássemos, porque o tempo resolveria os problemas, e todo o mais nos havia de vir por acréscimo. Entretanto, trataríamos de convencer-nos, a nós próprios e às gerações, repetindo, até à náusea, que a nossa pátria é mesmo a língua portuguesa. Pobre e sofredora pátria essa, digo eu, tão mal ensinada, tão mal aprendida, inçada grotescamente de estrangeirismos inúteis, instrumento que já parece em risco de perder a necessidade e a serventia!

"Talvez que uma língua partilhada, a nossa ou outra qualquer, com Pessoa ou sem Pessoa para proclamá-lo, possa vir a constituir-se, de facto, em uma certa forma de pátria. Mas, então, aquilo que estivesse a faltar-lhe para ser pátria suficiente, não só nunca lhe viria por simples acréscimo como seria isso, precisamente, o que iria dar-lhe o verdadeiro sentido. Di-lo-ei em palavras diretas e sem retórica: interesses comuns, objetivos comuns, trabalho em comum. Os nossos registos históricos de nascimento continuam a demonstrar que somos parentes, mas as páginas das respectivas biografias coletivas estão cheias de mal-entendidos, de indiferenças, de mútuas desqualificações, de mesquinhos egoísmos, de muita conversa e pouca obra.

"Senhor presidente, não creio que, ao convidar-me a vir ao Brasil receber o Prémio Luís de Camões, a sua intenção tenha sido apenas a de estabelecer, diplomaticamente, um princípio de alternância que, em verdade, já estava tardando. Quero antes pensar que este ato solene significa, no seu espírito, o primeiro movimento de uma mudança de estilo e de ação nas relações culturais entre os países a que chamamos de língua oficial portuguesa. Quero pensar que, num futuro próximo, já que não poderá ser imediato, todos esses países — Brasil, Angola, Cabo Verde, Guiné-Bissau, Moçambique, São Tomé e Príncipe, Portugal —, consoante as disponibilidades humanas e financeiras de cada um, possam elaborar e pôr em funcionamento um plano de trabalho conjunto, atento, naturalmente, às circunstâncias e exigências nacionais, mas visando, com um espírito generoso e aberto, a preservação equilibrada e a difusão eficaz da língua portuguesa no mundo, mas também, e sobretudo, no próprio interior dos países que a falam, os nossos.

"Era nisto que eu pensava, senhor presidente, quando comecei por dizer que teria de agradecer-lhe, por antecipação, muito mais que a honra de receber das suas mãos o Prémio Luís de Camões. Como escritor, como cidadão pedestre, peço-lhe que toque o alarme, e que ele se ouça por cima dos mares e das fronteiras. Afinal, talvez Fernando Pessoa tenha tido razão antes de tempo: foram tantas as coisas que ele anunciou para o futuro, que bem pode ser fosse esta uma delas. E não necessito lembrar que nós, os que falamos português, estamos a ser, neste momento, precisamente, um dos futuros de Pessoa...

"Senhor presidente, chegou a vez dos outros agradecimentos. Que vão resumir-se, por a mais não poder alcançar a minha eloquência, em cinco palavras: obrigado, de todo o coração."

Não imagino como irá ser recebida em Brasília uma prosa assim. Mas desejaria que, conhecida ela, nunca mais os políticos de cá e de lá nos azoinassem os ouvidos com o nariz de cera pessoano de que a nossa pátria é a língua portuguesa... E se o que escrevi não merece tanta consideração, então que se deem ao trabalho de ler o que realmente se encontra no *Livro do desassossego*:

"Não tenho sentimento nenhum politico ou social. Tenho, porém, num sentido, um alto sentido patriotico. Minha pátria é a lingua portuguesa. Nada me pesaria que invadissem ou tomassem Portugal, desde que não me incommodassem pessoalmente, mas odeio, com odio verdadeiro, com o unico odio que sinto, não quem escreve mal portuguez, não quem não sabe syntaxe, não quem escreve em orthographia simplificada, mas a pagina mal escripta, como pessoa propria, a syntaxe errada, como gente em que se bata, a orthographia sem ipsilon, como o escarro directo que me enoja independentemente de quem o cuspisse.

"Sim, porque a orthographia também é gente. A palavra é completa vista e ouvida. E a gala da transliteração greco-romana veste-m'a do seu vero manto regio, pela qual é senhora e rainha."

Se não me engano na interpretação, a única coisa de que daqui se poderá concluir é que Fernando Pessoa estaria hoje contra o acordo ortográfico...

27 de janeiro

Diário de viagem de Pilar:
De noites doces todos temos experiência. Agora, noites doces propriamente ditas, sem metáforas nem segundos sentidos, não devem ser tão frequentes assim, uma vez que nem toda a gente adormece com um bombom na boca. O sonífero que tinha tomado para suportar com certa dignidade o peso do avião foi tão eficaz que nem me deixou acabar o bombom que uma hospedeira me havia oferecido. Despertei várias vezes quando as turbulências faziam galopar o avião, mas, como tinha o cérebro anestesiado, nem senti pavor nem provoquei o pânico coletivo tantas vezes temido pelo pessoal de voo que teve a desgraça de

encontrar-me como passageira. Sem consciência de perigo, sem nenhuma classe de consciência, o corpo todo saboreava o chocolate, uma volta na boca e outra vez a dormir, até ao seguinte solavanco aéreo, um leve despertar, um novo saborear, e assim toda a noite. Nunca um bombom durou tanto nem uma noite foi tão doce. Propriamente falando.

28 de janeiro

Diário de viagem de Pilar:
A outra Brasília existe e hoje conhecemo-la. Depois da inesperada e surpreendente recepção no aeroporto — amigos, jornalistas, leitores, uma pequena mas afectuosa multidão — e de um breve descanso no hotel, Eric Nepomuceno e Marta, sua mulher, levaram-nos a almoçar na margem de um lago que me tinha esquecido haver ali. Encontrámos a algazarra brasileira, mil músicas sobrepondo-se umas às outras, gente conversando em todos os tons possíveis, e todos acima da média, crianças correndo entre as mesas, criados simpáticos e de pouca memória, pessoas tomando o sol de qualquer modo e feitio, outras fazendo desporto de manutenção ou exibição de músculo, ou simplesmente entretidas com a algaravia geral, ou contemplando um lago que parecia ter nascido com o mundo. Logo soube que é fruto da imaginação e do trabalho dos homens, que desviaram dois rios para que se pudessem produzir cenas bucólicas como estas. Realmente, estar ali sentado, bebendo cerveja fria, recebendo o formoso sol de verão enquanto a humanidade ao redor deixa correr o tempo despreocupadamente, é um privilégio. Ao fundo viam-se as torres de Brasília, distante embora poderoso recordatório da vida urbana, das lutas quotidianas, das ambições momentaneamente deixadas de lado, das frustrações escondidas, do cansaço e do mau humor, mas, neste domingo, 28 de janeiro, na margem do lago de Brasília, ninguém parecia pensar nessas coisas. Simplesmente bebíamos e falávamos gritando porque mil músicas sobrepostas e crianças a correr pelo

meio das mesas impediam qualquer conversação coerente. Que não fazia falta.

À noite, Maria Lúcia Verdi, chefe do gabinete do ministro da Cultura e velha amiga de tantas vezes em Roma, reuniu em sua casa um grupo de amigos do mundo da cultura e da política cultural, incluindo o ministro. Ceia amável com surpresa no fim: Roberto Correa, um músico amigo de Maria Lúcia, compositor e investigador de sons indígenas e populares, ofereceu um recital com uma espécie de guitarra compacta, chamada viola caipira, característica do Pantanal, que nos deixou gratamente surpreendidos, tanto pela qualidade das peças interpretadas como pela novidade do instrumento. Fez-nos presente de um disco intitulado *Uróboro*, que ouviremos em Lanzarote, recordando o Brasil e também a ceia de Maria Lúcia.

29 de janeiro

Diário de viagem de Pilar:
A manhã foi dedicada por José a atender os meios de comunicação social, que queriam saber do Prémio Camões tanto como do *Ensaio sobre a cegueira*, publicado no Brasil ao mesmo tempo que em Portugal. Ao meio-dia, almoço em casa dos embaixadores portugueses, Maria Fernanda e Pedro Ribeiro de Meneses. Quando os outros convidados já se tinham retirado, Maria Fernanda pediu a José que lhe dedicasse um livro que a acompanhava, disse, há anos. Tratava-se de *Levantado do chão* e era um livro vivido, com anotações, sublinhados, todas as marcas que um escritor sonha para as suas obras. Descobri, na biblioteca, que tinham praticamente todos os títulos de José, e todos eles com sinais de terem sido lidos com esmerada atenção. Não os haviam retirado para não importunar José com pedidos de dedicatórias. Aliás, já estavam dedicados: a família Ribeiro de Meneses costuma oferecer-se livros mutuamente, de filhos a pais, de marido a mulher, de mulher a marido. E não eram

dedicatórias de circunstância. Registo isto no caderno porque também o registei no coração. Emocionada.

À noite, palestra no Centro Cultural da Embaixada, um salão grande que se encheu para conversar sobre literatura. José falou de Camões, quando ele, conforme o conta em *Que farei com este livro?*, tentava publicar *Os lusíadas*, com tantos trabalhos como pouca fortuna. Falou do facto de escrever e do facto — não menos importante — de ler. Terminou perguntando a si mesmo e à assistência que iremos fazer com os livros, com o trabalho dos homens e mulheres que se nos entregam em páginas que são eles próprios, instantes no tempo que acabam por constituir-se no rosto mais acabado da humanidade. Talvez não tenha José dito isto, mas escrevo-o eu agora: graças aos livros e às pessoas que eles contêm, podemos evitar a sensação de orfandade e solidão que tantas vezes nos espreita. Sabendo dos outros que foram, de um passado que por abrir um livro se torna presente, podemos reconhecer-nos a nós próprios, ao mesmo tempo que nos situamos numa comunidade de conhecimento que nos justifica e dignifica. Obrigada.

30 de janeiro

Diário de viagem de Pilar:
A ideia de percorrer Brasília de helicóptero na mesma manhã em que iria receber o Prémio Camões era um disparate, como não nos cansávamos de repetir, os amigos e eu, enquanto, impacientes, esperávamos no hotel. Todos bem vestidos, Jorge Amado de gravata, Zélia de branco e azul, Lili com um traje saia-e-casaco de seda branca, Luiz Schwarcz também engravatado, porém, no seu caso, como Eric, que atualmente ocupa um alto cargo no Ministério da Cultura, e como o conselheiro cultural da embaixada, Rui Rasquilho, não era novidade, já que por razões de trabalho costumam andar assim fardados. Dizia que estávamos todos elegantíssimos, aprimorados e perfumados, dispostos a acudir a uma cerimónia em honra de uma

pessoa desaparecida, apesar de a pessoa em questão conhecer perfeitamente os horários e as estritas recomendações que o protocolo de Estado, que deve confiar pouco em escritores, lhe fizera chegar no dia anterior. Para cúmulo, na impaciente reunião do hall do hotel encontravam-se várias pessoas sensatas, Jorge Amado entre elas, que sabiam, por experiência própria e muita leitura, que os helicópteros são aparelhos pouco recomendáveis, a que só deveremos recorrer em caso de extrema necessidade, e ainda assim anestesiados, de modo que à perplexidade pela inconsciência de José e do governador de Brasília, que foi quem o levou, juntava-se a intranquilidade, o pânico, para falar claramente, de que tivesse acontecido uma desgraça, como costuma suceder quando se decide provocar o destino com tão perigosas aventuras. Finalmente chegou, nem tempo tivemos de ralhar-lhe, em qualquer caso não nos via, olhava-nos como se estivesse ainda no helicóptero, e dali, tão alto, as preocupações dos humanos, os seus estados de ânimo e os seus colapsos nervosos não só não se reconhecem, como nem se dá por eles. Rapidamente, conseguimos que mudasse de roupa. Vestiu-se de preto, parecia um político: não se sabe por que estranha norma, em qualquer país do mundo, os políticos, logo que chegam ao poder, vestem-se de luto. A toda a velocidade partimos para o Palácio do Itamaraty, onde decorreria a cerimónia, se é que os escritores se decidirão, de vez, a entrar. Pois o que vem a seguir é a segunda aventura da jornada. Para dar brilho ao ato, tinham estendido uma passadeira vermelha desde o sítio onde os automóveis deixariam os convidados até ao interior do palácio. Ladeando a passadeira (para protegê-la, diziam os mal-intencionados), estava uma guarda de honra militar, engalanada ao estilo do século XVIII, firme como só o sabem estar os bons soldados. Ora, o caso é que os escritores, encabeçados por João Ubaldo Ribeiro, que acabava de se juntar a nós, não acharam conveniente passar por baixo de uma ponte de lanças e sobre uma passadeira que conduzia diretamente ao centro do poder, ou à boca do lobo, conforme o ponto de vista. "Não me fio", dizia João Ubaldo. "Isto faz-me arripios", comentava Jorge Amado sem ouvir o companheiro, atento apenas aos seus próprios temores e a um leve suspiro, "Ai, meu Deus", que eu percebi. Acabaram por entrar, mas sem pisar a passadeira, por trás da guarda, e foi porque não encontraram a porta de serviço... Realmente, o poder não acerta com os escritores. Tantos anos perseguindo-os, e agora, por ser poder democrático, põe-lhes passadeiras, e eles desconfiam. Uma desgraça. Ou uma sorte. Gosto deles.

Presidia ao ato o chefe do Estado brasileiro, Fernando Henrique Cardoso, um catedrático inteligente e brilhante — "príncipe dos sociólogos", como malevolamente o definiu uma colega da Universidade —, que rompe com o estereótipo de político, dado que se comporta, pelo que pude ver, como uma pessoa com ideias que, ao mesmo tempo que gere o caos que é o Brasil, procura organizar um pensamento que anime, de alma, o corpo do Estado. Vai ter trabalho e, claro está, inimigos, porque à crítica necessária do dia a dia, que a oposição tem obrigação de fazer, vai juntar-se outra, tensa e implacável, a dos verdadeiros centros de poder que não querem uma definição moral do Estado, mas simplesmente um aparelho presidido por um títere que possam manejar de acordo com os seus interesses. Exemplos não faltam, no Brasil e noutros países. Veremos até onde chegam as forças de Fernando Henrique Cardoso. Que a tarefa não vai ser fácil. Lembrou-me, ou melhor, ao escrever isto vem-me à cabeça o nome de outra pessoa com ideias, que na vida religiosa se chamou Paulo VI. Também ele tentou animar — de alma — a organização da Igreja Católica, dando corpo jurídico e real à intuição emocional de João XXIII, mas acabou mergulhado numa depressão angustiosa que se prolongou durante anos, até ao fim da vida. Não conseguiu o seu objetivo e a tristeza apoderou-se dele. O mau, no seu caso, foi que, depois de fracassar na empresa, teve de continuar à frente da maquinaria que o tinha derrotado. Pior sorte não pôde ter esse homem bom e inteligente.

O ato de entrega do Prémio Camões teve tudo menos entrega de prémio. O auditório era grande e austero, nada de requintes ornamentais, nem cadeirões de veludo, nem candeeiros de cristal, apenas cadeiras funcionais e mesas minúsculas de madeira, como se de uma aula moderna se tratasse. No palco uma mesa grande, muitas cadeiras atrás dela, à esquerda um atril, e entre a mesa e o atril, equidistante, mas um passo atrás, como para não romper a linha reta que poderia ser traçada entre os ocupantes da mesa e o do atril, uma cadeira isolada.

A sala estava cheia de ilustres. Ilustres do mundo da cultura, entre eles os membros brasileiros do júri que tinha distinguido a obra de José (Affonso Romano de Sant'Anna, Antônio Torres, Márcio de Souza), escritores queridos, como Nélida Piñon, a quem sempre vemos fora do Brasil, professores, pintores, escultores, críticos, uns conhecidos de José, outros que passaram a sê-lo, em qualquer caso, todos eles generosos por lhe terem oferecido assim o seu tempo. Houve, porém, um homem não menos generoso que, tendo sido convidado, não apareceu. Trata-se de Oscar Niemeyer que, a ponto de embarcar, um ataque de lucidez — alguns insensatos chamaram-lhe pânico — o obrigou a ficar em terra. Ofereceu a passagem aérea, e desta forma se fez a felicidade de duas pessoas, a que ficou e a que, por se atrever a voar, assistiu à cerimónia. Do mundo diplomático reencontrámos velhos amigos, como José Aparecido e Leonor, sua mulher, e Alberto da Costa e Silva, que, à sua condição de embaixador, junta a de escritor. Ao convite oficial responderam também ilustres da política, congressistas de todas as áreas, segundo vim a saber depois. Todos esperávamos a chegada do presidente e a composição da mesa, combatendo conforme podíamos o calor do Verão e dos focos das múltiplas televisões, em geral abanando-nos com o programa, já que nem todos foram tão previdentes como Zélia e eu, que levávamos autênticos, refrescantes e sonoros leques que foram a inveja de muitos, a julgar pelos olhares que nos lançavam.

Chegou o presidente. Compôs-se a mesa. Surpresa entre os brasileiros amigos: Fernando Henrique Cardoso flanqueado pelos seus dois antecessores imediatos, Itamar Franco e José Sarney (o outro, Collor de Melo, não teve existência real, foi só um pesadelo). A imagem não deve ser habitual, de contrário não teria sido tão comentada. Foi simpático que tão altas personalidades quisessem estar presentes num ato de cultura, que este ano se conjuga portugalesmente, pois de Portugal são Camões e Saramago. Os outros lugares da mesa foram ocupados pelos ministros dos Negócios Estrangeiros e da Cultura, pelo presidente do Supremo Tribunal Federal e pelo embaixador de Portugal, entre outras personalidades.

Foi uma cerimónia de palavras. De palavras e de homens, que na mesa não havia uma só mulher. Alguém leu do atril a ata do júri outorgando o prémio mais importante das letras em língua portuguesa ao escritor José Saramago, que foi chamado ao estrado. Depois de umas quantas hesitações, o presidente e o escritor conseguiram encontrar-se na imensidade — por assim dizer — do palco. Apertaram-se as mãos, que é o único que se pode fazer quando não há uma estatueta como o Oscar, ou um diploma, ou uma medalha comemorativa, algo com que entreter esse momento — tão longo para os protagonistas — em que os fotógrafos se tornam loucos com os flashes, porque para eles o tempo tem outra dimensão, passa sempre demasiado rápido. Mais tarde, durante o almoço, Fernando Henrique Cardoso disse que havia que criar um símbolo que refletisse de forma material e tangível o prémio, algo, por favor, digo eu, que se possa entregar num ato chamado de entrega.

Começaram os discursos. As pessoas que assistiram à cerimónia, se leram no dia seguinte os jornais, devem ter pensado que o calor lhes havia transtornado a cabeça, porque o que recordavam pouco tinha que ver com as crónicas. Dois exemplos em que as palavras de José foram interpretadas ao contrário: Estando presente Jorge Amado, Prémio Camões 1994, José rendeu homenagem, na sua pessoa, a todos os que anteriormente haviam sido galardoados. Disse que Jorge Amado é escritor grande desde as primeiras linhas que escreveu, falou da sua qualidade humana, da sua importância cívica e literária, para terminar considerando-o um mestre "por quem sinto quase veneração". Pois esta comovida homenagem, ratificada pelo aplauso de todos, converteu-se, por obra e graça de um jornalista surdo ou apressado, numa indelicadeza, para não lhe chamar insulto, quando o que se pôs na boca de José foi que sentia "quase admiração" por Jorge... O outro exemplo tem que ver com uma passagem central do discurso de José. Eis o que ele disse: "Quando aqui há uns anos demos por que a pena inconstante e vária de Fernando Pessoa tinha escrito aquilo de ser a pátria dele a língua portuguesa, e, portanto, por extensão, a de todos nós, acredito que os mais idealistas desta costa e da outra, das africanas também, terão pensado que se encontrava ali a chave mágica, graças à qual acederíamos a possibilidades mais fraternas e frutuosas de encontro e de diálogo. Se a língua portuguesa era realmente pátria, então era a pátria de quantos pensavam, falavam e escreviam em português. E se algo faltasse ainda a essa nova pátria para ser pátria geral, que não desesperássemos, porque o tempo resolveria os problemas, e todo o mais nos havia de vir por acréscimo. Entretanto, trataríamos de convencer-nos, a nós próprios e às gerações, repetindo, até à náusea, que a nossa pátria é mesmo a língua portuguesa". Pois bem, no dia seguinte apareceu em grandes títulos: "Saramago diz que é preciso repetir, até à náusea, que a pátria é a língua portuguesa". Sem comentários...

Disse antes que entre o atril e a mesa presidencial, um passo atrás, havia uma cadeira isolada. Claro. Estava destinada ao escritor. Nós, os malvados da plateia, gozámos o quadro: a mesa grande das autoridades, o atril das proclamações solenes, e ao fundo, só, o escritor. Como deve ser.

Depois da cerimónia, simpaticamente, o presidente ofereceu um almoço de confraternização que resultou interessante. Uma das preocupações de Fernando Henrique Cardoso, partilhada por muitos dos convidados, suscitou um debate animado: o risco de o mercado se tornar numa ideologia. Alguns opinavam que isso já tinha sucedido, que é, disseram, a única ideologia com certificado de vida, enquanto as outras estão declaradas mortas. O homem de esquerda que Fernando Henrique Cardoso é — alguns dizem "foi" — e o homem de esquerda que José continua a ser entenderam-se muito bem, diagnosticando e propondo.

Perto de José sentava-se o seu companheiro de voo matinal, o governador de Brasília, Cristovam Buarque, do Partido dos Trabalhadores, antigo reitor da Universidade de Brasília, que introduziu na conversa algumas considerações teóricas sobre a modernidade da Ética. Jorge Amado, com o ceticismo de quem viu muito, sorria, mas era fácil adivinhar-lhe as cabriolas do corpo, porque no fundo também é um rapaz de coração sensível e capacidade para continuar a crer.

Foi um belo dia. Não falo do triunfo de José, porque o triunfo de um escritor é no trabalho que se consuma, e o seu reconhecimento oficia-se na intimidade, quando alguém abre um livro, o lê e o entende. Foi, no entanto, um dia de glória bendita, no sentido que damos em Andaluzia a esta expressão: de bonança acolhedora, de amigos felizes que compartilham a mesma alegria e o mesmo anseio de expressar ideias e sentimentos num idioma comum que os une e os singulariza, que os torna irrepetíveis, necessários e úteis. O tempo pode continuar correndo, que este dia cumpriu-se sem desmerecer.

31 de janeiro

Diário de viagem de Pilar:
Viajámos para São Paulo deixando atrás amigos que se multiplicaram em atenções. Ontem à tarde, em casa de Rui Rasquilho, um novo encontro com portugueses, e com brasileiros que, como Alberto da Costa e Silva, têm contacto com Portugal. Rui e Maria Manuel, sua mulher, que tão bem se ocupou das camisas de José, vítimas de uma tropelia causada por um líquido imprudentemente guardado numa das malas, tinham outra surpresa para ele: todos os livros de José encadernados em pele, "para não se estragarem", disse Rui Rasquilho, enquanto os acariciava como a crianças suas. Os Rasquilhos têm o costume de encadernar os livros que amam, vimos muitos encadernados, e, como em casa do embaixador, com marcas de terem sido lidos mais que uma vez, porque também os filhos

nos manifestaram as suas preferências, que ler não é coisa só de gente crescida.

Estávamos convidados para jantar em casa de velhos amigos, Lustosa da Costa e Verónica, sua mulher. Para lá chegar tivemos de penetrar numa Brasília desconhecida, onde as casas não são instituições e as pessoas são simplesmente pessoas, e não personalidades. Em qualquer caso, nesta Brasília tão-pouco cheira a peixe frito, as crianças, que se supõe que existem, não brincam à porta das casas, e as vizinhas não falam de varanda para varanda. A vida não dá para isso na sectorizada Brasília. Quiçá em nenhuma grande cidade, porque também não vi esse fervilhar humano no caos de São Paulo. Seguramente, são costumes perdidos para sempre na noite da modernidade, e se digo noite não é como um recurso supostamente poético: se a modernidade fosse luminosa, veríamos as mil e uma possibilidades que se nos oferecem para viver humanamente, misturando vozes, risos, odores, paixões e sofrimentos, tecendo sobre o mundo um manto de conversações que o expliquem e o defendam de equívocos, que o mantenham harmonioso na sua órbita, sustentado pelo diálogo dos homens. Lamentavelmente — tantas vezes — circulamos pela vida como autómatos inexpugnáveis, cada um com o seu próprio circuito acionado, eletrocutando quem nos toque e desenhando um futuro que já se ensaia em Brasília, onde, no dizer de alguns dos seus habitantes, o homem é composto de cabeça, tronco e rodas, as ruas não recebem os olores cálidos das cozinhas, as crianças não brincam nas praças, as vizinhas não se entendem de janela para janela e a roupa não seca ao sol, exposta aos olhares reprovadores ou admirativos de quem passa. Ou seja, uma vida moderna, rápida e asséptica que não desejo a ninguém. A quase ninguém.

Esta noite paulista foi para falar da Europa e de Portugal. No auditório do Museu de Arte de São Paulo, uma conferência para explicar as dificuldades (e os motivos delas) que Portugal teve ao longo da história para acertar o seu relógio com o tempo. E as novas dificuldades por que vai ter de passar agora, quando alguns (sem consulta prévia e específica) decidiram que havia que pô-lo à hora estabelecida por determinado clube, a saber, o clube que se chamou Mercado Comum, depois Comunidade Europeia, agora União Europeia, e a que alguns simplificadores, para não dizer pior, dando à parte o nome do todo, chamam Europa, sem que lhes caia a cara de vergonha pelo abuso ou o roubo.

José falou das consequências da integração nesse clube, as positivas, que obviamente as há, mas também as negativas, que hão-de ver-se num futuro mais próximo que distante, e que não serão só de ordem moral (a perda da identidade e da soberania) mas também económica: um país planificado desde fora segundo interesses de mercado, sem um projeto nacional próprio, sem defesa, desmantelado. Que não chegue o dia em que a agricultura, a pesca e a indústria de Portugal sejam motivos de saudade, como os amores perdidos que os fados vêm cantando. Há que varrer as poeiras para evitar os lodos, ou seja, impedir que em foros mais ou menos públicos, presididos por D. Dinheiro, se marque o mapa das funções (que são outra forma de fronteiras, de inultrapassáveis fronteiras), e se atribuam obrigações de acordo com interesses económicos: "Tu, Portugal, porque tens sol e praias, serás para turismo, faremos de ti uma imensa Las Vegas". Talvez este destino nacional agrade a alguns. Eu desejo que Deus reúna no seu reino estes intrépidos e modernos planificadores e os sente ao lado daqueles que, também em desvarios de poder e esgrimindo "convincentes" razões, desenharam o mapa de África, sem que lhes passasse pelas suas dotadas cabeças a ideia de que ali vivia gente, e de que essa gente teria descendência capaz de perguntar e de exigir. Com todos os direitos da lei. A sua, claro está.

1 de fevereiro

Diário de viagem de Pilar:
Se se quiser sobreviver em Salvador da Bahia, o melhor é não ir jantar com Caetano Veloso, porque até as pedras das

ruas, como se não fossem suficientes as multidões (benditas multidões) que as povoam, querem saudá-lo. Caetano não assina autógrafos, dá beijos. Nunca na minha vida vi tantas caras unindo-se num trajeto tão curto, desde o automóvel ao restaurante. Lili, Luiz, José e eu assistimos maravilhados ao carinho da gente por um dos seus. E ao carinho de Caetano, que não perdia a paciência nem o sorriso, por quem também seu era. Assim começados, os dias da Bahia prometem coisas boas. Pergunto-me até onde chegará esta espiral de afecto e simpatia que respiramos desde que o avião aterrou. A propósito, não quero esquecer-me de falar a um médico (Lili diz que é melhor uma bruxa...) acerca do estranho fenómeno que experimentei mal tinha descido do avião. Senti como se me tivessem disparado lume nas costas. Ninguém viu nem sentiu nada especial, mas durante mais de um minuto as minhas costas queimavam (autocombustão?...) e todos o puderam comprovar pelo tempo que conseguiam manter nelas a mão.

2 de fevereiro

Diário de viagem de Pilar:
Iemanjá. Nunca tinha ouvido esta palavra, mas a partir de agora integro-a na minha lista particular de festas populares, celebrações com raízes remotas repetidas por gerações de homens e mulheres que se reconhecem no rito, no seu passado e na sua terra. Ou na sua água, como neste caso. Iemanjá é o nome da deusa do mar. Todos os anos, no seu dia, os pescadores, os habitantes de Salvador lhe entregam presentes, oferecidos, ao longo do dia, por aqueles que querem somar-se à tradição. Ao cair da tarde, forma-se uma procissão de barcos que, ordenadamente, navegam até um ponto determinado, mar dentro, onde se realiza a oferenda — lentamente, os presentes são atirados às águas, enquanto soam músicas nos barcos e na costa, outro mar, de gente neste caso, que não pôde embarcar. Há que ter cuidado para que as águas não devolvam os presentes, porque seria sinal

de Iemanjá não ter gostado deles, e isso não pressagiaria nada de bom... Seguimos a festa do terraço de Caetano Veloso, que está sobre o mar, no ponto em que a procissão de barcos gira para alcançar o lugar exato da cerimónia. Partilhámos o dia desde a manhã até à noite (porque as festas na Bahia são tão longas como as da Andaluzia) com Caetano e Paula, sua mulher, com Jorge e Zélia, com Luiz e Lili, com Gilberto Gil, com os irmãos de Caetano, com Gilda, a viúva de Vinicius de Moraes, com Paloma, com tantos amigos tão novos e, apesar disso, já tão íntimos. Em nenhum momento a reunião teve esse "toque de sociedade" que perverte os encontros. Ali não havia impostura. Ou pelo jeito dos Veloso, ou pelo carácter dos baianos, em pouco tempo estávamos todos fazendo confidências, em grupos que se faziam e desfaziam para continuar na mesma linha de natural afectividade. Até José, pouco dado a reuniões grandes, que em situações como esta mais parece um cão perdido, esteve à vontade, descontraído, deixando correr o tempo, sem experimentar a terrível sensação de perda irreparável que tantas vezes, em ocasiões assim, se apodera dele. Ao fim da tarde, sentámo-nos a ver o programa de televisão que sobre Jorge Amado, a sua vida e a sua obra, se fez para a série "Artes e Letras". Magnífico e esclarecedor, segundo a opinião geral. Falando agora de generalidades: toda a gente, tanto na casa como nas ruas, ia vestida de branco, como manda a tradição. Todos menos José e eu, que não o sabíamos. Metade de José ainda se salvava porque levava uma camiseta branca, mas eu, totalmente vestida de azul, parecia uma barata no meio de tanta alvura. Iemanjá ter-me-á perdoado, porque os deuses, sobretudo as deusas-sereias, ao contrário das leis humanas, desculpam os ignorantes de boa-fé.

3 de fevereiro

Diário de viagem de Pilar:
Antes que Jorge Amado e Zélia nos recolhessem para mostrar-nos a sua casa, fechada nestes dias por culpa de uma praga

de cupim que afecta a estrutura da construção, passámos, como bons turistas, pelo Mercado Moderno, dois andares completos de ofertas autóctones, para impaciência de José e delícia de Lili e de quem isto escreve. José, fiel ao seu gosto, comprou uns bonecos de barro, Lili e eu, infiéis por excelência (em matéria de compras, entenda-se), lançámo-nos com voracidade às lojinhas de rendas, chapéus de palha, vestidos enrugados, à maneira da Bahia, sandálias feitas à mão... Ternas futilidades para os amigos, que agora vamos ter que levar durante o resto da viagem. Com os vendedores falámos tanto, de política, de música, de futebol, que, em alguns casos, para assombro dos nossos maridos, acabávamos despedindo-nos com beijos na face, como se fôssemos velhos camaradas. Assim são as coisas nesta parte do mundo, onde o importante não é o que se vende e o que se compra, mas sim sabermo-nos vivos, ao menos por hoje, donos absolutos do tempo, e este tempo empregado na festa que é a conversação e a comunicação humana.

A casa do Rio Vermelho, que começou por ser o cenário onde se desenrolaria parte da vida dos protagonistas Zélia e Jorge, erigiu-se em estrela de si mesma, estrela de carácter, capaz de subtilezas e matizes, suave, forte e poderosa como os seus habitantes. Rodeia-a uma pequena selva domesticada, minúscula se a compararmos com a Amazónia, mas imensa para os nossos europeus e surpreendidos olhos. Algumas árvores já ali estavam, outras foram plantadas pelo casal, mais por Zélia, que tem as mãos com que todos os jardineiros sonham, transmissoras de energia e entusiasmo. Mais além a casa, a gruta do tesouro, quadros e esculturas trazidos dos cinco continentes, misturadas as melhores assinaturas com o anonimato de um enternecedor artesão de aldeia. A entrada da casa está presidida por uma grande e sensual Iemanjá, suspensa no alto, quase tocando o teto, porque no reino dos Amado as sereias voam e os pássaros olham-nos, serenamente, do fundo das águas.

Zélia, no seu próximo livro, vai contar as histórias desta casa, os encontros de amigos, as tertúlias, o ir e vir de tanta gente que, como nós, quis aproximar-se dos amigos (os escritores queridos fazem parte do nosso imaginário afectivo) que ali vivem. Contará Zélia as anedotas geradas pela passagem de tanta gente, como naquele dia em que surpreendeu uma turista encostada à sua cama, e o marido, pobre dele, a fotografá-la... "É que o meu sonho era dormir na cama de Jorge Amado", disse, numa inábil desculpa, tendo em conta a pessoa a quem estava descobrindo o "adultério", não, por imaginário, menos real e continuado.

Por trás da casa, num pavilhão separado, estão o escritório e a biblioteca onde se guardam primeiras edições de livros que são parte da história do Brasil e da literatura, e traduções para mais de cinquenta idiomas que tornaram possível que a este homem — e também a Zélia — os possam ler em qualquer canto do planeta. Na realidade, neste escritório só trabalham a secretária e o fax. Zélia tem uma mesita no seu quarto, e ali, rodeada de toda a sua intimidade, desvela-se a si mesma — e Jorge só escreve em Paris, aqui não o deixariam, nem ele poderia: o espetáculo que se mostra aos seus olhos, o mar, as árvores que se veem crescer, e esta terra tantas vezes contada, são uma tentação irresistível. Menos mal que nos resta Paris, pode o escritor dizer, parafraseando o Bogart de *Casablanca*, menos mal que existe Paris, dizemos nós, os seus leitores.

A Fundação Jorge Amado está no Pelourinho, zona de Salvador considerada património da humanidade pela Unesco, paisagem dos livros de Amado. Está ainda em organização, mas cedo será uma espécie de Casa do Povo da Bahia, uma casa de cultura para investigadores, leitores e escritores. Dali irradiará, não só a obra de um escritor mas também a forma de estar na vida de uma gente concreta, com as suas luzes e as suas sombras, as suas peculiaridades, as suas grandezas e as suas frustrações. A gente que Jorge Amado descreveu e animou, tornando-a, desta forma, duplamente verdadeira. "Senhor, senhor, quer que lhe mostre a casa de um escritor muito famoso que nasceu em 1500?", disse um dia um garoto a Jorge Amado, enquanto, impaciente, o puxava pela manga da camisa para o levar à Fundação... Nesse momento, mais do que nunca, o escritor deve ter sentido a desolação de não se pertencer e a alegria de saber-se instalado no imaginário de um povo que elabora, partindo da realidade, passo a passo, os perfis da lenda.

Almoçámos perto do Pelourinho, na Casa de Dadá, um dos restaurantes preferidos dos nossos amigos. Já lá estavam Caribé, o pintor, e sua mulher, os encarregados da Fundação, os filhos de Zélia e Jorge, entre outras pessoas. Enquanto esperávamos (na Bahia sempre se espera, mas não importa) o banquete prometido, Caribé pôs-se a rabiscar numa toalha, que, claro está, guardarei para sempre. Escreveu Caribé por baixo de um desenho de Dadá: "Não é possível que o Saramago que soltou a Península Ibérica passe fome aqui", e todos os comensais assinaram, unindo-se ao divertido protesto. Apesar de um indiscreto rasgão e das manchas de comida, esta toalha é uma joia.

O dia terminou em Santo Amaro, onde, como diziam os autocolantes que as pessoas levavam e que conservamos, "vi e ouvi Caetano em Santo Amaro". Há uns anos, José e eu ouvimos Miguel Ríos em Granada: "Volto a Granada, volto ao meu lar", cantava o roqueiro, e o som (todo ele) era tão cálido, tão de dentro, que José escreveu um artigo para o *Diario 16*, intitulado "Alegria do português que foi a Granada", em clara alusão à canção de Miguel Ríos, de regresso à sua terra, e a Rafael Alberti, que escreveu, quando do assassínio de Lorca, aquele memorável poema que se chama "Nunca fui a Granada".

Em Santo Amaro repetiram-se aquelas emoções. Cantava Caetano Veloso no lugar onde nasceu, na praça de uma cidade em festa. Esperavam-no os seus, a sua imensa família, as pedras das ruas, também aqui animadas, e as janelas das casas, todas elas repletas de ansiosos ouvintes de Caetano. E dos amigos de Caetano, porque o artista, como oferta de surpresa, apresentou os seus amigos, Gilberto Gil entre eles, que contribuíram, com os seus diferentes ritmos, para tornar maior a noite. A um lado do palco, majestosa, uma anciã de cabelo branco recolhido permanecia, elegantemente sentada, atenta aos músicos e aos espectadores. Olhávamo-la hipnotizados. Era Dona Canô, a mãe de Caetano, um pouco a mãe de Santo Amaro, animadora de todas as caridades, confidente de penas (as alegrias apregoam-se) e distribuidora da porção de paz de que todos precisamos para poder sobreviver. Também é uma excelente cozinheira, mas aqui "falta-lhe" a generosidade: ela, que dá de comer a quem tem necessidade ou a quem procura o prazer do gosto, emudece quando se lhe fala de revelar os seus segredos culinários. Muitas editoras brasileiras lhe pediram que escreva as suas receitas, mesmo os seus próprios filhos, todos magníficos gastrónomos, desconhecem o toque mágico que cada prato cozinhado por Dona Canô encerra. Eu creio que o elixir da sabedoria, na cozinha como na vida, é a generosidade. Talvez por isso ela não possa revelar nada: os pratos, simplesmente, saem-lhe assim, porque os faz para outros, com amor.

4 de fevereiro

Diário de viagem de Pilar:
Custa-nos deixar a Bahia, mas o calendário manda. Olhamos pela última vez a praia, por baixo do agradável hotel onde estivemos hospedados (Enseada das Lajes, no Morro da Paciência, apenas nove quartos atendidos familiarmente, que nos permitiram apreciar aquele gosto de estar que foi descrito pelos viajantes românticos do século XIX), e partimos. Antes, o pintor e gravador Calasans Neto organizou um almoço de despedida na sua casa-estúdio, peculiar como a de Amado e Caribé, mas com uma particularidade que a singulariza: não tem vidros nas janelas. Os vãos, ou estão tapados com placas de madeira, ou entra por eles a climatologia toda. Ainda bem que os Calasans vivem na Bahia, onde pelas janelas só costuma entrar o bom tempo, o sol e a alegria, que aqui parece que não se dão tanto os problemas de delinquência que caracterizam outras zonas do país. Quando chove, os Calasans correm a casa toda fechando janelas e acendendo luzes, que "para algo há-de servir viver no século XX", diz muito convencida a nossa excêntrica anfitriã, que, entre outras extravagâncias de carácter, confessa ter horror a crianças,

ao ponto de pedir às visitas que não lhe apareçam em casa acompanhadas dessa gente menor. Num tom mais sério, contou-nos: "Em toda a minha vida só gostei de um garoto. Teria 6 ou 7 anos, andava sempre calado e com cara de mau humor. Finalmente falou-me do seu problema: não gostava de adultos. O resultado foi termos passado tardes inteiras a odiar-nos mutuamente, sem falar, mas compenetradíssimos e solidários nas nossas respectivas causas". Calasans Neto ofereceu-nos duas belíssimas gravuras que emolduraremos em Lanzarote. Levamos também dois desenhos a pincel de Caribé, e no outono, quando terminar a exposição que ele tem prevista em Madrid, receberemos a pintura que lhe comprámos quando visitámos o seu impressionante estúdio.

O Rio de Janeiro recebeu-nos com uma chuva de verão, dessas implacáveis que aparecem e desaparecem sem prévio aviso, levando adiante tudo o que podem. Como não pensar nos morros e nas favelas que os povoam? A força da água fará estragos, como de cada vez que chove. Dizem-nos que é impossível combater esta desgraça porque se os poderes públicos conseguissem, graças a financiamentos superlativos, dar aos favelados casas mais seguras noutros sítios, imediatamente os morros tornariam a ser ocupados por outras vagas de gente desesperada — outras vagas de desespero — que construiriam os seus túmulos nessas ladeiras tão belas quanto perigosas. Quando os teólogos debatiam o problema do mal no mundo, não pensavam nas favelas, e contudo, as favelas do Rio, e de todos os Rios da terra, são a verificação de que o mal existe.

O serão deste domingo estava reservado para outro encontro com velhos amigos, admirados companheiros de letras de José. Chico Buarque foi o anfitrião da noite, que começou em sua casa e terminou num restaurante italiano, onde, pelo mimo com que o tratam, é cliente principal. Rubem Fonseca, João Ubaldo Ribeiro e Berenice, Eric Nepomuceno e Martha, Luiz e Lili, eram os outros comensais, reunidos por umas letras que tantas vezes separam e que são tão poderosas quando criam laços de amizade. Claro que às vezes os exageros não são bons conselheiros... "Vocês são todos uns portugueses contrariados", disse José, ao ver como os brasileiros se esforçavam por encontrar antepassados mais ou menos verosímeis no Velho Continente. Realmente inverosímeis a maioria deles, pois estavam nascendo naquele mesmo momento de uma efabulação divertida e desenfreada. Como era de esperar, falou-se de livros: "Livro é só aquele que se segura de pé", atirou o avô de João Ubaldo quando este, feliz, correu a mostrar-lhe a sua primeira publicação, que, pelas poucas páginas e pela fraqueza da capa, o avô desdenhou, sem se dignar olhar o que tinha dentro. "Desde então só escrevo livros grossos", justificou-se o autor de *Viva o povo brasileiro* (673 páginas), um livro grande em todos os sentidos... Não obstante, acaba de publicar uma seleção de artigos intitulada *Um brasileiro em Berlim*, fruto da sua experiência na Alemanha, que é um gozo de leitura. Jorge Amado diz que é um livro para ler sorrindo, mas está equivocado: uma e outra vez aquelas páginas conseguem arrancar gargalhadas, mesmo ao mais circunspecto dos leitores. E falando de equivocações: Rubem Fonseca contou-nos que o seu romance *Agosto* apareceu recentemente em França com o surpreendente título *Crime en été*. O eurocentrismo, a soberba europeia, estão tão pegados à pele que nem por um momento — pondo de parte outras considerações sobre o seu profissionalismo ou falta dele — ocorreu ao editor pensar que existem dois hemisférios, e que quando num é verão, no outro é inverno, isto é, que no Brasil é inverno o mês de agosto, quer o desnorteado francês goste ou não goste. Também se falou do último romance de Chico Buarque, *Benjamim*, obra madura e acabada, escrita por um veterano das letras, não por um amador, como alguém poderia pensar. Bem gostaria de o traduzir em castelhano. De momento, Chico e eu estamos de acordo. Veremos se é possível, se não estará já nas mãos doutra pessoa.

Perto do fim do jantar viveu-se um momento de tensão, por causa de uns jornalistas que, não se sabe como, tinham descoberto o lugar do encontro e queriam tirar fotografias. Chico Buarque, como anfitrião, ficou indignado, porque sabe quanto Rubem Fonseca é zeloso da sua intimidade, a ponto de não dar entrevistas a meios audiovisuais nem consentir que o fotografem. Felizmente, depois das explicações, os jornalistas aceitaram que aquelas pessoas, embora se encontrassem num lugar público, tinham o direito de estar onde, como e com quem quisessem, sem que disso se fizesse espetáculo. Mas, no ambiente, sobretudo em Chico, notou-se o mal-estar causado pela indiscrição de não se sabe quem.

De regresso a Copacabana passámos por Ipanema, a noite estava serena, algumas pessoas tomavam banho, beneficiando da iluminação que percorre as praias, o mar e o céu confundiam-se num entendimento perfeito, parecia que a graça de Deus se havia derramado sobre o mundo. Contudo, não pude esquecer que o silêncio da noite escondia dramas e tragédias, algumas causadas pelas chuvas da tarde, outras, simplesmente pela histórica injustiça dos homens e das sociedades e sistemas que eles criam. Não quis pensar muito mais, porque acabaria por crer que aquela não era uma paz lírica, mas sim a paz dos cemitérios, e esta conclusão seria tão errada como a anterior.

5 de fevereiro

Diário de viagem de Pilar:
José, como escritor e Prémio Luís de Camões, era o convidado de honra da inauguração oficial de um edifício destinado a altos fins: o Palácio do Livro. O prefeito do Rio, a secretária municipal da Cultura e a diretora, junto com Affonso Romano de Sant'Anna e outros escritores, percorreram as instalações, que estão situadas (já é casualidade!) na Rua Luís de Camões. Um edifício esplêndido, com salas para biblioteca, leitura, recitais, conferências, até uma livraria vai ter. Os leitores não poderão queixar-se. Os autores, lá nos parnasos em que se encontrem, ou nesta vida aziaga, só terão motivos para estar satisfeitos.

Como o estavam Luiz Schwarcz e Jorge Zahar, ambos editores, no almoço que depois nos reuniu. Luiz, que afirma ter aprendido tudo de Jorge, feliz com o acolhimento que estão dando ao seu autor Saramago. Jorge, alegre com o entusiasmo do discípulo, que em pouco tempo criou uma editora, a Companhia das Letras, indispensável na vida cultural brasileira. Os dois cuidando-se mutuamente, assim os conhecemos há anos e assim continuam. E os dois acariciando os livros que têm e aqueles com que sonham, porque estes homens não são apenas dois empresários brilhantes, são sobretudo criadores, homens de cultura, capacitados para a reflexão e para a emoção, exercitados na bondade. Autênticos aristocratas do espírito.

Pela tardinha, nos jardins da Biblioteca Nacional (nem o calor nem o número de pessoas permitiam que o ato se celebrasse noutra dependência do edifício), palestra de José. Acudiram muitos portugueses, mas também leitores brasileiros que tiveram ocasião de expor as suas dúvidas ao autor, num ambiente distendido e alegre, apesar da temperatura e dos ruídos que chegavam da rua. Para José foi muito agradável conhecer pessoas que desde há anos lhe escrevem contando-lhe as suas experiências de leitores, em cartas que são uma autêntica ponte aérea, livros e cartas unindo sensibilidades e culturas distintas que se expressam no mesmo idioma. Affonso Romano de Sant'Anna, anfitrião do ato, ficou satifeito e convidou-nos para jantar.

6 de fevereiro

Diário de viagem de Pilar:
Vieram ao hotel algumas pessoas que conhecemos na Biblioteca. São uns jovens que se dedicam à comercialização de sacos, carteiras e outros objetos de uso, feitos com o que chamam pele ecológica, o *treetep*. É um tecido de algodão banhado em látex natural e escurecido pelo fumo, preparado pelos índios e pelos seringueiros da floresta amazónica. Uma atividade alternativa que cria trabalho sem destruir e que procura evitar que a floresta caia nas mãos de latifundiários que a arrasam para introduzir cultivos proveitosos aos seus interesses económicos,

como, por exemplo, pasto para os gados, o que, no dizer dos nossos amigos, é outra forma de devastação, e não das menos importantes. Compramos-lhes muitos desses objetos, que serão convenientemente repartidos entre os amigos ecologistas que temos.

Também veio ao hotel a presidente do Partido Comunista Brasileiro, Zuleida F. Melo, uma socióloga professora da Universidade, com quem, depois de uma série de desencontros, conseguimos conversar acerca da história do Partido no Brasil e do neoliberalismo vigente. Ofereceu-nos algumas publicações políticas, entre elas um *Glossário neoliberal*, elaborado por F. Leite e Ricardo Bueno, que penso ler. Embora seja esquemático (assim me pareceu), não deixa de ser interessante. Procuro a entrada referida à minha profissão. Eis o que diz do jornalismo: "No Primeiro Mundo, guardião da democracia. No Terceiro Mundo, instrumento de dominação". E mais deste teor: "Primeiro, obtenha os factos, depois distorça-os à vontade — Mark Twain". Embora, digo eu, para distorcer os factos não sejam imprescindíveis os jornalistas. Temos excelentes professores. Nós só nos juntamos, tantas vezes nem sequer conscientes do nosso papel, à cerimónia que outros oficiam.

Carlos Pais, cônsul-geral no Rio, organizou um almoço no consulado para reunir pessoas do mundo da cultura. Oscar Niemeyer, Ana Miranda, Cleonice Berardinelli, José Aparecido e Leonor, Vera Costa e Silva, entre outros amigos, atreveram-se a desafiar o calor de um meio-dia impiedoso. Apareceu também José Francisco Teixeira, um velho camarada de José, com quem mantém uma relação epistolar tão fiel quanto grata. Veio munido de uma magnífica máquina fotográfica. Dada a sua meticulosidade, não tardará muito que cheguem a Lanzarote imagens deste encontro. Aposto o que quiserem.

Foi uma alegria voltar a ver Cleonice, a quem acabam de homenagear por ter dedicado uma vida inteira — inteira de inteireza, dignidade, dedicação, mestria — aos estudos literários, literatura também eles. O livro que acabam de dedicar-lhe, *Cleonice na sua geração*, é algo mais que um agradecimento por cinquenta anos de ensinamentos, é o reconhecimento de que o seu magistério serviu para iluminar caminhos no vasto mundo literário.

Com Vera falámos pouco, ela e sua mãe chegaram tarde. A medicação que está seguindo impede-a de mover-se com a agilidade de quando era embaixatriz em Lisboa. Oxalá os médicos acertem com o tratamento, hoje sem dúvida alterado pelo calor, mais intenso a cada segundo que passava. Se as mulheres ali reunidas levassem a maquilhagem usada noutros circuitos, teríamos acabado transformadas em disparate. Mas não era o caso. A cara limpa de Ana Miranda, por exemplo, sentada na minha frente, deixava respirar os poros, sublevados só pelo clima. Foi outra alegria, esta de encontrar a escritora brasileira de olhos belos e inteligentes, que traz nas mãos um novo romance. Há que ler Ana Miranda.

O último ato público de José era uma conferência nas instalações de *O Globo*, que de manhã havia publicado uma entrevista ilustrada com uma fotografia da cabeça de José, maior que o tamanho natural. Quase teve um desmaio quando a viu... O título da conferência era "O escritor perante o racismo". José identificou metodicamente as distintas formas de racismo e xenofobia, inúmeras vezes definidas e praticadas. Fez especial finca-pé em apontar, como um tipo particular e alargado de "racismo", a intolerância social. Despreza-se o diferente, salvo se ele for poderoso. Um branco pobre, sem meios para sair da marginalização, é tão pouco considerado como o pobre doutra cor. Quem ocupa lugares importantes em conselhos de administração e maneja capitais, não tem cor. Ou melhor: tem a cor do dinheiro, que, pelo que se vê, é o passaporte que abre as fronteiras gerais e as da consciência — ou da inconsciência. Durante o colóquio voltaram a perguntar a José pela Igreja do Reino de Deus, que dias antes ele havia denunciado qualificando-a de bando criminoso que extorsiona os fracos, aproveitando-se dos seus sofrimentos e carências. Alguém pediu a José a sua opinião sobre as telenovelas: "Por favor", respondeu José, arrancando uma gargalhada geral, "que estamos na sede de *O Globo*...". No dia seguinte, o jornal destacaria que Saramago "faz defesa da razão, embora ache que o homem é despreparado para ela". Soubemos (disseram-no-lo os organizadores do ato) que entre os assistentes se encontravam escritores brasileiros, poetas e romancistas que a minha ignorância me impediu de reconhecer. Quando José acabou de assinar livros é que pôde cumprimentar o presidente da Academia de Letras do Brasil. Também apareceram Gilda, que veio com Ana Lontra, a viúva de Tom Jobin, que nos trouxe um livro muito bonito com fotografias de Tom e uns discos. Também Gilda nos trouxe uma surpresa: um disco de Caetano Veloso cantado em espanhol, que não tínhamos. Chama-se *Fina estampa* e promete muito.

7 de fevereiro

Diário de viagem de Pilar:
Foi uma sorte ter o Ministério da Cultura reservado lugares para viajar para Madrid às 7 da noite, porque o que ao princípio parecera um contratempo (tantos atos, tantas homenagens, tantas entrevistas, tanto carinho, acabam com as forças de qualquer), veio a resultar numa daquelas satisfações que não esquecem, por muitos anos que vivamos. No almoço do consulado tinha estado, nem mais nem menos, Oscar Niemeyer, com quem José se encontrara algumas vezes, mas sempre de maneira rápida e superficial. Nesse dia, porém, a relação intensificou-se, e acabámos combinando um encontro para o dia seguinte, a fim de vermos a casa dele, nos arredores do Rio. A José e a mim parecia-nos um exagero que Niemeyer quisesse dedicar-nos o seu tempo, mas nada dissemos, porque talvez ele viesse a pensar melhor e mudasse de ideias. Não mudou. Às dez e meia estávamos como dois colegiais na recepção do hotel, esperando. Chegaram Oscar Niemeyer e José Aparecido, e desafiando, uma vez mais, o calor, partimos rumo a Canoas, um paraíso na Gávea. A casa foi construída em 1953, mas desde há anos que Oscar não a habita, porque o sítio se tornou pouco seguro.

Situada num morro, escavada na pedra, orientada convenientemente, integrada numa paisagem frondosa, aberta às cores da natureza, a casa propõe um modo de viver digno, próprio de humanos que, por se saberem hegemónicos, se sabem responsáveis das outras formas de vida, a animal, a vegetal, e também, embora vida não sendo, a forma mineral. O respeito pelo meio, a elegância das formas (das que Niemeyer criou ressaltam as naturais, as da natureza potenciam a criação artística), a água fluindo com o seu rumor sereno, as árvores pondo sombras ou descobrindo horizontes, são a definição do bem-estar, sempre que se complete com a indefinível paz que proporciona o trabalho bem-feito. Nesta casa não há torneiras de ouro, nem móveis de madeiras preciosas, nem candeeiros de cristal de Murano. Esta casa, simplesmente, encerra a beleza da harmonia. Talvez entre as suas paredes se albergue também uma certa sensação de frustração, saber que este sonho de felicidade não o vão realizar os homens, porque não sabem, ou, sabendo-o, não podem. O paraíso não está fechado, fechamo-lo todos os dias, a nós e às gerações que nos sucedam. Assim somos.

Como se a visita à casa tivesse sido pouco, Oscar Niemeyer levou-nos ao seu estúdio, situado em Copacabana, a pouca distância do hotel onde estamos hospedados. De um arquiteto que projetou alguns dos edifícios mais importantes deste século (recordo a minha enciclopédia do final dos anos 50, com fotografias de Brasília, entre elas as da catedral, como exemplo da arquitetura do futuro, ao lado das maravilhas da arte clássica), de um tal arquiteto, digo, espera-se que trabalhe num estúdio de sonho, o coração da modernidade, a bíblia e o cânone de arquitetura. Nada disso. Desde os anos 40, Niemeyer ocupa o andar alto de um edifício cuja maior graça é (se a memória não me engana) estar habitado por famílias (cruzámo-nos no portal com senhoras que vinham das compras), e não por firmas comerciais. Uma sala relativamente grande acolhe os arquitetos que trabalham no estúdio. Várias mesas com desenhos e planos, computadores, os utensílios próprios da profissão, outra mesa inexplicavelmente vazia, e uma vista esplendorosa, toda a baía diante dos nossos olhos e toda a luz do mundo para iluminar os conhecimentos. "É aqui que trabalho", disse Niemeyer. "Aqui" é um cubículo em que apenas cabem duas estantes em forma de L (lá estava a *Viagem a Portugal*), uma mesa pequena, duas cadeiras, uma fotografia de dois púbis femininos, formando como uma cordilheira de Vénus, e nada mais. Um cartuxo não vive com tanto rigor. Segundo se vê, para criar não são precisas as ostentações a que nos habituaram profissionais e executivos modernos de cujo nome prefiro não me lembrar e não me lembro, cuja maior obra, tantas vezes, é a decoração que habitam e os habita.

A mesa inexplicavelmente limpa era para comer. Todos os dias, as pessoas que trabalham no estúdio é ali que almoçam, servidos por uma cozinheira portuguesa que os acompanha desde há anos. Estávamos José e eu, com José Aparecido como testemunha, falando de política (Niemeyer e José continuam a definir-se como comunistas), do mundo de hoje, dos tempos em que os sonhos pareciam possíveis, das grandes derrotas, e também das pequenas esperanças que albergam estes corações sábios, e por isso obstinados. Uma pequena esperança, também, é que Niemeyer, apesar do seu lendário medo dos aviões, venha a Lanzarote para ver as paisagens e a obra de César Manrique. Em setembro passará por Madrid, a caminho de Veneza, onde lhe será prestada uma homenagem. Seria uma boa ocasião.

Saímos do estúdio com a alegria de termos estado com um homem singular, vigoroso e pujante. Penso que Picasso devia ser assim. Pelo menos, a força do olhar, o modo de ver o interior das coisas para depois as expressar, deviam ser deste teor. Levamos dois livros dedicados para dois arquitetos espanhóis, Victor e Javier, declarados admiradores. Vão recebê-los, os dois, com a mesma surpresa. Estes livros, com o de Lucio Costa, *Registro de uma vivência*, que nos esperava no hotel, com umas linhas de saudação distante, porque Lucio estava fora do Rio, e as gravuras, serão a nossa bagagem de mão, que há coisas que não se despacham no porão.

Antes de irmos para o aeroporto, ainda outra conversação

com José Aparecido, sobre o projeto, que ele anima e defende, da Comunidade de Língua Portuguesa, e que José, naturalmente, apoiou desde a primeira hora, embora o seu habitual ceticismo o impeça de conceber demasiadas ilusões. Aparecido, no entanto, não desanima. Em nenhuma das fundações, trabalhos e empresas político-culturais em que está metido. Este homem é uma máquina que foi posta em movimento e que não sabe nem quer parar.

Lili veio ao hotel (Luiz já tinha regressado a São Paulo), com Cristina, uma nossa amiga. Apesar da euforia que manifestava, pois tinha acabado de descobrir nos arquivos da Biblioteca Nacional correspondência privada entre o imperador do Brasil, Pedro II, e uma amante, cartas nunca publicadas que vão ser utilíssimas à investigação em que anda empenhada — apesar disto não teve inconveniente em juntar-se à dura tarefa de empacotar as recordações que levamos para casa, os livros oferecidos, as dezenas de páginas de jornais que registaram a viagem e o motivo dela. Felizmente, como éramos três, conseguimos vencer a firme desconfiança de José de que aquilo pudesse ser organizado. Mas foi.

A caminho do aeroporto voltou a cair o dilúvio. Chuva como cataratas, relâmpagos contínuos, trovões que faziam tremer tudo. Mal se podia avançar. Perderíamos o avião se a tempestade durasse. Bom. Na verdade, uma parte de nós já tinha ficado no Brasil. A outra parte também ficaria se a chuva tivesse ajudado...

9 de fevereiro

Enviado por Juan Sager, encontramos em casa um fax datado de 28 a informar-nos de que o estado de Giovanni Pontiero se agravou. Diz Juan: "No Natal começou a ter muita febre. Foram identificadas duas infecções, uma delas urinária, que se curou bem, mas a febre persistiu, de modo que, no dia 11 [de janeiro], foi internado no hospital de Leeds, onde já tinha estado em julho passado. As análises feitas, de todo o tipo, não deram nenhuma indicação da causa da febre. Isto, com a falta total de apetite, debilita-o muito e já não pode manter-se de pé nem estar sentado sem apoio. Entre dormir e dormitar há momentos em que responde a perguntas e até há ocasiões, menos frequentes cada dia, em que ele mesmo inicia um diálogo. Os médicos procuram soluções, mas parece que já não sabem que fazer". A carta conclui assim: "Giovanni acabou a tradução do *Ensaio sobre a cegueira* exatamente antes do Natal. Gostou muito de fazê-la e por isso a terminou tão depressa".

Deve ser o fim, disse para Pilar. Desde há muitos meses que Giovanni, com discreta e britânica coragem, anda a lutar com a doença, sabendo que não existe remédio para ela. Recordo aquele almoço na sua casa de Didsbury, quando abertamente nos falou do mal que o atacava, e depois as fotografias que tirámos uns aos outros no jardim, todos a pensar, sem o querermos dizer, que seriam, provavelmente, as últimas. "Tive uma vida boa, não me queixo", disse-me ele a sorrir. Gostaria de ter esta coragem simples quando chegar a minha vez.

10 de fevereiro

O fax tem a hora de emissão (15h58, hora de Inglaterra e de Canárias) e diz isto: "Querida Pilar, querido José. Giovanni acaba de morir. El día de su cumpleaños al mediodia, cuando había llegado a los 64 años. Saludos. Juan". Fiquei com o papel na mão, a olhar, já sem poder lê-lo, como se as palavras, de repente, como borrões, se tivessem desfeito em água.

12 de fevereiro

De um leitor do Funchal recebo a seguinte carta:
"A mulher do médico e os outros sobreviventes acabaram o *Ensaio* juntando toda a comida e coisas úteis que poderiam

carregar e partiram para os campos. Onde verificaram que os seus habitantes haviam resistido à epidemia de cegueira branca. Mas as cidades próximas tinham deixado de dar sinal de vida, deixando preocupados os camponeses que dependiam delas para tratar dos doentes, estudar, comerciar etc.

"Por outro lado, muitos terrenos rurais e urbanos, além das respectivas construções, tinham ficado sem dono, porque os proprietários e herdeiros tinham morrido... E não tardaram as notícias de que o resto do país estava reduzido a essa mesma condição. Não havendo portanto poder público em funcionamento para ficar com o domínio legal e efetivo daqueles prédios. Estes estariam abandonados ao abandono por muitos e muitos anos, transformando-se espontaneamente em matagais, dado que o repovoamento seria, na melhor das hipóteses, muito lento.

"Mas nada impedia que começassem a desenvolver-se novas comunicações diretas, de toda a espécie, entre vizinhos e com as comunidades mais próximas, trocando bens e serviços sem ter que aturar o maldito fisco. E muita gente se remediou com as bicicletas, carroças, automóveis e gasolina, sem dono, que puderam ser salvos das ruínas urbanas. O médico tornou-se mais popular do que nunca... e então, da mulher nem seria preciso falar. Ela sabia fazer de juiz, com muita habilidade, nos conflitos que iam surgindo; e pedia conselhos às pessoas idosas.

"Estas concordaram que alguns camponeses, sabendo das terras que haviam ficado sem dono, junto às estradas, passassem a residir nelas, deslocando-se para as suas terras quando tivessem que fazer os trabalhos agrícolas. Mas como muitos lugares eram mais pretendidos do que outros, para esse efeito foi aprovado pela mulher do médico e outros maiorais, um regulamento para a atribuição dos lotes residenciais ao longo das estradas, mediante o pagamento de uma renda. Com esta receita a comunidade sustentaria a escola, a conservação das estradas etc.; e tentaria também salvar o máximo possível das cidades condenadas à ruína: as bibliotecas e arquivos, as construções melhores etc., impedindo que a vegetação espontânea tomasse conta desses bens.

"Descobriu-se assim que a árvore da ciência tinha um galho, o da riqueza, que produzia frutos envenenados. Que é mais barato erradicar a pobreza e o desemprego do que sustentá-los. Que o custo das distâncias (hoje maior que o custo da produção) se deve reduzir pela via fundamental, de reduzir as próprias distâncias; em vez de aumentar estas pela concentração do povoamento... para depois gastar fortunas fabulosas em vencê-las por meios mecânicos. Que também as comunicações entre as pessoas facilitam-se ao máximo aproximando as próprias pessoas, em vez de as afastar para depois ter que usar meios artificiais de comunicação. Que a compreensão entre as pessoas se faz melhor entre as bocas e os ouvidos, ou entre os olhos e o papel, do que abusando dos telebrinquedos.

"E um belo dia, passeou pelos campos, onde a mulher do médico era tratada como rainha, um estudioso da História anterior ao Dilúvio. Ele ensinou que há 442 000 anos chega à Terra, na Mesopotâmia, uma expedição com gente de um povo, os Nefilim, vinda dos abismos do céu, conduzida por Enki que fundou então a estação Terra I, no sul dessa região. Mais tarde, o mesmo moveu-se para o norte e fundou Larsa. Mais tarde chegou à Terra um outro 'deus' chamado Enlil, e fundou Nippur, ao passo que Enki viria a estabelecer rotas marítimas para a África do Sul, organizando a mineração do ouro. Ainda mais tarde os Nefilim estabelecem em Bad-Tibira um centro metalúrgico, e foi em Sippar que foi construído um aeroporto espacial. Posteriormente houve outras expedições e os Nefilim cruzaram-se geneticamente com habitantes terrestres quase semelhantes, dando origem ao Homo Sapiens que, depois de passados uns 200 000 anos, viria sofrer os efeitos devastadores do Dilúvio, há 13 000 anos (fonte: *O 12º planeta* de Zecharia Sitchin).

"Quando a mulher do médico, que era uma pessoa profundamente religiosa, veio a saber disto, caiu em profunda meditação e retirou-se para uma montanha que ela conhecera em criança e cuja solidão lhe era agradável. Sentia que uma nova responsabilidade estaria recaindo sobre ela, mas não conseguia descobrir qual fosse. No terceiro dia sentiu um nervosismo que não sabia explicar, embora fosse enfermeira durante muitos anos na clínica neurológica do marido, antes deste ficar cego. Recolheu-se mas ainda era dia quando viu um clarão pela janela e, passados alguns vinte minutos de ansiedade para ela, outro clarão. No intervalo ouviu vozes que lhe pareceram masculinas, mas a fala era ininteligível, e ela sabia distinguir qualquer das grandes línguas usadas na Terra. Não tardou muito em ouvir bater à porta e abriu esta sentindo-se mais desamparada do que nunca se sentira na vida.

"Apareceu-lhe uma figura aparentemente feminina, com roupa altamente protetora, capacete, óculos de aviador, auscultadores nas orelhas e um aparelho em forma de caixa, fixado sobre os ombros como uma mochila de onde descia uma espécie de tubo acompanhando a coluna vertebral. Era a figura da estátua de uma deusa, que fora desenterrada na Mesopotâmia, representada no livro de Sitchin! Mas a seguir, outra surpresa: ela falava em esperanto!

"Trazia uma proposta de intercâmbio entre o Céu e a Terra. A espionagem já havia informado o Céu da existência do anjo que era a mulher do médico, pelo que esta vinha fazendo, antes e depois da catástrofe urbana que exterminara metade dos habitantes humanos terrestres. O Céu queria saber de tudo o que se passara e propunha uma troca de casais, durante um ano pelo menos, tendo sido já selecionado aquele que viria para a Terra, também para no regresso ao Céu esclarecer as causas da cegueira branca.

"Era evidente que o Céu queria resolver os problemas da Terra e escolhia a mulher do médico como intermediária por parte deste planeta que era considerado o quarto no tempo em que o Sol e a Lua eram metidos nesta conta. Mas como a mulher do médico é uma invenção do sr. José Saramago, não sei se este poderá ficar fora do negócio."

Se fui capaz de entender tão profundos mistérios, e uma vez que não está expressamente dito na carta deste leitor que o médico do *Ensaio sobre a cegueira* também foi escolhido para ir na viagem ao Céu, desconfio, apesar de não falar esperanto, que terei de ser eu a acompanhar a mulher dele e ficar por lá um ano. Do que muito duvido é que Pilar esteja de acordo...

13 de fevereiro

Juan Sager conta-nos que Giovanni, nas últimas semanas, estava a perder rapidamente a visão. Havia que decidir entre continuar com os medicamentos apropriados ao seu estado, mas que lhe prejudicavam a acuidade visual, ou proteger-lhe o melhor possível a vista, aplicando medicamentos que se sabia serem incompatíveis com os outros. A resposta de Juan aos médicos, depois de ter falado com o amigo, foi esta: "A morte, já a tem certa. Conservem-lhe o uso dos olhos para que não tenha de morrer cego". Comentários? Não vale a pena. Só recordar que Giovanni ainda estava a traduzir *o Ensaio sobre a cegueira* quando teve de escolher entre a luz e alguns dias mais de vida...

14 de fevereiro

Em Madrid, numa sessão pública organizada pela Sociedade de Autores espanhola para assinalar o encerramento de uma grande campanha de difusão dos seus objetivos, li um discurso que não foi escrito por mim e a que, portanto, só tive de dar voz e presença. Em tantos anos, foi a primeira vez que me sucedeu tal coisa. O mais divertido, segundo me disseram depois, é que houve quem, com total convencimento, tivesse comentado que se notava bem a diferença: "Via-se logo que era obra de escritor...". E não era. Ou era, mas não deste. Alguém, não sei quem, teve o gosto e o trabalho de redigir a belíssima prosa, mas os aplausos fui eu a recebê-los. Aqui os deixo a quem de facto os mereceu.

Na apresentação de um excelente primeiro romance de

Dulce Chacón, *Algun amor que no mate*, contrapus à ideia de que o amor mata (a ambos? a um dos dois?), tal como vinha sugerido no título, uma ideia diferente: a de que o amor só começa a matar quando começa a morrer. Um amor vivo não mata, dá vida.

16 de fevereiro

A palavra "repescar", que em sentido próprio quer dizer "pescar de novo coisa que se escapara após a primeira pesca", significa, num sentido figurado, "ir buscar de novo qualquer coisa entre as que se puseram de parte em primeira escolha". Assim o registou José Pedro Machado no seu dicionário, autorizando o que é sabido por toda a gente: a palavra, como graficamente se nos mostra (re+pescar), é de tal forma explícita que não deixa qualquer lugar a dúvidas. Isto julgava eu. Mas há quem não pense assim. Entre esses encontra-se com certeza o autor anónimo de um artigo aparecido anteontem no *Diário de Notícias*, em que se comenta o texto de análise da obra de Fernando Pessoa que George Steiner publicou recentemente na revista *The New Yorker*. Ora, diz o jornalista a certa altura: "A propósito de Pessoa e dos seus heterónimos, George Steiner vai repescar o inevitável José Saramago, mais precisamente *O ano da morte de Ricardo Reis*, que classifica como sendo um dos 'maiores romances europeus recentes', frisando que 'nada tão perceptivo foi escrito sobre Pessoa e as suas sombras contrárias'". Observe-se: sou "inevitável" (o que, no contexto, soa um tanto pejorativo) e fui "repescado". Puntinhoso, não vá o gentio deixar-se iludir, o jornalista acode a acrescentar: "Supõe-se que Steiner, ao emitir tal juízo, refere-se apenas às abordagens ficcionais do autor da *Mensagem* e dos seus 'outros' literários". Chama-se a isto, claro está, empurrar portas abertas. A que outra coisa poderia estar a referir-se George Steiner? Às biografias de Pessoa? Às críticas de todo o mundo? Aos ensaios de toda a parte? Às teses de toda a gente? A uma bibliografia vertiginosa que continuamente cresce? Quanto custa a certas pessoas serem simples e diretas!... E quanto mais custoso parece ser o pequeno esforço de abrir o dicionário para verificar se era mesmo "repescar" o que se queria escrever! Na verdade, este jornalista teria tido razão há uns quinze anos: foi por essas alturas que eu resolvi "repescar-me" a mim mesmo...

17 de fevereiro

Guardo num armário (se se pode chamar guardar a ter coisas amontoadas, a trouxe-mouxe) originais de artigos e conferências que tenho andado a escrever e a dizer por aí, em muitos casos em diferentes versões de forma, e com modificações importantes de fundo. De longe em longe digo-me que é preciso fazer uma limpeza nisto, ordenar a confusão, rasgar o que não interesse, mas em todas as vezes acaba por desviar-me do propósito a dificuldade de decidir quais os textos que vale a pena conservar: é que, conforme as ocasiões, ora me parecem melhores uns, ora outros... Hoje fiz mais uma tentativa, de que veio a resultar apenas (oh trabalho insano) uma separação dos papéis em dois montinhos: o das folhas dobradas ao meio e o daquelas que, por qualquer misteriosa razão, não dobrei... Mas tive a surpresa de encontrar-me com um artigo de que já não me lembrava, publicado não sei onde, com o seguinte título: "Rio: um saber feito de (quase) nada". Ao passá-lo agora a estes *Cadernos*, saberei, ao menos, onde poderei tornar a encontrá-lo. Aí vai, pois:

"Aqui há muitos anos, um conhecido escritor francês, cujo nome agora mesmo resiste a sair-me dos arquivos da memória, proferiu, de caso pensado ou por súbito impulso de alma, quando o barco em que se ia aproximando do Rio de Janeiro (isto foi no tempo das viagens marítimas), uma daquelas frases que logo se vão tornar históricas, género 'um pequeno passo para o homem, um grande salto para a humanidade'. Mais discreto, o literato viajante, demonstrando, na ocasião, uma modéstia que nada tinha de francesa, exprimiu o seu deslumbramento pela voz da humildade e da gratidão: 'Nunca pensei que os meus olhos valessem tanto', disse ele. O gesto seguinte, porém não o registou a história, teria sido ajoelhar-se no convés e dar graças a quem inventou os olhos e as paisagens.

"Viajei ao Brasil, pela primeira vez, salvo erro, em 1982, levando comigo uns olhos que já tinham nascido cansados e a recordação de muita outra paisagem vista. Cheguei de avião ao Rio, com nuvens baixas, levaram-me do aeroporto à cidade, pelo meio de um trânsito convulsivo, mas pude perceber, de relance, a massa formidável do Pão de Açúcar, e, quase sem saber como, achei-me no hotel. Em Copacabana, claro está.

"Suponho que terá sido por aí que começaram os meus desencontros com o Rio de Janeiro. Nas viagens que entretanto tive oportunidade de fazer, e não foram elas poucas se levarmos em conta os apenas oito anos passados, sempre me instalei, ou, para ser exato, me instalaram, naquela correnteza de palaces e areias, sítio de regalo para turistas, sem dúvida, porém, se não parece mal dizê-lo, impróprio para viajantes. E como essas minhas viagens eram invariavelmente breves (o tempo de um congresso, o tempo de um lançamento editorial), ainda mal chegara, já regressava, ou corria a outros lugares brasileiros, que viria a conhecer tão mal como estava conhecendo o Rio. Da paisagem, apesar de tudo, acreditava ter luzes suficientes, ali estavam as montanhas, as florestas, o mar, mas a cidade desorientava-me, dividida, como está, em três ou quatro partes que se comunicam por túneis, de modo que me via a sair de uma e a entrar em outra sem perceber *onde* tinha acontecido o momento de passagem ou *quando* havia cruzado, por assim dizer, uma linha de fronteira. Perguntavam-me os meus amigos se já tinha subido ao Pão de Açúcar ou ao Corcovado, que isso me ajudaria a ter uma ideia da topografia geral da cidade, e eu, fiel ao princípio de que um viajante que se respeite não sobe à Torre Eiffel (como até hoje nunca subi), respondia-lhes que contava vir a compreender o Rio de Janeiro um dia desses, sem recorrer à facilidade de paisanas ascensões.

"Por fim, não aguentei mais. O Rio de Janeiro estava a tornar-se para mim numa nova Setúbal, essa onde sempre me perco e onde sou incapaz de encontrar uma rota que me leve a porto seguro. Desdenhei o Pão de Açúcar por achar que só me ofereceria uma visão muito incompleta do objetivo, e subi ao Corcovado, aprendendo, de caminho, que aquela florinha cor-de-lacre que aparecia por todo o lado, ao longo da estrada, tem o nome de maria-sem-vergonha, palavras que dizem tudo sobre a espécie de intrometida que ela é. Chegado, enfim, ao alto, pude perceber, num estado de plena adesão dos olhos e do espírito, o que queria dizer o tal francês agradecido. Mas como uma beleza destas é rigorosamente intraduzível em palavras (se eu escrever *verde*, por exemplo, de que *verde* estou a falar? e *vale*? e *montanha*?), deitei as minhas vistas para a disposição da cidade no terreno, localizei os acidentes orográficos perfurados pelos túneis, tracei mentalmente as vias de comunicação, pus nomes nos bairros, situei as praias, identifiquei as montanhas encavaladas ao redor, inventariei as favelas e os bairros de luxo — o Rio de Janeiro deixava de ser uma cidade para tornar-se num mapa plano, lógico, organizado, perfeito. Compreendera tudo, aprendera tudo.

"Bastou-me regressar ao nível do mar e a Copacabana para começar a desaprender, mas o meu desenho mental, com a ajuda de um mapa turístico finalmente útil, ainda tinha sentido bastante para evitar que me visse a mim mesmo como o menino perdido na mata e sem o seu cão Piloto. Mas, ai de mim, nunca diremos demasiadas vezes que o ótimo é inimigo do bom. Veio um dia, uma outra viagem, em que subi de helicóptero, por ares e ventos, sobrevoei tudo, desde Jacarepaguá ao Fundão, girei ao redor do Senhor Cristo do Corcovado como anjo zumbidor enviado do céu para perguntar-lhe, olhos nos olhos, se realmente acreditava que valesse a pena continuar ali, pairei sobre o Pão de Açúcar e soube como ele é do lado do mar, tomei a altura dos arranha-céus, fiz levantar as cabeças dos banhistas na praia, desde o Leme a Ipanema, e quando dei por mim tinha perdido outra vez o Rio de Janeiro. Vistos assim do ar, os planos confundiam-se, a inclinação dos vales era perturbada pela inclinação do próprio aparelho, a montanha parecia escorregar e cair, os edifícios tornavam-se construções expressionistas, cenários de *Metropolis*, as favelas confundiam-se com os bairros ricos que estão defronte, a cidade transformava-se em caleidoscópio, variável até ao infinito. Depois disto, descer não é regressar, mas recomeçar.

"Confessado fica aqui, pois, que mal conheço o Rio de Janeiro. Porém, não é ao helicóptero que lanço as culpas. Culpa tem-na (mas inocente culpa) quem me pôs em hotéis de Copacabana, culpa tem-na esta minha vida que só me leva das universidades às livrarias, das sessões de autógrafos às recepções, das conferências às entrevistas, das mesas-redondas aos jantares de circunstância. Um dia, um amigo brasileiro disse-me que é possível viver no Brasil como se o Brasil não existisse. Basta ter os meios para criar um casulo, uma redoma, viver lá dentro e fechar os olhos ao resto. Acho que, no Brasil, também tenho vivido numa redoma. E contudo, se calhar, até nem conheço tão mal assim o Rio de Janeiro. Mas das pessoas, do povo que lá vive, se quiser ser sincero, só saberei dizer que lhes chamam cariocas."

20 de fevereiro

Chegou-me da Escola "C+S" da Golegã (a moderna didáctica é um enigma para mim: que significarão aquele C e aquele S metidos entres aspas, e ainda por cima somados?) uma carta escrita por três alunos do 6º B, dois deles da Golegã, a Ana Filipa e a Mariana, e outro da Azinhaga, o Pedro Miguel. Dizem que estão a fazer um trabalho sobre o tema "Factos e personalidades do Concelho da Golegã" e mandam-me umas quantas perguntas. A carta foi feita realmente em conjunto, cada um o seu parágrafo, e na introdução em que se apresentam foram ao ponto, cada um deles, de escrever o nome pelo seu próprio punho, como se nota pelas diferenças das caligrafias. Querem saber se me orgulho de ser da Azinhaga, se tive uma infância muito agitada, com que idade fui para Lisboa, por que escolhi o título *Levantado do chão*, com que idade me apaixonei pela literatura, qual o livro que mais marcou a minha carreira de escritor, quantos livros escrevi, qual é o meu best-seller, por que não escrevo livros para crianças, se me sinto orgulhoso por ter ganho o Prémio Camões, e por que vim viver para Lanzarote. Sendo eu feito como sou, tomarei tão a sério estas perguntas ingénuas como se tivesse de dar satisfação ao interesse de um universitário em preparativos de tese. Vou-lhes dizer que não escolhemos o sítio onde nascemos, portanto não pode haver sentimentos de orgulho por ter nascido aqui ou ali. Mas é certo que a Azinhaga me deu o que Lisboa não me poderia ter dado: aqueles campos, aqueles olivais, a lezíria, o rio Almonda (o Almonda daquele tempo, não o de hoje, que é uma cloaca), o Tejo e as marachas, os porcos que o meu avô Jerónimo guardava, os passeios de barco, as manhãs à pesca, os banhos. O meu sentimento não é de orgulho, mas de felicidade por ter tido uma infância que pôde começar a aprender assim a vida. Dir-lhes-ei que sempre fui uma criança sossegada, metida consigo, que a minha família era de gente pobre, que por isso é que os meus pais emigraram para Lisboa. Os primeiros anos foram muito difíceis, mudámos muitas vezes de casa (vivíamos em quartos alugados), e foi só quando eu já tinha 7 ou 8 anos que as coisas principiaram a melhorar um pouco. Mas só começámos a viver em casa própria por altura dos meus 13 ou 14 anos. Também lhes responderei que dizer "paixão pela literatura" é o mesmo que dizer "paixão pela leitura". Ninguém será escritor se não começou por ser leitor. Essa, sim, é a verdadeira paixão. No meu caso, que não tinha livros em casa (só pude começar a comprar alguns livros — e com dinheiro emprestado por um colega de trabalho — quando tinha 19 anos), o gosto de ler satisfi-lo, conforme me foi possível, nas bibliotecas públicas de Lisboa, à noite. Finalmente (as restantes respostas são mais ou menos óbvias), vou dizer-lhes que não sei escrever para crianças, que quando eu próprio fui criança não me interessavam muito o que chamamos "histórias infantis", o que eu queria era saber o que diziam os livros para a gente crescida.

22 de fevereiro

A primeira crítica, em Espanha, ao *Ensaio sobre a cegueira*, apareceu hoje num jornal de Las Palmas de Gran Canaria, *La Província*. Do que o seu autor, Ángel Sánchez, escreveu, extraio duas passagens que me pareceram particularmente interessantes. A primeira: "Insiste [o autor] no recurso de partir de um ponto qualquer da realidade mais corrente para ir derivando no sentido da ficção pura e dura, até ao ponto de permitir ao imaginário que, num dado ponto da narração, devore a realidade corrente do ponto de partida ou a ponha ao seu serviço". A segunda: "Submetidos [os protagonistas] como estão às pequenas misérias da sua proteção e sobrevivência, não deixam por isso de ver a luz da razão e formulá-lo no seu veículo oral. Se continuam a razoar, alguma esperança resta. Filosofarão portanto à sua maneira, coisa em que o autor continua a ter parte ativa — as mais das vezes — com esse seu humor desprendido e essa lógica relativista, que no caso português parece ser a amarga poesia do 'fatum / fado', memoriosamente expressada pelo idioleto, mais um rasto de subtil humor britânico bastante perceptível". Este tipo de observações, que não costuma encontrar-se na crítica portuguesa, ajuda a compreender melhor o que se lê. Acho eu.

26 de fevereiro

Creio ter aprendido uma lição no "Jornal Falado" do PEN Club, realizado, como de costume, num dos auditórios da Fundação Calouste Gulbenkian. A lição é a seguinte: os autores precisam dos críticos, os críticos precisam dos autores, mas é melhor que não se juntem uns com os outros porque não conseguirão nunca entender-se. Lá estivemos, do lado da crítica, Helena Barbas e Manuel Frias Martins, e do lado dos autores, Teolinda Gersão, Rui Nunes e este. Casimiro de Brito moderou não chegou a saber-se bem o quê, como se tivesse de conduzir uma parelha de cavalos desacertada, cada um a puxar para seu lado. A minha contribuição para o debate, no plano da teoria da literatura, foi modestíssima: neguei a existência do narrador, ou "instância narrativa", como mais cientificamente se lhe chama, e com isso escandalizei metade do pessoal da assistência e diverti a outra metade... Para que se pudesse perceber melhor o meu ponto de vista, perguntei aos representantes da crítica: "Onde está o narrador de uma peça de teatro? Onde está o narrador de uma pintura?". Não trouxe resposta.

1 de março

A amnistia de Otelo Saraiva de Carvalho (e também dos membros das FP-25 não acusados de crimes de sangue), aprovada hoje no Parlamento pela maioria "aritmética" de esquerda (nisto funcionou...), deixou-me perplexo. De um ângulo unicamente político, julgo ser capaz de compreender os motivos que levaram Mário Soares, nas vésperas de deixar a Presidência da República, a propor à Assembleia uma solução assim para o "caso Otelo": o processo arrastava-se penosamente, era urgente virar a página, pôr uma pedra sobre o assunto. O que falta saber é se de facto o assunto ficou debaixo da pedra e se um vento contrário não tornará a pôr a página à vista. Uma coisa, pelo menos, se pretendeu ultrapassar: o procedimento absurdo de uma justiça que, atascada em não sei que compromissos políticos ou que impasses processuais, não conseguira, em todos estes anos, produzir uma sentença firme sobre o caso principal de alguém que, deem-lhe as voltas que quiserem dar-lhe, fundou realmente, e realmente dirigiu, uma organização cujo objetivo era o derrubamento do regime pelo recurso a meios violentos. O que só é um crime, apresso-me já a acrescentar, porque esse regime, cómodo ou incómodo para quem sob a sua autoridade vivia, não só era legítimo como era democrático. Por meios violentos foi o fascismo derrubado, e disso não me vou queixar à polícia. Uma pergunta vai ficar no ar e essa não terá resposta: se Otelo Saraiva de Carvalho não fosse o *Otelo*, teria sido amnistiado?

4 de março

Em Braga, mais uma vez, para a Feira do Livro. (Quando se fartarão de mim os bracarenses? Do pobre Fernando Pessoa, que era pano doutra fazenda, andava-se a dizer por altura do centenário: "Tanto Pessoa já enjoa". Teve sorte, livrou-se de o ouvir em vida. Cá por estes lados, também terão uma rima fácil: "Tanto Saramago, já não o trago".) Pela manhã, depois do pequeno-almoço no Café Vianna, dei uma volta com o José Manuel Mendes para apreciar as obras novas da cidade. Cansei-me rapidamente de buracos, escavadoras, betões armados, sentidos proibidos e outras serventias modernas, e sugeri-lhe que fôssemos até à Fonte do Ídolo. Quando virámos a esquina da rua, de longe, pareceu-nos que o portão estava fechado, mas o cadeado, afinal, não estava posto, portanto pudemos entrar. Nenhum visitante, nenhum guarda. Noto diferenças em comparação com o que aqui encontrei há dezassete anos, quando andava a viajar para escrever a *Viagem a Portugal*: o acesso à fonte foi melhorado, fizeram-se uns muros de granito para amparar a tosca escadaria natural formada pelos desníveis da rocha — e isto é bom —, mas o lixo abunda, há vidros partidos no chão, laranjas apodrecidas que caíram de um quintal vizinho, lá em cima, um ar infeliz de abandono em tudo — e isto é mau. Braga é tão rica de benefícios que se dá ao luxo de deitar ao desprezo um dos seu lugares mais evocadores: não há um simples painel para dizer às visitas, em dois ou três idiomas, o que têm diante dos olhos. Ao menos para os de língua portuguesa, deixo aqui o que escrevi na *Viagem*: "Parece que a fonte é pré-histórica, ainda que sejam posteriores as esculturas, e teria sido consagrada a um deus de nome polinésio, Tongoenabiago. Destas erudições não cura muito o viajante. O que o toca é pensar que houve um tempo em que tudo isto era ermo, corria a água entre as pedras, quem vinha por ela agradecia ao deus Tongo as bondades da linfa. Dessas bondades há hoje que desconfiar (será pura a água?), mas as esculturas continuam a oferecer o apagado rosto, enquanto de todo se não somem". Se fosse agora, com mais experiência de vida, não me teria esquecido de escrever que naquele tempo, de certeza, já havia lixo na fonte...

À noite, quase no fim do jantar (estávamos Clara Ferreira Alves, João Ubaldo Ribeiro, Jorge Cruz, José Manuel Mendes e eu), um homem novo veio à nossa mesa para me oferecer um desenho que havia estado a esboçar enquanto comíamos. "Como se agradece isto?", perguntei-lhe, muito mais comovido do que desejaria mostrar. O desenho estava datado e situado (Bom Jesus), mas o autor não o assinara. Por discrição, imagino. Quando nos levantámos da mesa, procurei-o com a vista, mas já ali não estava. Não posso portanto escrever o nome da pessoa a quem fiquei a dever mais uma alegria. Descemos para a Feira (o João Ubaldo recolheu ao hotel, sofria de uma fortíssima constipação), onde nos esperava uma casa cheia. Clara apresentou, eu arenguei, depois conversámos com o público. Cumprimos bem.

13 de março

O correio trouxe-me hoje uns brilhantes e coloridos folhetos que anunciam, em três línguas, um novo prémio literário internacional — o IMPAC, de Dublin —, para o qual, segundo informa uma carta anexa, foi nomeado *O Evangelho segundo Jesus Cristo*. Tenho a surpresa de encontrar no júri o nome e o retrato de Lídia Jorge, que, até 22 de maio, dia em que o vencedor será anunciado, não poderá nem olhar para mim, pois a isso está expressamente obrigada pelo regulamento do prémio, que em dada altura determina: "Os membros do júri não manterão nenhuma relação epistolar, ou outra, com os autores, os editores ou qualquer outra pessoa agindo por conta destes". Como se vê, os irlandeses não são para brincadeiras, o mesmo se podendo concluir de uma outra disposição regulamentar, que, se fosse aplicada em geral, suspeito eu que deixaria desertos muitos concursos literários... Diz o artigo em questão: "Qualquer diligência a favor de um livro desqualificá-lo-á para o prémio". Nem mais nem menos. Abençoados sejam os irlandeses, que nunca as mãos lhes doam.

14 de março

Para a história do automobilismo. A motocicleta derrapa numa porção de óleo vertido na estrada, o condutor é atirado violentamente contra o separador metálico que divide as faixas de rodagem. Sangrando, com as mãos feridas, consegue, apesar disso, no meio do tráfego intenso, arrastar para a berma os duzentos quilos da moto. Ninguém para para o socorrer. Pelo contrário: alguns automobilistas, irritados com o estorvo de trânsito causado pelo acidente, buzinam à passagem em sinal de protesto. Durante um quarto de hora, passam carros e mais carros. Ninguém se detém para ajudar. Finalmente, há um automóvel que para: é um colega do sinistrado que, tal como ele, regressava do campus universitário do Monte da Caparica. O jornalista do *Público* que relata o acidente termina desta maneira a notícia: "Como no livro, a cegueira espalha-se pela cidade, e a solidariedade é apenas um eco, abafado por buzinadelas frenéticas". Por outras palavras, o médico do *Ensaio* já tinha dito o mesmo: "Somos feitos metade de indiferença, metade de ruindade".

15 de março

Álvaro Queirós, um leitor que vive em Matosinhos, enviou-me há tempos, com uma carta em que informa ser, por afinidade, sobrinho de Costa Brochado, um texto em que este, sob o título "O poeta da Mensagem", descreve as circunstâncias do seu primeiro encontro com Fernando Pessoa e as relações que depois manteve com ele. O artigo deverá ter sido escrito por alturas de 1955 ou 56, mas, segundo diz Álvaro Queirós, ficou inédito até agora, facto que demonstraria, da parte do seu autor (falecido em 1989), uma discrição verdadeiramente insólita, pois Brochado, pelos vistos, nem sequer achou oportuno aproveitar-se do "febrão editorial" provocado pela comemoração do cinquentenário da morte do poeta, quando tanta gente (até eu...) acreditou ter coisas interessantes a dizer. Costa Brochado refere que só conheceu Fernando Pessoa ("nunca o tinha visto", são palavras suas) depois de este lhe ter enviado a *Mensagem*, alegadamente porque, assim o explica Brochado, Pessoa "era leitor de certas coisas políticas que eu escrevia, cheio de fé e ilusões". Foram a oferta do livro e a respectiva dedicatória, "intencional e surpreendente", que levaram Costa Brochado ao Martinho da Arcada. A descrição do encontro parece a descrição de uma fotografia: "Pessoa estava só, metido numa gabardine cuidadosamente abotoada, com a gola subida, roçando-lhe o cabelo, tendo sobre a mesa um dossier inglês repleto de papéis dactilografados em cuja leitura mergulhava profundamente os seus olhos piscos, de míope, esboçando, a espaços, sorrisos tímidos que morriam irònicamente na comissura dos lábios. Uma chícara de café, já frio, dava àquela mesa silenciosa e triste o ar de uma justificação desnecessária mas elegante, como importa aos homens do seu espírito". Vem depois o relato do encontro propriamente dito: "Quando me abeirei dele, depois de o ter observado à vontade, foi como se estivessemos cheios de nos ver, há longos anos. O primeiro tema da nossa primeira conversa foi política, mas ainda agora a pena se recusa a violar a intimidade e a pureza das ideias que analizámos, sinal de que ambos nos encontravamos longe dos homens e das coisas, profundamente mergulhados na luz da razão pura". Em mais cinco páginas dactilografadas são narrados outros encontros e outras conversas (há uma referência ácida a Augusto Ferreira Gomes...), que culminam na proposta de uma entrevista: "Um dia, já quando uma grande simpatia intelectual nos havia familiarizado, propuz-lhe um debate político-literário, a publicar, sob a forma de entrevista, num jornal da cidade. O Poeta achou a ideia interessante e em três ou quatro tardes consecutivas nós esgrimimos, sòsinhos, à mesa do café, num à vontade consolador, até esgotarmos os temas e a capacidade de discutir". No final do artigo viremos a saber que a entrevista não só não chegou a ser publicada como nem existe... Eis o que conta Costa Brochado na última página: "Por fim, coordenei toda a matéria das nossas conversas e escreveu-se o trabalho, que Pessoa leu, já em provas impressas, meditadamente, em sua casa, acabando por dar assentimento à publicação, sem ter feito qualquer emenda. Não foi, por isso, sem alguma surpresa, que vi surgir Pessoa, à última hora, um tanto ou quanto embaraçado, a pedir-me, cabisbaixo, que se não fizesse a publicação do trabalho, — por motivos que mais tarde me explicaria. Mais tarde! Mais tarde o grande poeta morreu, pobre e triste como vivera, sem nunca me ter dito uma palavra acerca desse assunto! E eu rasguei as provas, já impressas, espalhando-as, simbòlicamente, sobre a sua campa rasa...".

    Comovedor, não é verdade? O pior, o que deita por terra o aparente interesse, inegável, das revelações de Costa Brochado, é que a Fernando Pessoa não o sepultaram em campa rasa: diretamente colocada no jazigo da avó Dionízia, no Cemitério dos Prazeres, a urna ficou ali até ao dia em que os restos do seu principal ocupante foram levados para o Mosteiro dos Jerónimos... Não tivesse Idalino Ferreira da Costa Brochado cedido à tentação de romantizar um tanto as suas relações com Pessoa, e os especialistas do poeta teriam agora algo mais com que entreter-se...

18 de março

    Chegou hoje de Lisboa um exemplar do terceiro volume dos *Cadernos*. Folheei-o, detive-me algumas vezes a reler uma página, um parágrafo, e não me pareceu mal. Mas isto, já se sabe, quem o feio ama, bonito lhe parece...

19 de março

Pál Ferenc escreve-me de Budapeste. Vale a pena passar para estes *Cadernos* a parte em que ele fala de um aspecto da situação cultural da Hungria nos dias de hoje:
"Com as transformações havidas aqui a partir de 1989 tudo se tem alterado e cada dia topamos com novas surpresas. Uma destas foi a total mudança dos antigos títulos científicos e universitários, e temos de passar por penosos exames se queremos continuar no mesmo e pagando imensas taxas e impostos. Assim, relativamente ao livro que quero escrever sobre a sua obra, há poucas novas. O Instituto do Livro da Biblioteca Nacional mandou-me alguns livros analisando os seus romances que servem para iniciar o trabalho: os conhecimentos assim reunidos aproveito-os num curso académico sobre os seus romances: posso dizer que continua a haver um grande interesse por sua obra entre os estudantes. Esse interesse levou-me a procurar a tradução da *História do cerco de Lisboa* que Lukács Laura fizera e dar passos a publicá-la. Desgraçados de nós, aqui neste momento só vale o que vem dos Estados Unidos, assim não encontrei editora interessada em publicar este livro (o mesmo se passa com outros autores como Carlos Fuentes, Vargas Llosa, Alfred Jarry etc. considerados de 'cor lilás' — que na gíria atual quer dizer: muito intelectual e por isso desprovido de interesse — e por consequência não vale a pena publicá-los). Assim veio a ideia de fazer uma edição meio privada — que o livro já traduzido não fique na gaveta e pelo menos os estudantes, estudiosos da literatura lusa e mais alguns poucos o possam ler — sob a égide da 'Oficina Literária Portuguesa' (que editaria livros com o nome Ibisz, rendendo homenagem a Pessoa) do Departamento de Português, ideia que aprovou a Fundação Gulbenkian, oferecendo alguma soma para

a edição do livro. Laura ofereceu a sua tradução grátis — ela neste sentido é muito simpática sendo igual a tantos de nós: prefere as virtudes literárias ao pão de cada dia — eu farei a revisão e composição — por computador — do texto e na medida do apoio benevolente da Gulbenkian faremos uma edição mais ou menos modesta do *Cerco*."

Sem mais comentários. Antes não era o paraíso. E hoje, que é?

20 de março

Mais uma carta. Esta chega-me de Belchertown (Springfield), no estado de Massachusetts (EUA), e escreve-a uma médica oftalmologista açoriana, Edeme Tavares Arsénio, que foi, no tempo da escola primária, colega de Onésimo Teotónio Almeida, lá na ilha de São Miguel onde ambos nasceram. Conta-me que comprou o *Ensaio sobre a cegueira* numa feira do livro em Ponta Delgada, quando por ali passou na altura das férias de Natal. Leu, gostou, disse-o a Onésimo, que a animou a escrever-me. E a carta aqui está, sensível e comovedora como tantas outras que tenho tido a felicidade de receber, mas com a nota particular de vir de alguém que lida com o mundo trágico da visão diminuída, ou mesmo perdida. Deixo em silêncio os louvores ao livro e a quem o escreveu, e passo a copiar a passagem da carta em que Edeme Tavares Arsénio fala de umas doentes suas que, além de cegas, são surdas e mudas:

"Tudo as isola do mundo e das pessoas, pensar-se-ia. Mas, não! Têm uma sensibilidade extraordinária! Uma delas, há dias, dizia-me, através da intérprete, que tinha ido de excursão a uma península da costa Leste dos Estados Unidos, observar (não disse 'ver') as baleias e os golfinhos. Quando lhe perguntei se gostara do passeio, bateu com os pés na alcatifa do consultório, toda felicidade e entusiasmo. Segurando as mãos da intérprete, transmitia sinais incompreensíveis para mim, mas a expressão dela bastava. O código foi-me traduzido: 'As peripécias dos bichos, imaginei-as, mas, assim ao vivo, foi lindo!'.

Descrente (devo confessá-lo), perguntava aos meus botões: 'Sem ouvir os sons, sem perceber os movimentos, como é que ela *viveu ao vivo?*'. A explicação veio logo: 'Quando saltavam e mergulhavam, a água salgada e a espuma salpicavam-me o rosto, lavavam-me a cara. Abria a boca e provava o gosto do sal. Sentia o calor do sol. Compreendia que eram eles que me mandavam essa deliciosa prenda!'. Concluiu dando um grito de primitivo prazer. Depois disse: 'Também fui ao Brasil, à cidade dos cariocas. São alegres como tu, são do teu povo-irmão, falam português!'. De súbito, levantou-se da cadeira com os gestos desordenados de quem não vê, agarrou na pilha de folhas escritas em braille e saiu em marcha certa e segura: o braço direito a segurar o ombro da companheira que a antecedia, no ombro direito a mão da outra que a seguia. Em fila, braço estendido, mão com ombro, ombro com mão, na simbiose dos avisuais. ('Bafo com bafo, cheiro com cheiro.') Cabeça levantada, a contemplar o teto que não via, lá seguia ela, resoluta, no meio das duas nas mesmas circunstâncias, não veem o mundo, mas sentem-no, vivem-no."

21 de março

Em Santa Cruz de Tenerife, para mais uma conferência, a convite da Fundação Pedro García Cabrera, de que é presidente Juan Alberto Martín. O nevoeiro, à chegada, obrigou a desviar o avião para outro aeroporto. Graças às voltas que ainda demos, à espera duma aberta que não veio a acontecer, pude contemplar cinco vezes, por cima das nuvens, coberto de neve, o vulcão Teide. A conferência foi "A ilusão democrática", a mesma que no ano passado fui ler a Múrcia. Ao contrário do que então sucedeu, desta vez a assistência reagiu ao texto, à análise sobre as realidades e as aparências do que chamamos democracia. Não que Múrcia tenha reagido mal: lá, a assistência, quando chegou a hora do diálogo, preferiu falar de literatura, deixando a política de parte. À saída do Ateneo de La Laguna, quando íamos jantar, alguém das artes plásticas (se gravador ou pintor não cheguei a perceber) achou oportuno vir dizer-me que metade da população portuguesa me odeia. Respondi-lhe, a brincar, que, em compensação, sou adorado pela outra metade. Depois o homem esclareceu que a metade que me "odeia" quereria gostar de mim, mas não pode, porque eu deixei de viver em Portugal... Isto fez-me recordar o que Cáceres Monteiro escreveu há menos de um mês na *Visão*, a propósito da anunciada visita de António Guterres ao Brasil: "José Saramago, nos tops brasileiros, está a ser 'apropriado' pelo Brasil, que se aproveita do facto dele ser um 'mal-amado' em meios oficiais portugueses"... São grandes confusões estas: nem o Brasil pensou alguma vez em "apropriar-se" de mim, nem eu sou odiado por tanta gente, nem são tantos os que gostam de mim. Quanto aos meios oficiais portugueses, é como tudo na vida: uns vão, outros vêm. E eu, onde estava, continuo a estar. Sejam quais forem os ventos e as marés. A favor ou contra, convém esclarecer.

Trouxe de Santa Cruz, oferecido pelo autor, Manuel Torres Stinga, um livro interessante: *El español hablado en Lanzarote*. Tem um capítulo, que me toca a corda sensível, sobre a influência portuguesa no espanhol de Lanzarote. Durante a rápida conversa que tivemos a respeito dos tempos remotos em que os portugueses foram donos da ilha, Manuel Torres prometeu que me enviaria o que pudesse vir a encontrar sobre Antão Gonçalves, que foi, em 1448 e 1449, governador e capitão--general de Lanzarote, nomeado pelo infante D. Henrique.

22 de março

A Mísia, conhece-a melhor Espanha que Portugal. Talvez, até, melhor que Portugal a conheça o Japão. O mal dela não é ter uma linda voz e saber cantar, o erro dela não é ser uma bela mulher, o que não se lhe perdoa, lá na pátria, é que, cantando o fado, seja inteligente, culta e de ideias abertas. Tive agora o consolo e o orgulho de a ver e ouvir numa entrevista à televisão.

Não tenho dúvidas de que Mísia, durante essa rápida hora, fez aumentar a consideração dos espanhóis por Portugal.

26 de março

À *consideração de António Almeida Santos, presidente da Assembleia da República*:
Apesar de a chamada sabedoria popular ter produzido numerosas sentenças céticas, geradas em repetidas e duras experiências da vida, nunca considerou necessário ou de utilidade, até hoje, ensinar-nos algo que se parecesse àquele maquiavélico preceito que recomenda que nos aliemos aos nossos inimigos, no caso de não termos sido capazes de os vencer. O estratégico conselho deve ter nascido na cabeça de algum político que, vencido em luta aberta, fez da derrota trunfo e da humilhação descaro. Claro que um trajeto assim não significa que passe a ser obrigatório, daí para diante, demonstrar por ações práticas a fidelidade da adesão, tenha sido ela expressa, ou tácita, ou apenas efeito de uma resignada desistência. Bastará, em muitos casos, que o novel aliado não se lembre de dificultar a ordem estabelecida, o statu quo, podendo mesmo, se lhe der para aí, efetuar uns quantos gestos aparentemente autónomos, de que a realidade não se aperceberá, mas que lhe proporcionarão a ilusão consoladora de ainda servir para alguma coisa. Claro está que no terceiro daqueles casos — o da desistência, qualquer que seja o grau de resignação — não se poderá falar de adesão propriamente dita: o que houve ali foi *só* cansaço, renúncia, abdicação, um "não posso mais", um "não está ao meu alcance"...

Ora, se não me equivoco demasiado, há muito deste estado de espírito nas pessoas que pensam que o problema mundial da droga pode ser resolvido simplesmente pela "legalização" do seu consumo. Desaparecendo a rede infernal de intermediários de todo o calibre, dizem elas, acabar-se-ia com a perigosa adulteração dos produtos, que passariam a chegar puros (heroína pura, cocaína pura etc...) aos locais de venda, lojas (farmácias?

drogarias? tabacarias? perfumarias?) com tabuleta à vista e porta aberta para a rua. Esquecem essas pessoas (da bondade de cujas intenções nunca eu me permitiria duvidar) que "legalizar" o consumo das drogas equivaleria, na prática, e em pouco tempo, a dar como "legal" a sua produção: não teríamos mais laboratórios clandestinos, nem fábricas camufladas, nem cumplicidades governamentais, tudo passaria a ser feito às claras, à franca luz do dia, com a graça de Deus e sem temor (verdadeiro ou fingido) à polícia. Existiriam fábricas legais de drogas como existem fábricas legais de armas, e quando as coisas corressem demasiado mal (não tardaria), choraríamos as mesmas lágrimas de crocodilo que recentemente andámos a verter por causa das chamadas minas antipessoal. Milhões delas têm sido enterradas por aí, em todas as partes do mundo onde há ou houve guerras, traiçoeiramente à espera de que alguém lhes ponha um pé em cima, os mortos e os mutilados contam-se por muitas centenas de milhares, e que fizeram os nossos estimáveis governos? Reuniram-se ao redor de uma mesa com garrafinhas de água fresca ao alcance da mão, espremeram uma lágrima hipócrita, ou nem isso, puseram cara de compunção, ou nem isso, e as minas ficaram onde estavam, entre outras razões porque iria custar um dinheirão retirá-las. Enfim, se não podes vencer o teu inimigo, junta-te a ele... Ou por outras palavras: se não foste capaz de cortar a cabeça ao dragão, pede-lhe por favor que te deixe aparar-lhe e polir-lhe as garras. Ele to agradecerá.

A amizade, quando quer, tem bons olhos. Confirma-o uma carta de Correia da Fonseca recebida hoje. Diz-me que gostou dos *Cadernos — III*, mas não é isso o importante. O que conta mais para mim são as três linhas que vêm a seguir: "Obrigado. E obrigado também à Pilar. Afinal, é dela, ou por causa dela, que me chegam as melhores notícias de ti, amigo antigo". Quanta razão tens, querido Paulo.

27 de março

A republicação e a publicação dos livros éditos e inéditos de Jorge de Sena têm passado por trancos e barrancos provavelmente só possíveis na nossa querida terra... Apesar da comovente tenacidade de Mécia de Sena e de alguns projetos editoriais que não vingaram, ainda hoje, dezoito anos depois da morte do autor do *Reino da estupidez*, não dispomos de uma edição completa da sua obra. Uma carta de Mécia, que acabo de receber, diz-me que um outro editor — a ASA — decidiu recolher o testemunho caído das mãos das Edições 70. Oxalá consiga chegar satisfatoriamente à meta. Pensa-se publicar, entre outras, as cartas que Sena e eu trocámos em tempos já antigos, e Mécia pergunta-me se quero pôr-lhes "uma prosa de abertura". Vou responder-lhe que poucas coisas me dariam tanto gosto...

A hipótese de representação de *A noite* em Espanha, que parecia ter ficado definitivamente frustrada, ganhou novas esperanças. Joaquín Vida telefonou hoje a garantir-nos que a peça será representada este ano, por ocasião do Festival de Outono de Madrid. Pois a ver vamos, como dizia o cego.

28 de março

Desde há tempos que José Antonio Jáuregui, um amigo que é professor na Universidade Complutense, andava com a ideia de fundar uma academia que teria a sua sede no convento de Yuste, situado na província de Cáceres. Este convento, pertencente à ordem dos Jerónimos, provavelmente não teria entrado na História se não fosse ter-se recolhido a ele, em 1557, depois da abdicação, o imperador Carlos V. A academia já tem existência formal e legal, e chama-se Academia Europeia de Yuste. Disto fui informado hoje por José Antonio Jáuregui, que gentilmente quer saber se aceito fazer parte dos primeiros doze membros dela, ficando-me atribuída a cadeira que levará o nome mágico de Rembrandt... (Outros convidados são Rostropovich, Ylia

Prigogine, Eco, Stephen Hawking, Mikis Theodorakis, Jacques Delors, Ingmar Bergman, Václav Havel...) Depois de ter perguntado a mim mesmo, duas e três vezes, duvidoso, o que iria ali fazer o simples romancista português e autodidata que sou, depois de ter pensado e acreditado que os outros convidados não tinham visto nada de mau na minha companhia, inclinei a cabeça perante esta nova fatalidade. Além da satisfação pessoal a que julgo ter direito, pensei, também, que a pátria devia ficar contente por esta honra feita a um dos seus filhos...

29 de março

Diz o ditado que ninguém é profeta na sua terra, o que, afinal de contas, talvez não seja sempre verdade. Toda a gente sabe que Lanzarote não é a minha terra, e eu nunca consentirei que se esqueça que o meu lugar de origem, o autêntico, o natural, o de raiz, flor e fruto, é a Azinhaga, com tudo o que, de norte a sul e de este a oeste, chamado Portugal, a rodeia. Mas é em Lanzarote que vivo agora, e com estatuto de residente comunitário, o que faz de mim um lanzarotenho mais, sujeito aos mesmos casos e acasos dos que nasceram cá. Deste ponto de vista, Lanzarote, não sendo *a minha terra*, é *terra minha*. Por isso me tocou tão fundo o convite que acabo de receber para proferir a conferência inaugural dos Cursos Universitários de Verão, no próximo mês de julho, aqui em Arrecife. O que irei dizer nela, ainda não sei, mas uma palavra não faltará de certeza ao discurso: obrigado.

30 de março

Há uma semana, mais ou menos, Vicente Verdú pediu-me um artigo para *El País*, a publicar por ocasião do aniversário. Estive inclinado a responder-lhe que não tinha nada para dizer, ou que nestes momentos não me apetecia, ou que perdi a fé na eficácia dos milhares (ou serão milhões?) de artigos que se escrevem diariamente no mundo, sem falar das crónicas da rádio e da televisão, que não serão menos. Depois, a recordação, ajudada por Pilar, de umas quantas velhas questões que me preocupam, fez-me deitar as mãos ao trabalho, e o que saiu foi isto:

"Como serão as coisas quando não estamos a olhar para elas? Esta pergunta, que ainda hoje não me parece absurda, fi-la eu muitas vezes em criança, mas só a mim próprio me atrevia a fazê-la, não a pais e professores, porque adivinhava que eles sorririam da minha ingenuidade (ou da minha estupidez, segundo uma opinião mais radical) e me dariam a única resposta que não poderia convencer-me: 'As coisas, quando não olhamos para elas, são iguais ao que parecem quando estamos a olhar'. Sempre achei que as coisas, quando estavam sozinhas, eram outras coisas. Mais tarde, quando já havia entrado naquele período da adolescência que se caracteriza pela desdenhosa presunção com que ajuíza a infância donde proveio, acreditei ter a resposta definitiva à inquietação metafísica que atormentara os meus verdes anos: pensei que, se regulasse uma máquina fotográfica de modo a que ela disparasse automaticamente numa habitação onde não houvesse presenças humanas, conseguiria apanhar as coisas desprevenidas, e desta maneira conhecer o aspecto real que têm. Esqueci-me de que as coisas são mais espertas do que parecem e não se deixam enganar com essa facilidade: elas sabem muito bem que há um olho humano escondido dentro de cada máquina fotográfica... Além disso, ainda que o aparelho, por astúcia, tivesse podido captar a imagem frontal de uma coisa, sempre o outro lado dela ficaria fora do alcance do sistema óptico, mecânico e químico do registo fotográfico. Aquele lado oculto para onde, no derradeiro instante, ironicamente, a coisa fotografada à traição teria feito passar a sua face secreta...

"Alguns anos mais tarde, adolescente ainda, mas já menos intolerante, o acaso da vida mostrou-me que as minhas inquietantes dúvidas eram algo mais que a consequência obsessiva de uma mente em excesso imaginativa e fantasiosa. Depois do que então sucedeu, adquiri mesmo a convicção profunda de que, pelo menos uma vez enquanto por cá andamos, a vida, por misteriosas razões que não ouso perscrutar, decide-se a aparecer nua e sincera aos nossos olhos, sem disfarce. Ou então fomos nós que naquele momento tivemos olhos para a ver tal qual é. As estradas que conduzem a Damasco não são todas iguais, e não é preciso ir montado num cavalo para cair na realidade algum dia.

"Naquele tempo eu ia à ópera sem pagar. Um porteiro simpático do Teatro Nacional de São Carlos, bom amigo de meu pai, fazia-me sinal para entrar quando faltavam apenas dois ou três minutos para começar a função e os espectadores pagantes já tinham ocupado os seus lugares. Excitado, nervoso, subia rapidamente as íngremes escadas que levavam ao último andar, aonde chegava com o coração a saltar-me da boca. (A porta que o benévolo guardião fiscalizava não dava acesso à plateia nem aos camarotes, era só para espectadores pouco abonados, os que tinham de contentar-se com as torrinhas, que assim se chama aos camarotes de última ordem, e com o galinheiro, cujo nome já está a dizer tudo.) Como eu era um dos que não deixavam sequer um centavo na bilheteira, o meu lugar tinha de ser o galinheiro, se é que, chegando no último segundo, ainda lá encontrava um sítio para me sentar... Por diabólico castigo, excetuando os pouquíssimos espectadores que se apertavam na primeira fila, ninguém conseguia ver dali o palco por inteiro. A culpa tinha-a o enorme camarote real (presidencial depois da República) que, começando à altura dos camarotes de primeira ordem, trepava pelo teatro acima, quase alcançando o teto, onde, praticamente, pairávamos. Quando os cantores, cumprindo as marcações de cena, se deslocavam para o lado escondido, era como se tivessem passado para a outra face da lua. Ouvíamos-lhes as vozes (os entendidos afirmavam que a melhor acústica do São Carlos era a do galinheiro...), mas tínhamos de esperar pacientemente que a continuação do enredo trouxesse outra vez os artistas à nesga de palco visível de onde estávamos. Encimando o camarote presidencial e dificultando ainda mais a visão, havia (e lá continua) uma grande e sumptuosa coroa real, de talha dourada, símbolo que sobrou das monarquias passadas, agora reduzida a mero adorno figurativo. Com propriedade e com rigor, porém, o que víamos não era a coroa na sua plenitude aparente, a que oferecia a sua magnificência e o seu esplendor aos espectadores privilegiados dos camarotes e da plateia. Nós, os do galinheiro, tínhamos de contentar-nos com o reverso dela, a parte de trás, o outro lado, numa palavra, a ausência. Sim, a ausência. Ou porque tinham querido poupar algum dinheiro em madeira e em folha de ouro, ou porque acharam que as pessoas que viriam a sentar-se ali não eram merecedoras de mais consideração, a coroa do Teatro Nacional de São Carlos não é uma coroa completa, é três quartos de coroa, ou ainda menos. Lá dentro, amparando a real estrutura, viam-se naquele tempo uns sarrafos mal aplainados, fixados com pregos torcidos, muito pó, teias de aranha, alguma vingativa e republicana ponta de cigarro. Como se alguém, nesses distantes e ingénuos dias, tivesse acendido a luz que haveria de iluminar-me a existência, compreendi que o ponto de vista do galinheiro é indispensável se realmente quisermos conhecer a coroa.

"Uma tão exemplar lição, creio eu, ter-me-ia bastado para governar com decência o entendimento. Contudo, o destino (nome literário da vida), como se tivesse em pouca conta a minha capacidade de aprender, ainda quis dar-me, não uma, não duas, mas três lições, qual delas mais sólida, que, somando quatro com a da coroa inacabada, se constituíram, por assim dizer, em quatro pontos cardeais, portanto em bússola completa. A primeira dessas três lições complementares encontrei-a num jornal. (Não é caso para surpreender-nos, num jornal encontra-se tudo.) Tinha lido as notícias, tinha relido algumas delas, não fosse escapar-me o mais importante, e, passando de página em página, de distração em enfado, de enfado em distração, fui parar aos problemas de xadrez e de damas, que sempre os havia na imprensa daquele tempo. Eu não era totalmente ignorante destas conhecidas ginásticas cerebrais, porém, naquele momento revelador, não foram os diagramas, em si mesmos, que me atraíram a atenção, mas sim uma frase que se repetia por baixo dos tabuleiros de damas, de todos eles: *Jogam as brancas e ganham*. Quedei-me a olhar, como hipnotizado, a sentir aquela comichão mental que costuma prenunciar os grandes descobrimentos: vagamente, parecia-me que havia ali uma nova coroa para ver por detrás. De repente, como outra luz que se acendesse, vi. E que vi eu? Isso mesmo, que as brancas jogam e ganham. E por que ganhavam as brancas, por que é que o facto de serem elas a jogar fazia que sempre ganhassem? Pensei que deveria tratar-se de uma convenção adotada internacionalmente, uma comodidade decidida pelas associações de jogadores de damas, mas, sendo assim, por que é que a convenção era essa e não outra, por que é que não se dizia, por exemplo, *jogam as pretas e ganham* ou *jogam as brancas e perdem*? Sábio da minha experiência na ópera de Lisboa, instruído na mágica arte de olhar o que as coisas esconden, compreendi que o desconhecido autor da fórmula (decerto, um branco), ainda que sem conscientemente o ter desejado, não fizera mais do que afirmar, mesmo em tão pacífico campo, a superioridade da sua cor: fora incapaz de evitar que transbordasse para o domínio da linguagem a denúncia involuntária, pelo subconsciente, das relações de dominador / dominado entre branco e preto. Sob a pele da linguagem, estruturada em convenções de toda a ordem, mas sempre guardando uma aparência imparcial e isenta, a matéria turva dos comportamentos só estava à espera de quem simplesmente a removesse e dividisse nas suas partes constitutivas.

"Como outra vez viria ainda a suceder, e essa foi a lição terceira, quando um dia a memória vagabunda me fez recordar um livro visto (visto, não lido) muito tempo antes, um romance que se chamava *O preto que tinha a alma branca*, de Guido da Verona. Andava eu já então a remoer comigo mesmo fortes e honestas dúvidas sobre a efetiva existência da alma, por isso não se estranhará que a lembrança repentina do 'ecuménico' título me tivesse conduzido por uma cadeia de raciocínios muito simples, mais ou menos nesta sequência: a alma, sendo imaterial, não poderia, logicamente, ter cor, qualquer que fosse; porém, o autor do livro declara ter conhecido um preto que tinha a alma branca; conclui-se que se trataria de uma exceção, uma espécie de acontecimento teratológico espiritual, pois caso contrário não teria valido a pena escrever o romance; se era uma exceção, então é porque todos os outros pretos tinham a alma preta; se os pretos que não eram exceção tinham a alma preta, então os brancos que não fossem excepcionais tinham de ter, obviamente, a alma branca; logo, a alma tem a cor que a pele tiver; logo, a exceção, no preto, será ter a alma branca; logo, a exceção, no branco, será ter a alma preta. E por aí fora, raciocinando sempre, até doer a cabeça, até chegar a uma 'impossibilidade ideológica', um título que, para lisonjear o branco, dissesse que ele tinha a alma preta...

"Finalmente, o quarto ponto cardeal, a quarta lição, a quarta linha de rumo. Clássica, para nada ficar a faltar ao quadro. Muitos e muitos anos antes de eu ir ao teatro descobrir a face oculta de uma coroa dourada, já o Diabo Coxo de Vélez de Guevara tinha andado por aí a levantar os telhados das casas e a pôr à vista os comportamentos privados dos habitantes. Bastante inocentes, aliás, se os compararmos com os comportamentos públicos neste fim de século... Talvez, porém, e assim terminarei, o pior mal não esteja nos comportamentos que se exibem, talvez esteja, sim, nas palavras, nas palavras que falseiam, nas que mentem, nas que enganam. Essas palavras que nos impedem de ver o outro lado das coisas, e também o outro lado das palavras."

31 de março

Ray-Güde desembarcou hoje com a família. Com ela vieram Dietz, que é o marido, e os filhos, o Niki e o Moritz. Vêm passar uma semana connosco, longe das neves e dos frios alemães. Logo à chegada foi-me avisando de que quer fazer-me uma entrevista para uma revista suíça e que temos muitos outros assuntos a tratar: contratos, traduções, opções... Espero que o ambiente de Lanzarote a distraia um pouco das preocupações profissionais: dentro da cratera esfarrapada de El Cuervo, sem darmos por isso, muitas coisas tornam-se insignificantes. Um vulcão apagado, silencioso, é uma lição de filosofia.

1 de abril

Mário Viegas morreu. Era um cómico que levava dentro de si uma tragédia. Não me refiro à implacável doença que o matou, mas a um sentimento dramático da existência que só os distraídos e superficiais não eram capazes de perceber, embora ele o deixasse subir à tona da expressão às vezes angustiada do olhar e ao ricto sempre sardónico e amargo da boca. Fazia rir, mas não ria. Pouca gente em Portugal tem valido tanto.

2 de abril

Mais um sonho de arquiteturas. Andava a visitar as obras de reconstrução do Chiado e comentava com quem me acompanhava (não recordo quem fosse) que, sim senhor, Siza Vieira tinha feito ali um excelente trabalho. No meio da Rua Garrett, entre os dois quarteirões mais próximos dos antigos Grandes Armazéns, estavam a ser feitas umas escavações (suponho que foram as obras do metropolitano que as fizeram entrar no sonho). Havia uma roda de gente curiosa a olhar para dentro de um buraco. Sem saber como, encontrei-me em cima duma plataforma de madeira donde podia ver o que atraía a atenção das pessoas: no fundo havia uma escultura enorme, de pedra vermelha, que brilhava como se a tivessem untado com óleo (lembrança dos guerreiros de pórfiro que estão embutidos numa esquina da Basílica de São Marco, em Veneza?). Era um bloco único em que haviam sido esculpidas inúmeras cabeças masculinas, grandes, pequenas, minúsculas, todas vermelhas, todas de olhos abertos, todas suando aquele suor oleoso. Sem transição (ao menos que eu possa recordar), achei-me dentro de um palácio barroco (que eu *sabia* estar construído naquele mesmo local, mas que, obviamente, não podia caber ali), com grandes salões e escadarias, corredores, galerias altas, sustentadas por colunas. Era a câmara municipal, e eu procurava alguém. Havia empregados sentados a secretárias que me mandavam de um sítio a outro e depois faziam cara de pena por eu não ter conseguido encontrar a quem buscava. Os corredores eram alcatifados, com lâmpadas antigas nas paredes. Uma empregada apontou-me uma escada estreita e escura que descia e disse-me que fosse por ali. Comecei a descer e, novamente sem transição, achei-me na mesma plataforma de madeira, que entretanto se tinha modificado. Agora era, em ponto pequeno, uma construção que me fazia lembrar a estrutura interna dos prédios setecentistas da Baixa, as "gaiolas", neste caso meio recoberta por cartões que oscilavam ao vento. Um homem, seria o encarregado da obra, dizia-me que com um pouco mais o trabalho ficaria terminado. Então, presa de grande aflição, protestei que não podia ser, que assim a escultura iria ficar tapada. Soterrada, creio ter sido a minha palavra. O homem perguntou-me de que escultura estava eu a falar, que ali não havia nenhuma escultura, e era certo que ela não se encontrava à vista. Mas eu sabia que a enigmática pedra estava lá e que o prédio que iam pôr-lhe em cima a faria desaparecer. E com esta certeza e esta angústia, acordei.

3 de abril

Camões cresceu, fez-se homem. Os dentes, que ao princípio, quando nos apareceu aqui, há cinco meses, não passavam de uma fina serrilha, tornaram-se em armas poderosas, e as patas trangalhadanças, que antes pareciam não saber andar na mesma direção, aprenderam a desferir golpes violentos e certeiros, capazes de derrubar qualquer adversário. Já não se esconde debaixo das camas quando a Pepe lhe entram as fúrias do seu oteliano ciúme. Agora responde de igual para igual e as rixas são tremendas. Pepe não quer perder a autoridade de *primis occupantis* e, pelo que se vê, Camões anda a querer tomá-la para si, embora tenha sido o último a chegar. Camões é mais alto, Pepe mais maciço. Estão um para o outro. Mas Pepe tem o costume de lutar ladeando um pouco a cabeça, e isso é mau para ele, além de representar, se o manual diz certo, um primeiro sinal de fraqueza: como um karateca cinturão negro, Camões desfere fulminantes patadas que já mais de uma vez foram alcançar e ferir o olho direito de Pepe. É difícil separá-los quando brigam, parece que levam lá dentro, acumuladas, todas as raivas do mundo. Já quase desespero de fazê-los entender que nesta casa há lugar para todos.

(Atenção: embora os nomes sejam humanos, é de cães que estou a falar. O que me deixa ainda uma certa esperança.)

Não é a primeira carta anónima que me entra em casa. Mas, ao contrário de outras, repugnantemente sujas pelos próprios insultos com que querem atingir-me, esta, com limpeza e confiança, diz-me: "Precisamos que continues a escrever". E, afinal, nem é tão anónima assim. Traz assinatura: Um camarada.

4 de abril

Zeferino Coelho enviou-me por fax a inesperada notícia de um "Encontro no Memorial do Convento" que, integrado no currículo de Literatura Portuguesa do 12º ano, no âmbito da Área-Escola das Turmas C e F, se realizará no dia 18 deste mês, na Escola Secundária de Mem Martins. O mais interessante do caso é o facto de participarem no encontro tanto professores como alunos, o que virá a demonstrar, certamente, que uns ensinaram bem e outros aprenderam melhor. Gostaria de lá poder estar, secreto e invisível, para saber como gente tão nova terá lido e entendido um livro que nada tem de simples. Propõem-se tratar temas muito sérios, como "a religião", "o amor", "D. João V, o personagem", e há mesmo uma aluna que deu ao seu trabalho um título mais do que prometedor: "O Sol e a Lua sete vezes se juntaram...". No outro dia foram os alunos da escola secundária da Golegã, agora vão ser estes de Mem Martins. No que a mim respeita, o país parece decidido a ser cada vez menos Lisboa...

7 de abril

Ray-Güde regressou hoje à sua casa de Bad Homburg. Toda a família partiu contente. E Ray disse-me à despedida: "Nunca mais te perguntarei por que vives em Lanzarote... Levo de cá as respostas todas".

9 de abril

Da escola da Golegã chegou-me um jornalzinho que ali fazem — *Encontro* se chama ele —, onde vem publicada a entrevista que dei a três dos seus alunos, há algumas semanas. Curiosamente, a professora dos mocinhos, em nota de apresentação, refere a rapidez com que respondi ao questionário ("Na volta do correio", sublinha com algum exagero), e pergunta, aproveitando a ocasião para dar uma lição mais aos seus meninos, "se não teremos qualquer coisa a aprender com este gesto"... Não me serviu de muito ter andado a preparar, nestes *Cadernos*, os ânimos dos meus correspondentes para aceitarem com resignação as tardanças e os eclipses epistolares do autor, se agora, com a melhor das intenções, vem a Golegã dar a entender que se não respondo depressa é porque não quero...

Adriana Alves de Paula Martins, que há dois anos já havia publicado, acerca do meu trabalho, *História e ficção: Um diálogo*, anuncia-me agora o seu projeto de tese de doutoramento em literatura comparada, sobre o tema "O pós-moderno e o romance contemporâneo: a perda da inocência na ficção de José Saramago e de Gore Vidal". A minha curiosidade despertou logo (perda de inocência, de quem? de quê?), mas estas gestações universitárias levam sempre muito tempo, e não vai ser tão cedo que ficarei a saber se afinal não tenho razão quando julgo existir em mim uma extrema e indestrutível inocência que, tendo sobrevivido às diversas agressões da vida, também foi capaz, creio, de sobreviver à literatura...

12 de abril

Federico Mengozzi, da *Marie Claire* brasileira, veio cá para entrevistar-me. Uma parte da ilha, viu-a ele por sua conta, mas depois fiz-lhe companhia, e a José Torres, um fotógrafo de Tenerife, numa rápida visita a alguns lugares. Foi isso causa de que tivesse sofrido um choque (como se me tivessem ofendido pessoalmente) ao deparar, no interior da cratera de El Cuervo, com uma plataforma de madeira que simulava metade de um campo de basquetebol, com os respectivos postes, tabela e cesto. Que era para um anúncio, vim a saber. Assim começam as destruições. Já uns dias antes, quando ali fui com Ray e a família, tinha visto dois turistas empoleirados no bordo da cratera. Não percebi, nessa altura, como teriam conseguido lá chegar, mas hoje dei com um carreiro que sobe pela encosta do monte e de cuja existência não me tinha apercebido antes. Das duas, uma: ou foi obra criminosa de turistas, ou foi ideia deplorável de quem gere o turismo da ilha. Num caso como noutro, o desfiguramento de El Cuervo, assim principiado, não tardará. Como se há-de fazer entender aos responsáveis de todos os meios ambientes do mundo que os turistas são exatamente como as abelhas? Tal como elas, produzem riqueza, mas, tal como elas, agridem. Tal como elas, devem ser protegidos, mas, tal como delas, temos também nós de proteger-nos...

14 de abril

Ao fim de 341 dias de sequestro, apareceu à luz do dia José María Aldaya, o empresário basco raptado pelos *etarras*. Fala-se muito de libertação nos meios de comunicação social, mas a ETA não libertou Aldaya, largou-o quando lhe conveio, depois de ter cobrado da família, segundo se diz, algo como cem ou cento e cinquenta milhões de pesetas. Durante quase um ano, Aldaya esteve encerrado num cárcere com menos de seis metros quadrados, enquanto a família, a duras penas e a ocultas da polícia, ia negociando com os sequestradores, e a Espanha toda se mobilizava em manifestações. Seria bom poder acreditar que a ETA se viu forçada a ceder perante os protestos dos cidadãos espanhóis, mas não é assim: a vida de Aldaya teve de ser comprada. Um país inteiro encontra-se pois à mercê de um grupo de terroristas. Veremos o que irá suceder agora a um guarda prisional, José Antonio Ortega Lara, raptado há três meses pela ETA. Onde irá a família buscar o dinheiro? Ortega Lara não é um empresário, Ortega Lara é um simples e modesto funcionário...

15 de abril

Há dias bem-fadados. Este, logo de manhã, deu-me a notícia de que o *Evangelho* é um dos sete livros selecionados para o Prémio Literário Internacional de Dublin. Pouco depois, simpaticamente, o fax estendeu-me uma carta da Câmara da Golegã comunicando-me que me foi atribuída a medalha municipal. Para um dia só, já não estava mal, mas, passadas poucas horas, o correio trouxe-me: *a)* enviada por Joaquín Vida, para leitura e parecer, a tradução de Eduardo Naval de *A noite*; *b)* de Lygia Fagundes Telles, a propósito do *Ensaio*, uma quadra do Nordeste brasileiro que reza assim: *Um cego tomou/ um louco por guia/ e começou a ver/ o que ninguém mais via*; *c)* a carta comovida (e comovedora) de uma leitora de 24 anos, Carla Garcia, também sobre o *Ensaio sobre a cegueira*. "Não aguento mais", disse, abalado, para Pilar. Mas o dia não queria ir-se embora sem dar-me ainda outra alegria: já noite adiantada, telefonou a Rádio Comercial a dizer que o Eduardo Lourenço tinha ganho o Prémio Luís de Camões... Obrigado, dia 15. Foi uma bela despedida.

16 de abril

Sagrario Ruiz, a nossa amiga professora na Universidade de Múrcia, veio passar aqui uns dias. Tem ideias para um estudo que pensa fazer sobre os meus livros e pretende debatê-las comigo. Para começar, declara-se pouco barthesiana, e isso agrada-me. Devo ser o único escritor do mundo a quem Roland Barthes nunca enfeitiçou e que se atreve a dizê-lo...

18 de abril

Uma carta de José Leon Machado abre-me novos caminhos para uma interpretação mais ampla e mais envolvente do *Ensaio*. Depois de aludir às referências históricas e literárias que nele são mais ou menos identificáveis (os campos de concentração nazis, *A peste* de Camus, a cidade moderna perante uma catástrofe, as figuras de Bosch e Dürer, a visão bíblica dos cegos conduzindo outros cegos), observa: "Mas algo que me parece essencial: a cidade de Troia sendo destruída pelos exércitos gregos. Eneias, diante de todo o desastre, carrega às costas seu pai cego. A mulher do médico não será porventura um Eneias, único guerreiro que, perante a catástrofe, não perdeu o sangue-frio? Ah!, e temos o velho da venda preta. Não é com certeza Anquises. Mas não haverá nele algo de Homero? Quem é que conta aos cegos do manicómio aquilo que se passou lá fora depois de terem sido internados? Quem é que lhes relata, ouvidas as notícias na rádio, o que se vai passando? Este cego da venda preta tem algo de narrador e algo de épico. Ele próprio aparece como cronista em potência das venturas e desventuras do manicómio. E depois, claro, facilmente se poderá identificar como o alter ego do autor. [...] É interessante o escritor cego que aparece em casa do primeiro cego e mais interessante ainda a técnica que ele inventou para poder escrever. Disto se tira a lição: não há desculpa para ficar calado. E a propósito me vem a história de Brás Garcia de Mascarenhas, soldado e poeta do tempo da Restauração, que, sendo acusado de traição ao rei, foi preso. Tiraram-lhe tudo, exceto uma bíblia. Rasgando as letras uma a uma, compôs um poema que colou com farinha e água numa das páginas rasgadas. O poema conseguiu, por linhas travessas, chegar ao rei, que, vendo a injustiça, ordenou a sua libertação".

Estamos sempre a aprender. Além do episódio da vida de Brás Garcia de Mascarenhas, que não conhecia ou se me tinha varrido da lembrança, a carta de José Leon Machado trouxe-me bastante matéria de reflexão. E para que as propostas não ficassem só entre carta sua e carta minha, decidi passá-las a estes *Cadernos*. A quem possa interessar.

19 de abril

Há tempos, o Sérgio Ribeiro tinha-me perguntado se eu estaria disponível para apoiar um encontro de deputados do grupo da Esquerda Unitária Europeia, que se estava a pensar fazer em Lanzarote. Que o tema do debate seria "O compromisso na literatura" e que se contava que eu expusesse as minhas ideias sobre o assunto. Vindo de quem vinha o pedido, respondi a tudo que sim e pensei logo em recuperar o que, sobre a mesma questão, tinha ido ler a Mollina (Málaga) há uns anos, numa reunião de jovens escritores, a quem alguns escritores menos jovens (por exemplo, Soyinka, Benedetti, Roa Bastos, Jorge Amado, Juan Goytisolo, Edwar al-Kharrat, Ana María Matute...) foram levar a clara luz do seu entendimento e o maduro fruto da sua idade... O tempo passou, houve adiamentos, e, sem que tivesse podido dar pela mudança, passei a ser eu o alvo da ideia, isto é, o que afinal se pretendia era festejar o autor do *Memorial do convento*. Comecei a suspeitar do que se estava a preparar quando há um mês, em La Laguna, depois da conferência que ali fui dar, Ana Hardisson me disse que tinha sido convidada a vir a Lanzarote participar numa "homenagem" à minha pessoa. Inquieto, ainda expliquei que de homenagem, nada, que se tratava doutra coisa.

E ela: "A mim, foi o que me disseram, e olha que já estou a escrever o discurso...". Há poucos dias, em Arrecife, dei com um cartaz que confirmava a minha desconfiança e a razão dela. Ainda telefonei ao Sérgio Ribeiro, tentando, sem esperança, deter a fatalidade, mas ele respondeu-me de lá, aposto que com um sorriso divertido entre a barba e o bigode: "Desde o princípio que a ideia foi essa...". Baixei a cabeça, resignado, e preparei-me para receber, gratíssimo, os fautores do cometimento. O encontro vai ser amanhã, em Arrecife, no Museu de Arte Contemporânea. Hoje, com céu aberto e uma luz esplendorosa, chegaram o Sérgio e a Maria José. A casa é deles.

20 de abril

Estiveram, além do Sérgio Ribeiro, os também "eurodeputados" (meto aspas na palavra porque sempre me pareceu assaz esquipática) Alonso Puerta, que é o presidente do grupo no Parlamento Europeu, Laura González, Ángela Sierra, e dois professores de Tenerife: Ana Hardisson e Juan Pedro Castañeda. Quanto a mim, cumpri a obrigação dizendo o que segue:
"Repito as palavras que aqui nos reúnem — literatura, compromisso, transformação social —, pronuncio-lhes devagar as sílabas como se, em cada uma delas, se escondesse ainda um significado secreto à espera de ser revelado ou simplesmente reconhecido, procuro reencaminhá-las para a integridade de um sentido primeiro, restaurá-las do uso, purificá-las das vulgaridades da rotina — e encontro-me, sem surpresa, perante dois caminhos de reflexão (quem sabe se os únicos possíveis), já percorridos mil vezes, mas a que parece ser nosso ineluctável destino voltar, sempre que a crise contínua em que vivem os seres humanos (seres de crise por excelência, e humanos talvez por isso mesmo) deixa de ser crónica, habitual, para tornar-se aguda e, ao cabo de um tempo, insustentável. Como creio ser a situação da humanidade que hoje representamos e deste tempo que vivemos.

"O primeiro caminho de reflexão seria o daquela tendência muito corrente que quer incluir a literatura entre os agentes de transformação social, entendendo-se a denominação, neste caso, não tanto como referida às consequências sociais decorrentes dos fatores estéticos, mas sim a supostas influências na ordem ética e na ordem axiológica, independentemente do carácter positivo ou negativo das suas expressões. De acordo com tal maneira de pensar, e extrapolando, em benefício do raciocínio, conteúdos e formas historicamente diferenciados (para poder, assim, abranger numa única visão o ensino, a literatura e a cultura em geral), teríamos de coincidir, hoje, apesar dos trágicos desmentidos da realidade, com a panglossiana convicção dos nossos oitocentistas e otimistas avós, para quem abrir uma escola equivalia a fechar uma prisão. Que nos digam as estatísticas escolares e judiciais se a massificação do ensino se tem configurado, de facto, como prevenção bastante ou antídoto eficaz contra a massificação da delinquência, que é, precisamente, já não temos dúvidas, uma das características principais deste final de século.

"Deixemos, porém, as escolas, deixemos a cultura em geral, deixemos a arte, a filosofia e a ciência, para cuja adequada ponderação me faltam o saber e a autoridade, e regressemos à literatura e à sua relação com a sociedade. Mantenhamo-nos discretamente nos domínios do axiológico e do ético (sem os quais, há que reconhecê-lo, qualquer exame de uma transformação social determinada, fosse qual fosse a sua época, teria de satisfazer-se com pouco mais que uma tabela de pesos e medidas), e reconheçamos, por muito que tal verificação possa castigar a nossa confiança, que as obras dos grandes criadores do passado, de Homero a Cervantes, de Dante a Shakespeare, de Camões a Dostoiévski, apesar da excelência do pensamento e fortuna de beleza que diversamente nos propuseram, não parecem ter originado, em sentido pleno, nenhuma efetiva transformação social, mesmo quando tiveram uma forte e às vezes dramática influência em comportamentos individuais e de geração. No plano da ética, dos valores humanos e do respeito humano, apetece dizer, sem cinismo, que a humanidade (estou a referir-me, em particular, ao que costumamos designar por mundo ocidental) seria exatamente o que é hoje se Goethe não tivesse vindo ao mundo. E que, em reforço desta ideia, não me consta que a leitura dos *Fioretti* de S. Francisco de Assis tivesse salvado a vida a uma só das vítimas da Inquisição...

"É lícito, portanto, afirmar que a literatura, mesmo quando, por motivos religiosos ou políticos, se dedicou a uma pregação de bons conselhos ou a uma engenharia de novas almas, não só não contribuiu, como tal, para uma modificação positiva e duradoura das sociedades, como provocou, algumas vezes, insanáveis sentimentos de frustração individual e coletiva, resultantes de um balanço negativo entre as teorias e as práticas, entre o dito e o feito, entre uma letra que proclamava um espírito e um espírito que deixou de reconhecer-se na letra. Bem mais fácil seria, para quem fizesse questão de em todas as coisas descobrir mútuas relações de causa e efeito, juntar provas de uma influência maléfica da literatura (de uma parte dela) nos costumes e na moral, e portanto na sociedade, tarefa, aliás, bastante favorecida pela presença obsessiva de algumas dessas obras e alguns desses autores, por exemplo, no imaginário sexual de milhões de pessoas, alimentando fantasmas e fantasias que nos são 'culturalmente naturais', mas a que, de outro modo, teriam ficado a faltar referências, abonações e modelos. Por outras palavras, uma filosofia completa de vida... Entendidas assim tais relações, e adotando a atitude, mais comum do que se imagina, daqueles que creem que uma coisa só passa a ter verdadeira existência a partir do momento em que exista a palavra que a nomeie, o sadismo ter-se-ia revelado ao mundo quando o marquês de Sade, ainda criança, pela primeira vez arrancou as asas a uma mosca, e o masoquismo, também ele, teve de aguardar o dia em que a pequena alma de Sacher-Masoch, talvez por aquela mesma idade, e imitando, sem o saber, os místicos de todas as religiões, percebeu que era, primeiro possível, depois desejável, passar do sofrimento no prazer ao prazer no sofrimento. Ao cabo de milénios, depois de uma espera longuíssima, depois de tanto tempo em vão, o sádico e o masoquista puderam finalmente encontrar-se, reconhecer-se como complementares e, desta maneira, inaugurar a era da felicidade... A deles.

"Este percurso breve pelo primeiro dos caminhos de reflexão que se nos apresentaram, aquele que assentava no pressuposto de que a literatura, independentemente do significado moral ou imoral das suas manifestações, teria exercido ou ainda exerceria influência nas sociedades ao ponto de constituir-se como um dos seus agentes transformadores, acabou de conduzir-nos a uma conclusão pessimista e aparentemente intransponível: a de uma essencial irresponsabilidade da literatura. Irresponsabilidade, digo eu, no sentido restrito de que não seria legítimo atribuir ao ciclo da *Guerra das Duas Rosas* de Shakespeare, tomemos o mais ilustre dos exemplos, a culpa de um eventual aumento, em número e em gravidade, dos crimes públicos ou privados em geral, como igualmente não teremos o direito de acusar o autor de *Ricardo III* de não haver podido conseguir, graças ao que se supõe ser a lição admoestadora e edificante de toda a tragédia, que os reis e os presidentes passassem a matar-nos menos...

"Se a literatura é de facto irresponsável, na dupla acepção de não poderem ser-lhe imputados, mesmo que só parcialmente, nem o bem nem o mal da humanidade, e não estar portanto obrigada, quer para penitenciar-se quer para felicitar-se, a prestar contas em nenhum tribunal de opinião; se, pelo contrário, atua, no seu fazer-se, como um reflexo mais ou menos imediato e direto da situação material e psicológica das sociedades nas suas sucessivas transformações — então, o segundo caminho de reflexão proposto, que, talvez com excessivo radicalismo, acabaria por mostrar a literatura como simples e obediente sujeito, esse caminho interrompe-se quando ainda mal tínhamos dado o primeiro passo, reconduzindo-nos ironicamente ao ponto de partida, à interrogação sobre o que deveria ser e para que deveria servir a literatura, quando na vida cultural dos povos se instale o sentimento inquietante de que, não tendo ela, aparentemente, deixado de ser, manifestamente deixou de servir.

"Mesmo que o determinismo da conclusão possa humilhar

certas vaidades literárias (mais inclinadas do que aconselharia a modéstia a engrandecer o seu papel, não só na república das letras como na sociedade em geral), teremos de reconhecer que a literatura não transformou nem transforma socialmente o mundo e que o mundo é que transformou e vai transformando a literatura. Posta a questão nestes termos, objetar-se-á que, depois de haver tapado os caminhos, venho agora fechar as portas, e que, encerrado neste círculo, sobre todos vicioso e perverso, nada mais restaria ao escritor, enquanto tal, que trabalhar sem esperança de vir realmente a influir na sua época, limitado a produzir os livros que a necessidade de divertimento da sociedade, sem o parecer, lhe for encomendando, e com os quais se satisfarão ela e ele, ou, no caso de ter sido contemplado com uma porção suficiente de génio, quando da sua distribuição pelo Cosmo, escrever obras que o seu tempo compreenderá mal ou a que será hostil, deixando ao futuro a responsabilidade de um julgamento definitivo, que, acaso seguro e justo nesse específico caso, incorrerá, infalivelmente, em erros de apreciação quando, tornado presente, tiver de pronunciar-se sobre obras suas contemporâneas... (Em verdade, o escritor, quando escreve, não está apenas só, está também cercado de escuridão, e creio que não abusarei da minha limitada faculdade de imaginar se disser que a própria luz da obra — pouca ou muita, todas a têm — o cega. Dessa cegueira particular não o poderão curar nenhuma crítica, nenhum juízo, nenhuma opinião, por mais fundamentados e úteis que possam ser, porquanto são, todos eles, emitidos de *um outro lugar*.)

"Em que ficamos, então? Se as sociedades não se deixam transformar pela literatura, ainda que ela, numa ou noutra ocasiões, possa ter tido nas sociedades alguma influência superficial, se, pelo contrário, é a literatura que se encontra hoje assediada por sociedades que não lhe pedem mais que as fáceis variantes de uma mesma anestesia de espírito que se chamam frivolidade e brutalidade — como poderemos nós, sem esquecer as lições do passado e as insuficiências de uma reflexão dicotómica que se limitaria a fazer-nos viajar entre a hipótese de uma literatura agente de transformações sociais e a evidência de uma literatura que parece não ser capaz de fazer mais que recolher os destroços e enterrar as vítimas das batalhas sociais — como poderemos nós, insisto, embora provocando a troça das futilidades mundanas e o escárnio dos senhores do mundo, restabelecer o debate sobre literatura e compromisso sem parecer que estamos a falar de restos fósseis?

"Espero que num futuro próximo não venham a faltar respostas a esta pergunta e que todas juntas possam fazer-nos sair da resignada e dolorosa paralisia de pensamento e ação em que nos encontramos. Por minha parte, limitar-me-ia a propor, sem mais considerações, que regressemos rapidamente ao Autor, à concreta figura de homem ou de mulher que está por trás dos livros, não para que ela ou ele nos digam como foi que escreveram as suas grandes ou pequenas obras (o mais certo é não o saberem eles próprios), não para que nos eduquem e instruam com as suas lições (que muitas vezes são os primeiros a não seguir), mas, simplesmente, para que nos digam *quem* são, na sociedade que somos, eles e nós, para que se mostrem como cidadãos deste presente, ainda que, como escritores, creiam estar trabalhando para o futuro.

"O problema não está em, supostamente, se terem extinguido as razões e causas de ordem social, ideológica ou política que, com resultados estéticos que nem sempre serviram as intenções, levaram ao que se chamou, no sentido moderno da expressão, literatura de compromisso; o problema está, mais cruamente, em que o escritor, regra geral, deixou de comprometer-se como cidadão, e que muitas das teorizações em que se foi deixando envolver acabaram por constituir-se como escapatórias intelectuais, modos de disfarçar, aos seus próprios olhos, a má consciência e o mal-estar desse grupo de pessoas — os escritores —, que, depois de se terem considerado a si mesmas como farol e guia do mundo, acrescentam agora à escuridão intrínseca de todo o ato criador as trevas da renúncia e da abdicação cívicas.

"Depois de deixar este mundo, o escritor será julgado segundo *aquilo que fez*. Enquanto ele estiver vivo, reclamemos o direito a julgá-lo também por *aquilo que é*."

O verdadeiro debate veio a acontecer depois, durante o almoço que nos reuniu a todos. Como era de esperar, fui acusado (amigavelmente acusado) de ser mais pessimista que a conta (ganhei esta fama, tenho de continuar a merecê-la...), mas, ou muito me engano, ou o pessoal de Estrasburgo foi de cá um bocadinho abalado... Enfim, tanto não direi, mas a veemência sempre perturba, e eu estou convencido de ter sido algo mais que veemente.

22 de abril

Pepe Dámaso, o excelente pintor canário a quem já uma vez me referi nestas páginas (v. *Cadernos — III*, 8 de agosto), está a ultimar os trabalhos que levará em julho a Lisboa e que serão apresentados na Casa Fernando Pessoa. O objeto da exposição, já se calcula, é o dito Pessoa, que não para de inquietar os pintores. Dámaso veio hoje de Las Palmas pedir-me umas palavras para o catálogo, trazendo como custódio o cônsul de Portugal, Manuel Pereira da Silva. O meu gosto seria dar-lhe simplesmente o que escrevi, vai fazer onze anos, a convite de José Sommer Ribeiro, para a exposição "Um rosto para Fernando Pessoa", na Fundação Calouste Gulbenkian. Não poderá ser, terei de inventar algo novo, mas é pena, porque estou certo de que nunca serei capaz de fazer melhor sobre o tema. A tal ponto que não resisto a passar para aqui o que escrevi naqueles já tão distantes dias, sob o título "Da impossibilidade deste retrato":

"Que retrato de si mesmo pintaria Fernando Pessoa se, em vez de poeta, tivesse sido pintor, e de retratos? Colocado de frente para o espelho, ou de meio perfil, obliquando o olhar a três-quartos, como quem, de si escondido, se espreita, que rosto escolheria e por quanto tempo? O seu, diferente segundo as idades, assemelhado a cada uma das fotografias que dele conhecemos, ou também o das imagens não fixadas, sucessivas entre o nascimento e a morte, todas as tardes, noites e manhãs, começando no Largo de São Carlos e acabando no Hospital de São Luís? O de um Álvaro de Campos, engenheiro naval formado em Glasgow? O de Alberto Caeiro, sem profissão nem educação, morto de tuberculose na flor da idade? O de Ricardo Reis, médico expatriado de quem se perdeu o rasto, apesar de algumas notícias recentes, obviamente apócrifas? O de Bernardo Soares, ajudante de guarda-livros na Baixa lisboeta? Ou um outro qualquer, o Guedes, o Mora, aqueles tantas vezes invocados inúmeros, certos, prováveis e possíveis? Representar-se-ia de chapéu na cabeça? De perna traçada? De cigarro apertado entre os dedos? De óculos? De gabardina vestida ou sobre os ombros? Usaria um disfarce, por exemplo, apagando o bigode e descobrindo a pele subjacente, de súbito nua, de súbito fria? Cercar-se-ia de símbolos, de cifras da cabala, de signos horoscópicos, de gaivotas no Tejo, de cais de pedra, de corvos traduzidos do inglês, de cavalos azuis e jockeys amarelos, de premonitórios túmulos? Ou, ao contrário destas eloquências, ficaria sentado diante do cavalete, da tela branca, incapaz de levantar um braço para atacá-la ou dela se defender, à espera de um outro pintor que ali for tentar o impossível retrato. De quem? De quê?

"De uma pessoa que se chamou Fernando Pessoa começa a ter justificação que se diga o que de Camões já se sabe. Dez mil figurações, desenhadas, pintadas, modeladas ou esculpidas, acabaram por tornar invisível Luís Vaz; o que dele ainda permanece é o que sobra: uma pálpebra caída, uma barba, uma coroa de louros. É fácil de ver que Fernando Pessoa também vai a caminho da invisibilidade, e, tendo em conta a ocorrente multiplicação das suas imagens, provocada por apetites sobre-excitados de representação e facilitada por um domínio generalizado das técnicas, o homem dos heterónimos, já voluntariamente confundido nas criaturas que produziu, entrará no negro absoluto em muito menos tempo que o outro de uma cara só, mas de vozes também não poucas. Acaso será esse, quem sabe, o perfeito destino dos poetas, perderem a substância de um contorno, de um olhar gasto, de um vinco na pele, e dissolverem-se no espaço, no tempo, sumidos entre as linhas que conseguiram escrever: se do rosto sem feições nem limites ainda alguma coisa vem intrometer-se, está garantido o dia em que mesmo esse pouco será definitivamente lançado fora. O poeta não será mais que memória fundida nas memórias, para que um adolescente possa dizer-nos que tem em si todos os sonhos do mundo, como se ter sonhos e declará-lo fosse primeira invenção sua. Há razões para pensar que a língua é, toda ela, obra de poesia.

"Entretanto, o pintor vai pintando o retrato de Fernando Pessoa. Está no princípio, não se sabe ainda que rosto escolheu, o que se pode ver é uma levíssima pincelada de verde, se calhar vai sair daqui um cão dessa cor para pôr em conjunção com um jockey amarelo e um cavalo azul, salvo se o verde for apenas o resultado físico e químico de estar o jockey em cima do cavalo, como é sua profissão e gosto. Mas a grande dúvida do pintor não tem que ver com as cores que há-de empregar, essa dificuldade resolveram-na os impressionistas de uma vez para sempre, só os homens antigos, os de antes, não sabiam que em cada coisa as cores estão todas: a grande dúvida do pintor é se deverá ter uma atitude reverente ou uma atitude irreverente, se pintará esta virgem como S. Lucas pintou a outra, de joelhos, ou se tratará este homem como um triste coitado que realmente foi ridículo a todas as criadas de hotel e escreveu cartas de amor ridículas, e se, assim autorizado pelo próprio, poderá rir-se dele pintando-o. A pincelada verde, por enquanto, é somente a perna do jockey amarelo posta do lado de cá do cavalo azul. Enquanto o maestro não sacudir a batuta, a música não romperá, lânguida e triste, nem o homem da loja começará a sorrir entre as memórias da infância do pintor. Há uma espécie de ambiguidade inocente nesta perna verde, capaz de transformar-se em verde cão. O pintor deixa-se conduzir pela associação de ideias, para ele perna e cão tornaram-se em meros heterónimos de verde, coisas bem mais inacreditáveis do que esta têm sido possíveis, não há que admirar. Ninguém sabe o que se passa na cabeça do pintor enquanto pinta.

"O retrato está feito, vai juntar-se às dez mil representações que o precederam. É uma genuflexão devota, é uma risada de troça, tanto faz, cada uma destas cores, cada um destes traços, sobrepondo-se uns aos outros, aproximam o momento da invisibilidade, aquele negro total que não refletirá nenhuma luz, sequer a luz fulgurante do sol, que faria então à breve cintilação de um olhar, em fronte a apagar-se tão cedo. Entre a reverência e a irreverência, num ponto indeterminável, estará, talvez, o homem que Fernando Pessoa foi. Talvez, porque também isso não é certo. Albert Camus não pensou duas vezes quando escreveu: 'Se alguém quiser que o reconheçam, basta que diga quem é'. No geral dos casos, o mais longe que chega quem a tal aventura ousa propor-se, é dizer o nome que lhe puseram no registo civil.

"Fernando Pessoa, provavelmente, nem tanto. Já não lhe bastava ser ao mesmo tempo Caeiro e Reis, cumulativamente Campos e Soares, agora que não é poeta, mas pintor, e vai fazer o seu autorretrato, que rosto pintará, com que nome assinará o quadro, no canto esquerdo dele, ou direito, porque toda a pintura é espelho, de quê, de quem, para quê? O braço levanta-se enfim, a mão segura uma pequena haste de madeira, de longe diríamos que é um pincel, mas há motivos para suspeitar: nele não se transporta uma cor verde, ou azul, ou amarela, nenhuma cor se vê, nenhuma tinta, este é o negro absoluto com que Fernando Pessoa, por suas próprias mãos, se tornará invisível.

"Mas os pintores vão continuar pintando."

25 de abril

De Amherst (Massachusetts) chega uma carta de José Ornelas com a notícia do projeto, seu e de Paulo de Medeiros, professor no Bryant College (Rhode Island), de um colóquio internacional sobre o que este escritor tem andado a fazer na vida (literariamente falando, entenda-se). Pouco habituado a tais grandezas, fiquei, por assim dizer, sem palavras: como escrevi na resposta, a palavra "obrigado", sendo a que realmente diz tudo, soa sempre a pouco. Na resposta a José Ornelas expliquei-me desta maneira: "Imagine Você que está aqui, entregue ao seu trabalho, ou simplesmente a almoçar, como foi o caso, e dão-lhe a notícia de que se projeta realizar um colóquio internacional... etc. etc. A mim cortou-se-me logo o apetite". Não exagerei o efeito: aconteceu, de facto.

26 de abril

Sobre a fotografia:
Não há nenhum motivo para sorrirmos ao ciclope, ao monstro de um só olho que é a câmara fotográfica. E, apesar disso, nunca estamos tão desarmados como diante duma objetiva. Ao princípio cremos poder enganá-la, ou porque fechámos o rosto e endurecemos o olhar, ou porque simulámos a expressão que a memória do espelho nos disse ser a mais favorável. Nesse momento começa uma luta entre a paciência do fotógrafo e a resistência de quem se lhe opõe. A paciência do fotógrafo é infinita, a resistência de quem está a ser fotografado acabará sempre por quebrar-se. Cada disparo do obturador atinge um ponto vital das defesas, aos poucos a muralha vai sendo derrubada, até que, por fim, as verdades que por trás dela se escondiam começam a aparecer, não ainda as verdades todas, mas uns quantos fragmentos delas, e também o medo do fotografado de que o processo continue até à exaustão de si mesmo. Em geral, não se chega tão longe. Piedoso, o fotógrafo para no último instante, detém o fotografado quando ele já vai a cair no abismo, e tudo mais ou menos se recompõe. Mais ou menos. Mal refeito do susto, o fotografado suspira julgando-se livre, enquanto o fotógrafo se afasta a pensar nos bocadinhos de alma que leva dentro da caixa, como o pescador à linha vai contando os peixes que roubou ao cardume.

2 de maio

O Instituto de Cultura Ibero-Atlântica, que tem a sua sede em Portimão, onde me encontro, realiza, a partir de hoje, uma reunião de historiadores (com assistência de professores e estudantes) para debate de um tema forte: "A União Ibérica e o mundo atlântico". (A "união" em causa é a das monarquias espanhola e portuguesa, entre 1580 e 1640.) Veio gente de Espanha, do Brasil, da Alemanha e de Itália, o ambiente é sério e a organização eficaz. Apareço nisto (com Gonzalo Torrente Ballester) porque o Instituto achou conveniente amenizar a aridez dos debates com a presença de dois escritores versados em ideias mais ou menos gerais, de quem se espera, sobretudo, que conversem acerca desse mundo acontecível e acontecido, dessa história cruzada, a ficção literária, que continuamente vai atravessando a outra. A ideia de convidar-nos foi do António Borges Coelho, presidente do Instituto, lembrado (certamente) dos tempos em que foi poeta, solicitado (sempre) pelo seu próprio gosto literário, esse que em filigrana transparece na sua obra de historiador.

3 de maio

Com Torrente e Fernanda, sua mulher, passeio ao promontório de Sagres e ao cabo de São Vicente. Desde os dias da *Viagem a Portugal* (desta vez o vento vem do largo) nunca mais lá tinha voltado. Há uns edifícios novos, com pouca graça e nenhum espírito, uma sala de exposições, mas as obras estão paradas. Se isto fosse meu, tirava daqui as construções todas, ou então, no caso de me convencer da sua necessidade, enterrava--as. O promontório deveria ser deixado ao vento e às gaivotas, aos pescadores temerários que se alcandoram nas falésias como pássaros sem asas, ao estrondo das vagas, à nudez das pedras, ao ir e vir das marés, limpo como um osso enorme abandonado na borda do mar. O que resta dos sonhos de Portugal.

À noite, durante o colóquio, alguém se lembrou de perguntar a Torrente Ballester se acreditava em Deus. Resposta genial e galega de Gonzalo: "Y a usted qué le importa?".

4 de maio

Entro em Lisboa pela ponte sem ter reparado que desapareceu aquela parte do morro do lado direito que ocultava até ao último instante a vista da cidade. Quando ainda me estou a preparar para a surpresa, percebo que não haverá surpresa. Quando ainda ia saboreando a memória viva da imagem, Lisboa já lá estava banalmente, como uma simples cidade posta na outra margem de um rio. Aqueles que doravante entrarem pela primeira vez em Lisboa vindos do Sul, nunca saberão o que perderam.

7 de maio

Notícias do mundo. A fotografia do jornal mostra-me uma cabeça cortada posta em cima duma mesa, ao ar livre, numa rua de Monróvia. Noutra fotografia aparece o corpo que pertenceu a esta cabeça. A separação não fez bem a nenhum deles. Vou às enciclopédias para saber alguma coisa de útil sobre a Libéria. Aprendo que os cartagineses, os romanos e os normandos precederam os europeus na exploração das costas liberianas. Que o navegador português Pedro de Sintra, em meados do século xv, atingiu a parte Norte da região. Que a partir do primeiro quartel do século xvi as terras liberianas passaram a ser frequentadas por comerciantes franceses, ingleses e holandeses. Que em 1816 se fundou nos Estados Unidos a American Colonization Society, com o objetivo de repatriar para África os escravos libertados. Que a pretensa ação humanitária faria as vezes de correia de transmissão dos interesses norte-americanos num continente que as potências europeias andavam a repartir entre si. Que entre 1822 e 1892 foram transportados e fixados na chamada Costa da Pimenta cerca de 16 500 desses escravos. Que em 1847 se realizou em Monróvia um congresso de colonos que declarou a independência do país. Que o partido liberal, representante da oligarquia negro-americana, ocupou o poder entre 1883 e 1980. Que a economia se encontra inteiramente condicionada pela dependência dos capitais estrangeiros, em especial norte-americanos. Que, finalmente, por cima duma paisagem de charrua, palmeira, barco e mar, o escudo da Libéria exibe heraldicamente uma fita ondulada com as seguintes palavras: "O amor da liberdade nos trouxe aqui".

Outra notícia do mundo. De Victor Coimbra Torres, que vive em Paço de Arcos, recebo uma carta interessantíssima que não resisto a transcrever na íntegra. Ei-la:

"No seu romance *O ano da morte de Ricardo Reis* escreveu: 'Sobe Ricardo Reis a Rua do Alecrim, e mal saiu do hotel logo o fez parar um vestígio doutras eras [...] uma pedra retangular, embutida e cravada num murete que dá para a Rua Nova do Carvalho, dizendo em letra de ornamento, Clínica de Enfermedades de los Ojos y Quirúrgicas, e mais sobriamente, Fundada por A. Mascaró en 1870, as pedras têm uma vida longa, não assistimos ao nascimento delas, não assistiremos à morte, tantos anos sobre esta passaram, tantos hão-de passar, morreu Mascaró e desfez-se a clínica, porventura algures ainda viverão descendentes do Fundador, ocupados em outros ofícios, quem sabe se já esquecidos, ou ignorantes, de que neste lugar público se mostra a sua pedra de armas, não fossem as famílias o que são, fúteis, inconstantes, e esta viria aqui recordar a memória do antepassado curador de olhos e outras cirurgias, é bem verdade que não basta gravar o nome numa pedra, a pedra fica, sim senhores, salvou-se, mas o nome, se todos os dias não o forem ler, apaga-se, esquece, não está cá'.

"Eu não conheci o dr. Aniceto Mascaró, mas pelo lado do meu pai descendo de uma família, também originária da Catalunha, que teve íntimas relações de amizade com a família Mascaró, pois tinham emigrado da Catalunha para Portugal no início dos anos setenta do século passado por razões políticas que, pela mesma altura, trouxeram para o nosso país outros catalães, como é o caso da família Bertrand, não os livreiros mas os tipógrafos, com oficinas numa transversal da Calçada do Combro. Conheci, no entanto, muito bem uma sua filha, d. Vera, que foi casada com o pintor David de Melo, de quem não teve filhos. Na minha opinião não foi um grande pintor (especializou-se em pintar velhos) mas era um homem simpático, e um bom boémio. Tinha sido aluno, ou colega, do pintor Constantino Fernandes que lhe deixou em herança o seu magnífico atelier na Av. Duque de Loulé, da autoria do arq. Ventura Terra, e que veio mais tarde a ser demolido, como tem acontecido a outros belos trabalhos do mesmo arquiteto.

"Quanto ao dr. Mascaró, médico oculista, como na época se designavam os oftalmologistas, deixou na minha família muitas histórias curiosas, como aquela de que era capaz de cortar longitudinalmente um cabelo humano com o seu bisturi de cirurgião. Ele próprio fazia os olhos artificiais para os seus doentes (tenho uma pequena caixa com alguns exemplares, que foi oferecida pela D. Vera à minha tia Pilar, sua amiga de infância, que esta me ofereceu e que eu vou oferecer ao Museu do Instituto Gama Pinto). Para a fabricação dos olhos usava, entre outro equipamento, um enorme cilindro de ferro que ainda me mostraram na sua linda casa de campo saloia na Portela, nos arredores de Lisboa, e onde muitas vezes, nos anos 30, passámos as nossas férias.

"Sobre a vida e trabalhos do dr. Mascaró envio-lhe cópias de alguns elementos que consegui reunir precisamente para enviar ao Museu do Instituto Gama Pinto, incluindo algumas páginas escritas no alfabeto que ele criou e que se destinava a 'cegos e videntes', portanto, como ele acentuava, com vantagem sobre o alfabeto braille. Envio também uma cópia de uma má fotografia que tirei da famosa lápide, que ainda se encontra ao pé do Hotel Bragança.

"Creio que estas poucas informações já, no entanto, respondem à curiosidade de Ricardo Reis. Desconheço se existem ainda vivos alguns membros da família. Durante bastantes anos viveram no Estoril duas sobrinhas do médico, uma delas esteve muito tempo empregada no Hotel Ritz. O que é curioso é que, também elas, tal como os seus antepassados, emigraram por razões políticas, da sua Catalunha natal para o México, durante a guerra civil de Espanha."

A curiosidade de Ricardo Reis ficou, mais do que satisfeita, agradecida. Com tempo, paciência e outras ajudas, acaba por saber-se tudo. Hoje foi a vez da pedra de armas do dr. Mascaró e do escudo da Libéria...

9 de maio

O folhetim de Mafra continua... Acabo de saber que a Assembleia Municipal aprovou, por maioria, uma nova proposta da CDU para que me seja atribuída a medalha de Honra do concelho. A decisão do executivo está anunciada para amanhã, e é de esperar que a Vereação se comporte como a dita Assembleia se comportou há três anos (v. *Cadernos — I*, 30 de abril, pp. 24-5), isto é, me negue redonda e terminantemente a medalhinha. Como foi possível, desta vez, o milagre de sair aprovada a reincidente proposta? Por via da abstenção do PSD (exceto um dos seus representantes, que corajosamente votou a favor) e do PP. Este PP, cuja graça é Amândio Mendes Quinto, produziu na ocasião umas hilariantes declarações que não resisto a passar para aqui. Disse ele que não gosta da minha maneira de escrever o português, "sem pontuação e sem cumprir as regras da língua". Se se absteve, foi porque o *Memorial* "teve utilidade como divulgação do convento de Mafra". E esclarece: "Comecei a ler o livro em 1987. Mas desisti porque não gosto de ver o português escrito daquela maneira. A mim ensinaram-me a escrever de outra maneira e o português tem regras que são para serem cumpridas. Agora voltei a ler o livro e está pior do que eu pensava, a pontuação não é correta. Na reunião abstive-me porque já não tinha bem presente o livro. Agora que o revi a minha votação seria diferente". Que se há-de dizer disto? Que o sr. Mendes Quinto é um homem com muita sorte: a magnitude sobrenatural da sua estupidez já lhe abriu, em vida, as douradas portas da imortalidade...

10 de maio

Susan Sontag encontra-se em Lanzarote para apresentar o seu romance *O amante do vulcão*. Veio acompanhada pelo filho, David Rieff, jornalista, autor de um livro sobre a Bósnia, publicado nestes dias, e pelo seu tradutor italiano, Paolo Dilonardo. A apresentação, como já se tornou costume na ilha, fez-se na Fundação César Manrique, e aí fui botar fala de parceria com Juan Cruz, José Juan Ramírez e Fernando Gómez Aguilera, todos a ajudar à missa de Sontag, que no fim foi aplaudidíssima. O núcleo da minha intervenção foi uma citação tirada do novo prefácio escrito por Susan para a tradução castelhana do seu livro *Contra a interpretação*, e que assim reza: "Via-me como uma combatente de novo cunho numa batalha muito antiga contra a hipocrisia, contra a superficialidade e a indiferença éticas e estéticas". Nesta passagem, Susan Sontag está a referir-se aos seus tempos de Nova Iorque e de Paris, entre 1961 e 1965, depois da longa aprendizagem académica por que havia passado em Berkeley, Chicago e Harvard. Hoje, trinta anos depois, como se nada tivesse mudado, e em condições certamente menos favoráveis, a necessidade da luta mantém-se: a hipocrisia domina por toda a parte, a superficialidade e a indiferença ética são as regras de ouro da modernidade. (Ousarei dizer que a estética, neste quadro, me interessa muito menos?...)

Durante o colóquio, numa altura em que se falava da razão como definidora e organizadora do discurso, um dos assistentes quis saber o que a apresentada e os apresentadores pensavam do papel da intuição na criação literária. Por minha parte, sem qualquer pretensão de originalidade conceptual ou formal, defendi a ideia de que a intuição não é mais do que uma ferramenta não consciente da razão, e que as contradições e oposições entre a razão e a intuição, sempre beligerantemente proclamadas, não passam de uma falácia. Pensando agora melhor, não tenho a certeza de ter razão: provavelmente é só uma intuição...

11 de maio

Passeio pelos lugares seletos da ilha: Timanfaya, La Geria, Mirador del Río, Jameos del Agua, com um saborosíssimo almoço em Haría, na casa de Doña Inés. Desabafo irresistível de Susan diante da desolação exaltadora de Timanfaya: "Se eu tivesse conhecido isto, *O amante do vulcão* teria sido diferente...". De facto, a impressão que me deu o Vesúvio do seu livro, durante a leitura, foi ser ele mais obra de imaginação do que resultado de observação de uma realidade.

Decidi começar a pôr algumas coisas de Lanzarote nos lugares que lhes correspondem... A partir de hoje vou passar a escrever Las Tías de Fajardo na minha direção, porque esse é que é o autêntico nome de Tías. Sempre quero ver como se comportarão os correios...

13 de maio

Para o catálogo da exposição de Pepe Dámaso:
Pepe Dámaso nasceu numa pequena vila de Gran Canaria, chamada Agaete. Tem cara de índio, mas não é índio, e usou em anos jovens um enorme bigode, de formato gaulês, uma espécie de chapéu da boca, que faria dele, nesse outro tempo e nesse outro lugar, um parceiro de Vercingetórix. O sorriso, porém, tenso e deslumbrado, é o de uma criança no momento vertiginoso de descobrir que o seu corpo faz parte do corpo imenso do mundo. Ainda corre, certamente, sangue guanche nas veias de Pepe Dámaso, e essa herança vital conserva a memória dos dias em que animava os membros ágeis daqueles homens antigos

que pulavam de rocha em rocha deslizando verticalmente ao longo de uma vara, frente ao mar, para chegarem ao Dedo de Deus. Que então não tinha ainda esse nome, que então não era mais que uma pedra altíssima, esguia, formidável, emergindo das vagas e da areia negra, à espera de olhos que a definissem, de mãos que a reconhecessem, de palavras que a nomeassem.

Esse acidente orográfico, essa massa, esse nome, têm na obra plástica e na vida espiritual de Pepe Dámaso, creio, um valor simbólico e emblemático. Deus está enterrado no mundo, portanto o trabalho do pintor irá ser o de traçar-lhe as formas ocultas, medir-lhe o peso, calcular-lhe a densidade, ainda que sabendo, desde o primeiro instante, que no fim de tudo encontrará o que, em todos os casos, é só possível encontrar, uma figura humana, a sua própria, a dos seus semelhantes. E também a de todos os seres e coisas a que os homens deram nome e que, por simplesmente o terem, se tornaram, mais do que humanizados, humanidade. Pepe Dámaso pintará o corpo e a sua caveira, o corpo e a sombra do corpo, o corpo esfíngico, o corpo expectante, o corpo como fluxo e dispersão, o corpo como múmia, o corpo como resto, a perna de dois pés, o animal de dois dorsos, pintará as transfigurações do drago, o ovo do poente, a multiplicação da brancura, o osso ao sol, a crosta abstrata da terra, pintará dois rolos de pintar e chamar-lhes-á retrato do artista adolescente...

Agora Pepe Dámaso pinta Fernando Pessoa como quem, novamente deslumbrado, tornou a descobrir o mundo. Veio encontrá-lo já cruzado de caminhos, já pisado de passadas, já marcado de roteiros, mas enfrentou-o com a mesma inocência guanche com que terá olhado, pela primeira vez, os penhascos de Agaete, com o mesmo assombro e o mesmo temor com que, homem deste tempo e pintor dele, tocou o Dedo de Deus. Graças a isto vamos poder nós tocar mais fundo o corpo oculto de Fernando Pessoa.

15 de maio

Buenos Aires outra vez, para o lançamento do *Ensaio sobre a cegueira*. Depois de dez fatigantes horas de viagem, quase a chegar lá, eis que o avião é mandado para Córdoba por causa do nevoeiro. Entre ir, esperar e voltar passaram-se mais três horas. Paciente, resignado, Ricardo Ibarlucía, da editora, estava ainda à minha espera no aeroporto, com dois exemplares do livro. Já no hotel, enfim, quando me dispunha a entrar na cama para tentar descansar dos efeitos da noite em claro, toca o telefone: era uma fotógrafa do jornal *Clarín* que vinha para "a entrevista combinada". Combinada teria sido, mas não comigo. Disse-lhe que só morto. E dormi, mal, pouco mais de duas horas. Às quatro, Ricardo levou-me, meio sonâmbulo, a uma entrevista para um canal (cultural...) de televisão: nada de particular, salvo terem-me perguntado se eu era o Salman Rushdie do Ocidente... Depois (finalmente), a entrevista a *Clarín*.

Antes do jantar tentámos visitar uma exposição sobre Frida Kahlo (de obras sobre ela, não de obras dela) no Centro Cultural de La Recoleta. Mal conseguimos passar da porta. A "moda Frida", que atualmente varre Buenos Aires como uma epidemia, tinha atulhado de estetas postiços e de postiças vanguardas as salas e os corredores do Centro, uma multidão de basbaques representando o papel de ilustrados, encaminhada por açafatas que trajavam "à Frida"... Fugimos. Disseram-me que o principal responsável desta sezão repentina era um milionário argentino que comprou por três milhões de dólares um quadro de Frida Kahlo. Realmente, não há nada como três milhões de dólares para mostrar à gente a importância de um artista... À saída, encontrei-me (mundo pequeno, pequeno mundo...) com Jefferson de los Rios e com Beatriz, jornalistas brasileiros que conheci em Havana, há anos. O jantar, com Guilhermo Schavelzon e Lídia, e com Ricardo Ibarlucía, foi muito e bem conversado. No final, resumindo o debate, Ricardo disse-me que sou muito rousseauniano... Devo confessar que nunca tinha pensado em tal, nem imaginava que as minhas antigas leituras das *Confissões*, do *Contrato social* e do *Emílio* tivessem deixado marcas tão visíveis. Afinal, talvez sim, talvez eu seja um rousseauniano, mas passado por Marx.

16 de maio

Entrevistas, entrevistas, entrevistas. Moem-me, espremem-me, dou o mais que posso, e não é muito, mas consola-me a impressão de que estes jornalistas de Buenos Aires, ao menos, leram, e entenderam, o *Ensaio*. As perguntas não enganam.

Vejo nos jornais que a economia argentina está a melhorar, que os índices sobem, que a bolsa está eufórica. Mas a mesma notícia informa-me que 25% da população da área metropolitana de Buenos Aires (uns dois milhões e meio de pessoas) vive abaixo do nível de pobreza. Como em toda a parte, a macroeconomia prospera enquanto a microeconomia definha. Mas a economia está a melhorar, diz, com toda a seriedade, o jornal...

Um episódio mais para o livro de anedotas de Carlos Menem. Tem sido denunciado pela imprensa que a Argentina vendeu armas ao Equador quando este país esteve em guerra com o Peru. Em consequência dessas revelações, Fujimori enviou a Buenos Aires a presidente do Parlamento peruano, com uma carta (de protesto, supõe-se) para o presidente da Argentina. Ora, quando a mulher entrou no gabinete de Menem, este recebeu-a como um autêntico macho tanguista: "Que boas pernas!", disse.

17 de maio

Prosseguiu o massacre das entrevistas. Tínhamos um encontro marcado com María Kodama, na Fundação Jorge Luis Borges, mas deu-se não sei que confusão de horas, Ricardo e eu aparecemos, mas ela não. María telefonou-me mais tarde, e acordámos em dois pontos: ela esperar-me-á um dia na Fundação, e nós (Pilar e eu) esperá-la-emos um dia em Lanzarote (uma conferência sua sobre Borges seria mais do que interessante). No final da tarde, Jorge Calvetti veio buscar-me ao hotel para me levar à Academia de Letras, a cumprir os deveres de cortesia de um sócio correspondente.

18 de maio

Fomos a Santos Lugares, um subúrbio de Buenos Aires que a cidade há muito tempo engoliu. É aqui que vive Ernesto Sabato. Como chegámos antes da hora combinada, aproveitámos o tempo para visitar a igreja que lá há, um coisa imensa, construída à imitação da Basílica de Nossa Senhora de Lourdes e, tal como ela, operando como uma central elétrica da piedade. Por outras palavras: o kitsch foi elevado à potência máxima, as imagens são berrantes, a gruta é a fazer de conta, há uma estátua grotesca de Bernadette Soubirous que está mesmo a pedir que a fotografem (fotografei-a), as arcadas e paredes exteriores estão revestidas de centenas de pequenas chapas metálicas ou de cerâmica em que se agradecem milagres (uma dessas placas, por exemplo, reza assim: "Gracias Virgencita por haber aprobado la secundaria"...), um padre comunica aos peregrinos ouvintes que já têm o lugar à espera no paraíso etc. Entrou-me, e ficou cá dentro a doer, uma insuportável melancolia, como sempre me acontece diante do espetáculo de uma crença reduzida a superstições sem espiritualidade. Deu-me vontade de ir perguntar àquelas pessoas: "Não vos basta acreditar em Deus?". Se calhar, o problema está aí: não acreditam mesmo...

Antes que Ernesto Sabato aparecesse para nos abrir o portão do velho e escuro jardim que defende a casa das curiosidades da rua, veio ladrar-nos à grade um cão enorme, um pastor-alemão, desses que parecem lobos e de vez em quando resolvem sê-lo. A harmonia, a boa paz em que tenho vivido com os meus cãezitos — o Pepe, a Greta e o Camões —, não me fizeram esquecer que um dos maiores pavores da minha infância, como algum dia contarei, sofri-o eu de um lobo-da-alsácia, que assim naquele tempo se chamava à inquietante raça. Aqui, em Santos Lugares, as tremendas queixadas do guarda do jardim ameaçavam-me de muito pior que um susto, se eu me atrevesse a entrar. Uma voz de mulher, saída do intercomunicador, perguntou quem éramos e o que queríamos. Da explicação dos motivos e da identificação das pessoas se encarregou Ricardo Ibarlucía, enquanto eu só tinha olhos para o tamanho dos temíveis caninos que brilhavam sinistramente entre os beiços da fera. Passado um minuto, Sabato surgiu ao fundo da álea empedrada que conduzia ao portão. A meio caminho parou, voltou atrás, tinha-se esquecido da chave, disse. O cão deixara de ladrar, calculei que por ter visto o dono, olhava-me fixamente e arfava, com a comprida língua pendente. Antes de abrir o portão, Sabato disse para o lobo mau: "Tranquila!". Era portanto uma cadela, mas faltava-me saber se o facto iria melhorar ou piorar a recepção quando, daí a um instante, nos encontrássemos frente a frente. Pensei, enquanto à entrada abraçava Sabato, que estaria a cometer uma imprudência, que a cadela podia crer que o dono estava a ser atacado, mas não, a loba, que eu vigiava pelo canto do olho, abanava simplesmente a cauda, à espera de ver em que ficava tudo aquilo. Então decidi confiar, pelo sim, pelo não, entreguei-me à proteção da santa vizinha de Sabato, e pus uma mão firme na cabeçorra que se levantava para mim, pensando que um animal com tais olhos não poderia fazer-me mal, pasmando ao mesmo tempo de ver como a minha mão parecia pequena sobre aquela enorme cabeça... A cadela abandonou-me e foi roçar o focinho pela perna do dono, maneira de confirmar, talvez, que as visitas eram gente de paz, e tão certa disso parecia estar que nem entrou na casa, deixou-se ficar no jardim, a vigiar as sombras. Dentro, apesar da penumbra reinante, nenhuma lâmpada estava acesa. E em nenhum momento Sabato viria a tirar os óculos escuros, de lentes grossíssimas. A sala onde nos recebeu dava para a parte de trás do jardim, a divisória desse lado, envidraçada, mal deixava passar a luz quebrada do rápido entardecer. Ofereci a Sabato o *Ensaio*, ele quis saber que cegos eram estes meus, eu falei-lhe dos dele, depois repassámos juntos os cegos ilustres da literatura, tanto personagens como autores, e acabámos a perguntar-nos aquilo que muitos têm querido saber: se os problemas de visão de que um e outro temos sofrido teriam sido a causa imediata das nossas contribuições de cegos para os estudos literários. Concordámos em que não. Veio um café, que tomámos em silêncio. Depois, Sabato lançou-se, como quem repete um caminho já muitas vezes percorrido, num longo solilóquio que principiou pela evocação dolorida da morte recente de um filho (ferida que sempre lhe irá sangrar), e logo, como se lhe fosse impossível escapar do seu próprio labirinto, transitou para as diversas obsessões que lhe conhecemos: a descrença na razão, a negação crítica do conhecimento científico, a desqualificação do progresso, o problema do mal, Dostoiévski, a apologia da obra breve (apesar de Dostoiévski, comento agora...). A sala foi escurecendo até quase não conseguirmos ver-nos. Sabato não se levantou para acender a luz. Sombra entre sombras, tornara-se na voz da cinza que lentamente cobria a sala, as estantes, as caras, os vultos, as mãos. Disse-lhe que até para descrer da razão tínhamos necessidade da razão, que o Mal não era efeito nem obra de um Demónio, que não há outro Demónio nem outro Deus que o próprio homem. Não tenho a certeza de que me tenha ouvido. A sua voz era como um rio negro para o qual, aos poucos, eu próprio, ainda agarrado à margem, ia resvalando.

20 de maio

Em Madrid, também para a apresentação do *Ensaio sobre a cegueira*. Encontro bandeiras portuguesas por toda a parte porque o presidente Jorge Sampaio está de visita oficial a Espanha. Em devido tempo havíamos recebido instruções para nos juntarmos à comitiva quando chegássemos, Pilar, de Lanzarote, eu, de Buenos Aires, e o primeiro ato solene em que teríamos de comparecer, depois da habitual recepção na embaixada, seria o jantar no palácio real. Com razão desconfiado dos meus conhecimentos acerca de como se põe uma casaca e respectivos complementos, ainda por cima tendo de levar condecorações (ia estrear, enfim, o meu colar de comendador...), Mário Quartin Graça, nosso conselheiro cultural em Madrid e amigo desde quando fui pela primeira vez a Brasília, onde o conheci, ofereceu-se para ir ao hotel vestir-me, como a um toureiro que vai descer à praça, com a assistência divertida de Maria do Carmelo, sua mulher, e de Marisa. Rimo-nos como garotos, e para que do extraordinário acontecimento ficasse registo memorável para a história, foram-se tirando fotografias das sucessivas fases do entraje. (Numa delas estou sentado na cama a calçar as meias.) Eram, por assim dizer, e apelando para uma recordação recente, as novas imagens de Bernadette Soubirous... No final, confesso a fraqueza, gostei de ver-nos, a Pilar e a mim, refletidos no espelho. Apesar das diferenças de idade e beleza, ambas irremediavelmente em meu desfavor, fazíamos um bonito par.

21 de maio

Não será possível apresentar um livro sem ter de dar entrevistas às dúzias, umas atrás das outras? Hoje tive de aguentar nada menos que seis... Com os sonos trocados (assim dizíamos, simplesmente, quando falávamos português, antes do moderníssimo jet lag), sou obrigado a esforçar-me, muito mais do que se possa imaginar, para ser ou parecer lúcido e objetivo aos olhos do jornalista. As ideias vogam-me como nuvens pastosas dentro da cabeça, as respostas vão-se tornando automáticas, ecos de outras, mil vezes dadas. A noite tinha sido passada entre sonos brevíssimos, de que não aproveitei descanso que se visse, e longas espertinas, que me deixaram arrasado. Ninguém adivinha a que ponto chegou o meu cansaço.

23 de maio

A apresentação do *Ensaio* fez-se no Círculo de Bellas Artes (nunca perceberei por que tenho de dizer *el arte* no masculino e *bellas artes* no feminino...). José Antonio Marina, o autor dessas obras magníficas, estimulantes, que são *Teoria da inteligência criadora* (que não alcançou ainda em Portugal os leitores que merecia) e *Ética para náufragos*, e que acaba de publicar nestes dias *El laberinto del sentimiento*, fez uma apresentação em que houve tanto de inteligência quanto de generosidade, orientando o diálogo que travámos sobre a razão e os seus absurdos, e em que me esforcei por manter-me à altura, sem sempre o conseguir... Num certo momento, dei por mim a perguntar-me angustiado: "Poderá a razão, realmente, razonar sobre si mesma?".

28 de maio

Encontro na Caminho algumas cartas de leitores que ainda não conhecem o meu endereço... Uma delas traz no remetente um apelido que me é familiar desde há mais de sessenta anos, desde 1934 precisamente, quando, tendo deixado o Liceu de Gil Vicente, comecei a frequentar a Escola Industrial de Afonso Domingues, donde sairia com o curso de serralheiro mecânico. Durante o tempo que ali andei, foi meu professor de mecânica e de matemática o engenheiro Jorge O' Neill, que, catorze anos mais tarde, viria a dar-me emprego na Companhia Previdente (de que era administrador-delegado), quando, na sequência da campanha presidencial de Norton de Matos, me demiti, antes que fosse demitido, da Caixa de Previdência onde trabalhava. Um certo dr. Góis Mota, ajudante da Procuradoria--Geral da República, comandante da Brigada Naval da Legião Portuguesa e "fiscal" do comportamento político dos empregados da Caixa, de que era assessor jurídico, instaurou-nos, a mim e a outro colega, uma caricatura de processo disciplinar, durante o qual me disse (sic) que se os meus camaradas tivessem ganho ele estaria pendurado num candeeiro da Avenida... A minha culpa visível tinha sido, simplesmente, a de não acatar a ordem de que todo o pessoal deveria concentrar-se, no dia da eleição, à porta da secção de voto do Liceu de Camões, porque ele, Góis Mota, segundo dizia, requerera e tinha em seu poder as certidões de eleitor de todos nós, de modo a que pudéssemos ir votar a uma secção que não fosse a nossa. O legionário Góis Mota, ajudante do procurador da República, estava a mentir: votei na Graça, como devia, e ninguém me disse que, por ter sido passada certidão de eleitor, não podia votar ali. (Na eleição seguinte o meu nome deixaria de constar dos cadernos eleitorais...)

A carta que tinha agora nas mãos estava assinada por Madalena O'Neill e recordava-me, como se recorda um sonho, os dias em que, a pedido do pai, eu frequentara a sua casa da Junqueira para organizar, classificar e arrumar a velha biblioteca da família. Eis a história:

"Há uns anos, não tão poucos como isso, que uma menina, ainda criança, esperava ansiosamente por um senhor que, aos olhos dela, era muito alto e muito magro, com uns óculos de aro castanho e uma camisa branca. Talvez uns suspensórios a segurar as calças!!! Tenho essa impressão, mas já não sei.

"Essa menina tinha uma paixão secreta por esse senhor, digo paixão porque não encontro outra palavra mais adequada, nada tem que ver com a de um adulto. Recusava ir para o quarto antes de ele chegar, mas, quando ele chegava, sua timidez tornava-a muda, e limitava-se a ficar ali em silêncio a vê-lo trabalhar.

"Um dia seu pai recebeu de presente um pisa-papéis que ela achava uma beleza. Era todo de vidro e tinha um efeito colorido lá dentro, não sei se não tinha também qualquer anúncio de qualquer produto, o que com certeza estragava a peça, mas para todos os efeitos ela gostava imenso daquela bola de vidro e não tirava os olhos dela. O pai, quando reparou na validade que aquele objeto tinha para sua filha, deu-lho, e foi esse um dos dias mais felizes da vida dela. Nunca mais se separou da tal bola, que para ela era mágica.

"Um dia chegou em que ela quis que o tal senhor soubesse o que ela sentia por ele e, despedindo-se da sua querida bola, que também tinha tido um lugar no seu coração, entregou-lha sem pestanejar. O tal senhor, que olhava para tudo admirado, ainda perguntou: 'Tem a certeza de que mo quer dar?'. Ao que ela, embaraçada, mas com firmeza, disse que sim. Não foi capaz de dizer mais nada e ficou felicíssima por ter tido a coragem de fazer tal gesto.

"Passaram-se algumas dezenas de anos e a tal criança de outrora, que agora já é bem crescida, continua a lembrar-se de tudo, porque tudo de importante que se passa num coração que ainda não está muito estragado com esta vida cheia de obstáculos, fica lá registado para sempre. Não sei se poderei dizer o mesmo do tal senhor, que, apesar de ter recebido um presente saído dum coração tão aberto, talvez não lhe tenha dado qualquer valor, não digo ao objeto, mas ao ato daquela criança. Eu gostaria de saber que sim, mas tenho quase a certeza de que a resposta é não, porque as pessoas, quando chegam a adultos, fecham os corações e abrem as cabeças, onde só passa a existir o racional."

A partir daqui, a carta trata de um assunto de natureza profissional, que não tem que entrar nestes *Cadernos*. Responderei a Madalena O'Neill um destes dias, depois de ter posto em ordem a minha própria memória. Uma coisa eu sei: que não usava suspensórios...

Vou andando em direção à Escola Secundária dos Anjos, onde terei um encontro com alunos para lhes falar do *Ano da morte de Ricardo Reis*, vou a pensar, agradecido, na menina que gostava de mim e me ofereceu, como prova do seu amor, há quarenta anos, o pesa-papéis de vidro que lhe tinha sido dado pelo pai, e eis que uma outra menina vem direita a mim com uma flor na mão, dessas sem nome que a Primavera faz nascer entre as pedras, e pergunta-me: "Quer?".

29 de maio

Há tempos, Maria Alzira Seixo convidou Pilar a ir à sua Faculdade para falar sobre o *Quixote*, e hoje foi o dia. Pilar tinha-a avisado de que falaria como uma simples leitora e Maria Alzira respondeu-lhe que era isso mesmo o que gostaria que ela fizesse. Só não imaginou a que ponto: o papel que Pilar levou para ler tinha um título, e esse título era *Maldito Quixote*... Traduzo para aqui algumas passagens, ciente, mais do que nunca, de que uma palavra, sem a voz (essa voz) que a diga (que a disse), é quase nada:
"As manhãs de Inverno em Granada, naquele tempo em que o mundo, como nós, era menino, tinham neve, gelo, frio, um mal-estar profundo e irritante que o passar dos anos não conseguiu aliviar. Saíamos de casa com a noite resistindo nas esquinas, as luzes ainda acesas, o bafo envolvendo-nos como se fôssemos fantasmas e não os seres tangíveis, concretos e sofredores que éramos. Explico. É verdade que a muita roupa com que vestíamos os nossos corpos (éramos como cebolas, camisola sobre camisola) nos defendia (moderadamente) das baixíssimas temperaturas, mas os sapatos encarregavam-se de recordar-nos a nossa condição de humanos — pobres. Eram aqueles inesquecíveis sapatos autênticas peças de tortura, grilhetas de condenados, barcos feitos para naufragar e morrer de uma vez por todas. Eram sapatos de cartão-pedra, grandes, enormes, para que durassem toda a nossa meninice e adolescência, eram sapatos com vontade própria, sem nenhum desejo de se acomodarem aos pés, sem clemência ou compaixão. Não abrigavam, não evitavam que a água-neve nos encharcasse os pés, não protegiam as frieiras que nos nasciam de outubro a março. Eles, os sapatos da minha infância, cumpriam implacavelmente a sua função de martirizar a pobre criança que, minutos depois de ter perdido este triste e quotidiano combate, tinha de enfrentar-se com o *Quixote*...
"Para cúmulo, eram 888 as demolidoras páginas que nos caíam sobre os ombros ao despontar do dia. É certo que, antes

do encontrão (que não encontro) com a literatura, nos havíamos enfrentado primeiro com os cantos patrióticos (cantava-se o hino da Falange, 'cara al sol con la camisa nueva que tu bordaste en rojo ayer', as orações intermináveis éramos muito católicos), tudo isto antes de entrar nas aulas, naturalmente presididas por Franco ou Jesus Cristo, ou Jesus Cristo e Franco, que nunca chegámos a saber quem era mais importante, protocolarmente falando, naquela ditadura patética, tão ridícula como sangrenta.

"Com estes precedentes, congelados e indefesos, criaturas sem heroicidade ao redor de nós, meninos de pós-guerra e de fomes, meninos feitos para a desconfiança, autoritariamente tratados e autoritariamente vencidos, com estes precedentes, digo, nos iniciávamos no rito do ódio ao *Quixote*, Cavaleiro da Triste Figura, merda para a sua figura estúpida, maldito sejas por exasperante, por gostarem tanto de ti os professores, por gostar tanto Franco de ti, que morrem de emoção cantando as tuas tretas, o teu valor, a tua fama, se és o representante da Espanha eterna, quero ir-me deste país, quero ler Júlio Verne que alcança de verdade a Lua, ou o Guilherme traquinas que sabe pôr no seu sítio os mestres solenes, os académicos, os pais que adoram o *Quixote* e nos dizem que temos nesse livro grosso — 888 páginas — um compêndio de sabedoria. Não, obrigado.

"E líamos o *Quixote* porque era preciso para aprovar. Não gostava nada dele. Miguel de Cervantes era — devia ser — um homem cruel, para inventar protagonistas tão estrafalários, um magro e feio, outro gordo e feio, alto e feio um, baixo e feio outro, aldeãos feios todos, caminhantes feios, uma multidão de gente insulsa, que açoita e é açoitada, que burla e é burlada, que imagina mas não sonha, que está louca quando vê, Deus meu!, gigantes onde só há moinhos de vento. Invariavelmente, juro-o, a menina que eu era, transida de frio ou sofrendo os rigores do calor andaluz, bem doutrinada nos princípios da não democracia e portanto rebelde a eles, calçando sapatos feitos para vencer mais batalhas do que as que cabiam em tão poucos anos, tomava partido pelos moinhos de vento, nunca por D. Quixote, os meus eram os atacados por aquele cavaleiro andante de olhar extraviado, que tirou Sancho Pança de casa sem sequer se despedir da mulher, que não o defendeu quando foi manteado, que prometia o que não podia dar, que de aldeãos sem educação fez vilões, que criou conflitos desnecessários numa sociedade conflitiva, que tentou pôr em vigor a ordem da cavalaria andante, valha-nos Deus, com o trabalho que vai custando à História suprimir privilégios, para que, ao menos nos papéis, pudéssemos, ao nascer, chamar-nos cidadãos. Que queria Dom Quixote? Gritava-lhe que Dulcineia não existe, que há amantes, concubinas, barregãs, esposas, mães, virgens, noras, cunhadas e irmãs, mas nenhuma quer ser Dulcineia del Toboso, um conto de fadas sem amor consumado.

"O que são as coisas... Aquelas manhãs de exercícios memorísticos sobre o *Quixote* ('En un lugar de La Mancha, de cuyo nombre no quiero acordarme, no ha mucho tiempo que vivía un hidalgo de los de lanza en astillero, adarga antígua, rocín flaco y galgo corredor [...]'), aquelas manhãs acabaram por confundir tudo. Às vezes sentia compaixão por D. Quixote, quando os nobres se divertem à sua custa, quando a sobrinha e o padre lhe queimam os livros, quando vai morrer repentinamente lúcido e vulgar, como o meu bisavô, aclarando pormenores da herança, como se a escritura notarial não fosse suficiente.

"E há depois uma mudança. Uma mudança lenta e profunda, uma transformação que cresce devagar, como a semente de uma alfarrobeira, um desponte verde que com o tempo se torna folha, e Deus saberá se a veremos árvore. Não sei explicar a mudança. Talvez tenha sido preciso que chegassem outros professores, que pudéssemos distinguir vozes e mensagens, que compreendêssemos que Cervantes nasceu em 1547, que a sua eternidade não era a tediosa noite franquista, que ele aguentaria essa tempestade como nós aguentáramos quem tão mal nos ensinara, e que um dia nos reencontraríamos todos num livro belo e definitivamente explicado por si mesmo.

"Mas isso já é outro conto. Agora fique por aqui, nesta leitura, um ódio tão injusto como justificado, o ódio que, quando o mundo era menino, sentimos pelo *Quixote*, Cavaleiro da Triste

Figura, a quem hoje, de par em par, abro as minhas portas para que entre e saia quando quiser, de vós para mim, de mim para vós, para mim, para vós..."

Depois foi o outro conto, desta vez falado. Quem estava, gostou. Quanto ao marido, não creio que alguma vez os muros da Faculdade de Letras de Lisboa tenham visto outro tão babado...

Vai para 25 anos, ou já os fez, publiquei no *Jornal do Fundão*, onde então semanalmente colaborava, uma crónica com o título "A máquina". Nela falava de alguém a quem, por causa da censura de então, não pude dar nome, mas que nomeio agora, para a posteridade: tratava-se do dr. Carlos Cecílio Nunes Góis Mota, ajudante do procurador-geral da República e legionário. Para poupar ao leitor o trabalho de abrir *A bagagem do viajante*, onde depois a crónica veio a ser recolhida, aqui lha deixo:

"Conheci este homem há mais de vinte anos. O mesmo tempo que fez de mim um homem maduro, transformou-o a ele num velho. (Não me regozijo por isso, a minha vez chegará também.) Era então um homem poderoso, corpulento, de rosto mau. Dispunha de uma autoridade que o turvava mesmo quando queria parecer cordial. Fazia, em certas ocasiões, pequenos discursos aos seus subordinados (eu era um deles), e tinha um jeito particular de articular as palavras que era como uma mó de esmeril: as frases saíam em faca, cortantes e frias. Enquanto a preleção durava, não havia quem se atrevesse a mexer-se ou a arrastar os pés. Ele começava sempre com um apelo à razão (era assim que dizia) e acabava com uma ameaça velada ou aberta, consoante o grau de resistência que sentisse na atmosfera. As palavras mais agressivas dizia-as sempre com os olhos verrumados em mim, como se a minha silenciosa respiração o afrontasse. Nunca nos entendemos. Sempre o desprezei. E sei que ele, por seu lado, me detestava.

"Era um homem poderoso, repito. Poderoso e também subalterno, uma espécie de executor de justiças iníquas. Representava entre nós um poder mais alto, que cegamente interpretava. Quando nos chamava ao gabinete, recebia-nos de pé, fuzilante.

Todos o odiávamos. Não todos. Havia quem tivesse feito voto de obediência rasa. Eram os seus denunciantes, as sombras com que se fechava para ouvir relatos de conversas, palavras soltas, suposições, mentiras. De tudo isto se fazia uma rede de veneno, uma corrosão larvar.

"Depois que me afastei dele, não o vi mais. Durante um tempo fiz grandes projetos de vinganças futuras, depois esqueci-o. E agora, há poucos dias, tive notícias dele. Soube que envelheceu muito, que está malíssimo, que tem a vida a acabar-se. Os seus chefes desapareceram quase todos, e os que sobreviveram toleram-no apenas. Procuram esquecer como e quando ele lhes foi útil, nesse passado de cumplicidade feroz a que melhor caberia o nome de crime.

"Sofre de uma doença que o obriga a estar durante longas horas dentro de uma máquina. Não quis saber pormenores, não fixei o nome da doença, não sei para que serve a máquina. Quando mo disseram, deixei de ouvir assim que apanhei o essencial, e fui atirado para o passado incómodo. E quando regressei ao presente fixei-me na imagem de uma máquina brilhante e ácida, com uma larga boca por onde escorregava um corpo mole, arquejante, a ansiar por uma vida imerecida. Eis o carrasco, o perseguidor, o homem que fazia ameaças. Eis a massa de carne que foi tudo isso.

"Comprazo-me nestas imaginações. Não quero vê-lo, não lhe faria mal, ainda que pudesse, e quando remexo na memória encontro vivo o desprezo, que foi, afinal, o sentimento mais forte que me ligou a ele. Está longe do mundo, do trabalho, mesmo ignóbil, a ver passar os dias que já não lhe pertencem, preso à vida pelo funcionamento da máquina que lhe enche o quarto de um zumbido suave que os seus ouvidos duros já não distinguem. E os olhos, forçados a fitar um ponto só, apagam-se devagar quando as pálpebras grossas descem. De cada vez, é como se morresse.

"Este homem tem quem o sirva. Há uns parentes, umas criadas, umas enfermeiras, uns médicos, uns amigos que o visitam, algumas pessoas importantes que se interessam por ele. Mas não o estimam. Servem-no por dever, tratam-no por dinheiro, visitam-no por obrigação aborrecida. E ele percebe tudo isso. Sabe que é tropeço, estorvo, para alguns testemunha perigosa. Teme toda a gente. Apavora-o, sobretudo, que lhe avariem a máquina preciosa que é a sua vida e a sua única justificação para estar ainda no mundo.

"E é isto que me ajuda agora. Vejo alguém avançar numa meia obscuridade pelo quarto silencioso, e vejo-o que acorda da sonolência pesada ao ranger rápido do sobrado. Vejo duas mãos que se alongam para um interruptor, uma ficha, um fio qualquer vital. Vejo os olhos do doente redondos de medo, vejo-lhe os lábios retorcidos à procura do grito que não sai — e de repente há um silêncio enorme: o zumbido parou, o quarto fica petrificado, e o homem que eu conheci há vinte anos começa a morrer devagarinho.

"Não fui eu que desliguei a máquina. Deixei correr assim a imaginação porque precisava de matar este homem na minha memória. Acabou-se. Só a máquina está viva, ele não."

Esta crónica, assim como não pôde dizer o nome, também não ofereceu a conclusão moral. Num certo dia, só uma vez, tornei a ver o sujeito. Foi no Terreiro do Paço, à entrada da Procuradoria-Geral da República. Nessa altura eu morava no Alto de São João e todas as manhãs vinha de carro elétrico até à Baixa, saltava na esquina da Rua dos Fanqueiros com a Rua da Alfândega, e depois continuava a pé, até ao Largo do Conde Barão, onde era a Companhia Previdente. Nesse dia, quando estava aí a uns dez ou doze metros da Procuradoria, um automóvel preto, grande, oficial, vindo do lado da Rua Augusta, deu a volta e parou de frente para a entrada. O passageiro, que viajava sentado no banco de trás, abriu a porta e começou a sair. Pôs o pé direito no chão e, ao levantar a cabeça, já com quase todo o corpo fora, viu-me. Rapidamente, tornou a meter-se no automóvel, fechou a porta, não sei se a trancou. Eu continuei a andar determinadamente, em linha reta, até quase tocar o carro. Depois desviei-me para a esquerda e continuei o meu caminho. Sabia, enfim, que o legionário Góis Mota era um cobarde.

30 de maio

O pregador itinerante em que ando a tornar-me foi hoje de manhã à Parede, ao Colégio Portugal, para falar do seu *Memorial do Convento* a estudantes do 12º ano. E à tarde, com a jornalista Filipa de Melo, teve uma conversa seriíssima sobre "escrita e religião"...

31 de maio

Madrugador, por causa também das aventuras e desventuras de Blimunda e Baltasar, o pregador foi pregar à Outra Banda, à Escola Secundária nº 2 do Seixal. E regressou inesperadamente feliz, como se lá tivesse ido recuperar as esperanças e ilusões da sua própria juventude, reconfortado por tantos rostos abertos, por tantos olhares confiantes, pela sugestão de intocada e surpreendente pureza que lhe transmitiram aquelas cinco ou seis dezenas de raparigas e rapazes, no geral pouco favorecidos da sorte e da fortuna. À noite falou largamente para professores da Escola Secundária de Camões, em Lisboa, depois de, com larguza quase semelhante, ter conversado com a jornalista Ana Sousa Dias sobre "o primeiro livro", aquela ingénua *Terra do pecado* com que inaugurei, fará meio século o ano que vem, aquilo que, graças a um prémio recentemente recebido, passei a poder chamar, com propriedade de termos, a minha "vida literária"...

2 de junho

Passando ao fundo da Rua do Alecrim, a caminho do Terreiro do Paço, novo sítio da Feira do Livro, levantei os olhos para o Hotel Bragança, com esse estranho sentimento que há doze anos me acompanha, de sentir-me dono de algo que não me pertence — e levei um dos maiores choques da minha vida.

132

Foi como uma cacetada. O prédio estava lá, mas o hotel sumira-
-se-me, desaparecera a tabuleta que lhe dava nome, algumas
janelas estavam abertas, como para mostrar que dentro nada
havia, nem móveis nem almas. É certo que a alma já ele a tinha
perdido há muito tempo... Subi a rua, depois os degraus que levavam à porta fechada, espreitei pelos vidros sujos: ninguém. A
penumbra mal me deixava ver o princípio da escada. Esforcei
os olhos para ver se o pajem de ferro fundido ainda continuava
no seu lugar, segurando a lâmpada no braço levantado, mas
também ele desaparecera. Foi o segundo e duríssimo golpe.
Que tivesse acabado o hotel, a isso terei de resignar-me, mas o
pajem, aquele pajem francês renascentista, comigo é que deveria estar, aqui, em Lanzarote, à entrada da casa, iluminando o
caminho para Ricardo Reis...

3 de junho

Diz-me o dr. Mâncio dos Santos que tenho uma pequena
catarata em formação no olho direito, lá ao fundo, e que é ela
a causa de ter aumentado a miopia desse lado. "E qual vai
ser a evolução disto?", perguntei. Resposta pronta do guardião
da luz dos meus olhos: "Saiba que nunca me engano. Entre
dez meses e dez anos, é o tempo de amadurecer...". Sorrimos
ambos. Pelas minhas contas, deverei estar a ser operado em
junho do ano que vem.

Na Feira um homem veio perguntar-me se dava consultas.
Era a primeira vez que, como escritor, alguém se me dirigia
assim, como se eu fosse médico ou advogado. Não respondi
sim nem não, fiquei à espera do que dali iria sair. O homem
meteu a mão no saco de plástico que trazia e tirou uns papéis.
Queria saber quanto é que eu levaria para escrever-lhe a vida,
"cheia de coisas importantes", segundo as suas próprias palavras. Aos sete anos, disse, tinham-no metido, contra vontade,
num convento. Fugiu de lá quando tinha catorze (julgo não me
enganar na cronologia), e, a partir daqui, o dramático relato,

apesar de evidentemente abreviado, tornou-se bastante confuso. Em certa altura, sem se perceber o motivo, apareceu na história o promontório de Sagres, de mistura com a inauguração não sei de quê por não sei quem. Preocupado com o rumo do caso, interrompi com delicadeza o meu consulente para explicar que não era costume os escritores aceitarem encargos daqueles, que o nosso ofício é diferente dos de alfaiate ou sapateiro, com todo o respeito. O homem mostrou-se ligeiramente agastado, disse que não tinha ido ali para pedir-me um favor, que pagaria o que fosse preciso. Diante da minha recusa (menos firme do que pareceria, porque nessa altura já eu começara a perguntar-me por que diabo não escreveria a história do homem...), foi-se embora murmurando, com o saco de plástico onde transportava a sua vida a dar a dar. Nunca pensei que uma vida pudesse caber dentro de um saco de plástico e que alguém andasse com ela de um lado para outro à procura de um livro onde metê-la.

Não ficaram por aqui os acontecimentos extraordinários na Feira do Livro. Outro homem veio pôr-se de cócoras ao meu lado e, num estilo que parecia ter sido copiado do meu, contou mais ou menos o seguinte: "A minha cunhada é viúva, esteve casada um mês, o marido morreu de uma septicemia, daquelas que matam em quinze dias, agora ela está no hospital, foi operada a uns quantos miomas do útero, tem quarenta anos, está empregada no Montepio Geral, na sua opinião que livro é que devo oferecer-lhe?". Decidi tomar o assunto muito a sério e, depois de aturado debate, ponderando os prós e os contras, com a preciosa ajuda da Manuela Gouveia Antunes e do José Manuel da Silva Passos, que me acompanhavam na mesa, sugeri que oferecesse a *Viagem a Portugal*, por ser obra distrativa, isenta de sobressaltos e emoções fortes, portanto muito própria para pessoas enfermas. O simpático cunhado agradeceu e foi ver o livro. Ou porque não tenha gostado, ou porque o achou demasiado caro, daí a nada tinha desaparecido da nossa vista. Bom colega como sempre me esforço por ser, desejei ardentemente que os escritores presentes na Feira não tivessem de ouvir, também eles, a mesma infeliz história.

5 de junho

Em Madrid, para a reunião do júri do Premio Reina Sofía de Poesía Iberoamericana. Outra alegria: Ángel González, cuja candidatura apresentei, foi o premiado. Pelos vistos, a minha presença nestas cerimónias eletivas vem dando aos méritos de alguns a pitada de sorte necessária. Foi, primeiro de todos, em Huelva, o José Fonseca e Costa, com *A mulher do outro*; depois, em Roma, o José Cardoso Pires; em Roma, outra vez, Gonzalo Torrente Ballester; em Madrid, o João Cabral de Melo Neto; agora, Ángel González...

6 de junho

Regresso a Lisboa, onde me esperava um dia arrasador na Feira do Livro: mais de duas horas, ininterruptamente, a assinar livros. Tenho ouvido dizer, e já o disse eu próprio, que a juventude de agora lê pouco, que só quer saber de rock e jogos de computador. Donde vêm, então, estas raparigas e estes rapazes de rostos solares, que me trazem livros para que os assine, que estiveram a contar minuciosamente as últimas moedas para ver se conseguiam chegar ao preço, e, em troca do autógrafo, me deixam a memória de um sorriso, de um olhar, de uma palavra?

7 de junho

Na Estrela. Passa por mim uma mulher de uns sessenta e tal anos, alta, magra, de rosto sério, e diz, sem se deter: "Como está o senhor que pensa diferente?". Sete palavras anónimas que foram como sete rosas, sete palavras como as cores do arco-íris.

10 de junho

Numa sessão discretamente solene, como tinha de ser, foi-me entregue na Câmara Municipal da Golegã, pelo seu presidente, a medalha de honra do concelho. Receberam-na igualmente o escultor Martins Correia, o maestro António Gavino, e, a título póstumo, o cientista Carlos Cacho, representado por algumas pessoas de família. Todos nasceram na Golegã, da Azinhaga era eu o único. Os festejados agradeceram com maior ou menor eloquência, mas todos, como era natural, bastante tocados na corda do sentimento. Martins Correia começou por declarar que não era pessoa para discursos, mas o certo é que, com um pé aqui, outro além, desenrolando a sua meada de palavras como se estivesse a desenhar, a procurar o traço justo, comoveu e fez sorrir toda a gente. Quanto a mim, o que fiz foi convocar o garoto que comecei por ser, aquele pequeno descalço que vagueava ao sol e à chuva entre o Paul e a Boca-do-Rio, por olivais e marachas, a criança a quem a timidez fazia procurar a solidão, e de caminho (como não o faria?) chamei ao salão nobre da Câmara a minha avó Josefa e o meu avô Jerónimo que nunca lá entraram antes, os meus pais, a obscura árvore genealógica donde procedo, e em cujos ramos, a partir de agora, como um sinal, brilha esta medalha. Sinal de quê? Um sinal, nada mais, um sinal.

12 de junho

Em Milão, para o lançamento de *Cecità*, título italiano do *Ensaio sobre a cegueira*. Sete entrevistas em sete horas foram as que me arrancaram hoje, sem ao menos ter sido respeitado o intervalo para comer a que qualquer trabalhador tem direito: o almoço no hotel foi extensamente conversado, com um jornalista sentado à minha direita, comendo, fazendo perguntas e tomando notas. Tive a satisfação de reencontrar Ugo Ronfani, um antigo conhecido que também apareceu a entrevistar-me, e de lhe ouvir dizer que a apresentação da minha *Segunda vida de*

Francisco de Assis no Festival de Teatro de San Miniato tornou a ser possível... Trata-se de uma história algo complicada, de uma espécie de folhetim em episódios. Aqui há anos, Ronfani, que é um dos mais importantes teatrólogos italianos e diretor da revista *Hystrio*, teve a ideia de levar a peça ao dito Festival, mas a proposta esbarrou com as reticências e torcidelas de nariz da Igreja Católica, a qual, no assunto, tinha mais do que simples voz, pois ali, em San Miniato, nada se pode fazer sem sua explícita e formal concordância. Já a desesperar da causa, mas aproveitando a minha estada em Roma para uma reunião do júri do Prémio da União Latina e apostando num golpe de teatro (por assim dizer), Ronfani logrou pôr frente a frente (o local foi um *salotto* do Hotel de Inglaterra) os diversos interessados no caso, isto é, além de ele próprio, a professora Giulia Lanciani, minha querida amiga, que havia traduzido a peça, um cónego enviado em representação do Festival, e o pobre de mim. Escrevo "pobre de mim" porque, na verdade, não sei como melhor se poderá designar alguém a quem dois dias antes se lhe desprendera uma das retinas, ao ponto de quase não conseguir ver o que tinha diante de si, e que, apesar disso, com um sangue-frio (ou um fatalismo) merecedor de mais inteligente aplicação, explicou demoradamente a obra, argumentou com agudeza e deu razões mais do que bastantes sobre a inocência material e espiritual da peça, sem que nenhum dos interlocutores se tivesse apercebido do que se estava a passar ali... O cónego não disse que sim, nem disse que não, o encontro acabou, e cada um foi à sua vida, eu apalpando o caminho em direção ao meu hotel, donde finalmente telefonei a Pilar para a informar do desgraçado estado em que se encontrava o marido. Recordando agora o meu comportamento naqueles dias, pergunto-me: "Foi coragem? Foi estoicismo?". Nada disso. Foi simplesmente uma estupidez ("Homem não chora, homem não se queixa", assim me tinham ensinado na infância), uma estupidez que quase me fez a perder a visão do olho afectado. Agora que o malnascido e malfadado *Francisco de Assis* volte a ter uma hipótese, isso é o que faltará ver...

13 de junho

Saíram algumas das entrevistas que dei ontem: acho que a Einaudi, a editora de *Cecità*, tem motivos para estar satisfeita. Hoje continuaram as conversas, a que vieram acrescentar-se, dentro e fora do hotel, três sessões de fotografia que nunca mais acabavam. O calor, em Milão, derrete o asfalto e os miolos: o chão perdeu a firmeza, o juízo deixou de ver claro. Ao fim da tarde, num amplo estúdio muito perto, perante mais de cem pessoas, fez-se o colóquio para apresentação do romance: os escritores e professores convocados, cujos nomes, em sinal de gratidão, aqui deixo registados (Cesare Segre, Daniele Del Giudice, Emilio Tadini e Ernesto Franco), tomaram muito a sério a incumbência e fizeram, todos eles, esplêndidas análises do livro. Antes havia tido a alegria de encontrar e falar (por poucos minutos uma vez mais, ai de nós) com o Pablo Luis Avila e o Giancarlo Depretis, que vieram de Turim propositadamente. E só uma greve dos comboios pôde impedir Luciana Stegagno Picchio de aparecer também, e essa viria de Roma, de bem mais longe. Vivam os amigos.

16 de junho

Na Feira do Livro de Madrid, onde já os leitores me vão parecendo quase tantos como os portugueses e com um afecto semelhante se manifestam, surge-me pela frente Louis Jollycoeur, um escritor canadiano que conheci há anos, em Morelia, no México, por ocasião de um encontro internacional sobre narrativa breve, onde esteve presente outro português, o professor Fernando J. B. Martinho. Tempos depois, na revista *Plural*, Louis Jollycoeur escreveu uma evocação desses dias, sobretudo a viagem noturna no Lago Pátzcuaro em direção a uma ilha que emergia da escuridão, negrume sobre negrume, e como, desembarcando, subimos a um pequeno pueblo, onde, sem que eu percebesse como, me achei dentro de um cemitério ("pré-colombino"...), e onde, de repente, me apareceu, vindo não se soube donde, um porco gigantesco. Conta Louis Jollycoeur que eu me pus a falar com o animal (é certo que o fiz, lembrado certamente dos porcos que o meu avô Jerónimo criava), e que, no meio daquela escuridão, entre os túmulos, era como se estivesse também a falar com os mortos... "Não me responderam", recordei agora a Jollycoeur, e ele disse: "Estando no México, imaginei que sim...".

17 de junho

De manhã, quando estava para sair do hotel, telefonou-me Manuel Lopes a pedir-me um depoimento sobre David Mourão-Ferreira. Que tinha morrido. Não o sabia, e, absurdamente, custou-me a acreditar, embora se tratasse de uma "morte anunciada". Disse a Manuel Lopes que não era só literariamente que tínhamos ficado mais pobres, que também ficávamos reduzidos espiritualmente. Ainda que a alguns possa parecer o mesmo, não o é.

18 de junho

Quando apareci na Azinhaga, já havia na casa onde comecei a vida um menino chamado Francisco, nascido dois anos antes. O pobrezinho veio a morrer passado pouco tempo, por isso não cheguei a sentir-lhe a falta, tanto mais que a família, depois, quase deixou de falar dele: o meu pai nunca, e a minha mãe só para me dizer, em ocasiões que eu achava mal escolhidas, que o Chico tinha as faces coradíssimas, ao contrário das minhas, que sempre puxaram para o pálido. Não esperava eu que este longíquo e esquecido irmão me aparecesse de repente nas primeiras linhas do *Livro das tentações* (e deveria tê-lo pensado, porque, na verdade, era, como agora se diz, incontornável...), impedindo-me de seguir para diante enquanto não deixasse no relato notícia da sua curta vida. Percebi então que não sabia nada dele, nem sequer as simples datas do seu começo e do seu acabar: para mim, era só o Chico das faces coradas, como de facto é fácil acreditar que as teve olhando um retrato seu, empalidecido (ele, sim) pelo tempo, que, apesar de tantas mudanças e andanças, ainda hoje conservo. Pedi portanto à Conservatória do Registo Civil da Golegã uma cópia do registo do nascimento, que vim agora encontrar em casa, no meio da correspondência de um mês... Tremeram-me as mãos, e creio que se me nublaram um pouco os olhos, quando comecei a ler o papel: "Às dezoito horas do dia vinte e oito do mês de outubro do ano de mil novecentos e vinte, nasceu numa casa da Rua da Lagoa, da freguesia de Azinhaga, deste concelho, um indivíduo do sexo masculino, a quem foi posto o nome completo de Francisco de Sousa, filho legítimo de José de Sousa, de vinte e quatro anos de idade, no estado de casado, de profissão jornaleiro, natural de Azinhaga, e de Maria da Piedade, de vinte e dois anos de idade, no estado de casada, de profissão doméstica, natural de Azinhaga...". Ficara a conhecer, finalmente, a data do nascimento do meu irmão. Na coluna dos averbamentos, à esquerda, estaria o que me faltava saber: a data do seu falecimento. Deveria estar, mas não estava. Debaixo do nome de Francisco de Sousa, todas as linhas se encontram em branco, Francisco de Sousa não teve vida nem morte. E no entanto eu sei que ele morreu, que morreu de difteria, popularmente chamada garrotilho, no Instituto Câmara Pestana, como minha mãe nunca se esquecia de acrescentar, depois de ter recordado, uma vez mais, que o Chico tinha as faces tão coradas, que eram como maçãs camoesas. Suponho que ainda será possível encontrar o registo deste nome e desta morte nos velhos arquivos do Instituto, mas eu pergunto-me se não seria preferível deixar as coisas como estão, aquelas linhas para sempre brancas, como se o destino me tivesse dado um irmão imortal...

19 de junho

Sebastião Salgado e Lélia, sua mulher, chegaram hoje a Lanzarote e regressam já amanhã a Paris, donde vieram. O objetivo da rápida visita foi conversarmos sobre o seu projeto de um livro de fotografias, na mesma linha daquele soberbo *Trabalho* cuja versão portuguesa foi editada há três anos. Desta vez as imagens irão dar público testemunho da luta dos camponeses brasileiros que fazem parte do Movimento dos Sem-Terra. São imagens impressionantes da ocupação de herdades deixadas sem cultivo pelos proprietários, imagens da repressão policial e dos pistoleiros a soldo do latifúndio, imagens de assassinados, imagens de gente que quer trabalhar e não tem onde, que quer comer e não tem de quê. Sentámo-nos ao redor da mesa da cozinha, fomos passando as fotografias de mão em mão, quase em silêncio, com um nó na garganta e os olhos afogados. Sebastião Salgado veio aqui para me pedir que escreva umas páginas para o livro. Assim farei, embora de antemão saiba que, diante do que acabei de ver, todas as palavras sobram, todas são de mais. Ou de menos.

A costumada visita da ilha teve de limitar-se, pela escassez do tempo, a Timanfaya e a Famara, e também a Teguise, onde ainda nos deixámos tentar por umas gravuras de Anneliese Gutenberg. Tinha pensado que Sebastião Salgado seria pouco sensível às lavas e vulcões de Timanfaya (os olhos dele já viram tudo...), mas enganei-me. "Estou assombrado", disse, e a expressão do rosto confirmava as palavras. "Hei-de voltar e fazer umas fotografias", disse. Se ele puder cumprir a promessa, Lanzarote poderá gabar-se da sorte que tem...

20 de junho

Juan Cruz achou que o *Ensaio sobre a cegueira* devia ser apresentado também aqui, e eu, que sou o mais dócil dos autores dóceis, concordei. Valeu a pena. A sala grande do museu da

Fundação César Manrique encheu-se de pessoas para quem sou já um deles e que como tal me festejaram.

24 de junho

Noite de S. João. Ao saltar a fogueira, notei uma certa diferença na agilidade... Por que seria?

25 de junho

Deveria estar hoje em Paris, na assembleia plenária da Academia Universal das Culturas, mas o bilhete, apesar de me ter sido enviado por correio "expresso", passada uma semana desde a sua expedição, ainda não chegou... No torpor matinal, mais adormecido que desperto, sonhei com poemas... Todos meus, imagine-se. Depois veio-me à lembrança uma leitura ocasional de ontem, sobre as enormes camas da Alta Idade Média, onde dormia junta toda a gente da casa, incluindo os criados e as criadas, e às vezes os próprios cães. Também se morreria "junto"? Chegada a hora de morrer um, iam dormir os outros a outra cama? Ou viravam-se para o outro lado e continuavam o sono interrompido?

26 de junho

Telefonaram-me do Instituto Bacteriológico Câmara Pestana. Ainda não conseguiram descobrir o registo do internamento e do falecimento de meu irmão Francisco, mas encontraram o que nunca tinha pensado pedir-lhes: o meu próprio registo, de uma vez que lá estive internado. Simplesmente com o nome José Sousa, sem a partícula *de* intercalar (tinha cinco anos nessa altura, e o meu pai nem sonhava que o filho se chamava Saramago...), admitido em 3 de abril de 1928, sofrendo de angina e rinite, e com alta oito dias depois. É no Instituto Câmara Pestana, precisamente, que se situa aquela que é a terceira recordação mais antiga da minha infância: eu no isolamento, olhando os meus pais por detrás do vidro de separação, a brincar com uma casca de banana, movendo-a como se se tratasse de um abano. Em cima da cama, não sei porquê, uma vez que não se tratava de brinquedo de rapazes, tinha um fogareirinho de barro. Pertencer-me-ia realmente? Ou seria de alguma companheira de padecimentos, vizinha da cama ao lado, e que nunca mais voltaria a ver?

No avião para Madrid. Leio que as Mães da Praça de Maio se encontram divididas por diferenças de estratégia, objetivos e opinião. Quando Pilar e eu estivemos com elas (v. *Cadernos — II*, 31 de março), já Hebe de Bonafini, presidente das Madres de la Plaza de Mayo, nos tinha dito uma palavra crítica e depreciativa contra o grupo dirigido por Laura Bonaparte Bruchstein (a que nos deu o lenço com os nomes dos sete desaparecidos da família), precisamente por isso, por trazerem escritos os nomes. Razões do conflito? Hebe de Bonafini não quer cadáveres, rejeita qualquer reparação económica e reclama a condenação social dos militares amnistiados, enquanto Laura Bonaparte e as suas companheiras, que se autodenominaram Linha Fundadora, exigem a exumação dos desaparecidos, as listas completas deles e uma indemnização como reconhecimento aos seus mortos, "ainda que seja um peso", diz Laura. E conta que quando foi reclamar sua filha Aída Leonora, também chamada Noni, lhe ofereceram as mãos dela num frasco de formol com o número 24...

1 de julho

Recebo carta de Nacho García-Valiño, um escritor jovem que conheci em Mollina, em fevereiro de 1993. Não é a primeira que dele recebo, e alguma lhe escrevi eu, embora não assiduamente, como gostaria. Fala-me do *Ensaio sobre a cegueira*, doutros livros meus, mas o que sobretudo me importa hoje é deixar registado o seu testemunho de jovem autor à procura de editor. Diz Nacho: "Falando já de mim, dir-te-ei que tenho escrito muitíssimo nestes últimos anos. Tenho dois romances inéditos. Um deles partiu de um conto intitulado 'Urías el jeteo' (um conto não muito logrado). É uma obra muito ambiciosa sobre o triângulo David-Betasabé-Urías. Levou-me um ano a documentar-me e outro a escrever. Depois reescrevi-o nove vezes. Recusaram-mo em onze editoras: (Alfaguara, Seix Barral...). Consta-me que em três delas o leram porque ia recomendado por Rafael Conte. Mas não tive sorte. Agora estou exausto. Creio que fiz tudo quanto podia, mas tantas recusas seguidas tornaram isto num pesadelo e tive que deixar de escrever, ao menos até que consiga superar a crise. Como os males nunca vieram sós e, sobre queda, coice, a minha situação complica-se com novas dificuldades: três anos desempregado, falta de perspectivas de futuro, ter tido que voltar a casa de meus pais. É muito duro".

Nacho escreve bem, posso certificá-lo. Pelos vistos, não é suficiente. Por cada escritor que triunfa (triunfar é ser-se publicado, simplesmente), quantos ficam a marcar passo à porta dos editores? Que estes não podem atender a tudo? Sei-o por experiência própria, também fui editor, mas quantas e quantas vezes os originais são apenas superficialmente lidos, ou nem sequer folheados, quantas e quantas vezes a esquiva sorte faltou no momento em que mais precisa era, quando uma palavra poderia fazer inclinar a balança para o lado bom da decisão? Ou alguém imaginará que a sorte não tem nada que ver com estes transcendentes temas literários?

2 de julho

Roberto Fernández Retamar voltou a dar-me notícias sobre o nosso aeronauta Matias Peres, aquele português, de profissão toldeiro, que realizou as façanhas sonhadas por Bartolomeu de Gusmão, mas mais afortunado do que ele, uma vez que morreu na empresa. Agora a amizade atenta de Retamar fez-me chegar um recorte da *Tribuna de la Habana* de 23 de junho, com um artigo de Ana Oramas que integralmente transcrevo, em apressada tradução:

"Embora o mais conhecido de todos tenha sido Matías Pérez, houve vários aeronautas estrangeiros e um cubano, cujas peripécias são relatadas por textos dos investigadores dedicados a desenterrar factos curiosos da Vila de São Cristóvão.

"Pudemos assim saber que, no seguimento das ascensões aerostáticas, muito admiradas em La Habana, dos estrangeiros Virginia Marotte, Adolfo Theodore e Eugénio Robenson (em 1826 e 1829), o cubano Domingo Blinó (de ofício caldeireiro) se lançou num balão que ele próprio preparou. Em 3 de maio de 1831 fez a sua primeira ascensão, e em 1833 a segunda, no Campo de Marte, vindo, desta vez, a cair na pastagem de cavalos 'San José', de don Pedro Menocal, em Quiebra Hacha, apenas com alguns hematomas como saldo.

"Em 12 de junho de 1856, o povo *habanero* reuniu-se no Campo de Marte para presenciar um voo que foi motivo de brincadeiras amistosas por aqueles que conheciam o parlador português.

"Foi um grande acontecimento, tendo em conta que Matías Pérez era considerado como um conterrâneo pelos habitantes da nossa cidade. Fez a ascensão no balão *La Ville de Paris*, que tinha comprado por mil duzentos e cinquenta pesos a Godard (seu predecessor). Como um arco-íris voador, enfeitado com bandeirinhas coloridas, o balão alcançou uma altura considerável. Mas ocorreu um acidente que esteve quase a custar a vida ao aeronauta, pois, tendo aberto desastradamente a válvula, travou a corda que a fazia mover e não pôde voltar a fechá-la.

"Matías abriu a boca do balão e com os braços manteve escancarada a abertura para que o ar entrasse, travando a rapidez da descida, de modo que o próprio balão fez de paraquedas. Com esta engenhosa e arriscada operação evitou o forte choque da barquinha contra o solo, percalço que seguramente teria custado a vida ao arrojado aeronauta.

"Matías Pérez realizou uma verdadeira façanha e superou em muito o louco aventureiro que foi Boudrias de Morat e o seu mestre Godard, alcançando a maior altura de todos, até aterrar na Quinta de Palatino.

"Animado pelo primeiro triunfo, Pérez decidiu realizar o segundo do que tinha projetado seria uma cadeia interminável de voos. E a 28 de junho, também de 1856, sulcou os ares com *La Ville de Paris*, sem dar ouvidos aos conselhos de alguns espectadores que o avisaram de que o vento era demasiado forte e, além disso, soprava na direção sudeste.

"Matías, que se caracterizava pela teimosia e cujo sonho de voar era mais importante que a vida, não atendeu às recomendações. As autoridades militares limitavam-se a cuidar da ordem e não fizeram nada para impedir a arriscada aventura.

"O aeronauta mais famoso de La Habana colonial soltou as amarras, e o balão, bamboleando-se com força, dirigiu-se para o mar. Quando passou por cima duns pescadores, eles instaram-no a que descesse e disseram-lhe que o ajudariam com os botes. O orgulho, no português, teve mais força que o instinto de conservação. Lançou uns sacos de areia para aliviar a carga do balão, e seguiu sulcando o espaço.

"Nem do piloto nem do globo voltou a haver notícias. As autoridades militares da época fizeram uma investigação que qualificaram de minuciosa, por mar e terra, mas não encontraram nenhum sinal. Anos depois apareceram nuns ilhéus próximos da Isla de los Pinos os restos de um balão. Não pôde saber-se, porém, se eram os do *Ville de Paris*.

"Com a auréola da sua valentia e intrepidez passou à história aquele astronauta, e desde então, quando deixamos de ver alguém por muito tempo, surge a frase popular: Voou como Matías Pérez!"

Alguém, um dia, terá de contar (ou imaginar, ou inventar) a vida deste homem. Tenha eu tempo, não me falte o ânimo, e talvez um dia me disponha a ir à procura dele. Não precisam de dizer-me que Napoleão teve mais importância: o caso é que Napoleão não me interessa nada...

3 de julho

"Contador dos dias" é o título de um artigo que Carlos Reis publicou hoje, no *JL*, sobre estes *Cadernos*. Trata-se de uma análise séria, a primeira leitura objetiva que até hoje foi feita de uns pobres livrinhos que a jesuítica literatagem nacional recebeu à pedrada. Vai ser mais difícil, a partir de agora, manter a afinação e a disciplina do coro de desqualificações, como se nada mais houvesse para dizer. Sobretudo porque Carlos Reis, sem disfarce, decidiu pôr o dedo onde a ferida mais dói: "É natural", diz ele, "que perpassem nos dias do escritor os episódios em que a sua notoriedade aflora; natural é, igualmente, que eles sejam registados, como natural é ainda (hélas!) que não poucos dos seus confrades e similares — particularmente os que vivem a notoriedade como um défice... — se afadiguem a sublinhar o que de pessoal e mesmo menor os *Cadernos* encerram". A verdade, permito-me eu comentar agora, só pede olhos que a vejam. O pior é quando as pessoas teimam em olhar para outro lado...

11 de julho

De uma carta para Luís de Sousa Rebelo:
A pergunta que eu me faço agora é tão simples quanto assustadora: "Depois do *Ensaio*, quê?". Não o digo como quem decidiu começar a representar o papel de escritor angustiado. Digo-o, sim, com toda a frieza, e ando a dizê-lo com os meus botões, e à Pilar em voz alta, desde que em agosto do ano passado acabei o livro. Mais longe, ou mais alto, ou mais fundo do que isto, sei que não poderei, e se não for para ir mais fundo, ou mais alto, ou mais longe, valerá a pena? Claro que todos temos os nossos limites, e poucos conhecerão os seus melhor do que eu os meus, e que portanto seria infantil imaginar que é possível fazer *sempre* melhor o que se faz. Mas estes oito romances publicados em menos de vinte anos acostumaram-me mal (não

precisei da opinião da crítica para saber que vim *crescendo*), levaram-me a crer que *isto* não pararia, ou só quando parasse a vida. E agora, com alguma vida ainda por diante (espero-o, ao menos), encontro-me com uma pedra no meio do caminho: "Depois do *Ensaio*, quê?".

De um artigo de Eduardo Galeano: "Nunca foi menos democrática a economia mundial, nunca o mundo foi mais escandalosamente injusto. A desigualdade *duplicou* em trinta anos. Em 1960, 20% da humanidade, a parte que mais bens possuía, era trinta vezes mais rica que os 20% mais necessitados. Em 1990, a diferença entre a prosperidade e o desamparo tinha subido para o dobro, e era de sessenta vezes. E nos extremos dos extremos, entre os ricos riquíssimos e os pobres pobríssimos, o abismo torna-se muito mais fundo. Somando as fortunas privadas que, ano após ano, são exibidas com obscena fruição pelas páginas pornofinanceiras das revistas *Forbes* e *Fortune*, chega-se à conclusão de que 100 multimilionários dispõem atualmente da mesma riqueza que 1500 milhões de pessoas". Creio que ao lado disto ficará bem a citação de Almeida Garrett que usei como epígrafe de *Levantado do chão*: "E eu pergunto aos economistas políticos, aos moralistas, se já calcularam o número de indivíduos que é forçoso condenar à miséria, ao trabalho desproporcionado, à desmoralização, à infância, à ignorância crapulosa, à desgraça invencível, à penúria absoluta, para produzir um rico?".

12 de julho

Inauguraram-se hoje os Cursos Universitários de Verão de Lanzarote. O discurso inaugural, que em abril me tinham convidado a pronunciar, fi-lo sobre o ofício de escrever, em particular sobre a importância da memória, tanto nos seus acertos quanto nos seus desfalecimentos, sobre a fecunda ambiguidade dos conceitos de verdade e mentira na arte literária, sobre a velha questão do narrador e problemas adjacentes. Senti-me como se estivesse em casa, como se, desde o século xv, os portugueses nunca de cá tivessem saído, e estes Cursos de Verão fossem coisa nossa. Não o são, mas a mim escutaram-me como se eu fosse um deles...

14 de julho

Falar sobre a Europa, sobre a União Europeia, sobre a moeda única, é já como chover no molhado. Os que, dentro do processo, e mais ou menos responsáveis por ele, começaram a sentir-se preocupados pela correria disparatada da máquina doida em que a Europa se converteu, não o confessam nem reconhecem, com medo, talvez, de virem a ser excluídos dos benefícios anunciados. Em todo o caso, alguma exceção vai aparecendo. O suplemento "Negocios" de *El País* publica hoje uma entrevista com Jacques Calvet, presidente do Grupo PSA (que reúne Peugeot, Citroën e as filiais europeias da Chrysler), onde vêm declarações deste calibre: "Atualmente há 18 milhões de desempregados na União Europeia, e perante isso que fazemos? Uma política deflacionista. Pretendeu-se reduzir a despesa pública, controlar de forma estrita as evoluções monetárias, e o que conseguimos foi organizar uma recessão. Será razoável atuar desta maneira? A França seguiu a política de manutenção de taxas de juros altas do Bundesbank, e o que conseguiu foi abortar a expansão económica". E esta: "O problema é o futuro, o futuro do conjunto dos países latinos. Não quero uma Europa do Norte, do Centro, ou do Leste, quero uma Europa equilibrada que não esqueça a sua formação latina: Portugal, França, Espanha, Itália, para não falar da Grécia, quero que esses países sejam fundamentais dentro da Europa". E mais esta: "É muito difícil que as pessoas e as sociedades se transformem sem a ameaça de um perigo mortal. Os homens preferem manter os seus costumes, e as sociedades ainda mais. A União Europeia gestionou-se até finais de 1990 pela ameaça soviética; a URSS metia-nos medo, e quando há medo as pessoas e as sociedades sobrepõem-se a uma série de costumes, de formas de ser, para sobreviver. Depois veio a queda do muro, os países do Leste libertaram-se e na Europa já não existe essa pressão. O principal erro de Maastricht é tratar-se de um acordo preparado antes da queda do muro, adaptado depois, mas preparado antes. Portanto, Maastricht não contempla, não regula, a nova situação em que nos encontramos". E, finalmente, esta: "Para haver uma moeda única tem de haver uma convergência, uma aproximação económica, financeira, social, fiscal, para que a moeda única não seja momentânea e não desapareça rapidamente. Não há muito tempo tive ocasião de entrevistar-me com o presidente do Crédit Suisse, que me comentou terem passado 300 anos entre a constituição da Confederação Helvética e a implantação do franco suíço. Nos Estados Unidos tiveram que passar 75 anos entre a constituição da Confederação e a criação do dólar. A moeda é o coroamento, a verificação de um certo grau de unidade política, e não um meio para alcançar essa unidade. O erro, tremendo, foi, por não querer dizer a verdade ao povo, crer que se podia construir uma Europa tijolo a tijolo, pedra a pedra, tecnicamente: a agricultura, o carvão, o aço... e agora a moeda única, como se a moeda fosse um elemento técnico como a agricultura ou a indústria, quando se trata da própria essência da realidade duma unidade política. A moeda tem que vir depois duma forma de unidade política, nunca precedê-la".

Entretanto, os cegos continuam a dizer que veem a luz...

15 de julho

El Semanal, um magazine dominical que vem sendo distribuído por uns quantos jornais espanhóis que, suponho eu, não dispõem de meios para produzir os seus próprios suplementos, propôs a alguns escritores que escrevessem um comentário de três páginas sobre fotografias que eles mesmos escolheriam de um largo conjunto de imagens célebres, desde os dias de Niépce e Daguerre até este tempo em que estamos. A minha escolha foi rápida e o comentário, pensado e repensado, veio a dar no que segue:

"No dia 8 de novembro de 1923, um antigo cabo do exército bávaro, chamado Adolfo Hitler, entrou na sala subterrânea da Cervejaria Bürgerbräu, onde a flor da burguesia 'bem-pensante' de Munique se encontrava reunida para discutir a situação política — e disparou um tiro de pistola para o teto. Desde a invenção das armas de fogo, não é raro que apareça um tiro a substituir as palavras (quer as de quem tinha falta de outros argumentos quer as de quem simplesmente deixara de os ter porque a bala lhe levara a vida), mas este Hitler sabia já, pela experiência ganha como agitador desde que em 1919, por indicação dos militares, ingressou no Partido Operário Alemão, quanto podem valer os discursos capazes de despertar nos auditores a ambição, a sede de domínio ou o desejo de desforra. Não tinha precisado de ler em Shakespeare a fala de Marco António aos Romanos para conhecer a arte oratória de levar consciências ao engano: neste caso nem tanto era preciso, pois não fez mais do que convencer os burgueses de Munique de que ele, Adolfo Hitler, era o homem que o destino escolhera para salvar a Alemanha, cujos interesses e necessidades, tal como os entendia a burguesia, eram em tudo coincidentes com os dela própria. Arrebatando com a inflamada arenga uma assembleia que ao princípio se lhe mostrara contrária, Hitler anunciou a nomeação de 'um novo governo nacional alemão', proclamou que assumia a sua presidência, e, certamente inspirado pelo exemplo da marcha dos fascistas italianos sobre Roma, propôs a imediata preparação, 'a fim de salvar o povo da Alemanha', de uma marcha sobre Berlim, 'essa Babilónia de iniquidades', disse. E terminou profetizando: 'Amanhã, ou haverá um governo nacional alemão, ou seremos cadáveres os que aqui estamos'.

"Como, não obstante o entusiasmo, os novos aliados não deram à ideia da 'marcha sobre Berlim' um apoio suficiente, Hitler decidiu substituí-la por uma 'marcha sobre Munique', ou, com mais exatidão (visto que em Munique já estavam...), um desfile armado até ao *Feldherrnhalle*, o chamado 'santuário dos generais'. Certo de ter do seu lado a maioria da população da cidade e apostando na fragilidade da obediência das forças militares ao governo, Hitler lançou o seu golpe de Estado. A esperança de triunfo não durou mais que poucos minutos. Quando a manifestação já se aproximava do *Feldherrnhalle*, na Königplatz, um pequeno destacamento de polícia cortou-lhe o caminho. Apanhada de surpresa quando estava convencida de ter a vitória ao alcance da mão, a tropa nacional-socialista debandou, deixando atrás de si catorze mortos. Hitler, que havia fugido sem glória do local do combate, foi detido dois dias depois. Julgado em fevereiro do ano seguinte por um tribunal que notoriamente simpatizava com os seus projetos políticos, foi condenado a cinco anos de prisão por delito de alta traição, com perspectiva de suspensão da pena passados seis meses. Viria a ser amnistiado em dezembro de 1924. No castelo de Landsberg, que foi o seu cárcere, Hitler escreveu a primeira parte de *Mein Kampf*.

"Passaram treze anos sobre estes acontecimentos: estamos agora em novembro de 1936, e Adolfo Hitler é, desde 1933, único amo e senhor na Alemanha. Excetuando a sombra incómoda da vitória da Frente Popular em França, no mês de maio, e, três meses antes, a da Frente Popular em Espanha, entretanto já a braços com o levantamento franquista, a Europa só tem motivos de satisfação para dar ao fascismo em geral e a Hitler em particular: no princípio de março, as tropas alemãs entram na Renânia, desmilitarizada desde o fim da Primeira Guerra Mundial; três semanas mais tarde, no mesmo mês, as eleições para o Reichstag, cuidadosamente preparadas, dão 98,8% dos votos aos nacionais-socialistas; em 11 de abril, em Portugal, o governo de Salazar cria a Mocidade Portuguesa, organização para a juventude, segundo os modelos fascistas; em maio, Mussolini proclama o *Imperium*; em 17 de junho, Heinrich Himmler é nomeado chefe das polícias alemãs; em 27 de junho, o ex-comunista Jacques Doriot funda o Partido Popular Francês, que, denominando-se a si mesmo 'partido da paz', apoia a Alemanha nazi; em 4 de julho, a Sociedade das Nações levanta as sanções que haviam sido aplicadas à Itália em consequência da invasão da Etiópia; em 11 de julho conclui-se um acordo de amizade entre a Alemanha e a Áustria; em 30 de setembro,

Salazar cria a Legião Portuguesa, milícia paramilitar fascista; em outubro, o catolicismo austríaco impõe-se como regime monolítico e autoritário; em 24 de outubro, a Alemanha reconhece de jure o império italiano; em 1 de novembro, Mussolini emprega pela primeira vez a expressão 'Eixo Berlim-Roma'. Faltam poucos dias para que o governo de Franco seja reconhecido pela Alemanha e pela Itália, apenas alguns mais para que a Alemanha e o Japão assinem o pacto anti-Komintern. A Segunda Guerra Mundial está cada vez mais perto.

"É um Hitler triunfante que nesta fotografia vemos desfilar com o seu séquito. Leva as mãos cruzadas à altura do cinturão do uniforme, postura sua que voltaremos a ver muitas vezes e que nenhum dos que o seguem se atreve a imitar. O cenário, com as estranhas chaminés fumegando, poderia pertencer a uma ópera wagneriana, poderia ser, por exemplo, a forja de Alberich no *Ouro do Reno*, mas se Adolfo Hitler, para dar maior solenidade à comemoração do 13º aniversário da 'marcha sobre Munique', mandou que tocasse uma orquestra, a música só poderá ter sido a que, no final da mesma ópera, acompanha a entrada dos deuses no Valhala. Na realidade, todos estes homens se creem deuses. Já não andam à conquista do poder, têm-no, usam-no sem limites, o mundo só existe para os servir. Há treze anos, quando daqui saíram para forçar os generais bávaros — o que vemos na fotografia é a fábrica de cerveja Bürgerbräu... —, um simples destacamento de polícia foi capaz de desbaratá-los. Hoje são donos de um exército, são donos de um povo inteiro — e preparam a guerra.

"Poderia ser uma ópera de Wagner, poderia ser também um cenário de *Blade Runner*, e os que marcham um bando de criminosos. Foram um bando de criminosos."

16 de julho

Histórias da aviação. Aeroporto de Madrid. No autocarro que me vai levar ao avião, um brasileiro pergunta-me: "O senhor fala português?". Respondo-lhe que *sou* português, e ele: "Parece-se muito com o escritor José Saramago...". "É natural, em todo o mundo sou eu a pessoa que mais se parece com ele..." Sorrimos, e o meu interlocutor apresenta-se: é professor na Universidade de Minas Gerais, viaja acompanhado por um filho (que mais parece seu irmão), estudante de filosofia na mesma universidade. Festejamos a casualidade do encontro luso-brasileiro, justamente na véspera da criação da Comunidade dos Países de Língua Portuguesa, mas ainda antes de o autocarro se ter posto em andamento já a confraternização se tinha alargado: uma mulher que ia sentada ao meu lado entrou na conversa para dizer que era peruana e informar-me, sorridente, de que ofereceu ao pai, há tempos, o *Evangelho segundo Jesus Cristo*. Pediu-me que pusesse a minha assinatura num papel: "É para o meu pai, vai ficar muito contente". Uma rapariga bonita que a acompanhava (imagino que filha) estendeu-me o seu cartão de embarque: "Esta será para mim...". Os brasileiros perguntaram-me se penso voltar em breve a Belo Horizonte, a mulher quis saber se conheço Lima, a rapariga sorria serenamente, fomos cinco pessoas felizes. Não voltei a vê-los. Em Lisboa, quando ia a sair do aeroporto, um homem interpelou-me à passagem com estas palavras ditas em voz altíssima: "Bem-vindo a Portugal, Saramago!". Ou os meus ouvidos me enganaram, ou havia uma certa ironia na retumbante saudação...

Entre a correspondência que ainda continua a ir para a Rua dos Ferreiros encontrei uma daquelas cartas que me têm ajudado a compreender o sentido da minha vida. Veio de França, foi enviada, sem outro endereço, às Éditions du Seuil, meu editor em Paris, e dali remeteram-na a esta antiga morada. Quem a escreve é uma mulher de 73 anos, Hélène Bessière, de Castanet, um lugar perto de Toulouse: "Desde há três meses", diz, "vivo através das suas personagens. Fantasmas, encheram o vazio da minha casa e das minhas horas em que me deixou a morte brutal (paragem cardíaca) de Roland, meu marido e companheiro durante 47 anos". Leu a *Jangada*, o *Memorial*, o *Evangelho*, agora acabou *O ano da morte de Ricardo Reis*. Conta-me que a primeira vez que soube da minha existência foi num programa literário na televisão, no momento em que eu protestava contra a ignorância de franceses que colocavam Lisboa em Espanha... Depois esqueceu-se do nome da pessoa que vira fugazmente, esqueceu-se dos títulos dos livros, só *A jangada de pedra* lhe ficou a sobrenadar na memória. Até que um dia, numa granja dos Pirenéus Ariégeoises, conheceu um jovem piloto português, que tinha acompanhado ali um amigo de um amigo de sua filha. O grupo era bastante numeroso, alguns entretiveram-se a jogar às cartas, mas ela e o piloto português preferiram ficar de parte, conversando sobre literatura, sobre Pessoa primeiro, depois sobre quem este episódio está aqui a registar. Conversa foi ela que, no fim, o português, simpaticamente, deixou apontados na agenda de Hélène Bessière os títulos dos meus livros publicados em francês... Escreve Hélène: "Dei com um leitor e fervoroso admirador seu. Depois foi a magia dos livros e da felicidade dos encontros". A carta termina com estas palavras, que deliberadamente não traduzo: *Vous êtes et resterez mon ami*. Há poucas semanas, Carlos Reis, escrevendo no *Jornal de Letras* acerca destes *Cadernos*, sugeriu que algumas críticas que têm vindo a ser-lhes feitas se deveriam, afinal, a um défice de notoriedade de que padeceriam os seus autores. Está enganado Carlos Reis: eles sofrem é de um défice de amizade...

18 de julho

A Miguel Cadilhe, antigo ministro das Finanças, antigo governador do Banco de Portugal e atual presidente da Fundação Luso-Americana para o Desenvolvimento, tive a surpresa de ouvir dizer que é contrário à moeda única... Foi no Palácio da Ajuda, durante o jantar com que se encerraram os atos da instituição da Comunidade dos Países de Língua Portuguesa. Não foi a única "revolução" que ali ocorreu: é que nem Jorge

Sampaio nem Fernando Henrique Cardoso, nos seus discursos, disseram que a nossa pátria é a língua portuguesa...

21 de julho

Uma revista espanhola teve a ideia de pedir a uns quantos escritores que elaborassem a sua árvore genealógica literária, isto é, a que outros autores consideravam eles como avoengos seus, diretos ou indiretos, excluindo-se do inventado parentesco, obviamente, qualquer presunção de relações ou equivalências de mérito que a realidade, pelo menos no meu caso, logo se encarregaria de desmentir. Também se pedia que, em brevíssimas palavras, fosse dada a justificação dessa espécie de adoção ao contrário, em que era o "descendente" a escolher o "ascendente". A cada escritor consultado foi entregue o desenho de uma árvore com onze molduras dispersas pelos diferentes ramos, onde suponho que hão-de vir a aparecer os retratos dos autores escolhidos. A minha lista, com a respectiva fundamentação, foi esta: Luís de Camões, porque, como escrevi no *Ano da morte de Ricardo Reis*, todos os caminhos portugueses a ele vão dar; padre António Vieira, porque a língua portuguesa nunca foi mais bela que quando ele a escreveu; Cervantes, porque sem ele a Península Ibérica seria uma casa sem telhado; Montaigne, porque não precisou de Freud para saber quem era; Voltaire, porque perdeu as ilusões sobre a humanidade e sobreviveu a isso; Raul Brandão, porque demonstrou que não é preciso ser-se génio para escrever um livro genial, o *Húmus*; Fernando Pessoa, porque a porta por onde se chega a ele é a porta por onde se chega a Portugal; Kafka, porque provou que o homem é um coleóptero; Eça de Queiroz, porque ensinou a ironia aos portugueses; Jorge Luis Borges, porque inventou a literatura virtual; Gógol, porque contemplou a vida humana e achou-a triste.

24 de julho

Escrevi finalmente a Madalena O'Neill. Eis a carta:
"De usar suspensórios nessa época, não me lembro. Tanto quanto posso recordar, não os usei nunca. Mas se o homem alto e magro, de óculos de aro castanho, classificava e arrumava os livros da biblioteca de Jorge O'Neill, então esse era eu, com suspensórios ou sem eles...

"E veja como são as coisas. Esse homem, que tinha então uns 30 anos, era provavelmente tão tímido como a menina que andava por ali enquanto ele, com todos os cuidados, colava nas páginas de guarda o ex-libris de Jorge O'Neill, desenhado, a seu pedido, por um amigo pintor.

"Esse homem, que vinha de uma família humilde, portanto humilde ele próprio, sentia-se terrivelmente intimidado, apesar da estima que lhe dedicava o seu antigo professor, naquela casa dos descendentes dos reis de Ulster, pessoas, todas elas, simpáticas e delicadas, mas que lhe pareciam distantes, inacessíveis. O que ele queria era estar sozinho na biblioteca, entre os velhos livros, a respirar o cheiro do papel antigo, a carneira das encadernações, o pó dos tempos.

"Havia ali uma menina, sim, e o nome dela, que o tempo tinha feito esquecer, ressurgiu à leitura da sua carta. Como poderia ele imaginar que essa menina, a quem, por pertencerem a mundos diferentes, mal se atrevia a olhar, estava enamorada da sua altura, da sua magreza, da sua camisa branca, dos seus óculos de aro castanho, talvez mesmo da sua pessoa? Assim é a vida: acontecem às vezes coisas maravilhosas ao nosso lado (que há de mais maravilhoso que o amor de uma criança por um adulto?) e não chegamos a aperceber-nos delas, porque pertencem, também elas, a outro mundo, o dos sentimentos mais profundos, a que a razão não sabe nem pode chegar.

"Tenho, desde há muitos e muitos anos, um pesa-papéis de vidro com efeitos coloridos no interior. Não tem qualquer anúncio. Se a menina daquele tempo deu um pesa-papéis de vidro a um senhor que ia a sua casa para classificar e arrumar livros, então o pesa-papéis é esse, e nós dois somos quem éramos. Sinceramente, não me lembrava de que ele me tivesse vindo da sua mão, mas agora a sua carta, ao reconstituir esse momento, veio preencher o vazio que existia na minha memória. Passaram mais de quarenta anos sobre esses dias, mas, como costumo dizer, a vida acaba sempre por atar os fios soltos... Agradeço-lhe também isso."

28 de julho

Para o livro de fotografias de Sebastião Salgado:
Oxalá não venha nunca à sublime cabeça de Deus a ideia de viajar um dia a estas paragens para certificar-se de que as pessoas que por aqui mal vivem, e pior vão morrendo, estão a cumprir de modo satisfatório o castigo que por ele foi aplicado, no começo do mundo, ao nosso primeiro pai e à nossa primeira mãe, os quais, pela simples e honesta curiosidade de quererem saber a razão por que tinham sido feitos, foram sentenciados, ela, a parir com esforço e dor, ele, a ganhar o pão da família com o suor do seu rosto, tendo como destino final a mesma terra donde, por um capricho divino, haviam sido tirados, pó que foi pó, e pó tornará a ser. Dos dois criminosos, digamo-lo já, quem veio a suportar a carga pior foi ela e as que depois dela vieram, pois tendo de sofrer e suar tanto para parir, conforme havia sido determinado pela sempre misericordiosa vontade de Deus, tiveram também de suar e sofrer trabalhando ao lado dos seus homens, tiveram também de esforçar-se o mesmo ou mais do que eles, que a vida, durante muitos milénios, não estava para a senhora ficar em casa, de perna estendida, qual rainha das abelhas, sem outra obrigação que a de desovar de tempos a tempos, não fosse ficar o mundo deserto e depois não ter Deus em quem mandar.

Se, porém, o dito Deus, não fazendo caso de recomendações e conselhos, persistisse no propósito de vir até aqui, sem dúvida acabaria por reconhecer como, afinal, é tão pouca coisa ser-se um Deus, quando, apesar dos famosos atributos de omnisciência e omnipotência, mil vezes exaltados em todas as línguas e dialetos, foram cometidos, no projeto da criação da humanidade, tantos e tão grosseiros erros de previsão, como foi aquele, a todas as luzes imperdoável, de apetrechar as pessoas com glândulas sudoríparas, para depois lhes recusar o trabalho que as faria funcionar — as glândulas e as pessoas. Ao pé disto, cabe perguntar se não teria merecido mais prémio que castigo a puríssima inocência que levou a nossa primeira mãe e o nosso primeiro pai a provarem do fruto da árvore do conhecimento do bem e do mal. A verdade, digam o que disserem autoridades, tanto as teológicas como as outras, civis e militares, é que, propriamente falando, não o chegaram a comer, só o morderam, por isso estamos nós como estamos, sabendo tanto do mal, e do bem tão pouco.

Envergonhar-se e arrepender-se dos erros cometidos é o que se espera de qualquer pessoa bem-nascida e de sólida formação moral, e Deus, tendo indiscutivelmente nascido de si mesmo, está claro que nasceu do melhor que havia no seu tempo. Por estas razões, as de origem e as adquiridas, após ter visto e percebido o que aqui se passa, não teve mais remédio que clamar *mea culpa, mea maxima culpa*, e reconhecer a excessiva dimensão dos enganos em que tinha caído. É certo que, a seu crédito, e para que isto não seja só um contínuo dizer mal do Criador, subsiste o facto irrespondível de que, quando Deus se decidiu a expulsar do paraíso terreal, por desobediência, o nosso primeiro pai e a nossa primeira mãe, eles, apesar da imprudente falta, iriam ter ao seu dispor a terra toda, para nela suarem e trabalharem à vontade. Contudo, e por desgraça, um outro erro nas previsões divinas não demoraria a manifestar-se, e esse muito mais grave do que tudo quanto até aí havia acontecido.

Foi o caso que estando já a terra assaz povoada de filhos, filhos de filhos e filhos de netos da nossa primeira mãe e do nosso primeiro pai, uns quantos desses, esquecidos de que sendo a morte de todos, a vida também o deveria ser, puseram-se a traçar uns riscos no chão, a espetar umas estacas, a levantar uns muros de pedra, depois do que anunciaram que, a partir desse momento, estava proibida (palavra nova) a entrada nos terrenos que assim ficavam delimitados, sob pena de um castigo, que, segundo os tempos e os costumes, poderia vir a ser de morte, ou de prisão, ou de multa, ou novamente de morte. Sem que até hoje se tivesse sabido porquê, e não falta quem afirme que disto não poderão ser atiradas as responsabilidades para as costas de Deus, aqueles nossos antigos parentes que por ali andavam, tendo presenciado a espoliação e escutado o inaudito anúncio, não só não protestaram contra o abuso com que fora tornado particular o que até aí havia sido de todos, como acreditaram que era essa a irrefragrável ordem natural das coisas de que se tinha começado a falar por aquelas alturas. Diziam eles que se o cordeiro veio ao mundo para ser comido pelo lobo, conforme se podia concluir da simples verificação dos factos da vida pastoril, então é porque a natureza quer que haja servos e haja senhores, que estes mandem e aqueles obedeçam, e que tudo quanto assim não for será chamado subversão.

Posto diante de todos estes homens reunidos, de todas estas mulheres, de todas estas crianças (sede fecundos, multiplicai--vos e enchei a terra, assim lhes fora mandado), cujo suor não nascia do trabalho que não tinham, mas da agonia insuportável de não o ter, Deus arrependeu-se dos males que havia feito e permitido, a um ponto tal que, num arrebato de contrição, quis mudar o seu nome para um outro mais humano. Falando à multidão, anunciou: "A partir de hoje chamar-me-eis Justiça". E a multidão respondeu-lhe: "Justiça, já nós a temos, e não nos atende". Disse Deus: "Sendo assim, tomarei o nome de Direito". E a multidão tornou a responder-lhe: "Direito, já nós o temos, e não nos conhece". E Deus: "Nesse caso, ficarei com o nome de Caridade, que é um nome bonito". Disse a multidão: "Não necessitamos caridade, o que queremos é uma Justiça que se cumpra e um Direito que nos respeite". Então, Deus compreendeu que nunca tivera, verdadeiramente, no mundo que julgara ser seu, o lugar de majestade que havia imaginado, que tudo fora, afinal, uma ilusão, que também ele tinha sido vítima de enganos, como aqueles de que se estavam queixando as mulheres, os homens e as crianças, e, humilhado, retirou-se para a eternidade. A penúltima imagem que ainda viu foi a de espingardas apontadas à multidão, o penúltimo som que ainda ouviu foi o dos disparos, mas na última imagem já havia corpos caídos sangrando, e o último som estava cheio de gritos e de lágrimas.

No dia 17 de abril de 1996, no estado brasileiro do Pará, perto de uma povoação chamada Eldorado dos Carajás (Eldorado: como pode ser sarcástico o destino de certas palavras...), 155 soldados da polícia militarizada, armados de espingardas e metralhadoras, abriram fogo contra uma manifestação de camponeses que bloqueavam a estrada em ação de protesto pelo atraso dos procedimentos legais de expropriação de terras, como parte do esboço ou simulacro de uma suposta reforma agrária na qual, entre avanços mínimos e dramáticos recuos, se gastaram já cinquenta anos, sem que alguma vez tivesse sido dada suficiente satisfação aos gravíssimos problemas de subsistência (seria mais rigoroso dizer sobrevivência) dos trabalhadores do campo. Naquele dia, no chão de Eldorado dos Carajás ficaram 19 mortos, além de umas quantas dezenas de pessoas feridas. Passados três meses sobre este sangrento acontecimento, a polícia do estado do Pará, arvorando-se a si mesma em juiz numa causa em que, obviamente, só poderia ser a parte acusada, veio a público declarar inocentes de qualquer culpa os seus 155 soldados, alegando que tinham agido em legítima defesa, e, como se isto ainda lhe parecesse pouco, reclamou processamento judicial contra três dos camponeses, por desacato, lesões e detenção ilegal de armas. O arsenal bélico dos manifestantes era constituído por três pistolas, pedras e instrumentos de lavoura mais ou menos manejáveis. Demasiado sabemos que, muito antes da invenção das primeiras armas de fogo, já as pedras, as foices e os chuços haviam sido considerados ilegais nas mãos daqueles que, obrigados pela necessidade a reclamar pão para comer e terra para trabalhar, encontraram pela frente a polícia militarizada do tempo, armada de espadas, lanças e alabardas.

Ao contrário do que geralmente se pretende fazer acreditar, não há nada mais fácil de compreender que a história do mundo, que muita gente ilustrada ainda teima em afirmar ser complicada de mais para o entendimento rude do povo.

Pelas três horas da madrugada do dia 9 de agosto de 1995, em Corumbiara, no estado de Rondônia, 600 famílias de camponeses sem-terra, que se encontravam acampadas na Fazenda Santa Elina, foram atacadas por tropas da polícia militarizada. Durante o cerco, que durou todo o resto da noite, os atacantes usaram metralhadoras e gases lacrimogéneos. Os camponeses resistiram com espingardas de caça. Quando amanheceu, a polícia, fardada e encapuçada, de cara pintada de preto, e com o apoio de grupos de assassinos profissionais a soldo de um latifundiário da região, invadiu o acampamento, varrendo-o a tiro, derrubando e incendiando as barracas onde os sem-terra viviam. Foram mortos dez camponeses, entre eles uma menina de 7 anos, atingida pelas costas quando fugia. Dois polícias morreram também na luta.

A superfície do Brasil, incluindo lagos, rios e montanhas, é de 850 milhões de hectares. Mais ou menos metade desta superfície, uns 400 milhões de hectares, é geralmente considerada apropriada ao uso e ao desenvolvimento agrícolas. Ora, atualmente, apenas 60 milhões desses hectares estão a ser utilizados na cultura regular de grãos. O restante, salvo as áreas que têm vindo a ser ocupadas por explorações de pecuária extensiva (que, ao contrário do que um primeiro e apressado exame possa levar a pensar, significam, na realidade, um aproveitamento insuficiente da terra), encontra-se em estado de improdutividade, de abandono, sem fruto.

Povoando dramaticamente esta paisagem e esta realidade social e económica, vagando entre o sonho e o desespero, existem 4 milhões e 800 mil famílias de rurais sem-terra. A terra está aí, diante dos olhos e dos braços, uma imensa metade de um país imenso, mas aquela gente (quantas pessoas ao todo? quinze milhões? vinte milhões? mais ainda?) não pode lá entrar para trabalhar, para viver com a dignidade simples que só o trabalho pode conferir, porque os voracíssimos descendentes daqueles homens que primeiro haviam dito: "Esta terra é minha", e encontraram semelhantes seus bastante ingénuos para acreditar que era suficiente tê-lo dito, esses rodearam a terra de leis que os protegem, de polícias que os guardam, de governos que os representam e defendem, de pistoleiros pagos para matar. Os 19 mortos de Eldorado dos Carajás e os 10 de Corumbiara foram apenas a última gota de sangue do longo calvário que tem sido a perseguição sofrida pelos trabalhadores do campo, uma perseguição contínua, sistemática, desapiedada, que, só entre 1964 e 1995, causou 1635 vítimas mortais, cobrindo de luto a miséria dos camponeses de todos os estados do Brasil, com mais evidência para Bahia, Maranhão, Mato Grosso, Pará e Pernambuco, que contam, só eles, mais de mil assassinados.

E a Reforma Agrária, a reforma da terra brasileira aproveitável, em laboriosa e acidentada gestação, alternando as esperanças e os desânimos, desde que a Constituição de 1946, na sequência do movimento de redemocratização que varreu o Brasil depois da Segunda Guerra Mundial, acolheu o preceito do interesse social como fundamento para a desapropriação de terras? Em que ponto se encontra hoje essa maravilha humanitária que haveria de assombrar o mundo, essa obra de taumaturgos tantas vezes prometida, essa bandeira de eleições, essa negaça de votos, esse engano de desesperados? Sem ir mais longe que as quatro últimas presidências da República, será suficiente relembrar que o presidente José Sarney prometeu assentar 1 milhão e 400 mil famílias de trabalhadores rurais e que, decorridos os cinco anos do seu mandato, nem sequer 140 mil tinham sido instaladas; será suficiente recordar que o presidente Fernando Collor de Mello fez promessa de assentar 500 mil famílias, e nem uma só o foi; será suficiente lembrar que o presidente Itamar Franco garantiu que faria assentar 100 mil famílias, e se ficou por 20 mil; será suficiente dizer, enfim, que o atual presidente da República, Fernando Henrique Cardoso, estabeleceu que a Reforma Agrária irá contemplar 280 mil famílias em quatro anos, o que significará, se tão modesto objetivo for cumprido e o mesmo programa se repetir no futuro, que irão ser necessários, segundo uma operação aritmética elementar, setenta anos para instalar os quase 5 milhões de famílias de trabalhadores rurais que precisam de terra e não a têm, terra que para eles é condição de vida, vida que já não poderá esperar mais. Entretanto, a polícia absolve-se a si mesma e condena aqueles a quem assassinou.

O Cristo do Corcovado desapareceu, levou-o Deus quando se retirou para a eternidade, porque não tinha servido para nada pô-lo ali. Agora, no lugar dele, fala-se em colocar quatro enormes painéis virados às quatro direções do Brasil e do mundo, e todos, em grandes letras, dizendo o mesmo: UM DIREITO QUE RESPEITE, UMA JUSTIÇA QUE CUMPRA.

29 de julho

De cada vez que a campainha da porta toca, os cães desatam a ladrar com uma fúria no mínimo desproporcionada, tendo em vista que se trata de animais que no comportamento e no aspecto nada têm de assustador, salvo para aquelas pessoas que em todo o bicho canino veem um lobo disfarçado. Os visitantes, lá fora, enquanto esperam que lhes vamos abrir, devem imaginar, nervosos, se ainda não conhecem os guardiães, que vivemos rodeados de uma alcateia de bestas-feras dispostas a estraçalhar até o mais bem-intencionado dos forasteiros. Felizmente, as coisas não tardarão a esclarecer-se, a ruidosa canzoada, depois de ter metodicamente captado os cheiros dos recém-chegados, acalma-se e passa a assistir à conversa. Mau é quando um tom de voz desagrada a Greta, que é a de orelha mais fina. O visitante inocente perguntará por que está a ladrar tanto a cadelinha, precisamente na minha direção, como se tivesse decidido embirrar comigo, e nós tentaremos disfarçar, os cães pequenos, como deve saber, excitam-se facilmente, não faça caso. Mas será muito difícil não fazer caso se a malvada continuar a desferir os seus latidos agudos, perfurantes, como se estivesse armada de arco e flechas e o visitante fosse o seu alvo preferido. Camões meter-se-á com ela, mordisca-a, distrai-a, o que geralmente tem como resultado a substituição de um problema por outro, com os dois cães subitamente à bulha, a fingir ferocidades, um novelo ruivo pelejando com um novelo cinzento, um dueto de rosnidos, uma competição de saltos em que não é raro ver-se o perplexo visitante transformado em barreira... Pepe está a reservar-se para o fim. Sendo sempre ele o que mais resiste a aceitar que lhe entre um qualquer desconhecido pela porta dentro, a ponto de às vezes ser preciso deitar-lhe a mão para não molestar, mais do que uma benevolência deliberada possa consentir, as pessoas que chegam, irá protestar angustiadamente quando elas se retirarem, tentará retê-las mordendo-lhes sem maldade os calcanhares, e outra vez vamos ter de o agarrar, como se fosse o mais antipático dos cães, quando o que ele tem é um coração a derreter-se de ternura.

A minha intenção, neste dia, era só registar a visita inesperada de duas leitoras do Porto, Leonor de Magalhães e uma sua filha, mas os cães meteram-se adiante, vieram deitar-se aos nossos pés e, durante quase uma hora, ficaram a ouvir falar de livros e de Portugal numa língua a que não estão muito acostumados, duas mulheres mimando de palavras um escritor, um escritor a perguntar-se se o que viveu e o que tem escrito justificam que assim o venham procurar, de tão longe, como se a sua existência tivesse realmente importância para outras pessoas, estas mulheres que aqui vieram, que tocaram a campainha, que ouviram ladrar os cães e depois se sentaram a falar de livros e de Portugal.

1 de agosto

Hoje ninguém daria um centavo pela marca de um pé humano descalço no chão. Mas se o Estado português, que de rico tem tão pouco, vai enfim pagar 450 mil contos ao proprietário da pedreira onde se encontra a jazida de pegadas de saurópodes da serra d'Aire (v. *Cadernos — III*, p. 178), quanto não irão ter de desembolsar, um dia, os futuros herdeiros do planeta, decorridos 175 milhões de anos sobre a extinção da espécie a que pertencemos, pela conservação de um rasto nosso? E se, pelo contrário, não valer ele, então, mais do que o tempo e o trabalho necessários para que mesmo esse último vestígio da nossa existência seja apagado da Terra?

2 de agosto

No final da sessão de encerramento dos Cursos Universitários de Verão aqui realizados, em que brilhantemente falou o escritor Alberto Vázquez-Figueroa, meu vizinho em Tías, o presidente do Cabildo, Juan Carlos Becerra, anunciou ser intenção do governo local declarar-me filho adotivo de Lanzarote. Pode-se imaginar como fiquei, nesta altura da vida em que a sensibilidade se vai tornando cada vez mais frágil...

9 de agosto

Para a conferência de encerramento dos Cursos de Verão da Universidade Complutense, em El Escorial, retomei o tema do "Narrador inexistente", já provocadoramente presente no papel que há dois anos fui debitar a Edmonton (Canadá), por ocasião de um Congresso da Associação Internacional de Literatura Comparada. Claro que o mundo das teorias literárias não mudou de rumo por eu ter dito o que lá disse, nem tão-pouco irá mudar agora, mas não resistirei, sempre que venha a propósito, e mesmo sem a-propósito nenhum, a meter o meu remo na água ao contrário da corrente. Diz-se que cada doido tem a sua mania, e a minha, se doido sou, é esta. Eis uma parte do que li em El Escorial:
"Nesta minha contestação, claro está, não irei ao ponto de negar que a figura duma abstração denominada Narrador possa

ser apontada e exemplificada no texto, pelo menos, com todo o respeito o digo, segundo uma lógica dedutiva bastante similar à da demonstração ontológica da existência de Deus efetuada por Santo Anselmo... Aceito, até, a probabilidade de variantes ou desdobramentos de um alegado Narrador central, com a tarefa de expressarem uma pluralidade de pontos de vista e juízos considerada, pelo Autor, útil à dialética dos conflitos. A pergunta que me faço, e isto é o que verdadeiramente mais me interessa, é se a atenção obsessiva prestada pelos analistas de texto a tão escorregadia entidade, propiciadora, sem dúvida, essa atenção, de suculentas e gratificantes especulações teóricas, não estará contribuindo para a redução do Autor e do seu pensamento a um papel de perigosa secundaridade na compreensão complexiva da obra. Aclararei que, quando falo de pensamento, não estou a retirar dele as sensações e os sentimentos, os anseios e os sonhos, todas as vivências do mundo exterior e do mundo interior sem as quais o pensamento se tornaria, quiçá (arrisco-me a pensá-lo...), em um puro pensar inoperante.

"Abandonando desde agora qualquer precaução oratória, o que aqui estou assumindo, afinal, são as minhas próprias dúvidas e perplexidades sobre a identidade real da voz narradora que veicula, nos livros que tenho escrito e em todos os que li até agora, aquilo que derradeiramente creio ser, caso por caso, e quaisquer que sejam as técnicas empregadas, o pensamento do Autor. O seu próprio, pessoal (até onde nos é possível tê-lo), ou, acompanhando-o, misturando-se com ele, os pensamentos outros, históricos ou contemporâneos, cientemente ou incientemente tomados de empréstimo, para alcance dos objetivos e satisfação das necessidades discursivas, descritivas ou reflexivas da narração.

"E também me pergunto se a resignação ou a indiferença com que o Autor, hoje, parece aceitar a *apropriação*, por um Narrador academicamente abençoado, da matéria, da circunstância e da função narrativa, que em épocas anteriores, como autor e como pessoa, lhe eram exclusiva e inapelavelmente imputadas, não serão, essa resignação e essa indiferença, uma expressão mais, assumida ou não, e mais ou menos consciente, de um certo grau de *abdicação* de responsabilidades mais gerais.

"Que fazemos, os que escrevemos? Nada mais que contar histórias. Contamos histórias os romancistas, contamos histórias os dramaturgos, contamos também histórias os poetas, contam-nas igualmente aqueles que não são, e não virão a ser nunca, poetas, dramaturgos ou romancistas. Mesmo o simples pensar e o simples falar quotidianos são já uma história. As palavras proferidas, e as apenas pensadas, desde que nos levantamos da cama, pela manhã, até que a ela regressamos, chegada a noite, sem esquecer as do sonho e as que o sonho vierem a tentar descrever, constituem uma história com uma coerência interna própria, contínua ou fragmentada, e poderiam, como tal, em qualquer momento, ser organizadas e articuladas numa história escrita e tornadas literatura.

"O escritor, esse, tudo quanto escrever, desde a primeira palavra, desde a primeira linha, será em obediência a uma intenção, às vezes clara, às vezes obscura — porém, de certo modo, sempre discernível e mais ou menos óbvia, no sentido de que está obrigado, em todos os casos, a facultar ao leitor, passo a passo, dados cognitivos comuns a ambos, para que ele possa, sem excessivas dificuldades, entender o que, pretendendo parecer novo, diferente, talvez mesmo original, já é afinal *conhecido* porque, sucessivamente, vai sendo *reconhecido*. O escritor de histórias, manifestas ou disfarçadas, é um exemplo de mistificador: conta histórias para que lhas aceitem como críveis e duradouras, apesar de saber que elas não são mais do que umas quantas palavras suspensas naquilo a que eu chamaria *o instável equilíbrio do fingimento*, palavras frágeis, permanentemente assustadas pela atração de um não sentido que as empurra para o caos, para fora dos códigos convencionados, cuja chave a cada momento ameaça perder-se.

"Não esqueçamos, porém, que, assim como as verdades puras não existem, também as puras falsidades não podem existir. Porque se é certo que toda a verdade leva consigo, inevitavelmente, uma parcela de falsidade, que mais não seja por insuficiência expressiva das palavras usadas, também certo é que nenhuma falsidade chegará a ser tão radical que não veicule, mesmo contra as intenções do embusteiro, uma parcela de verdade. Nesse caso, a mentira poderia conter, por exemplo, duas verdades: a sua própria, elementar, isto é, a verdade da sua própria contradição (a verdade encontra-se oculta nas próprias palavras que a negam...), e uma outra verdade, aquela de que acabou por tornar-se veículo, comporte ou não essa nova verdade, por sua vez, uma parcela de mentira.

"De fingimentos de verdade e de verdades de fingimento se fazem, pois, as histórias. Contudo, e a despeito do que, no texto, se nos apresenta como material evidência, a história que ao leitor mais deverá interessar não é, em minha opinião, a que a narrativa lhe propõe. Uma ficção não está formada somente por personagens, conflitos, situações, lances, peripécias, surpresas, efeitos de estilo, jogos malabares, exibições ginásticas de técnica de narração — uma ficção (como toda a obra de arte) é, acima de tudo, a expressão ambiciosa de uma parcela identificada da humanidade, isto é, o seu autor. Pergunto-me, até, se o que determina o leitor a ler não será a esperança não consciente de descobrir no interior do livro — mais do que a história que lhe vai ser contada — a pessoa invisível, mas omnipresente, do autor. Tal como creio entender, o romance é uma máscara que esconde e ao mesmo tempo revela os traços do romancista. Provavelmente (digo provavelmente...), o leitor não lê o romance, lê o romancista.

"Com isto não pretenderei sugerir ao leitor que se entregue, durante a leitura, a um trabalho de detective ou de antropólogo, procurando pistas ou removendo camadas geológicas, no fundo das quais, como um culpado ou uma vítima, ou como um fóssil, se encontraria escondido o Autor... Muito pelo contrário: o que digo é que o Autor está no livro todo, que o Autor é todo o livro, mesmo quando o livro não consiga ser todo o autor. Verdadeiramente, não creio que tenha sido para chocar a sociedade do seu tempo que Gustave Flaubert declarou que Madame Bovary era ele próprio. Parece-me, até, que, ao dizê-lo, não fez mais do que arrombar uma porta desde sempre aberta. Sem querer faltar ao respeito devido ao autor de *L'Éducation sentimentale*, poderia mesmo dizer que uma tal afirmação não peca por excesso, mas por defeito: Flaubert esqueceu-se de nos dizer que ele era também o marido e os amantes de Emma, que era a casa e a rua, que era a cidade e todos quantos, de todas as condições e idades, nela viviam, casa, rua e cidade reais ou inventadas, tanto faz. Porque a imagem e o espírito, e o sangue e a carne de tudo isso, tiveram de passar, inteiros, por *uma só* entidade: Gustave Flaubert, isto é, o homem, a pessoa, o Autor. Também eu, ainda que tão pouca coisa em comparação, sou a Blimunda e o Baltasar de *Memorial do convento*, e em *O Evangelho segundo Jesus Cristo* não sou apenas Jesus e Maria Madalena, ou José e Maria, porque sou também o Deus e o Diabo que lá estão...

"O que o autor vai narrando nos seus livros não é a sua história pessoal aparente. Não é isso a que chamamos o relato de uma vida, não a sua biografia linearmente contada, quantas vezes anódina, quantas vezes desinteressante, mas uma outra, a vida labiríntica, a vida profunda, aquela que dificilmente ousaria ou saberia contar com a sua própria voz e em seu próprio nome. Talvez porque o que haja de grande no ser humano seja demasiado para caber nas palavras com que a si mesmo se define e nas sucessivas figuras de si mesmo que lhe povoam um passado que não é apenas seu, e que por isso lhe escapará sempre que tentar isolá-lo ou isolar-se nele. Talvez, também, porque aquilo em que somos mesquinhos e pequenos é a tal ponto comum que nada de muito novo poderia ensinar a esse outro ser pequeno e grande que é o leitor...

"Finalmente, talvez seja por algumas destas razões que certos autores, entre os quais me incluo, privilegiam, nas histórias que contam, não a história que viveram ou vivem (fugindo assim às armadilhas do confessionalismo literário), mas a história da sua própria memória, com as suas exatidões, os seus desfalecimentos, as suas mentiras que também são verdades, as suas verdades que não podem impedir-se de ser também mentiras. Bem vistas as coisas, sou só a memória que tenho, e essa é a única história que quero e posso contar.

"Quanto ao Narrador, se depois disto ainda houver quem o defenda, que poderá ele ser senão a mais insignificante personagem de uma história que não é a sua?"

10 de agosto

Há tempos, José Manuel Mendes pediu-me que escrevesse algo sobre Beja, destinado a um livro que a Câmara Municipal tinha na ideia publicar, com textos dos escritores que passaram pela sua Biblioteca. Embora a *Viagem a Portugal* pareça estar aí a demonstrar o contrário, nunca me sinto à vontade de cada vez que tenho de produzir este tipo de prosas, mas, vindo de quem vinha o pedido, não tive mais remédio que fazer do aperto decisão e espremer a cabecinha, a ver o que sairia. O que saiu apareceu-me agora em letra impressa: o livro estava à minha espera quando regressei de El Escorial. A releitura foi quase novidade, tão mal me lembrava do que havia escrito. Aqui deixo, portanto, este *Não sei o que tenho em Beja*, como se tivesse acabado de sair do estaleiro:
"Isto de cidades, no fundo, é como as pessoas. Damos com elas no caminho e na vida, umas vezes paramos a ver, a conversar, outras vezes, ou porque levávamos pressa, ou porque nos mostraram cara fechada, encontro pode ser que tenha havido, se encontro era, mas conhecimento a sério é que não. Durante muitos anos não fui nada viajeiro, levava a vida apertada, os carros elétricos, ainda que isto pareça invenção minha de agora, consumiam-me em metade do mês a verba para transportes, e se é certo que sempre me restava o recurso natural de fazer a pé o caminho entre a casa e o trabalho, e volta, está claro que não me iria pôr a andar por esse Alentejo fora, para ir saber o que tinha em Beja. E não é que eu não tivesse sido, em tempos que evidentemente já lá vão, um andarim de mais que razoáveis dotes: cinquenta quilómetros com a mochila às costas para ir acampar nas margens da lagoa de Albufeira, além na península de Setúbal, fazia-os eu sem mais ajudas que os pés com que nas-

ci e sem olhar para trás. Mas ir a Beja, está-se a ver, seria outra maratona. Imagine-se: à torreira do sol, por esses descampados, ainda por cima tendo de resistir à tentação de umas aldeias, vilas e cidades que me sairiam ao caminho a oferecer, consoante os casos, o simples refrigério de uma sombra e de um copo de vinho, um caldo, uma talhada de melão, ou, no caso de me picar a curiosidade das artes, que já então me entravam desses arrebatos, a penumbra silenciosa de um museu com figuras antigas a olhar para mim. O mais certo era não conseguir chegar a Beja.

"O tempo, como sabemos, tanto muda como não. Vezes sem conta dá-lhe para ficar sentado, sabemo-lo quando as pessoas, se lhes perguntamos como vai a vida, respondem encolhendo os ombros: 'Sempre na mesma, sempre na mesma'. De repente, o diabo do tempo, não se sabe o que lhe deu, levanta-se, mexe-se, corre, pula, tira os nossos bens donde os tínhamos e arruma-os pela ordem que lhe apetece, fecha, tranca e condena umas portas, abre outras de par em par, recorta uma janela onde havia uma parede cega, é, como já ficou dito, um vivo demónio. Foi assim que comecei a fazer umas quantas viagens, poucas, modestas, primeiro pelos arredores, depois mais adiante, por aí fora, na direção dos três pontos cardeais, no outro estava o mar, aí nem com botas de cortiça, até que cheguei a Beja.

"Se dessa vez tinha lá alguma coisa, não dei por isso. Andava com tanta literatura na cabeça que todo o meu afã foi assomar-me ao janelão donde, como se conta, a freira Mariana, às escondidas das colegas ciumentas, fazia sinais de lenço ao cavaleiro de Chamilly. O que eu queria perceber era se semelhantes manejos de sentimentaria, com seu quê de ridículo, poderiam objetivamente compaginar-se com as febris palpitações de um coração feminino que ousara trocar o Senhor por um bigode francês. Concluí que não. Ou bem que ela acenava com o lenço, ou bem que se retorcia nas ânsias de um amor culpado e pecador. Decidi esquecer a freira e o cavaleiro e ater-me apenas às cartas, à literatura, o que foi erro rematado. Ainda me faltava comer muito pão e muito sal, ainda tinha muito que viver antes de compreender que o espírito nunca está na letra, está sempre na pessoa que a escreveu, mesmo quando a pessoa se resignou a parecer menos que a sua própria letra.

"Passaram os anos, e eu sem saber o que tinha em Beja. Voltei lá uma vez, outra vez, vi o dentro e o fora, o baixo e o alto, pisei o chão e respirei o ar, andei por praças, ruas, igrejas e museus, disse e ouvi, perguntei-me se a colina onde está seria colina de verdade, se não foi a inúmera gente que ali viveu — romanos, visigodos, sarracenos, cristãos, e, antes de todos, aqueles primeiros de quem não sei o nome nem a história —, se não teriam sido eles que, construindo incessantemente sobre ruínas e demolições, foram levantando sobre a planície rasa a enorme mamoa prenhe de restos, de detritos, de fragmentos, de colunas, de pórticos, de umbrais, de pedras do lar, de ecos de palavras, de gritos de dor, de risos, de morte, de vida. Imaginei um poço que descesse por ali verticalmente, através de todos aqueles mundos, pondo à vista a composição e a espessura da felicidade e da desgraça, da fome e da fartura, do certo e do errado de cada dia, até alcançar o nível da planície, onde ainda estão as cinzas da primeira fogueira e o sinal de um pé descalço. Pensei que provavelmente era isto o que eu tinha em Beja, o mesmo que em qualquer outro lugar por onde tivesse a humanidade passado.

"Depois veio o tempo em que a planície e as colinas alentejanas se puseram a estremecer de um gozo novo, quando abrir a terra para depor a semente se tornou em ato sacral, quando os homens e as mulheres repetiam os gestos antigos e os encontravam novos. Andei por lá, mas não por Beja, a escrever um livro, a levantá-lo do chão, como quem recolhe as cinzas de uma fogueira e o desenho de um passo. Foi por essa altura que um amigo, tão honrado de vida como de nome, me disse com expressão risonhamente repreensiva: 'Vocês ficam todos lá por Évora...'. A partir desse dia, comecei a suspeitar de que o que eu tinha em Beja, afinal, era uma dívida, não uma conta que tivesse deixado por pagar, não um empréstimo vencido e não liquidado, uma dívida como assim, aparentemente sem quê nem porquê, mas essas, se calhar, são as piores, as que mais custam a levar, as dívidas que não têm por trás o rosto de um credor. Quem depois me viu caminhar por aquelas ruas, becos e travessas, espreitando aos portais, farejando às esquinas, como quem anda à procura de algo que nem sequer conhece, não podia imaginar que pesos eu ia carregando na consciência. Soubera, finalmente, o que tinha em Beja, mas o que tinha em Beja não era nada que pudesse apagar de mim. E assim vivemos, ela e eu, até há mais ou menos um ano.

"Convidaram-me a falar em Beja sobre intolerâncias antigas e modernas, e eu lá fui, apesar de cansado doutras andanças semelhantes. A conferência era na Biblioteca Municipal, um edifício novo, funcional, de organização excelente, apenas com o senão de uma escadaria de acesso perigosamente empinada, como se de súbito ao arquiteto tivesse faltado o terreno ou como se deliberadamente a tivesse ali posto para avisar os leitores de que os caminhos do conhecimento tudo podem ser, menos caminhos de facilidade. Fizeram-me visitar a Biblioteca, secção por secção, quase livro por livro, e eu não precisei de fingir nem o sentimento nem as palavras para felicitar quem tinha a responsabilidade do seu governo. Para terminar, levaram-me a ver a secção infantil, ampla, desafogada, com pequenas cadeiras e pequenas mesas, almofadas coloridas, o paraíso da leitura, pensei eu, lembrando-me dos duros assentos daquela outra biblioteca municipal onde fiz, adolescente, as minhas primeiras aprendizagens literárias.

"Nisto estava, crendo não ter mais para ver, quando o meu guia me fez entrar numa espécie de caverna armada a um lado do grande salão de leitura. 'E isto?', perguntei. 'Os miúdos gostam de vir ler para aqui', responderam-me, enquanto entrávamos curvados. Não duvidei, na verdade eu próprio tive vontade de pedir um livro e estender-me naqueles coxins, como se estivesse dentro de um ovo, com um céu de pano por cima da cabeça, esquecido da conferência, resolvido a começar a aprender tudo outra vez, desde o princípio. Imaginei uma criança a entrar ali com o tesouro de um livro na mão, e sair de lá com esse outro tesouro maior que é o livro lido. Senti-me subitamente em paz, não devia já nada a Beja, o que eu tinha agora em Beja não era uma dívida, mas uma esperança. A esperança de que uma daquelas crianças, saídas da

174

gruta de Ali-Babá e as Quarenta Lições, venha a escrever um dia, sobre Beja, o livro que eu não escrevi."

13 de agosto

De *El País* perguntaram-me se eu estava disponível (isto é, se me interessava, se me apetecia, se tinha tempo...) para escrever um artigo sobre o marechal Spínola, hoje despedido da vida. Respondi-lhes que tempo sempre se arranjaria, mas que, de facto, não estava interessado nem me apetecia. Podia ter-lhes dito (mas não disse) que de certeza não falta em Portugal quem deste homem conheça as verdades que deveriam ser postas a descoberto, desde que com o nome de António de Spínola foi publicado um livro chamado *Portugal e o futuro* até aos tempos recentes, passando pelo tenebroso golpe contra a Revolução de Abril de que foi autor e pelo consenso laudatório de que vieram a rodeá-lo depois, praticamente sem exceção, por interesse ou prudência, as forças políticas portuguesas, começando pelos dois primeiros presidentes da República eleitos. Não é preciso ser muito desconfiado ou muito fantasista para imaginar a rede de segredos, de ameaças, de chantagens, que transformou em marechal um golpista reacionário, e que, com a cumplicidade dos democratas oficialistas, fez de um fugido à justiça uma espécie de pai da pátria. Soubesse eu o que outros sabem, e juro que o artigo que *El País* me pediu não teria ficado por escrever...

14 de agosto

E se Spínola escreveu as suas memórias e contou nelas tudo? E se amanhã, ou quando for, chegamos a saber a verdade? Que misérias morais, que transações, que fraudes, que traições, que cobardias, andará a ocultar a fachada decorosa das parlendas, das fardas, das casacas, das condecorações, dos abraços congratulatórios? Que inconfessáveis alívios estarão assomando a esta hora nas pausas dos elogios fúnebres? Que raiva esta minha, de saber-nos enganados, e não poder acusar quem nos enganou...

17 de agosto

   Em consequência de recurso apresentado por um grupo de cidadãos, o Supremo Tribunal de Justiça da Dinamarca vai pronunciar-se sobre a possível inconstitucionalidade da adesão do país à União Europeia. Aqui está uma interessante notícia, que poderia, imagino, incitar os constitucionalistas portugueses a reler o nosso documento fundamental (não sei se se lhe poderá chamar assim), a bater o mato dos parágrafos, artigos e alíneas, não seja o caso de andar por lá algum lobo feroz disfarçado de inocente Capuchinho Vermelho, ou alguma raposa passeando orelhas de coelho. O mais certo, calculo, é estar eu totalmente equivocado, e ter sido o trabalho de redação da nossa querida Constituição um exemplo perfeito de antecipação europeísta, caso em que deveria ser-nos atribuído rapidamente o título de Precursores Espirituais e Constitucionais da União, para vergonha dos dinamarqueses.

18 de agosto

   A propósito de União Europeia e de dinamarqueses: o número de alemães proprietários de terrenos e imóveis na ilha balear de Maiorca é já de 50 mil. Compram tudo. Além de darem trabalho que farte às agências do ramo, recorrem a meios mais diretos, como pregar na porta do chalé que cobiçam um papel que diz: "Chamo-me Fulano de Tal e sou alemão. Gosto muito da sua casa. Fixe o preço que quiser". Se ele fizesse isto na Dinamarca, ia corrido. Têm lá uma lei que restringe, ou pelo menos condiciona muito, a aquisição de bens imobiliários por alemães. Ao ler isto, alguém quererá objetar que também eu vim comprar dois mil metros quadrados nesta ilha de Lanzarote e, portanto, não devo negar aos outros um direito de que eu próprio já me aproveitei. A minha resposta é muito simples: em primeiro lugar, não sou alemão; em segundo lugar, os portugueses, desde o século XVI, não metem medo a ninguém...

19 de agosto

O cão dá três voltas sobre si mesmo, deita-se, acomoda-se, suspira profundamente. As voltas, julgamos saber por que as dá. Ainda que o chão que pisa seja um tapete, uma almofada, as simples tábuas lisas, o cão conserva gravada nos circuitos arcaicos do cérebro a necessidade silvestre de acamar a erva e o mato antes de se deitar, como faziam os lobos seus antepassados e os de agora continuam a fazer. Nunca estive tão perto de um lobo que pudesse ver se também eles suspiram quando se deitam. Talvez sim. No entanto, prefiro pensar que o suspiro dos cães lhes veio do costume, durante séculos e séculos, de ouvir suspirar os humanos. Agora mesmo, um após outro, os cães que vivem nesta casa — o Pepe, a Greta, o Camões — deram as suas três voltas, deitaram-se aos nossos pés, e suspiraram. Eles não sabem que também eu suspirarei quando me deitar. Provavelmente, todos os seres vivos suspiram assim quando se deitam, provavelmente está feito de suspiros o silêncio que precede o sono do mundo. Pergunto-me agora: onde acabo eu e começa o meu cão? onde acaba o meu cão e começo eu?

20 de agosto

Susana Regina Vaz, que vive e estuda em São Paulo, enviou-me um projeto de pesquisa sobre o tema "Graciliano Ramos e José Saramago: dois escritores comprometidos com a sociedade e a arte", com vista à sua dissertação de mestrado, que defenderá no próximo ano. Não imaginei, quando lia deslumbrado, há muitos anos, *São Bernardo* e *Vidas secas*, que alguém, um dia, viesse a pôr-me em companhia de

Graciliano... Com uma gentileza rara, Susana juntou ao projeto a oferta de uma biografia do romancista, *O Velho Graça*, de Dênis de Moraes, em que certamente irei entrar com o sentimento de estar a regressar a momentos do meu próprio passado. Enviou-me ela também um breve exercício comparativo seu sobre as atividades de cronista que o brasileiro e o português exerceram. Nele, aludindo à minha passagem pelo *Diário de Lisboa*, em 1972 e 1973, e pelo *Diário de Notícias*, em 1975, Susana Regina Vaz faz o seguinte comentário: "Enquanto na crónica literária percebemos a liberdade do autor em transmitir sua opinião através da sua sensibilidade, as crónicas políticas, como textos editorialistas que são, apesar de cumprirem um papel muito importante no período em que foram escritas e servirem como documentos valiosos hoje em dia, não exprimem a opinião pessoal do redator, mas sim a opinião do jornal". À primeira vista, se se considerar apenas a lógica aparente das situações, assim deveria ter acontecido, mas a realidade foi bem diferente... Sem nenhuma pretensão de protagonismo, sem qualquer espécie de vanglória, e assumindo, evidentemente, todos os erros de apreciação que possa ter cometido, declaro que a orientação política dos dois jornais, a que se expressou nos respectivos editoriais, foi aquela que a minha consciência cívica e as minhas convicções ideológicas determinaram, sem sujeição a ordens, viessem elas donde viessem, tanto de dentro como de fora. Nada mais e nada menos. Com todas as consequências imagináveis, e alguma inimaginável, como foi não ter encontrado, a seguir ao 25 de Novembro, uma única pessoa disposta a oferecer-me um trabalho regular. Mesmo aqueles que mais obrigação teriam...

21 de agosto

Giulia Lanciani, a cuja amizade devo não poucas alegrias e consolações, criou e dirige para a Editorial Buizoni, de Roma, uma coleção intitulada "Luso-brasilica: i protagonisti del racconto", cujo primeiro volume foi dedicado a Jorge Amado. O segundo, que acabo de receber, trata do trabalho literário de quem estes *Cadernos* vem escrevendo. As suas duas centenas de páginas recolhem, sob o título *José Saramago: Il bagaglio dello scrittore*, e pela ordem por que aparecem, estudos de Horácio Costa, Carlos Reis, Teresa Cristina Cerdeira da Silva, Luís de Sousa Rebelo, Giulia Lanciani, Manuel Simões, Roberto Vecchi, Silvio Castro, Fernando Venâncio, Ettore Finazzi-Agrò, Adrián Huici, Piero Ceccucci, Maria Alzira Seixo, Nello Avella e Giovanni Pontiero. A todos agradecido, aprenderei com todos.

A fazer fé nos dizeres do cabeçalho, este é o jornal mais pequeno do mundo. Chama-se *Vossa Senhoria*, tem 16 páginas no formato de 7×10 cm, e publica-se em Divinópolis, uma cidade do estado de Minas Gerais com pouco mais de 100 mil habitantes. É discretamente mensal, mas já conta 61 anos de existência, com prováveis intervalos de silêncio da rotativa, uma vez que o número de julho, que tenho aqui diante de mim, traz o número 437. Sete centímetros por dez de notícias numa cidade chamada Divinópolis... Não seria mais digno de tão sublime nome um jornal como *The New York Times*, com os seus três quilos de papel ao domingo, que justamente é o dia do Senhor?

25 de agosto

Seis horas em dois dias foi o tempo que durou a entrevista dada ao jornalista e escritor José Castello, destinada ao *Estado de S. Paulo*. Desconfio que os entrevistadores apreciam em mim muito mais a inalterável paciência do que a importância das revelações e opiniões que tenha para expressar-lhes. Como sabem (já deve ter corrido a voz) que mostro sempre boa cara a quem vem, perguntam, perguntam, perguntam, e, como eu não me curo de um respeito reverencial pelo trabalho alheio, qualquer que ele seja, respondo, respondo, respondo. José Castello é um jovem de 35 anos, simpático e inteligente, que teve a ideia rara (quase lhe chamaria virtude) de querer saber mais da pessoa que sou do que dos livros que escrevi. Disse-me: "Os livros, conheço-os eu. Agora é o homem que me interessa". Quando se foi embora deixou-me na excelente companhia de três biografias que escreveu: as de João Cabral de Melo Neto, Rubem Braga e Vinicius de Moraes.

27 de agosto

Prossegue o mistério da morte de meu irmão Francisco. Julgava eu, recordando o que tantas vezes ouvi dizer a minha mãe, que ele tinha sido internado, sofrendo de difteria, no Instituto Bacteriológico Câmara Pestana, onde viria a falecer, mas o Instituto, depois de buscar nos arquivos, informa-me de que nenhum Francisco Sousa filho dos nossos pais deu ali entrada. Teria, afinal, morrido em casa? Se assim foi, como é possível não ter eu conservado qualquer recordação do lutuoso acontecimento, por muito criança que fosse então? Teria ido morrer a outro hospital? É mais do que duvidoso, uma vez que o tratamento de casos clínicos daquela natureza tinha como lugar próprio (e talvez mesmo obrigatório) o Instituto Câmara Pestana. É certo que o desconhecimento destes e outros privilégios da civilização lisboeta, compreensível em quem só há poucos anos viera da bisonha Azinhaga para a cidade, poderia ter levado os meus pais a descuidar da gravidade do mal, acabando-se-lhes, por assim dizer, o filho nos braços. De todo o modo, não creio: meu pai estava na Polícia de Segurança Pública, com certeza falou da doença do filho aos colegas, e algum destes, ou um superior, não deixariam de encaminhá-lo caridosamente aonde convinha. Seja como for, porém, morresse onde morresse o mano Francisco, como é que o registo do seu falecimento não consta na Conservatória da Golegã? Que passo deverei dar agora? Pedir a alguém que percorra por mim os labirintos arquivísticos dos cemitérios de Lisboa, à procura de um Francisco Sousa que parece não querer aparecer? É que não é a mesma coisa requerer a um funcionário o favor de pesquisar uns poucos de livros antigos numa conservatória de província ou os registos de um estabelecimento hospitalar especializado, e esquadrinhar as infinitas, as vertiginosas listas mortuárias desses lugares aonde toda a vida vai parar...

31 de agosto

Camões, que nos apareceu negro e agora é cinzento, tem alma de caçador. À falta de perdizes e de coelhos, ou de espécies de maior porte, caça lagartixas no jardim com uma energia e uma concentração dignas de melhor objeto. As pobres bichas, aterrorizadas, tentam esconder-se debaixo das pedras soltas dos muros, mas o malvado amarra-se ali, à espera duma distração, ou, se a febre cinegética de repente lhe sobe, ataca a instável muralha com as unhas, empurra-a com as patas e a cabeça, e, rápido como um raio, aboca quase sempre o espavorido réptil. Algumas vezes entra-nos em casa segurando nas queixadas o corpo mutilado (a cauda ficou por lá...), que nunca come, que abandona no chão, em qualquer parte, como se para ele só tivesse sentido e importância o prazer da ação. Também acontece buscarem as lagartixas, para esconder-se, uns tufos de plantas que segregam uma substância viscosa, como a esteva, ainda que menos abundante. Dão essas plantas umas flores miudinhas em forma de esporas, de duas ou três cores diferentes, que se desprendem com facilidade e se agarram ao pelo do Camões quando ele, no ardor da caçada, se mete por baixo delas. Então, o nosso Camões irá aparecer-nos, daí a pouco, feito pura inocência, transformado em animal poético, em cão das flores, como o outro o foi das lágrimas...

2 de setembro

Gandia tinha sido para mim, até hoje, o belíssimo poema de Sophia de Mello Breyner, aquele em que o duque pranteia a morte de Isabel de Portugal, mulher de Carlos v, em 1539, pronunciando as solenes e apaixonadas palavras de quem ali mesmo decidiu renunciar ao mundo: "Nunca mais servirei a senhor que deva morrer". (Por respeito à verdade histórica, diga-se que o duque de Gandia só viria a ingressar na Companhia de Jesus depois do falecimento da sua própria mulher, oito anos depois...) Hoje vim aqui para abrir os Cursos de Verão da Universidade de Valência perante uma assistência de alunos, professores, autoridades académicas, políticos e público geral. Falei o melhor que soube sobre o tema genérico dos cursos ("Identidade, igualdade, diferença"), mas, enquanto ia discorrendo ao redor do conceito de *outro*, enquanto refletia sobre *autonomeação*, *reconhecimento* e *rejeição*, a imagem do duque de Gandia não me largava. Diante do imperial cadáver, já em processo de putrefação, um homem que cem anos depois da sua pessoal morte viria a ser proclamado santo, apostara a precaríssima condição da sua própria eternidade na probabilidade da existência de um "senhor que não devesse morrer". Perguntava-me que teria o velho episódio que ver com as identidades, as igualdades e as diferenças de que estava falando ali, e parecia-me que sim, que havia um fio a ligar estes diversos *eus* e *outros*, não só o fio irrefragável da História, mas outro, também impossível de romper, que é a agónica vontade de permanecer depois da morte e de todas as mortes, ainda que seja só como a pedra minúscula que continuará a ser pedra depois de se ter vindo abaixo a casa de que havia sido ínfima parte. Até ao dia em que ser pedra, casa ou memória já não tenha qualquer importância.

3 de setembro

Entre Albacete e Baeza há duzentos quilómetros de olivais que se alargam a perder de vista de um lado e do outro da estrada. Recordei (era inevitável) os campos da minha velha Azinhaga, de onde arrancaram todas as oliveiras (a primeira vez que vi as extensas planícies rapadas, entre a linha do caminho de ferro e o Almonda, senti uma dor na alma, no coração, tanto faz, só sei que me doeu...), recordei os mágicos nomes que balizaram os itinerários da infância — Olival Basto, Espargal, Oliveiras Grossas, Divisões, Cerrada Grande, Canelas, Salvador, Olival da Palha, Olival d'El-Rei —, e perguntei-me como se orientarão agora os pequenos azinhaguenses no meio daqueles regimentos de girassóis de uniforme, alinhados, intermináveis, monotonamente copiados uns dos outros. No tempo dos olivais, cada árvore era como uma pessoa diferente que era necessário conhecer, com a sua fisionomia própria, modelados de locas, bossas e vestígios de podagens os troncos cinzentos, o vulto compacto ou esgarçado de cada uma, os musgos, os líquenes, um ninho esquecido nos braços mais altos... Tive tempo de entristecer entre Albacete e Baeza. Mas foi suavemente que entristeci, valeu-me ao menos isso.

Demos uma volta pela cidade ao fim da tarde. Gosta-se de Baeza facilmente: no que toca a arquiteturas, não lhe faltam belezas para mostrar, e de primeira ordem, mas, a par disso, respira-se aqui uma atmosfera simples e cordial que leva imediatamente o viajante novel a sentir-se como em terra conhecida. Lastimável, porém, deplorável, é aquele monumento a Antonio Machado, posto num lugar solitário, por onde corriam as antigas muralhas, as que foram mandadas derrubar por Isabel a Católica... Imagine-se uma forma abrutalhada, mais ou menos cúbica, de cimento, aberta em cunha nos quatro lados, com o busto do poeta encafuado lá dentro, como um pobre pássaro cativo, ele que havia cantado "os alegres campos de Baeza" quando, por sete longos anos, aqui esteve a viver e a ensinar francês. Apetece implorar que o tirem da imerecida prisão, que o levem para uma praça pública, para o meio da gente, fechado no bronze de que está feito, que isso não se pode evitar, mas livre da masmorra em que não sei por que imaginários crimes o meteram...

4 de setembro

A abrir, logo de manhã, na Universidade de Andaluzia "Antonio Machado", uma conferência de imprensa incendiária, ou, querendo usar palavras à moda, politicamente incorreta, como se poderá ver já pelos assuntos tratados: as falsas democracias que nos governam, a "construção europeia" que haverá de destruir o espírito de Europa, a finança mundial como único poder real e efetivo, os governos convertidos em simples procuradores políticos desse poder (não democrático, repare-se), a corrupção generalizada das consciências, as clientelas partidárias, as culturas da banalização, *a cegueira* etc. etc. etc.... Os jornalistas nem podiam acreditar no que estavam a ouvir: semelhantes ousadias atiradas em Baeza, uma cidadezinha tão sossegada, ferozmente lançadas à cara da comunicação social por um senhor de idade, calvo, de óculos, na aparência incapaz de fazer mal a uma mosca... Saí dali ainda a fumegar para o primeiro colóquio, em que teria de falar sobre o futuro do romance. Recorri à pirueta retórica de Oviedo (v. *Cadernos — III*, 14 de dezembro, pp. 217-8) para fintar o tema, observando com malícia simpática que um colóquio organizado nos finais do século passado com idêntico objetivo (prever o futuro do romance no século xx...) não acertaria uma, nem sequer por aproximação. Depois falei do romance tal como gostaria que ele fosse, isto é, não um *género literário*, mas um *lugar* capaz de acolher toda a experiência humana, um oceano que receberia, e onde de algum modo se unificariam, as águas afluentes da poesia, do drama, da filosofia, das artes, das ciências... O que eu queria defender, mas não sei se me chegou a língua, era assim como uma espécie de *homerização do romance*, ideia minha antiga que de vez em quando regressa e que bem gostaria alguma vez de desenvolver melhor, se não me faltassem para isso as indispensáveis unhas ensaísticas. Pareceu-me que a assistência gostou do que estavam a dizer-lhe, mas sem perder um ar de certa perplexidade, como se eu, chamado ali para falar de alhos, tivesse preferido discorrer sobre bugalhos. Já o segundo colóquio, à noite, foi muito menos aventureiro. O tema proposto era "Como escrevi os meus romances", e foi isso o que fiz: expliquei como nasceram, como cresceram e se fizeram homens. Foi boa ideia reunir, numa sala da antiga Universidade, uns quantos velhos móveis escolares para com eles recriar o que teria sido uma aula no tempo de Antonio Machado. A tentativa não resultou inteiramente (há umas vitrinas ao meio que empatam a passagem e prejudicam o efeito), mas a recordação do poeta, que o mais certo é nunca se ter sentado àquela secretária, tornou-se vivíssima no meu espírito (tem de dizer-se assim?), em comparação com o desconcerto que o canhestro monumento levantado em sua honra me havia causado. Fomos depois jantar ao casino com alguns dos amigos que nos têm acompanhado, em particular Ángela Olalla e Juan Carlos Rodríguez (quando já estávamos de saída chegariam Almudena Grandes e Luis García Montero), esse mesmo casino, creio eu, onde, no ano distante de 1917, Antonio Machado leu *Las tierras de Alvargonzález* a uns estudantes da Faculdade de Letras de Granada que tinham ido de visita a Baeza, e um desses estudantes, Federico García Lorca, que então parece que ainda não pensava em ser poeta, tocou ao piano a "Dança" da *Vida breve* de Manuel de Falla...

5 de setembro

Desde que nos conhecemos, já fez dez anos, que Pilar me vinha dizendo: "Um dia tens de ir a Castril...", e eu respondia-lhe: "Sim, um dia...". Calhou ser hoje, por estarmos perto, simples maneira de dizer, muito própria de andaluzes, para quem tudo está *al lado*: de Baeza até Castril, por Torreperogil, Peal del Becerro, Pozo Alcón, El Almicerán, são nada menos que três horas de automóvel por uma estrada onde durante muitos quilómetros não há cem metros de linha reta, entre penhascos altíssimos que trepam pelo céu acima e logo parecem estar a pique de desequilibrar-se e cair sobre a inquieta cabeça do viajante. Ao lado, as encostas precipitam-se quase na vertical, criando desfiladeiros vertiginosos, vales profundos, espaços sublimes, capazes de desafogar a mais retraída das almas. É a Sierra del Pozo, uma das regiões de montanha mais belas que estes olhos têm visto. Castril, ou Castril de la Peña de seu completo nome, é o lugar de raiz da linha materna de Pilar e são daqui as melhores recordações da sua infância. Rodeado de montes áridos (não estamos longe de Orce e de Venta Micena, os sítios míticos da *Jangada de pedra*...), o pueblo respira a frescura de um miraculoso oásis de vegetação, aquilo a que em linguagem menos lírica se dá o nome de microclima. Numa garganta apertada corre o rio de Castril, já domesticado por uma barragem em fase adiantada de construção. Pilar protesta que a obra não era realmente necessária, que é um capricho de políticos, e com ela coincidem as pessoas com quem falei. Não chego a formar uma opinião, mas dá pena, de facto, ver reduzido a um fio de água discreto o tumulto, o estrondo espumejante que, no tempo da sua liberdade, ecoou entre estas paredes a prumo.

7 de setembro

Festa do *Avante!*, depois de três anos de ausência. A Quinta da Atalaia, no Seixal, está mais acolhedora, cuidadíssima, com grandes espaços arrelvados e, até, imagine-se o luxo, um pequeno lago artificial, ao lado do rio. Estive cinco horas a assinar livros, sem um momento para descansar, ao ponto de chegar a sentir, embora levemente, a ameaça da epicondilite de que sofri no tempo em que joguei ténis... Fazendo esquecer, porém, a incomodidade do assento e a fadiga da postura, estavam ali aqueles olhares, aquelas palavras, aqueles votos de saúde e de felicidade, aqueles pedidos que eram como carinhosas ordens: "Continue a escrever, precisamos de si" (os camaradas diziam familiarmente "precisamos de ti"), motivos e razões para que algumas vezes o escritor sentimental, coitado, sentisse que se lhe desmanchava a fisionomia, que a comoção lhe deitava abaixo as defesas, e dentro de si ouvia repetir-se a pergunta que já conhece, essa para que nunca há-de encontrar resposta: "Merecerás realmente isto?".

8 de setembro

Não foram cinco horas, mas passou de quatro... Uma mulher de rosto sério parou diante de mim com um livro apertado contra o peito. Estendi a mão naturalmente, para recebê-lo, mas ela segurou-o com força e perguntou: "Nunca cedeu à tentação de dizer o que não pensa?". Refleti um momento, depois respondi, olhando-a a direito nos olhos: "Nunca". Deu-me o livro, assinei-o com a dedicatória simples habitual e devolvi-lho. Nenhuma palavra mais. Não me havia perguntado se eu tinha calado alguma vez o que penso, o que quis foi saber se eu tinha caído no erro — esse, sim, suponho que sem perdão para ela — de dizer o que não penso... Ninguém imagina o que se pode aprender numa sessão de autógrafos.

Também se pode apanhar com alguma surpresa desconcertante. Quatro jovens, dois rapazes e duas raparigas, entre os 16 e os 18 anos, com ar de não terem nada que ver com o Partido, aproximam-se (não trazem livros para assinar) para me dizerem, pela boca de um deles, porta-voz do grupo, que me tinham ouvido numa entrevista dada há tempos à televisão e que eu lhes tinha parecido demasiado irreverente... De assombro, foi como se caísse das nuvens. Um sujeito de 73 anos, que, pelo tempo que já viveu, deveria estar instalado na santa paz das pantufas e na sustância sem risco dos caldos de galinha, tinha-se comportado publicamente, aos olhos daqueles moços, com *demasiada irreverência...* O pior de tudo é que na cara deles havia a expressão mortiça, ausente, de quem já não sabe (ou não soube nunca) em que acreditar. Podia também ser um efeito de timidez, mas o que é certo é que se me apertou o coração. Disse-lhes que a reverência e o acatamento são virtudes perversas que podem converter-se facilmente em sujeição e humilhação, que o verdadeiro *espírito que nega* é o do homem, não o do diabo (embora não mo tivessem dito, era óbvio que se referiam às blasfémias do *Evangelho*), e que essa é, provavelmente, a única maneira de salvar a dignidade do ser humano na terra. O que houver depois, supondo que haja algo, já não é questão que nos diga respeito: estaremos mortos, então. No fim do discurso, os moços, educadamente, agradeceram e foram-se embora. Que terão dito depois uns com os outros? Bem gostaria de sabê-lo...

9 de setembro

Evidentemente, ainda é cedo para saber se terei dado à literatura algo que valha a pena (diz-se que só para aclarar a terrível dúvida são precisos, pelo menos, uns cem anos), mas o que ela já me deu a mim, isso eu sei: deu-me estas pessoas desconhecidas que me param nas ruas de Lisboa para me cumprimentarem, para me desejarem saúde, para me dizerem que esperam outros livros, e que continue a trabalhar ainda por muito tempo...

10 de setembro

De volta a casa. Um leitor residente em Lisboa, Mário F. Lecoq Jorge, adverte-me simpaticamente de que omiti a parte mais importante do episódio da guerra civil espanhola narrado nos *Cadernos — III* (9 de fevereiro, pp. 39-40): o nome do piloto da aviação republicana que desobedeceu à ordem de bombardear a cidade de Badajoz, alegando que "havia lá gente". Tem toda a razão o leitor: efetivamente, fama sem nome é fama perdida... Tome então nota: Leocadio Mendiola se chamava o homem. Se alguma vez for a Badajoz, procure a rua que lhe foi dedicada, contemple o letreiro com respeito, demoradamente, não se importe de parecer extravagante aos olhos de quem passe, suponho que os de Badajoz o fazem muitas vezes. Mário Lecoq Jorge aproveita a ocasião para me recordar um caso semelhante ocorrido em Lisboa, no célebre dia de 11 de março de 1975, quando um piloto a quem tinha sido mandado que fosse bombardear a estação de rádio da Rua do Quelhas, ao observar o alvo, percebeu, como Leocadio Mendiola, que "havia lá gente"... O episódio, digo eu agora, foi descrito por Avelino Rodrigues, Cesário Borga e Mário Cardoso no livro *Portugal depois de abril*, nestes termos: "O major Zúquete, na Base Aérea 3, ordena a um piloto de *T-6* que vá a Lisboa atacar as instalações da Emissora Nacional, já sob o controlo direto do MFA através da 5ª Divisão. A uma pergunta do piloto sobre 'quem está metido nisto?', Zúquete diz-lhe que são Spínola e o general Tavares Monteiro e, pura e simplesmente, ameaça-o: 'Ou vais lá ou levas um tiro!'. O piloto foi, mas chegou à conclusão, ao ver a Emissora rodeada de povo, que não devia atirar. E voltou para trás". O livro não refere como se chamava o piloto, tão-pouco o diz Mário Lecoq Jorge na sua carta, apenas acrescenta que, poucas semanas depois, por iniciativa de Igrejas Caeiro e com a presença da população da Madragoa, lhe fizeram uma manifestação de homenagem à porta da Emissora Nacional. Foi importante, claro está, e a Igrejas Caeiro se agradeça, mas ainda falta ao nosso piloto ter o seu honrado nome numa rua do bairro. Leocadio Mendiola teve de esperar quase sessenta anos, a este já só lhe faltam quarenta...

    José Castello, o jornalista que veio aqui entrevistar-me para *O Estado de S. Paulo*, escreveu-nos agora, ainda de Lisboa, a contar um sonho "estranho e bonito" que teve nestes dias. Que estava à beira duma cratera vulcânica, em risco de despenhar-se, e que o nosso valente cão Camões o salvou do iminente perigo... Um herói, diz José Castello, acrescentando à palavra um veemente ponto de exclamação. O mais extraordinário do caso é que, enquanto o dramático lance durou, uma voz ao fundo (do sonho) ia recitando versos, supõe Castello que seriam do outro Camões, o Luís, mas não tem a certeza, não conseguia entendê-los... A carta termina com um afago especial para o salvador. Por muito que me envaideça ter um cão capaz de uma proeza destas, pergunto-me se o salvamento se deveu realmente a Camões, se não teria sido antes obra daqueles versos. É que se a poesia em geral é capaz de muito, a de Camões é capaz de muito mais...

11 de setembro

Ao contrário do que consta do dicionário de inglês da embaixada britânica em Lisboa, angolano não significa apenas natural de Angola. Significa, sobretudo, natural de Angola, isto é, alguém que, para poder viajar a Oxford, terá de apresentar, além do convite para o congresso que o espera, um extrato da conta bancária dos últimos seis meses, uma cópia do contrato de arrendamento da casa em que mora (se vive em Lisboa), e um recibo da respectiva renda (não sei o que terá de provar no caso de viver em Luanda...). O angolano suspeito de pretender emigrar à sorrelfa (disto se trata) para a *merry England* foi Pepetela, que, considerando as exigências humilhantes, decidiu desistir da viagem que deveria levá-lo ao v Congresso da Associação Internacional de Lusitanistas, organizado pela Universidade de Oxford. Perante os protestos da Universidade e do escritor, a embaixada não achou melhor desculpa que uma alegada falta de tato da funcionária que atendera o peticionário e declarou que o visto seria imediatamente concedido. Pepetela recusou, e eu acho que fez bem. Pela muito simples razão de que o visto iria ser dado ao escritor angolano, e não ao angolano escritor...

12 de setembro

Luis López Álvarez passou por cá. Veio para falar de livros, do seu romance sobre o antigo Congo belga, um grande projeto já em marcha que lhe faz brilhar os olhos quando a ele se refere. Visitámos um pouco a ilha, o tempo não dava para mais, mas principalmente conversámos sobre o seu trabalho, um pouco também sobre o meu. Recordámos o nosso primeiro encontro em La Habana quando ele era diretor da Unesco para a área do Caribe, a minha atribulada e memorável viagem de comboio de Lisboa a Valhadolid, um ou dois anos depois, para assistir a uma homenagem que lhe ia ser prestada... E, como tinha de ser, com a presença e a participação de Pilar e dos meus cunhados Javier e Miguel, evocámos *Los comuneros*, o admirável poema épico de Luis López Álvarez, escrito segundo as formas do antigo romance popular, sobre a rebelião das comunidades de Castela, em 1520, contra a política do imperador Carlos v da Alemanha, primeiro de Espanha. Pedro Orce, o meu farmacêutico velho que sentia a terra tremer, conta estes casos em duas páginas da *Jangada de pedra*, rematadas num curto diálogo com José Anaiço: "Uma vez li num livro que o vosso rei D. Manuel entrou nesta guerra, disse Pedro Orce, Nos compêndios por onde eu ensino não se fala de terem andado os portugueses em guerra com Espanha nessa época, Não vieram portugueses de carne e osso, vieram cinquenta mil cruzados que o vosso rei emprestou ao imperador, Ah bom, disse José Anaiço, cinquenta mil cruzados para o exército real, as comunidades tinham de perder, os cruzados ganham sempre...". Atenção: as reticências, claramente maliciosas, são deste momento em que escrevo.

18 de setembro

Voando para a Universidade de Massachusetts, Amherst, Estados Unidos da América do Norte... Durante uma boa parte da viagem apanhámos pela frente um vento de 200 quilómetros por hora, que, além de nos ter atrasado muitíssimo, obrigou o avião a descer no aeroporto de Bangor, no estado do Maine, para reabastecimento de combustível. Apesar das promessas de rapidez ("Vinte minutos", dissera o comandante), a operação não durou menos de três quartos de hora, e depois, já no ar, quando pensávamos que se haviam acabado os trabalhos, ainda nos fizeram andar às voltas durante quase meia hora por causa do congestionamento do tráfego aéreo no Aeroporto John F. Kennedy: foi praticamente no último minuto que pusemos o pé no estribo do pequeno avião que haveria de levar-nos a Hartford, o aeroporto que serve Amherst. Esperavam-nos o professor José Ornelas, da Universidade de Massachusetts, Glória, sua mulher, em casa de quem iremos ficar aboletados, e o professor Paulo de

Medeiros, do Bryant College, de Providence. Estávamos, enfim, em boas mãos. Que as outras, justiça seja feita, trazendo-nos ao nosso destino, contra ventos e sem o favor de marés, também não tinham sido más...

19 de setembro

Amherst, primeiro dia do colóquio. Tivemos a surpresa feliz de encontrar Luciana Stegagno Picchio, que há dias nos havia dito não poder vir por razões familiares. O batalhão analítico é numeroso. Excetuando três professores brasileiros (Benjamin Abdala Jr., Regina Zilberman e Maria Luiza Ritzel Remédios) que não puderam viajar por dificuldades com o visto norte-americano, e um professor da Universidade de Winsconsin, estão todos os que aceitaram o convite da Universidade de Massuchusetts. De Portugal vieram Carlos Reis, Isabel Pires de Lima, Orlando Grossegesse e Adriana Alves de Paula Martins; do Brasil, Teresa Cristina Cerdeira da Silva, Odil José de Oliveira Filho e Aparecida de Fátima Bueno; da Escócia, David Frier; dos Estados Unidos, Ronald Sousa, Ellen W. Sapega, Mary Lou Daniel, Richard A. Preto-Rodas, Ana Maria Camargo, Ana Paula Ferreira, Helena Kaufman e Gregory McNab; de Itália, Luciana Stegagno Picchio, Orietta Abbati e Piero Ceccucci; de Espanha, Perfecto E. Cuadrado. Está também connosco Carlos Câmara Leme, do *Público*. Depois de amanhã, terminado o colóquio, iremos com ele a Nova Iorque por causa duma reportagem para o jornal, em que serei a parte falante.

20 de setembro

Segundo dia do colóquio. Naturalmente, não vou referir os títulos das comunicações, e menos ainda resumi-las. Era o que faltava. Quando as atas estiverem publicadas (José Ornelas e Paulo de Medeiros garantem que será para breve), perceber-se-á melhor, com os textos à vista, o significado do que se passou aqui. Todos dizem que o colóquio correu bem, e eu, apesar do desconcerto de identidade resultante de estar a ouvir falar de mim durante dois intensos dias, tentando fazer de conta de que não era nada comigo, irei daqui a saber bastante mais a meu próprio respeito. Para mim, este colóquio foi importante, só espero agora que também o venha a ser para quem, por obrigação do ofício ou por devoção que o ofício não contrarie, ocupa uma parte do seu tempo a pensar, a escrever e a falar sobre os meus livros.

21 de setembro

Esta manhã, ainda deitado na cama, entre as névoas do primeiro despertar, tal como se na minha frente fossem flutuando peças soltas de um mecanismo que, por si mesmas, procurassem os seus lugares e se encaixassem umas nas outras, comecei a distinguir, de um extremo a outro, o desenvolvimento do enredo de *Todos os nomes*, esse romance cujo título nasceu, em janeiro, num avião que descia para Brasília, e que, para mostrar-se (definitivamente?), precisou que um outro avião me trouxesse a Amherst. Estava a pensar, de um modo vago, sonolento, nos esforços que tenho feito para encontrar a pista do meu irmão, e de repente, sem qualquer relação aparente, começaram a desfilar-me na cabeça as personagens, as situações, os motivos, os lugares de uma história que não chegaria a existir (supondo que a virei a escrever) se o óbito do Francisco de Sousa tivesse sido registado na Conservatória da Golegã, como deveria...

22 de setembro

De autocarro para Nova Iorque com Isabel Pires de Lima, Carlos Câmara Leme e Orlando Grossegesse, que é leitor de Alemão na Universidade do Minho. Choveu sem descanso durante as cinco horas que durou a viagem, algumas vezes torrencialmente, a ponto de mal se poder ver a estrada, o que não parecia perturbar o nosso motorista, que conduzia com essa impassibilidade a que chamamos oriental, no fim de contas própria do oriental que ele efetivamente era... Quando nos aproximávamos de Nova Iorque, já nos subúrbios próximos, o céu começou a escampar. Bom sinal para amanhã.

Ao jantar, num restaurante francês, La Bonne Soupe, Isabel Pires de Lima conta-nos que viu no Porto, na Praça da Boavista, um cego pedinte que trazia pendurado ao pescoço um letreiro com palavras do imaginário mas eloquentíssimo *Livro dos conselhos*, aquelas que servem de pórtico de acesso ao *Ensaio sobre a cegueira*: "Se podes olhar, vê. Se podes ver, repara". Tinha razão o outro, quando disse que a natureza imita a arte. Ainda que, com mais exatidão, a imitadora tenha sido, neste caso, a necessidade da natureza...

23 de setembro

Na companhia de Isabel Pires de Lima, Pilar e Carlos Câmara Leme, todo o dia a deambular por Nova Iorque, principiando no Harlem, de manhã, e acabando, à noite, em Times Square, primeiro debaixo de chuva, depois com céu descoberto, passando sucessivamente por Central Park, 5ª Avenida, Greenwich Village, Little Italy, Wall Street, Staten Island, East Village, a ponte de Queensboro... Sobre este itinerário mais ou menos turístico, sobre as impressões e sensações que durante ele fui registando e recolhendo, sobre as associações de ideias suscitadas, terei de escrever umas quantas páginas para o *Público*, como se acerca dessa Bela e esse Monstro que é Nova Iorque já não estivesse tudo dito...

24 de setembro

Almoçámos com uma amiga de Pilar, a escritora Barbara Probst-Solomon. Falámos de livros e do mundo, de nós, desta Nova Iorque onde (Barbara *dixit*) vai sendo cada vez mais difícil pensar, escrever e publicar contra ou fora do que é considerado "politicamente correto" e "rentavelmente comerciável", onde os intelectuais críticos são como ilhas perdidas num mar de banalidade e frivolidade, onde o próprio Norman Mailer (que telefonou a Barbara quando conversávamos) não é visto com bons olhos pela imprensa literária, acomodada, pelos vistos, ao tempo e ao gosto. Não invento nem calunio, limito-me a consignar, com precisão, as observações de alguém que certamente sabia de que estava a falar... Barbara Probst-Solomon é duas vezes admirável, como pessoa e como escritora. O seu livro *Arriving Where We Started*, que em Espanha se publicou com o título *Los felices cuarenta*, é, ao mesmo tempo, uma autobiografia, uma "educação sentimental" e um ensaio político, testemunho sobre a vida política e emocional dos jovens exilados espanhóis em Paris e vivíssimo relato dos começos da resistência política do pós-guerra. Nele se conta, por exemplo, como Barbara, em 1948, na sua juventude, com Francisco Benet, irmão do escritor Juan Benet, e Barbara Mailer, levou a cabo a evasão de Nicolás Sánchez-Albornoz e de Manolo Lamana do campo de trabalhos forçados de Cuelgamuros... À despedida, dissemos-lhe que ficávamos à sua espera em Lanzarote. Com todo o coração.

25 de setembro

Regresso a casa. Os convites: para "proferir" a conferência de encerramento do XXIII Congresso Ibero-Americano de Municípios, em Lisboa; para escrever a introdução a um livro de Juan Arias sobre o papa João Paulo II; para participar no V Forum Cap Magellan, em Paris; para ir à Feira do Livro de Santiago do

Chile... A resposta que darei a todos é esta: não posso. Não posso mesmo. Ou então dou em doido. Se não o estou já...

26 de setembro

Uma carta de Varese (Itália). Escreve-a Micaela Bottinelli. Tem 27 anos, é licenciada em filosofia e frequentou ultimamente um curso de direção cénica na Escola de Arte Dramática Paolo Grassi de Milão. Descreve-me em pormenor dois estudos--espetáculos que concebeu e que foram representados na escola, um com o título *7 soli e 7 lune*, sobre *Memorial do convento*, outro com o título *INRI*, sobre *O Evangelho segundo Jesus Cristo*. Envia-me quatro desenhos de cena, que tenho pena de não poder reproduzir aqui, mas que não resistirei à tentação de emoldurar... Micaela Bottinelli assistiu à estreia de *A morte de Lázaro*, na Igreja de São Marcos, em Milão, e diz-me que vai tentar arranjar maneira de assistir aos ensaios de *Divara*, que no princípio do próximo ano se há-de representar em Catânia. Começo a pensar seriamente se não deveria suspender a escrituração destes *Cadernos* e passar a publicar as cartas que recebo (e que em grande parte os alimentam), cobrando os seus signatários, naturalmente, os direitos de autor respectivos... Um volume dedicado, todo ele, à safra epistolar originada pelo *Evangelho*, por exemplo, seria um êxito literário e editorial que deixaria na sombra o romance e o autor dele... Em meu entender, não haverá *obras verdadeiramente completas* enquanto estiver a faltar-lhes o contraponto das opiniões escritas dos leitores. Ninguém escreveu a Eça de Queiroz? Ninguém, por carta, disse a José Rodrigues Miguéis o que pensava da *Escola do Paraíso*? Ninguém, tendo-se deslumbrado com o *Húmus* de Raul Brandão, escreveu a dizê-lo? Pedem-se investigadores, pedem-se editores. A ideia é boa, aproveitem-na. Ou terão os escritores um coração tão duro, que rasgam as cartas depois de as lerem?

27 de setembro

Talvez dê resultado, talvez a busca tenha fim. Escrevi hoje a Rui Godinho, vereador da Câmara Municipal de Lisboa, meu velho amigo e camarada, a seguinte carta:

"Ando, desde há meses, às voltas com uma questão que só para mim tem importância: averiguar a data do falecimento do meu irmão Francisco de Sousa, que nasceu a 28 de outubro de 1920, em Azinhaga, concelho da Golegã, e morreu de difteria, em Lisboa, num qualquer dia de 1923 ou 1924, ou mesmo 1925. Durante muito tempo cri que tinha falecido no Instituto Bacteriológico Câmara Pestana, mas, segundo informações recebidas, não só não faleceu ali, como não existe qualquer notícia da sua admissão. O misterioso do caso encontra-se no facto de não constar o averbamento do óbito no registo de nascimento. A minha família (meus pais chamavam-se José de Sousa e Maria da Piedade) morava, por aquelas alturas, na área do Alto do Pina e Moraes Soares, primeiro na desaparecida Quinta do Perna-de-Pau, depois na Rua Sabino de Sousa e Rua Carrilho Videira. Se, ao contrário do que sempre pensei, o meu irmão, afinal, morreu em casa, o natural é que tenha sido sepultado no Cemitério do Alto de São João. Será possível fazer-se uma busca nos arquivos da respectiva administração? Eu sei que parecerá um trabalho com muito de gratuito (que importa agora saber a data exata em que morreu um miúdo há mais de 70 anos?), mas o que me leva a pedir a tua ajuda tem que ver com *O livro das tentações*, onde inevitavelmente devo falar desse Francisco de Sousa de quem não me lembro: tal como estão as coisas agora, é como se eu tivesse um irmão imortal... Já não há ninguém da família a quem possa perguntar, por isso, depois da boa vontade infrutífera do Instituto Câmara Pestana, recorro à tua amizade e à tua paciência. Se, sendo embora possível vir a saber o que desejo, dá demasiado trabalho, deixa cair o assunto. De todo o modo, não se pode ressuscitar o garoto para lhe perguntar como tudo se passou..."

28 de setembro

Uma boa surpresa: Pedro Cabrita Reis, que tem estado a trabalhar nestes dias em Puerto del Carmen, no atelier de gravura Linea, e Patrícia, sua mulher, vieram bater-me à porta. À noite encontrámo-nos no atelier, que eu ainda não conhecia (e que é o mais bem apetrechado dos poucos que vi), e depois, com Dora e Jorge, a alma e o coração de Linea, fomos todos jantar à Bodeguilla de Uga. Por uma razão ou outra, os portugueses vêm descobrindo Lanzarote. É uma funda e séria alegria para mim.

29 de setembro

É preciso ler *The Economist* para ficar a saber, de uma vez e em quatro palavras, o que se encontra na parte de dentro da capa de um livro. No seu número de 20 de julho (enviado para aqui pela mão caridosa de Zeferino Coelho), depois de me terem arrumado em sexto lugar na lista dos best-sellers espanhóis (numa outra página retificam, dizem que sou português), definem o meu *Ensaio sobre a cegueira* como "mal-humoradas reflexões sobre a sociedade ocidental"... A opinião não teve tempo de divertir-me porque logo a seguir encontrei em *El Mundo* uma notícia que seria motivo para algumas reflexões mais mal-humoradas ainda, mas essas sobre uma sociedade oriental, a chinesa. Vem de Pequim a notícia e reza como segue: "Um menino de 6 anos afogou-se num rio do Sudeste da China enquanto numerosas pessoas se negavam a salvá-lo porque a irmã não tinha dinheiro para lhes pagar uma recompensa. O menino, Huang Tao, estava com a irmã, de 8 anos, numa ponte do rio Yangchuan, na província de Guizhu, quando resvalou e caiu à água. A irmã começou a pedir ajuda às pessoas que se encontravam perto, mas ninguém lhe fez caso porque não tinha dinheiro para lhes pagar". Comento? Não comento? Não comento. Deixo-o para *The Economist*...

1 de outubro

Já é tempo de confessar que nunca compreendi bem, nem sequer medianamente, o que Gianni Vattimo queria dizer com a sua teoria do "pensamento débil", aquela que, na Europa, durante os últimos anos, excitou até ao paroxismo os beneficentes glosadores das filosofias alheias, graças aos quais, justiça se lhes faça, os ignorantes como eu ainda conseguem alimentar a ilusão de um saber que efetivamente não chega a ocupar lugar. Ponho as culpas em mim próprio, claro está, por nunca ter ido diretamente à fonte, supondo (hipótese mais que lisonjeira) que, lá chegado, pudesse caber no cântaro do meu entendimento toda a quantidade de água que seria preciso recolher... Passado todo este tempo, dou-me licença para respirar de alívio: o próprio Vattimo acaba de declarar que a sua teoria do pensamento débil "foi mal interpretada", que "sempre se acreditou que era a afirmação da irracionalidade do mundo, uma espécie de concessão à debilidade humana". E vai mais longe: "Talvez eu a tenha expressado mal ao princípio, mas o que ela quis ser, desde o começo, era uma teoria com um sentido debilitador do processo histórico, das estruturas fortes do mundo". Mas Gianni Vattimo não se fica por esta espécie de *mea culpa* pública. Se não sou eu a entender mal outra vez, o que agora nos propõe, no seu livro *Filosofía, política, religión*, acabado de publicar em Espanha, é uma forma de "pensamento forte", ou seja, porque creio que vem a dar no mesmo, uma "ação". Diz ele: "Não há objetividade, nem visão do ser, nem metafísica possível sem uma aproximação ao momento histórico, à época concreta. A filosofia só será verdadeira, útil, se estiver integrada no processo histórico e no processo político, se oferecer uma interpretação desses processos". [...] "A filosofia anda há muito tempo a estudar coisas estéreis. Chegou o momento de sair para a rua, de chocar, de discutir, de animar os cristãos a dialogar com outras religiões. Se a história do mundo é a história de Deus feito homem (segundo Marx e Hegel), dêmos ao homem um espaço para situar a sua própria experiência, procuremos evitar-lhe ter que acreditar em disparates opostos à razão." Para mim, basta. Agora fico à espera das glosas.

Edward Said, ensaísta palestino e professor da Universidade de Columbia (Nova Iorque), num artigo hoje publicado em *El País*, defende que "israelitas e palestinos estão demasiado entrelaçados na história, na experiência e na realidade para deverem separar-se, ainda que uns e outros proclamem a necessidade de um Estado separado. O desafio consiste em encontrar uma forma pacífica para conviverem, não como judeus, muçulmanos e cristãos em guerra, mas como cidadãos iguais numa mesma terra". A ideia é sensata, generosa, aparentemente o "ovo de Colombo" que resolveria, enfim, o calvário palestino, mas, se não estou enganado, ainda de mais difícil concretização que uma efetiva, radical e definitiva separação de Estados.

3 de outubro

Prefácio para um livro:
Antes de construir o primeiro barco, o homem sentou-se na praia a olhar o mar. Ali esteve todo um dia e toda uma noite, a ver como subia e baixava a maré, a ver levantarem-se ao largo as ondas, a ouvir o fragor delas quando se desfaziam na linha de rebentação, e depois o suspiro delicado da espuma ao ser sorvida pela areia. A necessidade o trouxera. O alimento que a terra tantas vezes lhe negou, pródiga de secas, pestes e dilúvios, o mar lho oferecia sem medida, não pedindo, em troca, mais do que a simples moeda da coragem. E também o dom da invenção e a aventura do conhecimento. Juntar umas tábuas, tecer uma rede, moldar um anzol, impelir o barco para a água, de pouco iria servir-lhe sem a lição das correntes e dos ventos, das mudanças do céu, do passo das nuvens, do estremecimento dos cardumes. Para tanto, um homem sozinho não bastaria. Outros homens chegaram, e mulheres, e crianças, o estrondo contínuo das vagas e os silvos do ar amedrontaram a alguns e fizeram-nos recuar para as terras do interior, mas esses, um dia, vindo olhar

de cima das falésias a aldeia que se formara na franja de areia, deram com o mesmo mar, sereno agora, brilhando ao sol como uma dança de cristais, as ondas apenas sussurrando sob o voo das gaivotas. Então desceram. Fugir da morte pode tornar-se num modo de fugir da vida.

As personagens que povoam *José*, o romance de Armando Palacio Valdés, são descendentes daqueles homens que diante do mar temeram e ousaram, aqueles que fizeram o barco e lançaram a rede, que arrancaram o peixe às sombras submarinas, que quantas vezes se afundaram nelas, de olhos abertos e com os pulmões cheios de água. Então o pranto humano teve de soar mais forte na natureza que todos os tufões nascidos dela, simplesmente porque o homem é o único animal capaz de chorar. E de sorrir. É diante do mar — do mar de Rodillero, do mar do mundo — que o riso e a lágrima assumem uma importância absoluta. Dir-se-á que mais profundamente a assumiriam diante do universo, mas esse, digo eu, está demasiado longe, fora do alcance duma compreensão comum. O mar é o universo perto de nós.

5 de outubro

Não sei por que lhe chamava D. Otília. Ela tratava-me por José simplesmente, e eu achava bem assim, mas nunca, ou quase nunca (e se alguma vez isso aconteceu, senti-me como se estivesse a faltar-lhe ao respeito...), a tratei eu por Otília, como, sem reserva, o justificariam a familiaridade da convivência e a nossa pequena diferença de idades. Tinha convicções muito firmes, de conservadora teimosa, das quais ninguém a fazia arredar pé, mas havia nela como que um certo *granus salis* de riso irreverente que parecia contrariar, a cada momento, tudo em que jurava crer: autoridade, tradição, hierarquia. Creio que era consciente da fragilidade do seu mundo de ideias, mas (imagino eu) não as trocava por outras por achar que não valia a pena, por pensar que seria o mesmo que estar a trocar uma fragilidade por outra. Algumas vezes recordámos, rindo, a desconfiança com que, na sua casa da Ericeira, recebeu pela primeira vez Pilar, a espanhola, ainda por cima andaluza, que tinha vindo da terra inimiga para dar cabo da vida do pobre ingénuo que, em sua opinião, eu estava a ser... E como depois começou a amar a "intrusa" como se ela fosse sua filha, como se Pilar fosse uma irmã mais nova de Carmélia. Ainda no Natal passado aqui esteve, já atacada pelo mal que a levou, mas disfarçando, calando as dores com um pálido sorriso, discreta no sofrimento, tal como, segundo o seu código de comportamento, deveria proceder sempre uma senhora. Foi uma senhora.

7 de outubro

Por ocasião do 5º Congresso do sindicato Comisiones Obreras de Canárias, entrevistou-me a revista *Tierra Canaria*. Como me pareceu que a conversa não ficaria a destoar nestes *Cadernos* (bem pelo contrário), aqui a deixo:
Como se materializa o compromisso do artista, do escritor ou do intelectual com o seu tempo e a sociedade em que está inserido?
Gostaria de dizer que as minhas origens camponesas determinaram as minhas ideias políticas, mas isso, já o sabemos, não é uma condição necessária nem suficiente. Seja como for, desde muito novo compreendi que um mundo assente na desigualdade de oportunidades e na exploração de um ser humano por outro, jamais será um mundo justo. Compreendi muito cedo que é um erro pedir "mais justiça social": o que há que exigir é "justiça social" simplesmente, porque onde exista um "mais" sempre haverá a possibilidade de um "menos", isto é, a possibilidade de reduções sociais seletivas ou generalizadas, como está a acontecer agora mesmo.
No meu ofício de escritor, penso não me ter afastado nunca da minha consciência de cidadão. Defendo que aonde vai um, deve ir o outro. Não recordo ter escrito uma só palavra que estivesse em contradição com as minhas convicções políticas, mas isso

não significa que alguma vez tenha posto a literatura ao serviço da minha ideologia. O que significa, isso sim, é que no momento em que escrevo estou expressando a totalidade da pessoa que sou.

Explique-nos, do ponto de vista social, a alegoria da cegueira de que trata o seu último livro.

No meu romance *Ensaio sobre a cegueira* tentei, recorrendo à alegoria, dizer ao leitor que a vida que vivemos não se rege pela racionalidade, que estamos usando a razão contra a razão, contra a própria vida. Tentei dizer que a razão não deve separar-se nunca do respeito humano, que a solidariedade não deve ser a exceção, mas a regra. Tentei dizer que a nossa razão está a comportar-se como uma razão cega que não sabe aonde vai nem quer sabê-lo. Tentei dizer que ainda nos falta muito caminho para chegar a ser autenticamente humanos e que não creio que seja boa a direção em que vamos.

Estamos vivendo a construção de uma Europa onde a classe trabalhadora vê como aumenta o desemprego, como se reduzem os investimentos sociais, como se deteriora o serviço público de saúde... Que pensa a este respeito?

Isso a que chamamos "construção duma Europa unida" não passa duma falácia de mau gosto. A relação de poder entre os diversos Estados europeus continua a ser a que foi sempre: países que mandam, países que obedecem. Que aqueles, por tática, simulem diluir a sua autoridade e o seu domínio numa aparência de consenso geral; que estes, pelo pouco que lhes restou de soberania nacional, finjam discutir de igual para igual — é algo que só pode enganar os ingénuos. O que sucede é que ninguém se atreve a dizer que a rainha Europa vai nua. Nem sequer o facto de levar atrás de si quase vinte milhões de desempregados foi suficiente para desencadear um protesto digno desse nome. No meio de tudo isto, o movimento sindical europeu dá mostras de não ter outra estratégia que não seja recolher agradecido (a isso chamam negociar...) as esmolas de um capitalismo triunfante.

Que opina das políticas de liberalização desenfreada, de diminuição da capacidade do Estado, da privatização das empresas públicas?

Desgraçadamente estamos a passar das promessas do Estado-providência à realidade que é o Estado-vampiro. Ao mesmo tempo que os impostos diretos e indiretos sobem, o Estado foge às suas obrigações e deixa os cidadãos nas mãos de empresas privadas que se regem exclusivamente por uma lógica de lucro. Auguro que mais cedo ou mais tarde, o cidadão terá de fazer a si mesmo a pergunta: "A quem está servindo um Estado que não nos serve?". Então alguma coisa poderá começar a mudar.

Estamos vivendo momentos em que, rapidamente, se deterioram valores como o princípio de solidariedade, se afastam as possibilidades e esperanças dos que vivem de um salário quanto à distribuição das riquezas... Qual é a sua opinião?

As pessoas vivem hoje sob a ameaça permanente do desemprego. Numa situação como esta não é fácil pensar em algo mais que sobreviver. Talvez isso explique a diminuição da capacidade mobilizadora dos sindicatos. Por outro lado, as indústrias de divertimento de massas, em particular a televisão e o futebol, vão anulando de forma insidiosa o que ainda restava de espírito cívico e de vontade de participação. Há milhões de espanhóis para quem o Barça e o Real Madrid são importantes todos os dias da semana, há milhões de espanhóis para quem Espanha não é importante um único dia do ano...

Por onde considera que deve ir a esquerda social depois da cultura do pragmatismo que nos leva a uma suposta queda dos valores das utopias?

Deixemos de falar de utopias, se continuamos a chamar utopia ao direito de viver com dignidade, sem mais temores que os que resultam da precariedade da própria existência. Não se pode continuar a falar de esquerda quando os partidos socialistas europeus se converteram em partidos de centro: o Partido Trabalhista britânico acaba de mostrar até que ponto a ideia de socialismo foi pervertida. Há que inventar, sobre as novas realidades económicas e sociais, uma esquerda nova, herdeira e continuadora das melhores tradições socialistas, capaz de levar os trabalhadores a uma reflexão sobre a situação concreta de um

mundo sob o domínio de um neoliberalismo para quem o ser humano deixou de ter qualquer importância.
Os parâmetros de convergência marcados em Maastricht afectam diretamente a Portugal e a Espanha. V. que conhece a realidade de ambos os países, que consequências trarão às suas respectivas classes trabalhadoras?
Numa palavra: as piores. Todos os governos da Europa o sabem, mas todos o calam. Diante disso, que fazem os sindicatos? Em meu entender, nada que se veja. Com perdão.

10 de outubro

Telegrama do escritor Carlos Casares, presidente do PEN Club da Galiza, informando-me de que me foi atribuído o Prémio Rosalía de Castro, criado para distinguir autores das diferentes nacionalidades ibéricas. Os meus companheiros são Gonzalo Torrente Ballester, pela literatura em língua castelhana, Joan Perucho, pela literatura em língua catalã, e Bernardo Atxaga, pela literatura em língua basca. O prémio, abençoado ele seja, é dos simbólicos, não dá cheque. Os vencedores não irão a Santiago de Compostela receber dinheiro, mas aposto que ficarão mais ricos de amizade.

O arquiteto João Campos, que já tinha um lugar nestas páginas, enviou-me agora fotocópia duma notícia publicada num jornal do Porto, em junho do ano passado. Nela se conta, com mórbida minúcia de pormenores, a estupenda história de uma mulher, Yuliya Vorobyeva, que, em março de 1978, quando era ainda "soviética", sofreu um violentíssimo choque elétrico, em consequência do qual, depois de ter estado como morta durante dois dias, se encontrou com novos e extraordinários poderes visuais que lhe permitiam, não só ver os raios ultravioletas do sol e o chão debaixo do asfalto da estrada como, através da pele, o interior dos corpos das pessoas. Leio a notícia a Pilar, que comenta com a maior das naturalidades: "Qualquer pessoa sabe que Blimunda, em russo, é Vorobyeva...".

11 de outubro

O Prémio Nobel da paz foi atribuído ao bispo Ximenes Belo e a Ramos Horta. Surpresa geral, senão estupefação. O pobre Timor-Leste vai andar nas bocas do mundo, um pouco por toda a parte, durante as semanas próximas. Já não era sem tempo: o que um genocídio lento, de muitas dezenas de milhares de vítimas, não conseguiu, irá lográ-lo o inefável Nobel. A saber agora quanto tempo durará o efeito do choque, a saber se a luta do povo timorense pela autodeterminação vai ganhar tantos apoios internacionais quantos os discursos que os premiados vão ouvir... Haverá talvez quem esteja a maravilhar-se de que a Noruega saiba onde está Timor-Leste e o que lá se passa. Não é caso para tanto: há petróleo em abundância no mar de Timor e a empresa exploradora chama-se Noroil, norueguesa, como o nome está mesmo a dizer...

17 de outubro

Em Granada para a ante-estreia de *A noite*. Durante um simpático e generoso ato oficial realizado no *Ayuntamiento* de Granada, em que esteve também presente o diretor da companhia, Joaquín Vida, foi-me entregue pelo alcaide a "Romã de Prata". Tem no soco uma inscrição segundo a qual esta representação espanhola da velha *Noite*, que viu a luz pela primeira vez em 1979, no Teatro de Almada, é, nem mais nem menos, um *estreno absoluto*... A seguir, no mesmo local, houve conferência de imprensa. Falou Joaquín Vida, falei eu, mas, com surpresa minha, os jornalistas não fizeram perguntas. Compreendi depois porquê: ninguém queria fazer trabalho que aproveitasse à concorrência... A prova é que, depois, retiradas já aos seus afazeres as entidades oficiais, tive de responder às perguntas de sempre.

18 de outubro

A noite foi aplaudida. No fim, com a cena aberta, pedi a palavra para dedicar o espetáculo à memória de Federico García Lorca. O público não esperava o gesto, claro está. Houve primeiro um instante de perplexidade, depois os aplausos estalaram, mas o meu ouvido, que às vezes é um pouco duro e distraído, mas que mantém intacta a sensibilidade a mudanças de tom infinitesimais, captou um certo desconcerto no ar, algo que ia e vinha, que flutuava, que não se fixava, como se o fantasma de Federico andasse por ali a desassossegar os espíritos. Quando mais tarde, na roda dos amigos, mencionei esta insólita percepção, um deles disse apenas: "A ferida da morte de García Lorca ainda sangra em Granada". Olhei em redor: todas as caras estavam sérias.

19 de outubro

Depois de uma visita demorada ao Alhambra com María del Mar, Arno, Carmélia e José Miguel Castillo, antigo vereador da Cultura, de Granada, fomos a Fuentevaqueros, o pueblo onde Federico García Lorca nasceu. Fiz-me fotografar ao lado da cama onde a mãe o teve, do berço onde o embalaram, do piano em que tocou. Sentia-me mortalmente ridículo, e apesar disso continuava a satisfazer as indicações que me iam dando: "Põe-te além. Põe-te acolá". Em silêncio censurava-me a mim mesmo, dizia que se tinha ido a Fuentevaqueros não era para isto, que mães todos as tivemos (o verbo ter tem aqui outro sentido), que berços também mais ou menos, e que os pianos, quando não há uma pessoa para fazê-los tocar, como é agora o caso deste, valem tanto como o mais silencioso dos armários. Insistia comigo que só a obra é importante, que ir a Fuentevaqueros não passava de "turismo cultural", o tal que de "turismo" tem tudo e de "cultural" quase nada. Apesar dos ralhos íntimos, repeti os passos, subi as escadas, olhei as fotografias, pus os óculos de ver ao perto para decifrar os autógrafos, e depois, todos reunidos no pátio de entrada, fizemo-nos às últimas imagens para o álbum das recordações. Mais tarde pensei se não seria preferível que estes lugares estivessem vazios, sem berços nem pianos (em Moscovo, na casa de Tolstói, até se pode ver uma bicicleta que ele utilizou...), que neste Fuentevaqueros não houvesse senão um letreiro: "Federico García Lorca viveu aqui". Viveu, isto é, já não vive.

20 de outubro

Mais Lorca. Desta vez fomos de romagem até à Huerta de San Vicente, à casa onde ele vivia quando o levaram para a morte. Uma sobrinha, Laura García Lorca, foi a guia da melancólica visita. Provavelmente sem que ela desse por isso, cada palavra sua, cada gesto, cada porta que abria e fechava, iam-nos guiando igualmente para os labirintos ambíguos da relação da cidade de Granada com a memória de Federico. Chego mesmo a pensar (a responsabilidade deste pensar é apenas minha), tanto pelo que conhecia de antes, como pelo fiquei a conhecer agora, que Granada sofre, ainda hoje, o remorso de não o ter defendido...

23 de outubro

Alguns números para a história do nosso maravilhoso século xx: 1300 milhões de pessoas vivem abaixo do nível de pobreza absoluta; um terço delas subsiste com menos de 150 escudos diários; 750 milhões de pessoas estão desnutridas; mais de metade da população da Ásia vive na miséria; uma de cada duas pessoas ao sul do Sara está condenada à penúria; 15 milhões de crianças com menos de cinco anos morrem anualmente por doenças que poderiam evitar-se; dos 2800 milhões de pessoas que constituem a mão de obra no mundo, 700 milhões estão subempregados e 120 milhões procuram trabalho em vão; há 1000 milhões de analfabetos, dois terços dos quais são mulheres adultas; nas zonas rurais há 550 milhões de mulheres pobres, o que significa mais de 50 por cento da população camponesa mundial... Hoje é o Dia Internacional para a Erradicação da Pobreza. Que a todos faça bom proveito.

24 de outubro

O ossinho de crânio daquele "Homem de Orce" sem o qual o livro *A jangada de pedra* talvez não existisse, é, afinal, segundo as últimas investigações, problemático. Catalogado sob a sigla vm-0 (vm de Venta Micena, 0 como algo que não teria chegado a ser), dorme numa prateleira, à espera da desqualificação definitiva ou (quem sabe?) de nova reconsideração científica que lhe restitua a importância que por algum (escasso) tempo lhe foi atribuída. A jazida de Venta Micena formou-se na margem do lago de Orce (hoje o calcinado deserto que aparece descrito na *Jangada*), numa zona de grandes pradarias e charcos de água doce estagnada, aonde os animais iam beber e onde muitos deles eram caçados e comidos pelos grandes carnívoros, principalmente tigres-dentes-de-sabre e grandes cães selvagens. Os restos desses cadáveres eram depois levados pelas grandes hienas (encontrou-se uma com mais de cem quilos) para os charcos próximos dos covis, e aí se enterravam muitas vezes no lodo, onde, mais de um milhão de anos depois, foram encontrados. Talvez o "Homem de Orce", ao contrário do que chegou a crer-se, não seja realmente o mais antigo dos europeus, mas do que não há dúvida é de terem vivido ali seres humanos, "homens de Orce", como o demonstram as mais de cem peças de sílex encontradas. Quatrocentos milhões de anos a mais ou a menos, neste caso, não fazem grande diferença...

Escrevi hoje as primeiras frases de *Todos os nomes*. O paciente *Livro das tentações* vai ter de esperar outra vez...

26 de outubro

Cumprindo as obrigações de um canário adotivo (de Lanzarote apenas, mas, para o efeito, considero a parte que é minha como igual ao todo), aceitei há tempos o convite do Cabildo de Fuerteventura para presidir ao júri do Prémio Poeta Domingos Álvarez, destinado a galardoar um poeta jovem. Hoje foi o solene dia da deliberação. Os meus companheiros no júri foram Marcial Morera e Pedro Lezcano, e os três, ao cabo de cinco minutos, já estávamos de acordo em que o melhor original apresentado a concurso era *La vida en ello*. Aberto o sobrescrito, viu-se que o autor se chama Pedro Flores, de Las Palmas de Gran Canária. Ficam apresentados, um e outro.

29 de outubro

Fernando Sánchez Dragó acaba de publicar na revista *Época* um sensível e generoso artigo acerca de *Ensaio sobre a cegueira*. Obrigo-me a dar satisfação à modéstia deixando de lado os louvores, e dou-me ao gozo de traduzir e transcrever esta parte (saborosíssima) do texto:
"O armador de *A jangada de pedra*, apesar do seu iberismo, que deveria mancomunar-nos, não figurava até hoje (mea culpa) entre os meus escritores prediletos. O seu *Evangelho segundo Jesus Cristo*, embora reconhecendo-lhe eu indiscutíveis méritos literários, irritou-me sobremaneira, talvez por despeitos profissionais subliminalmente desencadeados pela injusta, arbitrária e paranoica impressão de que Saramago, com esse livro, se metia no meu terreno. Também, possivelmente, pesava no meu ânimo a suspeita — não menos paranoica — de que, apesar do meu iberismo e por causa (talvez) do meu anticomunismo, não lhe caía bem nem como escritor nem como pessoa. Tínhamo-nos encontrado, Saramago e eu, em duas ocasiões — um almoço organizado para que Raúl Morodo apresentasse um dos seus livros, talvez *O ano da morte de Ricardo Reis*, e um pequeno-

-almoço em Segóvia ao arrimo dos fastos comemoratórios do Quinto Centenário do Tratado de Tordesilhas — e em ambos os encontros tive a impressão de que o meu colega português me tratava com visível e, para mim, inexplicável antipatia. Estava, no caso de assim ser, no seu direito, mas essas coisas, que diacho, contam e pesam no balanço das afinidades eletivas, embora nenhuma importância tenham no que toca ao valor dos livros e à história da literatura. Nós, os escritores, somos assim."

O primeiro livro de Sánchez Dragó que li, fascinado, foi *Gárgoris y Habídis: Una historia mágica de España*. A partir daí, o meu impenitente racionalismo começou a impacientar-se com o "espiritualismo orientalizante" por ele alardeado, não por "espiritual" e "oriental", claro está, mas por me parecer haver ali mais premeditação provocatória do que sincera adesão interior. A minha frieza (que não nego), dirigida não à pessoa, mas às convicções, foi assim que nasceu, e dela deixei algum sinal nestes *Cadernos* (*Cadernos — II*, pp. 71 e 142-3). Surpreendido, na segunda referência, por ver que Fernando Sánchez Dragó parecia tomar a sério a história absurda que estava a contar...

30 de outubro

O Teatro Albéniz estava cheio, o autor esteve tranquilo, *A noite* foi aplaudidíssima. A longa batalha de Joaquín Vida para fazer subir a peça ao palco terminou em triunfo. Certamente inexplicável para aqueles que deram por morta e enterrada uma literatura (ou um teatro, que literatura é) que não pode nem quer esquecer as suas responsabilidades políticas, ideologicamente caracterizadas ou não. Fomos, nestes dias, diretor, atores e autor, um grupo de pessoas apostadas em compreender e fazer compreender os mecanismos que visavam, pelo uso pervertido da imprensa, a manipulação e a coação das consciências no tempo do fascismo português. Mas, como para bom entendedor, meia palavra basta, a pergunta implicitamente dirigida ao público era esta: "Que foi que *não mudou?*"

No fim da sessão, uma espectadora veio entregar-me uma carta, ou melhor, uma carta e a cópia de outra, sumindo-se logo no meio da pequena multidão que se apertava no corredor dos camarins. A carta copiada (que não traduzo, como também não traduzirei a outra) tem como destinatário o seu companheiro, e reza assim: "Estoy en el teatro con José Saramago, y volveré pronto. Si no volviera no te preocupes. Puede que me quede prendida a sus gafas de míope o que al mirarnos descubramos (pero qué difícil!) un mismo desconcierto. En ese caso, y contraviniendo todo tipo de principios, y sin consideración alguna por esa mujer española con quien comparte la vida (y que sin duda alguna será adorable), me fugaría con él. Pero si vuelvo esta noche y tú ya estás aquí, acógeme en tus brazos por favor como si de ésto no hubiera escrito nada". A carta que me é dirigida diz o seguinte: "Querido José (y perdón por tanta confianza) dentro de una hora estaré en el teatro viendo *La noche*. Si me atrevo, si puedo, le entregaré esta carta. Se me ha ocurrido hace un momento al terminar de escribir una nota a mi compañero avisándole de que esta noche salgo. No sé por qué, se me ha ocurrido la tonta idea de copiarla a toda prisa y meterla en un sobre para usted junto con esta carta. Quizás es una manera de agradecerle tanto buen rato y tanta emoción regalándole algo tan personal. Prometo que es una carta espontánea. Yo también escribo, o más bien debería decir que lo intento. Y supongo que algún día me gustaría comprobar que alguien se siente agradecido, como me siento yo cuando termino un buen libro. Esta carta intenta ser la prueba".

O mundo, às vezes, é bonito...

1 de novembro

Regresso a casa. Joaquín Vida telefonou ao fim da noite: mais de 500 pessoas na sessão de hoje.

5 de novembro

Em Madrid outra vez, para assistir à entrega do Premio Reina Sofía de Poesía Iberoamericana a Ángel González. Cheguei ao aeroporto de Barajas com três horas de atraso, e ao Palácio Real quase no fim do ato, por causa duma viagem complicada pela avaria de um motor do avião em Tenerife, onde, contra o costume, fiz escala. Assisti ainda ao concerto de encerramento, mas com o incómodo sentimento de ter falhado uma obrigação...

6 de novembro

Levado pela mão de Luísa Mellid Franco fui fazer uma conferência à Universidade Complutense, onde o ensino da língua portuguesa tem vindo a ser gravemente descuidado pela indiferença (ou coisa pior) da direção do respectivo Departamento, a cargo duma professora romena. A pobre Luísa quase chorava no meu ombro, contando-me as suas desditas como docente. A situação é tal que a dita professora romena fez correr a voz de que a minha conferência era ilegal, o que significava que eu corria o risco duma desfeita, isto é, dar com o nariz na porta do auditório. Estava também connosco Mário Quartin Graça, preocupado com a possibilidade duma desconsideração, mas o certo é que a situação me divertia. Seria o melhor que nos poderia acontecer, um boicote ao escritor português: os jornais não perderiam o escândalo e o ensino da nossa língua na Complutense tornar-se-ia notícia... Afinal, correu tudo normalmente, a porta não estava fechada e a assistência foi numerosa. Em todo o caso, aproveitando o cheiro a pólvora que pairava no ambiente, deixei uns rastilhos contestários suplementares, para o que serviram os temas das minhas peças de teatro, que esse era o assunto do encontro com os estudantes.

À noite, Mário Quartin Graça foi receber uma condecoração das mãos do embaixador do Brasil. É um ato bastante comum na vida das embaixadas, mas este, se não me engano, fez aparecer uma lágrima de comoção no canto do olho de quantos assistiram. Quem ali estava a colher afectos e aplausos, com o seu eterno ar de dizer "não tive a culpa", era uma das mais generosas e merecedoras pessoas que a sorte me fez conhecer. Simplesmente.

7 de novembro

Entro em casa e Pilar diz-me que a Câmara Municipal de Lisboa está a arder...

8 de novembro

Enfim, decifrou-se o mistério. O Chico — o meu irmão Francisco — faleceu às 18 horas do dia 22 de dezembro de 1924, no Instituto Bacteriológico Câmara Pestana, e foi enterrado às 16h35 do dia 24 de dezembro, véspera de Natal. Tinha quatro anos e dois meses. Não morreu de difteria, ou garrotilho, como julgava minha mãe, mas de broncopneumonia. Morávamos então na Rua E, ao Alto do Pina. Sei agora tudo isto graças a Rui Godinho, a Ana Paula Ribeiro, chefe da Divisão de Gestão Cemiterial da Câmara Municipal de Lisboa, e aos seus funcionários, uns que fizeram procurar, outros que encontraram, o último sinal da passagem de Francisco de Sousa, filho de José de Sousa e de Maria da Piedade, por este mundo. Investigaram-se os arquivos de seis cemitérios e o registo dele estava no cemitério de Benfica, o mesmo cemitério, precisamente, onde, vinte e quatro anos mais tarde, viria a ser sepultado o nosso avô Jerónimo, aquele inesquecível velho que, pressentindo que não voltaria da viagem que o levava da Azinhaga a um hospital de Lisboa, se despediu das árvores do seu pobre quintal, uma por uma, abraçando-se a elas, a chorar. Alguém, mais sensível, dirá que há demasiados mortos nesta página. Talvez tenha razão, mas escrever sobre eles é a maneira, a única que está ao meu alcance, de os conservar neste mundo por mais algum tempo ainda. Quem falaria hoje do meu irmão Francisco, se eu não estivesse aqui? Quem imaginaria, se não existisse eu para contá-lo, que aquele Jerónimo Meirinho, analfabeto, tosco guardador de porcos, homem de silêncios, tinha um tão grande coração? Também é para o dizer que vivo.

11 de novembro

Posto a escrever para o *Público* as minhas impressões de Nova Iorque, eis o que saiu:
"Será Nova Iorque realmente uma cidade? Não será antes um enorme estúdio de cinema, com ruas, avenidas, táxis, autocarros, ascensores, escadas rolantes e carruagens de metropolitano para nos levarem a cenários onde em cada momento se filmam todos os guiões possíveis, e alguns inimagináveis? Há empenas e gárgulas para a nova versão de *Batman*, cornijas e ventiladores para outro *Blade Runner*, torres e frontões para um *Citizen Kane* de nova geração. Há edifícios sem estilo classificável, em cuja contemplação o gosto de um europeu se desorienta, em que as referências estéticas se confundem, mas que os olhos não quereriam abandonar. O Hotel Theresa, na Rua 125, em pleno Harlem negro, é um desses. Visto de fora, mais parece um set desocupado, à espera dos atores e das câmaras para voltar a viver, fantasticamente, as velhas ficções da luz e da sombra. Na rua, alguns brancos olham surpreendidos a alta frontaria, depois vão ao Teatro Apollo, logo adiante, ver os cartazes, e aí sai-lhes ao caminho um homem de barbas, transportando em cada mão um saco de plástico, que lhes pergunta se são por Deus ou pelo Diabo. Não parecia estar muito interessado nas respostas, talvez por saber que, também ali na Rua 125, o verdadeiro sentido das coisas é não terem sentido nenhum..."
"A água do lago é opaca, espessa, custa a crer que seja o nadar natural que faz avançar os patos. Provavelmente navegam

a motor... Chove. As gotas miúdas que vão caindo reúnem-se nas folhas e nos ramos das árvores, depois deixam-se tombar em pingos grossos sobre as cabeças dos contemplativos. Nesta atmosfera cinzenta, Central Park parece libertar-se da reclusão, das grades que o limitam, dos arranha-céus que o rodeiam, e tornar-se num simples bosque do mundo. No alto da rocha que ergue do interior da terra um ombro gigantesco, é possível imaginar que ainda estamos em 1626, quando os índios algonquins estavam para vender a ilha por 50 florins, o mesmo que 24 dólares de hoje, e algum deles, olhando deste lugar a paisagem aberta, se perguntava, duvidoso, se o negócio iria valer a pena. Talvez seja a ele que se quis representar na estátua do caçador índio que faz companhia, em The Mall, a alguns varões ilustres do lado de cá do Atlântico, nada mais nada menos que Beethoven, Schiller, Walter Scott, Shakespeare, Cristóvão Colombo. Se assim foi, da memória dos índios é tudo quanto por aqui resta. A um outro que também foi mais ou menos índio, mas mais bem pago, John Lennon, ainda lhe põem flores..."

12 de novembro

Mais Nova Iorque:
"Deveriam chamar-lhe a Avenida-da-Sorte-Que-Chegará--Um-Dia. Cobrir-se de diamantes, por exemplo, é o mais fácil que há no mundo: basta ir comer o croissant do pequeno--almoço diante das montras de Tiffany's, como fez a esperta da Audrey Hepburn, embora nem toda a gente goze do privilégio de ter um pescoço como o dela e sejam menos ainda os que aguentam um minuto levar na cara aquela expressão de felicidade tonta. Nova Iorque sem 5ª Avenida seria uma aldeia, vai-se a Nova Iorque porque está lá a 5ª Avenida. Se a 5ª Avenida estivesse em A-dos-Cunhados, iríamos a A-dos-Cunhados. A 5ª Avenida, como a Pasárgada de Manuel Bandeira, tem tudo, e nem é preciso ser amigo do rei: basta mostrar um cartão de crédito (dourado por causa do status) e ter no banco saldo que se

veja. Com pouco dinheiro, ou mesmo sem nenhum, onde se pode entrar é na New Yok Public Library, que, mais do que rica, é milionária em livros. Para quem goste, claro. O que não se recomenda é sentar-se a ler o *Elogio da loucura* do Erasmo de Roterdão com os diamantes de Tiffany's pendurados ao pescoço. Que, em compensação, podem ser levados sem escândalo à Catedral de Saint Patrick, que tem cem metros de altura e é riquíssima em graças."

"A aldeia de Nova Iorque é o bairro de Greenwich Village, como a aldeia de Paris é o bairro do Marais e o bairro de Campo de Ourique a aldeia de Lisboa. Já se sabe que as diferenças são enormes, mas o que conta é serem aldeias todos eles, isto é, terem, cada um, uma maneira própria de viver, habitar e conversar com os vizinhos que não resulta das diversidades de língua, de religião ou de raça. Harlem, socialmente, sendo negro, não é uma aldeia, é um gueto, como China Town. O que define Greenwich Village... Digamos que Greenwich Village é uma coisa que se sente, que se percebe, que nos roça a pele com a sua respiração, que está feito de casas pequenas, de lojas antigas, de toldos, de flores, de ruas com princípio e fim à vista, e, se deve aos músicos, aos pintores e aos escritores que nele viveram alguma da harmonia, da cor e do silêncio em que se envolve, mais certo é ser, e sê-lo magnífica e humanamente, um espaço. Um espaço que não se sabe por que milagre vem resistindo à gula do mundo financeiro e aos apetites das grandes empresas. Ou terá esta aldeia, afinal, mais poder do que discretamente faz parecer? Que existem associações de vizinhos, diz-se. Por que terão elas tanta força, e as dos Campos de Ourique tão pouca? Por que será?"

"Little Italy é uma sombra do que foi. Depois da Segunda Guerra Mundial chegou a ter perto de duzentos mil habitantes, mas hoje vê-se reduzida a umas escassas ruas entaladas entre Soho e China Town, e tão mal defende o diminuto território que, numa esquina da Mulberry Street, do seu lado, já China Town, atravessando a linha de Canal Street que separou durante gerações chineses e italianos, tem instalada a sua primeira cabeça de ponte comercial. Não tarda que, nos restaurantes napolitanos que ainda restam, o spaghetti comece a ser servido com dois pauzinhos, em vez das peças bárbaras que são o garfo e a colher. Tudo parece a caminho de perder-se nesta Itália menor. O próprio S. Januário, apesar de serem dias de festa anual, não se encontra onde mandava a obrigação, no palanque armado ao ar livre, com bandeirinhas vermelhas da coca-cola, a receber as homenagens dos fiéis: recolheram-no à segurança da igreja, parece que por medo de que outros fiéis menos respeitosos ou mais necessitados viessem roubar-lhe os dólares que lhe foram pregados à túnica, em momentos de férvida mas passageira exaltação religiosa. Se ao menos uma gota de sangue seco fizesse o milagre de liquefazer-se em Little Italy..."

13 de novembro

Continua Nova Iorque:
"Deve-se acreditar nos guias turísticos, tanto aqueles que são para ler como aqueles que são para ouvir: sempre dizem a verdade. Se um deles afirma, por exemplo, com intenções ditirâmbicas, que Nova Iorque não é a capital do estado de Nova Iorque nem a capital dos Estados Unidos, acautelemo-nos de pensar logo que nos está a mentir ou a divertir-se à nossa custa, não seja que depois nos diga que Nova Iorque é, simplesmente, a capital do mundo, e tenhamos de dar-lhe razão. E se outro, tendo-nos levado a Wall Street, declarar, como a coisa mais natural da vida, que a população do globo é governada e dominada por este *financial district*, não duvidemos, porque uma vez mais a verdade acabou de falar. Perceberemos então melhor a vaga impressão de que andávamos ali a fazer figura de parvos rematados, olhando tudo aquilo — o Stock Exchange, o Citybank, o Morgan Guaranty, o Chase Manhattan Bank, o Federal Reserve Bank of New York — como algo que, pelo facto de o podermos olhar, também nos pertencesse, como nos pertencem, sem serem nossos, o rio que passa, a montanha que

está, o céu que continua. Wall Street é um monstro frio que, só de pensar, arripia. As suas entranhas são homens frios. Um sol que me aqueça, por favor."
"É ela, *The Lady*. Tem uma coroa de raios na cabeça, levanta no braço um archote de chamas douradas... Naquele filme sem palavras do Chaplin, os emigrantes correram em massa à amurada do navio, rindo e fazendo gestos, como um coro de ópera a expressar sentimentos de alegria. A Liberdade estava ali a iluminar o caminho ao povo, que, logo, em colunas lentas, homens a um lado, mulheres a outro, vai passando pelo interrogatório dos serviços de imigração. Aos demasiado velhos, aos diminuídos, aos doentes sobretudo, não será permitida a entrada, mesmo que isso signifique separar famílias. Alguns irão ter de regressar no mesmo barco: *The Lady* olhará impassível. Hoje o ferry leva-nos a Staten Island, a ilha onde é tratado o lixo de Nova Iorque. Não é para ver o lixo que estamos navegando, mas a cidade que o produz. Poucos panoramas neste mundo serão tão deslumbrantes como a parte sul de Manhattan, o estupendo ciclorama a mover-se devagar, os planos mudando de profundidade, os arranha-céus a procurarem o melhor sítio para se mostrarem... Na água, colocadas em linha, de espaço a espaço, umas boias movem-se com as ondas e fazem soar o sino que têm suspenso. A beleza do que se vê cede ao mistério do que se ouve."
"A inscrição da placa de bronze, ao lado da porta, informa: Trotsky viveu aqui. Estamos no East Village, onde nos anos 60 floresceram os hippies e agora prosperam os promotores imobiliários que vão empurrando para Brooklyn e New Jersey os artistas e os jovens. Trotsky desceu os degraus desta casa para ir à Biblioteca da 5ª Avenida, acompanhado certamente, muitas vezes, por Bukharine. Seria interessante averiguar (se é que não se sabe já: os arquivos existem para satisfazer curiosidades) que livros foram os que consultou ali durante o tempo da sua residência em Nova Iorque, que ideias alheias terá incorporado às suas, ou, pelo contrário, rejeitou. Seria interessante, mas gratuito. O pensamento socialista (digo pensamento)

é hoje um campo de destroços, um amontoado de ossos em que as formas originais mal se reconhecem e onde só a imagem de Marx se distingue, precisa, nítida, ao fundo. Mais do que reconstituir agora um esqueleto e cobri-lo de uma falsa pele, mais do que animá-lo com mecanismos que repetiriam os mesmos movimentos e instalá-lo no museu, imaginando tê-lo na vida, o que urge é varrer o terreno e abri-lo outra vez à invenção. Sem esquecer nada, sobretudo os erros."

14 de novembro

Fim de Nova Iorque:
"Numa hora de crepúsculo, com a lua já nascida, um casal desses de cinema, um casal a fingir que o era, veio sentar-se neste banco a olhar a ponte de Queensboro. É a última imagem de *Manhattan*. O diálogo não tem importância (as palavras de Woody Allen — 'Esta cidade é magnífica, digam o que disserem' — tanto serviriam para Lisboa como servem para Nova Iorque), o que tem importância é o silêncio do olhar enquanto a boca fala. São os momentos mais fugazes do dia, aqueles que precisamente mais desejaríamos que não findassem, a luz que pouco a pouco vai esmorecendo, que ainda se prende à flor da água, na folhagem mais alta duma árvore, no perfil do rosto que se move. Um dia que desde a manhã até à noite não fosse mais que uma contínua luz do crepúsculo vespertino, talvez pudesse mudar os seres humanos e o destino do mundo... Muitos outros casais, de verdade, ou por suas razões fingindo, se sentaram neste mesmo banco a esta hora, alguns só porque viram *Manhattan* e quiseram imaginar-se como Woody Allen e Mariel Hemingway, repetir o pobre diálogo deles, sem compreenderem que esta luz pede apenas que a olhem. Admite palavras, é certo, mas com a condição de que não ofendam o silêncio."

"A Broadway é uma rua comprida, com uns 20 quilómetros, que percorre Manhattan de norte a sul. Se alguém nos disser que a conhece bem, de duas uma: ou é amante da marcha e veio a

Nova Iorque fazer o que com menos despesa podia ter feito na sua terra, isto é, andar, ou, mais provável, chama Broadway a uma área que tem Times Square como centro e os limites nas Ruas 42 e 45. Os nova-iorquinos chamam-lhe Theater District, o que aclara melhor as coisas: a gente vem aqui para se divertir. (No extremo oriental da Rua 42 está o edifício das Nações Unidas, onde a diversão é pouca, mas o teatro muito.) De dia, Times Square parece um estaleiro, com os telhados e as fachadas chupados pelas armações metálicas dos anúncios. À noite só há lugar para a luz, ali as pessoas tornam-se insignificantes, perdem identidade e sentido, como se não passassem de figuras menores de um espetáculo pobre. A excitação é artificial, calculada. Porta sim, porta não, relampejantes como naves espaciais, esfuziantes de néon, há teatros de striptease e cinemas porno: a vida é fácil em Times Square. Um grupo de rap, no passeio, ensaia passos à espera de que se junte público. Em Times Square tudo é o que parece. Mesmo *Victor/Victoria*..."

17 de novembro

Novas notícias da fome, desta vez muito mais animadoras. A Conferência da FAO, reunida em Roma nestes dias, acaba de aprovar uma resolução no sentido de que sejam reduzidos para metade, até ao ano 2015, os 800 milhões de famintos que existem atualmente... Espera-se que os restantes 400 milhões possam morrer daqui até lá: ficaria resolvido dessa maneira o problema da fome no mundo.

19 de novembro

Com a devida vénia, não resisto a transcrever o artigo de Vítor Dias publicado no *Avante!* do dia 11. Chama-se "Parabéns, América" (as aspas pertencem ao título e diz, em poucas palavras, o que outros jornais ocultaram com muitas):

"Estimada América:
"Depois de vermos que esse epígono nacional da liberal-
-chatice que se dá pelo nome de João Carlos Espada te mandou
os parabéns, através do *Público*, por teres tido a grande sabedoria de escolher um democrata para presidente e uma maioria
republicana para o Congresso, embora com atraso também te
queremos mandar os parabéns.

"Mas não fiques já desconfiada imaginando que, cruelmen-
te, te vamos mandar os parabéns pelos milhões de cidadãos que
aí não têm teto; pelos 30 milhões que aí não têm assistência
na doença; por seres um país onde, se as coisas não mudarem,
as empresas podem promover referendos para acabar com os
respectivos sindicatos, com a edificante consequência de a
minoria ficar impedida de ter organização sindical; pelos casos
de alargamento da pena de morte a adolescentes; ou por outros
longos rosários deste tipo.

"Descansa, estimada América, que só te queremos dar os
parabéns pela tua resplandecente 'democracia representativa'
que, agora a pretexto das presidenciais, voltou a ser tão glorificada urbi et orbi.

"Parabéns, América, por voltares a ter um presidente eleito
por cerca de 25% dos cidadãos inscritos no recenseamento, já
que, como é costume, 90-milhões-90 de americanos se absti-
veram, e isto para já não falar naqueles muitos milhões que há
muito deixaram de ter qualquer interesse em se recensearem.

"Parabéns, América, por teres tido a campanha presidencial
mais cara de sempre e por teres candidatos que, na disputa a um
único lugar de senador, gastaram cinco milhões de contos, assim se provando que os inflamados debates de há um ano sobre
a necessidade de conter a espiral despesista nas eleições eram
só conversa fiada.

"Parabéns, América, por teres um sistema político e eleitoral tão escravo das generosas contribuições do grande capital
e por, ao fixares sabiamente os mandatos para a Câmara dos
Representantes em apenas dois anos, teres arranjado uma excelente maneira de os deputados, ainda mal acabaram de tomar

posse e já estarem a pensar no juizinho que precisam de ter, para que, dali a pouco, não lhes falte o dinheiro indispensável para a sua reeleição.

"Parabéns, América, por teres um sistema eleitoral baseado, de alto a baixo, no princípio *winner takes all* (o vencedor leva tudo) e no sistema maioritário, o que está certo para um país habituado a incensar os vencedores e a trucidar os vencidos.

"Parabéns, América, por teres criado um sistema de verdadeiro monopólio da atividade eleitoral unicamente pelo partido do burro e pelo partido do elefante, levantando em cada estado exigências, em número de filiados ou em assinaturas para apresentação de candidatos, praticamente inultrapassáveis por novas ou diferentes forças políticas.

"E, para terminar, parabéns, América, por havendo na tua história, na tua vida e na tua sociedade tanta coisa digna de atenção e até de admiração, conseguires afinal ser endeusada e glorificada por coisas como estas que só deviam causar desgosto e indignação."

20 de novembro

Adelino Gomes convidou-me a participar num programa da RDP em que também irão entrar Mário Soares, Diogo Freitas do Amaral, Adriano Moreira e Francisco Pinto Balsemão... "Porquê eu?", consegui perguntar-lhe do fundo da minha surpresa. Deu-me simpaticamente umas quantas razões, boas em sua opinião, mas o que me decidiu a aceitar o convite foram as palavras daquela mulher na Festa do *Avante!*, aquela que me perguntou se eu alguma vez tinha escrito algo que não pensasse. Adelino Gomes vinha propor-me uma ocasião para continuar a não dizer o que não penso. Que mais poderia eu desejar?

21 de novembro

A propósito do episódio nova-iorquino, aquele em que um motorista de táxi pôs os olhos em alvo ao evocar Eusébio (*Cadernos — III*, 23 de abril, p. 13), Jorge Branco, de Estremoz, conta-me o seguinte:

"Passou-se este caso lá nos extremos do Golfo de Bótnia, à bica do Círculo Polar, num qualquer porto finlandês nos anos 20. O barco belga (em que meu pai trabalhou durante um ano e tal) ficou ancorado ao largo e quem quisesse ir a terra tinha de fazê-lo num gasolina. Ora, ia meu pai em conversa com alguns dos seus colegas quando o patrão do bote, um velho lobo do mar finlandês de pera branca, e que devia entender o francês, voltou-se para meu pai e disse-lhe: 'Mas o senhor não é belga como os outros'. 'Não, sou português.' O patrão calou-se por momentos e acabou por proferir: 'Ah, Vasco da Gama!'."

Apesar de os marinheiros finlandeses de agora estarem, com certeza, mais informados sobre o Eusébio do que sobre o Vasco da Gama, consolemo-nos com a ideia de que o vazio absoluto de conhecimento não existe: Vasco da Gama conseguiu aguentar-se quinhentos anos até que chegou Eusébio, depois de Eusébio algo há-de vir que nos guarde, por outros quinhentos anos, um lugarzinho na memória dos patrões de botes no golfo de Bótnia ou dos motoristas de táxi em Bronx. Depende.

22 de novembro

Com a ideia de o registar aqui, telefonei a Igrejas Caeiro para que me dissesse o nome do aviador militar que no dia 11 de março de 1975 se recusou a atacar a Emissora Nacional, mas, com desgosto meu, respondeu-me que não se lembrava. Vou ter de principiar portanto uma nova busca, esperando que esta venha a ser menos difícil do que foi a do mano Chico: talvez o exemplar episódio tenha sido narrado pelos jornais daqueles dias, talvez, pelo contrário, tenha passado despercebido, ou tenha sido considerado indigno de menção, no meio dos bélicos acontecimentos desencadeados por Spínola e seus compadres, conhecidos e desconhecidos... Vamos a ver. Curiosamente, é também de uma busca que se tratará em *Todos os nomes*, um romance que com certeza não existiria (caso venha a existir, nunca se sabe...) se, banalmente, burocraticamente, o averbamento da morte de meu irmão constasse dos registos da Conservatória da Golegã. Digamos que o Francisco de Sousa, falecido na idade de quatro anos e dois meses, será coautor de um livro que começou a ser escrito setenta e dois anos depois da sua morte...

Alexandre Cabral morreu ontem às quatro da madrugada, à hora a que era costume levantar-se para começar a trabalhar. Que Camilo Castelo Branco o receba de braços abertos...

28 de novembro

Em Brasília para participar na sessão do Tribunal Internacional para Julgamento dos Massacres de Eldorado dos Carajás e Corumbiara, reunido por iniciativa da Comissão de Direitos Humanos da Câmara dos Deputados Federais, sob a presidência do deputado Hélio Bicudo, e com o apoio da Associação Nacional dos Procuradores da República e do Fórum Nacional Contra a Violência no Campo, que congrega 70 entidades, entre elas a Confederação Nacional dos Trabalhadores na Agricultura, a Central Única dos Trabalhadores e a Federação Nacional dos Jornalistas. Durante todo o dia foram escutados depoimentos de testemunhas e de peritos, foram projetados vídeos e fotografias, algumas vezes o júri de que tinha honra de fazer parte estremeceu de horror. Comentei literariamente estes factos no prefácio que escrevi para o livro *Terra*, de Sebastião Salgado (v. 28 de julho): depois do que vi e ouvi, esse texto, se fosse escrito agora, seria diferente. A decisão proclamada pelo Tribunal foi de uma formal condenação das entidades federais e estaduais diretamente ou indiretamente responsáveis ou coniventes com as chacinas cometidas em Corumbiara e Eldorado dos Carajás. A assistência, na sua grande maioria de trabalhadores rurais do Movimento dos Sem-Terra, aplaudiu com entusiasmo. E, creio eu, com esperança. Falta agora saber se o Governo brasileiro vai ter a coragem de desafiar o poder do latifúndio, ou se uma vez mais assobiará as embaladoras árias do costume à espera de que amaine o pequeno pé de vento provocado pelo Tribunal...

29 de novembro

Procuro na imprensa os ecos do que se passou ontem no Senado. As notícias são decepcionantes: brevísssimas, todas, distorcidas, algumas. Que mais se poderia esperar, quando se sabe que o dono do maior jornal de Brasília é um grande latifundiário?

2 de dezembro

Tinha à minha espera uma curiosa carta de um escritor dinamarquês, Ole Dalgaard, que mora, desde há dois anos, em Calpe, um pueblo entre Valência e Alicante. Durante muito tempo trabalhou no seu país como diretor de teatro e televisão, até que lhe chegou o dia em que decidiu trocar os frios do Norte pela calidez remansosa das costas mediterrânicas. É autor de "dramas para o teatro, poemas, peças radiofónicas e telenovelas", e acaba de terminar o seu primeiro romance, que será publicado na próxima primavera pela editorial dinamarquesa Gyldendal. A carta, de cinco densas páginas, esforça-se por resumir a intriga novelesca, mas a trama é a tal ponto enredada e complexa que renuncio a resumir o resumo... Limito-me a registar que o herói da história é um assiriólogo dinamarquês chamado Ricardo Ries (*Ries*, anagrama de Reis) que em 1956 vai ao Iraque, a Ur de Caldeia, para participar na expedição de Ogamaras (*Ogamaras*, anagrama de Saramago). E que (transcrevo da carta, escrita em espanhol) "Ricardo es un hombre muy ordenado, una existencia tranquila, y siempre lleva un libro português sobre un hombre que no existe. Ricardo, él mismo, de vez en cuando también puede dudar si existe o no. Con rumbo a Ur le hacen gracia las diferentes pronunciaciones de su nombre. Especialmente sus colegas de la escuela arqueológica británica en Bagdad, que dirigen la expedición, siempre le denominan Richard Ray, pero Richard Ray es de América y trabaja para la CIA. Él nunca llega a Ur, es asesinado en Copenhague. Y casi todos les confunden: Ricardo Ries y Richard Ray, los colegas ingleses, la policia secreta de Irak, el dueño de la Pensión Oasis en Nazariyeah, donde Ricardo a veces vive en habitación 201, la muchacha de allí, Lidia, con la mano mutilada, y su hermano, que está afiliado al Partido Socialista Árabe, el Ba'at. También Dios, cuando al final ve a Ricardo, le confunde con otro".

Fiquemos por aqui. Oxalá um editor português esteja disposto a pôr este labirinto ao (meu) nosso alcance...

3 de dezembro

Morreu Georges Duby. Ficaram de luto os historiadores de todo o mundo, mas sem dúvida também alguns romancistas. Este português, por exemplo. Posso mesmo dizer que sem Duby e a "Nouvelle Histoire" talvez o *Memorial do convento* e a *História do cerco de Lisboa* não existissem...

7 de dezembro

Hoje foi a vez de José Donoso. Resistiu quanto pôde à doença, mas chega sempre o momento em que o corpo abandona o espírito à sua sorte. Tinha andado a ler nestes dias o seu livro de recordações familiares, *Conjeturas sobre la memoria de mi tribu*, e a notícia da morte apanhou-me no crepuscular capítulo que tem o título de "Los cueros negros". Algumas vezes, durante a sua leitura, uma indefinível angústia me havia cortado a respiração. Agora sei que José Donoso estava nas suas últimas horas.

8 de dezembro

Há tempos, Manuel Patarroyo, um biólogo colombiano, descobriu uma vacina contra a malária que, infelizmente, ainda não é possível encontrar no mercado. As razões? Ele mesmo as explica:
"Sem o pretender, achei-me confrontado com os poderes económicos anglo-saxónicos. A minha vacina custa 50 escudos para adultos e 25 para crianças, mas eles pretendem vendê-la a 12 500 escudos para os turistas e a pouco mais de 3 mil para o Exército. Insinuam-me mesmo que a vacina deveria ficar limitada aos turistas, deixando-se os negros de fora. Viajam ao Quénia, em cada ano, 20 milhões de turistas, e se no bilhete de cada um se passassem a incluir 100 dólares pela vacina, os lucros ficariam garantidos."
Creio que esta informação será bastante útil às pessoas que dizem ter dificuldade em compreender o mundo em que vivemos...
Está a realizar-se na Universidade de Massachusetts, em Amherst, um congresso sobre marxismo com a presença de cerca de dois mil especialistas, que debatem o tema "Políticas e linguagens do marxismo contemporâneo". Um dos participantes do congresso, David Ruccio, professor da Universidade de Nôtre Dame e membro do conselho editorial da revista norte-americana *Rethinking Marxism* (que se define como "antiexistencialista e antideterminista"), fez algumas interessantes declarações. Disse ele: "Graças ao facto de não termos tido nos Estados Unidos um partido comunista forte, escapámos ao dogmatismo. Isto permite-nos abrir as portas do pensamento a outras disciplinas e correntes, como o ecologismo, o feminismo, os movimentos de direitos cívicos e os movimentos de 'gays' e lésbicas". Esta ecuménica disposição dos marxistas

norte-americanos deixa-me algo perplexo, porquanto me obriga a concluir, segundo as palavras do professor Ruccio, que, até agora, nos Estados Unidos, nenhum marxista era ecologista, ou feminista, ou homossexual, e que, por via de consequência, nenhum homossexual, ou feminista, ou ecologista seria marxista. A pensar assim, não creio que cheguem muito longe os filósofos, economistas e politólogos não dogmáticos enquadrados na *Rethinking Marxism*...

9 de dezembro

Ele há coisas... Li, estupefacto, uma carta que me chegou da Escócia, assinada por Stephen Baille, pessoa que nunca vi na vida, vereador municipal na pequena cidade de Dunbarton, subúrbio de Glasgow, na margem direita do rio Clyde. Diz ele que, usando dos seus poderes na área da toponímia local, propôs que uma rua do bairro de South Kirkintilloch fosse chamada Saramago Street... Se os colegas de Stephen Baille estiverem de acordo, isto é, se a temerária proposta for aprovada, Dunbarton ficará responsável, ao lado da Azinhaga e de Santarém (onde já duas ruas exibem descaradamente o meu nome), pelo agravamento das inclinações egocêntricas que me caracterizam e que tão caridosamente vêm sendo denunciadas pelas almas lisboetas que ainda aspiram a salvar-me das chamas do inferno...

10 de dezembro

Não tenho a certeza de que *O sal da terra* de Herbert Bibberman seja realmente "o filme da minha vida", mas foi esse que levei ao programa de Inês de Medeiros. Pelo menos sei que lhe devo uma das emoções mais profundas que já experimentei em salas de cinema. Feito em pleno macartismo por cineastas, todos eles, nas "listas negras" de Hollywood, esse relato de uma greve — a mais longa na história das reivindicações operárias norte-americanas — devia ser passado de vez em quando nos gabinetes de direção dos sindicatos. Para refrescar a memória, não seja o caso de virem a ser apanhados desprevenidos um dia destes...

12 de dezembro

Roberto Fernández Retamar pediu-me, para a revista *Casa de las Américas*, um artigo sobre Ernesto Che Guevara. Com o título "Breve meditação sobre um retrato de Che Guevara", escrevi isto:
"Não importa que retrato. Um qualquer: sério, sorrindo, de arma na mão, com Fidel ou sem Fidel, discursando nas Nações Unidas, ou morto, de tronco nu e olhos entreabertos, como se do outro lado da vida ainda quisesse acompanhar o rasto do mundo que teve de deixar, como se não se resignasse a ignorar para sempre os caminhos das infinitas crianças que estavam por nascer. Sobre cada uma destas imagens poder-se-ia discorrer profusamente, de um modo lírico ou de um modo dramático, com a objetividade prosaica do historiador ou simplesmente como quem se dispôs a falar do amigo que percebe ter perdido porque o não chegou a conhecer...
"Ao Portugal infeliz e amordaçado de Salazar e de Caetano chegou um dia o retrato clandestino de Ernesto Che Guevara, o mais célebre de todos, aquele feito com manchas fortes de negro e de vermelho, que se tornou em imagem universal dos sonhos revolucionários do mundo, promessa de vitórias a tal ponto férteis que nunca haveriam de murchar em rotinas e ceticismos, antes dariam lugar a outros muitos triunfos, o do bem sobre o mal, o do justo sobre o injusto, o da liberdade sobre a necessidade. Emoldurado ou seguro à parede por meios precários, esse retrato assistiu a debates políticos apaixonados na terra portuguesa, exaltou argumentos, minorou desânimos, acalentou esperanças. Foi olhado como um Cristo que tivesse descido da cruz para descrucificar a humanidade, como um ser

dotado de poderes absolutos que fosse capaz de extrair de uma pedra a água com que se matariam todas as sedes e transformar essa mesma água no vinho com que se beberia ao esplendor da vida. E tudo isto era certo porque o retrato de Che Guevara foi, aos olhos de milhões de pessoas, o retrato da dignidade suprema do ser humano.

"Mas foi também usado como adorno incongruente em muitas casas da pequena e da média burguesia intelectual portuguesa, para cujos habitantes as ideologias políticas de afirmação socialista não passavam de um mero capricho conjuntural, forma supostamente arriscada de ocupar ócios mentais, frivolidade mundana que não pôde resistir ao primeiro choque da realidade, quando os factos vieram exigir o cumprimento das palavras. Então, o retrato de Che Guevara, testemunha, primeiro, de tantos inflamados anúncios de compromisso e de ação futura, juiz, agora, do medo encoberto, da renúncia cobarde ou da traição aberta, foi retirado das paredes, escondido, na melhor hipótese, no fundo de um armário, ou radicalmente destruído, como se gostaria de fazer a algo que tivesse sido motivo de vergonha.

"Uma das lições políticas mais instrutivas, nos tempos de hoje, seria saber o que pensam de si próprios esses milhares e milhares de homens e mulheres que em todo o mundo tiveram algum dia o retrato de Che Guevara à cabeceira da cama, ou em frente da mesa de trabalho, ou na sala onde recebiam os amigos, e que agora sorriem de terem acreditado ou fingido acreditar. Alguns diriam que a vida mudou, que Che Guevara, ao perder a sua guerra, nos fez perder a nossa, e portanto era inútil ficar a chorar, como uma criança, o leite derramado. Outros confessariam que se deixaram envolver por uma moda do tempo, a mesma que fez crescer barbas e alargar as melenas, como se a revolução fosse uma questão de cabeleireiro. Os mais honestos reconheceriam que o coração lhes dói, que sentem nele o movimento perpétuo de um remorso, como se a sua verdadeira vida tivesse suspendido o curso e agora lhes perguntasse, obsessivamente, aonde pensam ir sem ideais nem esperança, sem uma ideia de futuro que dê algum sentido ao presente.

"Che Guevara, se tal se pode dizer, já existia antes de ter nascido, Che Guevara, se tal se pode afirmar, continuou a existir depois de ter morrido. Porque Che Guevara é só o outro nome do que há de mais justo e digno no espírito humano. O que tantas vezes vive adormecido dentro de nós. O que devemos acordar para conhecer e conhecer-nos, para acrescentar o passo humilde de cada um ao caminho de todos."

O nome do programa — *Falatório* — ajusta-se-lhe realmente como uma luva. Clara Ferreira Alves apanhou-me em Lisboa, usou a arma irresistível da amizade e levou-me lá. Os meus colegas naquela conversa à desgarrada foram Agustina Bessa Luís, Luísa Costa Gomes e Miguel Esteves Cardoso. Discreta por temperamento e educação, Luísa falou pouco e acertado; Agustina discorreu como de costume, com o ar de estar a pensar noutra coisa; eu, inclinado à paciência, decidi tomar a sério Miguel Esteves Cardoso, que se encarregou, ele principalmente, do falatório... No fim, Clara estava satisfeita: o programa tinha corrido muito bem. E eu perguntava aos meus botões: "Para quem?".

15 de dezembro

Em Cascais, no Teatro Gil Vicente, concerto comemorativo do 90º aniversário do nascimento de Fernando Lopes-Graça. Reencontrei o velho Coro da Academia de Amadores de Música, entusiasta como sempre, mas a precisar de ser refrescado com vozes novas e novo repertório se não quiser tornar-se em peça de museu. A segunda parte do programa foi preenchida pelo barítono Jorge Vaz de Carvalho, acompanhado ao piano por Filipe de Sousa. Tive o gosto de ouvir cantar pela primeira vez os poemas do meu *Tríptico de d. João*, de 1990, que creio ter sido a última composição do Graça para canto. Mas o melhor da noite foram, sem discussão, as *Nove odes de Ricardo Reis*, compostas em 1987 e só agora dadas, nove anos depois, em primeira audição... Assim vai a música em Portugal.

Ao jantar reencontrei-me com Coriún Aharonián, um músico uruguaio, filho de arménios, que conheci em La Habana, em 1988. Da data lembrava-se ele, não eu... Ofereceu-me um disco — *Gran Tiempo* lhe chamou —, de composições eletrónicas, tipo de música a que não tenho dado suficiente atenção, apesar da parte que ocupa em obras que me tocam de perto, como a *Blimunda* e a *Divara* de Azio Corghi. É tempo de lhe abrir, sem preconceitos, o espírito e os ouvidos.

18 de dezembro

Santiago de Compostela. O Prémio Rosalía de Castro do PEN Club da Galiza consiste numa placa esmaltada com o nome do premiado, o nome do prémio e o ano a que se refere, letras e números, nada mais, e o conjunto disposto de modo a sugerir o desenho de um graal. É uma obra de artesanato bem concebida e bem realizada, que dará gosto ter diante dos olhos, não um desses objetos aberrantes que às vezes nos entram pela casa dentro e que depois não sabemos onde meter. Lá fomos, Torrente, Perucho, Atxaga e este que está escrevendo, com Basilio Losada, que se encarregou da *laudatio* dos galardoados, a receber, no Pazo Fonseca da Universidade, os carinhos e os aplausos de que nos acharam merecedores. Pediram-me que fizesse, em nome de todos, o discurso de agradecimento, que, evidentemente, tive de improvisar, num tom equilibrado entre a comoção e o jogo irónico que pretendia disciplina-la, sem de todo o conseguir. Acentuei o carácter deliberadamente "ibérico" do prémio e acrescentei que essa era a boa direção, a que nos permitirá alcançar um dia, talvez, um sentido de "ibericidade cultural" ao mesmo tempo uno e diverso, singular na sua pluralidade — se as irridências de um autonomismo populista e descabelado não derem antes com a Espanha de pantanas...

26 de dezembro

O melhor presente de Natal: Azio Corghi telefonou de Milão a dizer que está a preparar, para ser apresentada em Lisboa, uma versão teatral da *Morte de Lázaro*. Embora as promessas que envolvem a pátria me deixem sempre um tanto de pé atrás, saboreei, durante aquele agradável minuto, a possibilidade que Azio me estava a anunciar como coisa certa. Oxalá não se engane.

28 de dezembro

Fugindo aos gelos de Milão, Mimma Guastoni e o marido vieram passar o fim do ano a Lanzarote. Sorriram com indulgência dos nossos indignados protestos contra as inclemências do tempo local (tem chovido muito por cá, andamos a padecer frios siberianos de 12 graus positivos...) e, para nossa vergonha, sentaram-se no terraço, a receber na cara os raios suaves de um sol intermitente que, entre nuvem e nuvem, ainda é capaz de queimar.

30 de dezembro

Baptista-Bastos chamou-lhe *José Saramago: Aproximação a um retrato*, mas o livro que ele fez e que hoje me chegou às mãos é também uma aproximação ao seu próprio retrato: o de um homem leal e generoso, amigo à moda antiga, amigo de amizade autêntica, exato no trabalho, exigente nos juízos, capaz ainda de indignar-se e de amar. Este livro, assim o entendi, é um ato de amor. De amor à verdade, sobretudo.

31 de dezembro

Creio ter descoberto esta manhã o que a velhice é realmente. Estava meio acordado meio adormecido, como em Amherst, na manhã em que "vi" desfilar dentro da cabeça o essencial de *Todos os nomes*, e de repente compreendi que se entra na velhice quando se tem a impressão de ocupar cada vez menos lugar no mundo. Durante a infância e a adolescência cremos que ele é nosso e que para ser nosso existe, na idade madura começamos a suspeitar que afinal não é tanto assim e lutamos por que o pareça, começa-se a ser velho quando percebemos que a nossa existência é indiferente ao mundo. Claro que sempre o tinha sido, mas nós não o sabíamos.

O ano entrou em Lanzarote com o acompanhamento bíblico de uma trovoada gigantesca que parecia querer deitar abaixo o céu e afogar a terra num dilúvio. Os coriscos caíam incessantes sobre o mar, os ecos retumbavam por cima dos montes, e nós, fiados no cálculo das probabilidades, ceávamos tranquilamente. Fernando Pessoa teria dito: *Natal... Na província neva.// Nos lares aconchegados,/ Um sentimento conserva// Os sentimentos passados.* Nesta província não era Natal, não nevava, aconchego, sim, tínhamos, e, quanto a sentimentos, digo que os passados e os presentes eram, juntos, uma coisa só, a andar para o futuro.

DIÁRIO V

A Pilar,
a Maria do Céu, a Carmélia

2 de janeiro de 1997

É corrente ouvir dizer que são tantas as leituras de um livro quantos tiverem sido os seus leitores (em três simples palavras, e ainda por cima repetindo uma delas, a sabedoria popular portuguesa já tinha encontrado a expressão exata: cada cabeça, cada sentença...), o que quererá dizer, se não interpreto mal, que o autor mais afortunado será aquele que, graças a uns quantos leitores atentos que lhe vão comunicando as suas impressões de leitura, está continuamente em processo de aprendizagem sobre a sua própria obra. A carta que acabo de receber de Barbara Probst-Solomon, a escritora judia norte-americana com quem estivemos no ano passado em Nova Iorque (v. *Cadernos — IV*, 24 de setembro), ilustra esta asserção de modo exemplar. Eis o que ela acaba de escrever-me a propósito do *Evangelho segundo Jesus Cristo*: "Para mim, se Maria Madalena não tivesse existido, Jesus tão-pouco teria existido como Jesus. Jesus é Jesus porque Maria Madalena existiu. A Bíblia começa com Adão e Eva, mas rapidamente o par passa a ser Eva e a Serpente. Esta situação (embora no Antigo Testamento não faltem as Betsabés, as Tamaras etc.) não se modifica até que chega Maria Madalena.

Para poder voltar a reivindicar-se Eva é essencial que Jesus deseje Maria Madalena e coabite com ela. Na versão neotestamentária Jesus não faz mais que perdoar a Maria Madalena, ou protegê-la. Tu realizas um *transfer* de algumas características da *invidia*, o desejo como maldade da Serpente contra Deus, o que tem a sua lógica, uma vez que a Serpente é criatura de Deus. Começámos pelo primeiro par, formado por Eva e Adão, a seguir veio o par Eva e a Serpente, depois o par *troublé*, constituído por José e Maria, e enfim aparece o par humano, Jesus e Maria Madalena. Através de Jesus, Adão poderá finalmente viver. E a Serpente volta para Deus".

Esta ideia de Jesus como Novo Adão, se a memória não me está a enganar, já se encontra em Teixeira de Pascoaes, mas duvido muito que o poeta de *Regresso ao Paraíso* tenha feito passar pela carne ardente e apaixonada de Maria Madalena a adamização da segunda pessoa da Trindade...

4 de janeiro

Divara representa-se hoje em Catânia. Confusões inesperadas sobre escalas e ligações de voos entre as duas ilhas — Lanzarote e Sicília —, que até ao derradeiro momento, apesar de todos os esforços, não foi possível deslindar e resolver, impediram-me de fazer a viagem e apreciar a novidade absoluta de escutar a ópera de Corghi cantada em italiano. A propósito: chegarei a ouvi-la alguma vez na minha língua? Alguma vez esta *Divara* conseguirá subir a um palco português, ou será essa ascensão mais difícil que a do Evereste? O que alemães e italianos já aplaudiram não serve para orelhas portuguesas? Somos assim tão frágeis de nervos, tão delicados de sensibilidade, e sobretudo tão incapazes de chorar sobre as nossas próprias misérias (refiro-me às humanas em geral, não às portuguesas em particular), que não suportaríamos ser postos perante a demonstração da autodilaceração contínua da humanidade a que chamamos Deus? Ou terá a desdenhada *Divara* de esperar que alguma vez um diretor do Teatro Nacional de São Carlos goste dela?

6 de janeiro

Tenho trabalhado com disciplina e louvável pontualidade em *Todos os nomes*. Hoje decidi fazer uma pausa na obrigação para passar a estes *Cadernos*, como diários de bordo que também têm sido, alguns apontamentos, uns anteriores a 24 de outubro do ano passado, que foi quando comecei a escrever o livro, outros do próprio dia em que lancei ao papel o princípio do romance.
Eis as primeiras notas:
1. "Dando tempo às coisas, as coisas, em geral, resolvem-se. Em Amherst vi a história de que precisava para *Todos os nomes*. Mas não a teria visto se não fosse o trabalho em que tenho andado metido, nos últimos tempos, a averiguar a data da morte do meu irmão. O que eu imaginei foi um funcionário do Registo Civil (um Raimundo Silva em mais insignificante) que tem a mania de copiar os registos de nascimento das pessoas famosas, organizando para si um ficheiro particular, um arquivo pessoal que guarda em sua casa. Certo dia, um impulso (mais um) leva-o a copiar o registo de alguém de quem nada sabe (uma mulher desconhecida), só porque está a seguir a uma pessoa célebre. Partindo dos simples dados do registo, decide investigar a vida dessa pessoa. Vai-se aproximando dela a pouco e pouco, e a tal ponto a pesquisa o fascina que resolve requerer as férias para dispor de todo o tempo. Ao cabo dos trinta dias de ausência, regressa ao trabalho tendo avançado muito, mas ainda longe de poder ver e tocar o objeto da sua busca. Na repartição, ao ler, uma vez mais, o registo da pessoa, encontra um averbamento feito quinze dias antes por um colega: o registo do falecimento da mulher. Vai pôr-se então a investigar de diante para trás (como quem estuda uma estrela que já se apagou...), até ao ponto a que havia chegado quando investigara de trás para diante. No fim, quando inutilmente já está sabedor do que foi a vida dessa mu-

lher que nunca conhecerá, inscreverá no livro atual do Registo Civil (outra vez Raimundo Silva...) um novo registo de nascimento, um falso registo em que aparecerão repetidos todos os elementos do registo verdadeiro, com exceção da data de nascimento, que passou a ser o dia em que se está... Não é preciso dizer que o romance (se vier a ser escrito) começará por estas palavras: todos os nomes."

2. "Outra vez a questão dos nomes. À primeira vista, por contraste com o *Ensaio*, onde nenhuma personagem tem nome, aqui, com este título, parece que deveriam aparecer todos os nomes, que deveria haver mesmo a preocupação de fazê-los sobressair, de jogar com eles. Simplesmente, isso repugna-me. O nome das pessoas é demasiado intrigante para ser banalizado. Imagine-se o que, neste particular, resultaria da mania do funcionário: as fichas que ele coleciona teriam de ter nomes, e para quê? De quem? Se se tratava de pessoas famosas, eram famosas em que país? E, uma vez mais, que adiantaria dizer Manuel ou Maria? A alternativa seria, como no *Ensaio*, prescindir totalmente de nomes. Não será fácil, será mesmo muito mais difícil do que foi naquele caso, mas creio que é a única solução. Um romance que se chamará *Todos os nomes* e onde não haverá nomes... Ter dito todos os nomes seria uma boa razão para não escrever nenhum."

Eis os outros apontamentos:
1. "Tinha-me parecido evidente, como escrevi antes, que o romance deveria começar pelas palavras todos os nomes... Poderia ser, mas soava-me a artifício, ainda por cima elementar. Além disso, as tentativas que fiz esta noite, meio a dormir, meio acordado, para continuar uma frase assim principiada, não deram resultado, ou deram-no péssimo."

2. "Provavelmente o único nome que aparecerá será o da mulher procurada. Não teria sentido nem seria possível uma investigação em que não fosse mencionado o dado essencial que é o nome."

3. "Comecei hoje. O princípio é tão diferente que nem sequer falo de nomes, tanto genérica como particularmente."
4. "A sala da conservatória tem um balcão corrido para atender o público. Os funcionários são onze e alinham-se segundo uma hierarquia que recordará a antiga disposição dos jogadores de futebol no campo, isto é, cinco à frente, três depois deles, dois a seguir, finalmente, ao fundo, o chefe. O funcionário protagonista ocupa um dos extremos da primeira linha. Por trás dos funcionários estão os arquivos, cinco enormes estantes que se prolongam, paralelas, para o interior da sala, obedecendo à disposição dos funcionários: o topo da estante central está logo atrás do chefe, os topos laterais, de um lado e do outro, avançam de modo a ficarem também atrás dos funcionários que ocupam os extremos das duas primeiras filas. Os dois funcionários que estão à frente do chefe são subchefes, os três que estão à frente dos subchefes são oficiais, os cinco que estão à frente dos oficiais e atrás do balcão são escriturários. O conjunto é harmonioso."
5. "O arquivo está arrumado de forma racional, separando os mortos dos vivos. As estantes dos mortos estão lá para dentro, onde a luz natural que entra pelas claraboias do teto não consegue chegar. A luz artificial, quando excepcionalmente a acendem, é mortiça. A cada pessoa corresponde um processo e uma ficha. Para facilitar o trabalho, o arquivo de fichas dos vivos ocupa as prateleiras debaixo do balcão. O arquivo das fichas dos mortos está instalado junto com as estantes que lhes correspondem. O mesmo sentido de racionalização do trabalho orientou a arrumação dos processos dos vivos: os que estão mais perto dos funcionários correspondem às pessoas idosas, os novinhos recentemente registados encontram-se no final das estantes. Os processos movem-se constantemente: como na vida real, vão entrando os que nascem, vão saindo os que morrem. À medida que o tempo passa, os processos das pessoas vão-se aproximando dos funcionários. Nos casos de vidas excepcionalmente longas os processos respectivos colocam-se nos primeiros lugares e aí permanecem por um tempo, provocando a curiosidade, e logo depois a impaciência do chefe."

No dia 25 de outubro escrevi o seguinte:
1. "A impaciência do chefe tem explicação. A demora do mais velho em morrer pode provocar graves perturbações no serviço por congestionamento na prateleira em que o processo respectivo se encontra. A pressão dos que vão nascendo torna insustentável a situação. Conta-se o caso célebre de alguém cujo falecimento, por desconhecidas razões, não foi registado, e que ficou ali parado até completar os cento e cinquenta anos do nascimento, atrapalhando, por assim dizer, o tráfego."
2. "No final, o funcionário não se contentará com fazer um novo registo de nascimento da mulher falecida. Destruirá os seus próprios documentos (os que se encontram na conservatória, entenda-se) e fará um registo novo, passando assim a nascer no mesmo dia que ela..."

Um apontamento manuscrito de 28 de janeiro do ano passado, num caderno de capa preta, explica o nascimento do título do livro:

"Descendo para Brasília penso subitamente na gente sem nome do *Ensaio*, penso na lista de nomes de trabalhadores (um para cada letra do alfabeto) que aparece no *Memorial*, e num instante apresenta-se-me o título: *Todos os nomes*. Servirá isto para alguma coisa?"

8 de janeiro

Leio (oxalá não seja verdade, oxalá seja só um *poisson d'avril* caído no anzol antes de tempo...) que o retrato do primeiro-ministro António Guterres vai ser colocado nas paredes das repartições públicas do país. Pensava eu que nos havíamos curado destas demonstrações iconográficas depois de tantos anos a aturar deus-pátria-família e seus derivados, com o sábio varão de Santa Comba a fiscalizar do alto os impostos que pagávamos à boca do cofre ou com juros de mora, sob a presidência, conforme as épocas e os mandatos, do bigode mosqueteiro de Carmona, do ar de quero-mas-não-posso de Craveiro Lopes, da expressão transcendentalmente entupida de Américo Tomás... Amanhã (aclaro, para não me chamarem agoireiro, que estou a empregar o termo na dicionarizada acepção de "tempo futuro, mas incerto"...) é o primeiro-ministro compelido pelas urnas a deixar para outro político as funções que agora desempenha, e aí vamos ter nós os funcionários, de norte a sul, a despendurar um retrato e a pendurar outro, porquanto o sucessor, encontrando aberto o caminho para a glória mural, não há-de querer perder a oportunidade de subir, também ele, a esse céu. E por falar de céu: se ainda estivéssemos no tempo dos crucifixos em lugares públicos oficiais, aceitaria um primeiro-ministro católico o escândalo de ter o seu retrato ao lado da imagem do Nazareno? Por simples amor da neutralidade, eu, que sou laico, comunista e republicano, optaria pelo busto feminino clássico, de barrete frígio ou lenço à moda do Minho, se não fosse, como aconteceu já algumas vezes, estar a querida República a degenerar perigosamente e o busto continuar o mesmo...

O chamado "politicamente correto", que é a expressão moderna da hipocrisia de todos os tempos, continua a varrer com um ciclone de falso moralismo os Estados Unidos da América do Norte. A partir de agora, os piratas fingidos de Disneyland, que naquele paraíso de infantilismo institucional ganhavam a vida a arreganhar ferozmente os beiços e a brandir adequadamente os sabres de assalto, vão deixar de ser vistos a fazer de malaios, ou chineses, ou negros e mulatos, ou zarolhos, ou manetas de gancho de ferro, ou coxos de perna de pau. Acabou-se Sandokan, acabou-se o Capitão Morgan, acabou-se a Ilha do Tesouro, a partir de agora os piratas de Disneyland terão de parecer-se com a gente normal, não vá o visitante ofender-se e reclamar indemnizações milionárias por danos morais, trauma psicológico múltiplo e violação de identidade. O puritanismo imbecil, variante aguda do "pensamento politicamente correto", chegou a tais extremos na bem-aventurada pátria de Bill Clinton que certa professora de lá acaba de exigir que uma reprodução da *Maja desnuda* de Goya seja retirada do estabelecimento de ensino onde leciona. Por a considerar ofensiva do seu sexo...

10 de janeiro

Barcelona, Palácio Güell. Gravação da entrevista para o programa *Negro sobre blanco*, de Fernando Sánchez Dragó. O tema foi o *Ensaio sobre a cegueira*. Ajudaram generosamente à conversa Raúl Morodo, atual embaixador de Espanha em Lisboa, e Miguel Durán. A propósito, Miguel contou que, no tempo do franquismo, um notável do regime, cujo nome, se chegou a dizê--lo, me escapou, sugeriu ao governo a construção duma cidade destinada exclusivamente a cegos. A ideia não foi por diante, mas é fácil perceber quão fecunda era de possibilidades: depois dessa primeira experiência talvez começasse a haver cidades de surdos, cidades de coxos, cidades de manetas, cidades de gagos, cidades de mudos, cidades de mongoloides, cidades de paraplégicos, cidades de epiléticos, e, com a continuação e o êxito da prática segregativa, acabaríamos fatalmente por construir cidades para velhos, cidades para loucos, cidades para enfermos em fase terminal, enfim, para quantos se configurassem como elementos perturbadores do viver da comunidade dos normais. Naquele momento, enquanto ouvia a tenebrosa história, as antigas cavalariças do Palácio Güell, onde nos encontrávamos, rodeados de focos e de câmaras, sob a inquietante mole neogótica do edifício, envolvidos por uma arquitetura que poderia servir de cenário a um filme de Drácula — tudo aquilo me pareceu (apesar do respeito que devo ao génio de Gaudí) uma antecipação do pesadelo inumano de que nos falava Miguel Durán.

11 de janeiro

Lisboa. Leio que *Le Figaro* dedicou alguns comentários elogiosos à pianista "argentina" Maria João Pires... É um lugar-

-comum das anedotas internacionais dizer-se que os franceses não sabem geografia. O pior é que, pelos vistos, não estão dispostos a aprendê-la: apesar da deslumbrante carreira de Maria João Pires, pianista portuguesa conhecida como tal em todo o resto do mundo, o crítico musical do *Figaro* não só não sabia onde a artista nasceu como não se deu ao cuidado elementar de ler o programa do concerto, e escreve a primeira coisa que lhe vem à cabeça. É sempre desculpável um erro involuntário, mas nunca a leviandade, a indiferença, a imponderação. Quando algum otimista tornar a dizer-me que Portugal já existe dou-lhe com o crítico de *Le Figaro* na cabeça...

12 de janeiro

No alto da Avenida Duque de Loulé, duas criaturas do sexo feminino, uma rondando a meia-idade, outra pouco mais que adolescente, fazem-me parar. Pensei que andavam perdidas no labirinto da cidade, que me iam perguntar por uma direção qualquer, e dispus-me, com os meus melhores modos, a ajudá-las, mas o que elas me disseram, num tom melifluamente cominatório, foi que gostariam de falar comigo sobre o que Deus vai fazer ao mundo... Graças, porventura, a esse Deus ou a outro qualquer do panteão universal tive a presença de espírito suficiente para lhes responder que, em meu fraco entender, não foi grande coisa o que Ele fez ao mundo até agora. Dita a última palavra virei-lhes as costas, deixando-as especadas no passeio, atónitas, se não mesmo aterradas pela hipótese de terem dado de caras com o Mafarrico. Sim, já sei que se protesta que não paro de falar de Deus, mas, como se acabou de ver, a culpa nem sempre é minha. Eu seguia tranquilamente o meu caminho, tinha acabado de comprar o jornal para saber se acaso o mundo estaria melhor do que ontem, a manhã era como de primavera, e de repente saltaram-me à cara as duas sibilas escondendo sob o tom manso e o olhar acarneirado calamidades ainda piores do que as que temos aguentado até hoje. Não quero nem imaginar o que terão elas dito ao alvo seguinte do seu zelo profético.

Primeira participação no programa da RDP *O Mundo de...*, para que Adelino Gomes me convidou em novembro do ano passado. Voltarei de cinco em cinco semanas, decidido, como sempre, a não dizer o que não penso...

13 de janeiro

Pastelaria Versalhes. Enquanto almoço, entretenho-me a pensar nos enredos do livro que ando a ensinar a andar, este *Todos os nomes* por enquanto bastante inseguro de pernas, quando uma palavra repetidamente dita numa mesa próxima começou a romper a muralha de abstração em que me tinha envolvido e a empurrar o estaleiro do romance para fora da área dos cuidados imediatos. A palavra era "universo", e seria, nos primeiros momentos, a única que conseguiria perceber, fosse por culpa do meu ouvido direito, algo distraído nos últimos anos, fosse porque a grandeza do conceito reduzisse a quase inaudível murmúrio as palavras proferidas antes e depois. Ao princípio ainda imaginei que seriam astrónomos ou astrofísicos os dois homens que perto de mim conversavam, embora, francamente, não me parecesse o vulgar bife com batatas fritas em que ambos trabalhavam no prato o alimento mais adequado para pessoas de semelhante calibre mental. Afinal, tinha razão, os homens não eram nem astrofísicos nem astrónomos, o "universo" deles era outro. Falavam de estudos de mercado, de persuasão de massas, de suportes publicitários, quem sabe mesmo se não estariam a discutir sobre a melhor maneira de me convencerem a comprar um automóvel ou o último modelo de aspirador. Acabei de comer rapidamente e saí, antes que tivessem podido decidir se este tipo calvo, magro, de óculos, pertencia à classe média-alta ou à classe média-baixa...

17 de janeiro

Hoje, em Lanzarote, lendo o jornal, enquanto tomava o sol no terraço, tive notícias do Universo, aquele cujo nome costumamos escrever com letra inicial maiúscula para não fazer confusão com o da Pastelaria Versalhes. Dois cientistas da Universidade de Michigan, Fred Adams e Greg Laughlin, afirmam que acabará dentro de um número de anos definido por 154 zeros, ou seja, para que se possa perceber melhor, 10 000 000 000 000 000 000 000 000 000 000 000 000 000 000 000 000 000 000 000 000 000 000 000 000 000 000 000 000 000 000 000 000 000 000 000 000 000 000 000 000 000 000 000 000 000 000 000 000 000 000 000 000 000 000 000 000 000 000. Pressinto que não viverei tanto... Em todo o caso, o que está claro é que ainda iremos ter muito tempo para elaborar estudos de mercado, criar suportes publicitários, inventar mensagens e persuadir as massas. No entanto, segundo parece, a Terra durará bastante menos. Calcula-se que o Sol se converterá numa bola de fogo daqui a uns 30 000 milhões de anos, para logo a seguir morrer. A subida da temperatura extinguirá de golpe todas as formas de vida, os oceanos evaporar-se-ão, os planetas arderão rapidamente como tochas perdidas no espaço, deixando nas suas antigas órbitas apenas montões de lama e poeiras mil vezes calcinadas. Será um fim de festa grandioso, melodramático, wagneriano, dantesco. Mas também poderá suceder, isto digo-o eu, que a Terra já tenha acabado muito antes, que a derradeira explosão do Sol venha apenas, misericordiosamente, varrer do Universo a enorme montureira em que andamos a transformar o planeta. Para não falar de outros lixos da mente não menos contaminantes.

18 de janeiro

Luis Racionero, de quem já uma vez falei nestas páginas (v. *Cadernos — III*, 14 de dezembro), publicou hoje em *El Mundo* um artigo sob o título "Los jóvenes". O mais interessante do seu breve e despretensioso texto pareceu-me ser a referência a uma passagem do livro de Margaret Mead *Culture and Commitment*, obra em que a antropóloga (no rescaldo de Berkeley, do movimento pacifista e do Maio francês...) reuniu as conferências que proferiu em 1969 sobre o corte generacional. Margaret Mead, diz Racionero, "distingue três classes de culturas: pós-figurativas, em que as crianças aprendem com os adultos; cofigurativas, em que ambos aprendem dos seus pares; e pré-figurativas, em que os adultos aprendem dos próprios filhos. As sociedades primitivas eram pós-figurativas, as grandes civilizações foram cofigurativas; entramos num período da história em que os jovens adquirem autoridade pela sua intuitiva pré-figuração do ignoto futuro". Mead conclui: "Assim como nós não temos descendentes, os nossos filhos não têm antepassados".

Fórmulas assim expressivas, de mais a mais com o selo de uma autoridade científica reconhecida como foi a de Margaret Mead, têm, em meu modesto entender de romancista pedestre, o inconveniente da sua própria concisão, como se para poderem caber no molde duma certa exemplaridade tivesse sido preciso apará-las do que estava a sobrar. Crer que os jovens dos anos 60 beneficiaram de uma "intuição pré-figurativa do ignoto futuro", poderia ter algum sentido em 1969, quando o fervor da agitação e da utopia estudantil ainda pairava no ar, mas é pelo menos duvidoso que os trinta anos entretanto decorridos tenham tornado realidade a dita intuição. Os jovens que então tinham vinte anos, têm hoje cinquenta, e são, na sua maioria, pessoas comuns, bastante bem acomodadas a este nada revolucionário tempo em que vivemos. Quanto à juventude de agora, observada na generalidade, o mínimo que dela se poderá dizer é que qualquer coincidência entre os seus comportamentos e os ideais daqueles que, a ter-se confirmado a expectativa de Margaret Mead, deveriam ser, esses sim, "os seus antepassados" — não passará disso mesmo, de uma fugidia, ocasional e involuntária coincidência. Não irei, por respeito, ao ponto de afirmar que Margaret Mead errou, limito-me a admitir a altíssima probabilidade de que ela não escreveria hoje o que escreveu em 1969.

Alguns números para recordar ao pequeno-almoço, entre o café com leite e o iogurte. Espalhadas por 64 países, existem mais de 110 milhões de minas antipessoais, à espera de que alguém lhes vá pôr o pé em cima. Não têm esperado em vão: em cada ano, por causa delas, morrem ou ficam mutiladas 24 000 pessoas, isto é, em cada vinte minutos rebenta uma mina. Só em Angola há mais de 12 milhões de minas ativas enterradas, uma para cada habitante, e ainda ficariam muitas minas para lhes arrancar a outra perna. As minas são montadas em fábricas de armamento (tanto legais como ilegais) por operários especializados que, como é natural, cobram o seu salário. Esses operários conhecem perfeitamente o destino e as consequências dos produtos que lhes saem das mãos. Não tenho notícia de qualquer greve de protesto nessas fábricas.

21 de janeiro

De Miguel Real, autor de *Narração, maravilhoso, trágico e sagrado em "Memorial do convento"*, uma excelente análise publicada em janeiro do ano passado, chega-me agora uma carta em que se propõe fazer uma adaptação do dito *Memorial*, destinada à Companhia de Teatro de Sintra. Os termos são bastante convincentes, o tom simpático, o mais provável é eu vir a dar o meu consentimento. Para já, registo uma passagem interessante: "... fiquei tão chocado com o seu último romance que não consigo escrever sobre ele — fiquei com a sensação de que estava a ler um livro onde alguém tinha conseguido cristalizar em palavras e imagens a existência de um mal puro, um mal abandonado a si próprio, um mal sem outro fim que não fosse o de fazer mal, e que esse mal, longe de estar fora do homem, é o próprio motor que faz bater o coração humano. Há anos aconteceu-me um pouco o mesmo quando li a crucificação de José no *Evangelho*... tive de parar e só meses depois retomei a leitura". Como se pode verificar, Miguel Real, nesta sua interpretação, é ainda mais radical do que eu quando tenho de comentar o *Ensaio sobre a cegueira*: apesar de tudo, não creio que o mal seja o motor que faz bater o coração humano. Embora me pareça igualmente que não é o bem que o faz bater...

24 de janeiro

Dou a palavra ao linguista e ensaísta norte-americano Noam Chomsky. Estas declarações foram colhidas numa entrevista publicada hoje mesmo no jornal *El Mundo*. A isto chama-se falar claro:

"Nos Estados Unidos o espectro político é muito estreito. Bill Clinton é um republicano moderado que, embora não caindo no extremismo direitista de Newt Gingrich, está situado à direita do Partido Republicano como Eisenhower ou como Richard Nixon." [...] "Richard Nixon foi o último herdeiro do *new deal*, o último liberal na administração dos Estados Unidos. Eu não gostava dele, mas não é menos certo que introduziu melhorias no Estado de bem-estar. O desmantelamento do Estado de bem-estar começou com Carter e foi continuado por Reagan e Bill Clinton." [...] "Não há diferença entre Clinton e Dole. Estão de acordo no fundamental e está de acordo com eles *The Wall Street Journal*. Clinton é um presidente popular entre os executivos." [...] "Há um espaço político que poderia ser ocupado por um partido de ideário social-democrata. Se observarmos os inquéritos verificamos que 90 por cento dos norte-americanos acham que deveriam ser reduzidos os lucros económicos das grandes corporações, que 80 por cento opinam que o sistema económico é basicamente injusto e a mesma percentagem de pessoas pensa que o Governo da nação não trabalha para o povo." [...] "Watergate é o melhor exemplo da subordinação dos meios de comunicação ao poder. A explosão do caso foi impulsionada pelo próprio establishment de Washington. O mais triste é que nos mesmos dias que o caso rebentou em *The Washington Post* soube-se de outro infinitamente mais grave, o Cointel Pro, um programa de destruição de todos os grupos opostos ao sistema. Este programa foi posto em marcha por Eisenhower e continuado pelas quatro administrações seguintes. Financiado pelo FBI, atacou sistematicamente grupos de mulheres, coletivos étnicos, tudo quanto fosse oposição ao sistema. No mandato de Nixon foram mortos dois dirigentes negros. Dedicaram-se a assaltar regularmente as sedes desses grupos opositores. Quem ouviu falar deste caso de destruição sistemática? Por que é que só se fala de Watergate, que foi um ataque concreto a um partido concreto, o Democrata, e que apenas lhe criou algumas incomodidades? Este exemplo mostra o que são os meios de comunicação. Só houve referências ao caso em alguns jornais de Chicago e uns vagos artigos em *The New York Times*. Em geral, a imprensa, toda metida no caso Watergate, calou-se sobre uma questão que a obrigaria a sair do quadro de discussão propiciado pelo poder." [...] "Nos últimos anos os Estados Unidos dedicaram-se a destruir as Nações Unidas, algo que já conseguiram com a Unesco e que se propõem fazer também — hão-de consegui-lo — com a Organização Internacional do Trabalho. A tendência é eliminar todos os organismos que representem as necessidades do mundo."

Noam Chomsky lembra-me o nosso velho e querido Camões. Ele tem razão, como Luís Vaz a tinha (e vamo-lo sabendo cada vez mais) quando se lamentava de "cantar a gente surda e endurecida", mas para muitos não passará de um sujeito impertinente que morde a mão que lhe dá de comer, de um Quixote que teima em lutar contra os novos moinhos de vento plantados na paisagem sem precisar que Sancho lhe diga que são latas gigantescas de Coca-Cola: ele o sabe, e por isso diz estas e outras palavras que deveriam ressoar como gritos na nossa consciência. Quanto às universidades, essas preferem certamente continuar a receber nos seus auditórios apenas o fundador da gramática generativa transformacional, deixando à porta o intelectual crítico do sistema que governa os Estados Unidos e nos governa a nós...

25 de janeiro

Carlos Reis, acompanhado de Isabel Cristina Rodrigues, sua mulher e, para o caso, colaboradora, desembarcou hoje em Lanzarote armado de gravador, bloco-notas e benevolência com a ideia de me fazer uma entrevista que terá um livro como destino final. Estou um pouco assustado, pois não é o mesmo ser entrevistado mais ou menos despachadamente por um jornalista e ser alvo das atenções e curiosidades de um professor universitário que me propõe os seguintes temas de conversa: 1. História literária e história pessoal. 2. A condição do escritor e a instituição literária. 3. O escritor e a linguagem literária. 4. A criação literária: do texto à obra. 5. A questão dos géneros literários. 6. O drama e o espetáculo teatral. 7. A criação poética e o discurso da poesia. 8. A narrativa: configuração e estrutura. 9. Movimentos e transformações da literatura. 10. Diálogos virtuais: citações e confrontações. Vamos a ver se sairei intacto de um interrogatório tão prometedor... Que terá uma testemunha na pessoa de Carlos Câmara Leme, vindo expressamente de Lisboa para relatar o "sucesso" no seu jornal.

28 de janeiro

A entrevista foi hoje. Sobrevivi...
Cândido é o pseudónimo do jornalista Carlos Luis Álvarez, uma das pessoa mais respeitadas na comunicação social espanhola. Publica de vez em quando no jornal em que colabora apontamentos que são autênticos exemplos de concisão e agudeza de espírito. Eis o de hoje, com o título "O sistema": "O capitalismo clássico explorava os assalariados; o neocapitalismo explora os consumidores. É preciso que as maiorias acumulem coisas para que as minorias acumulem capital. Engenhoso". Em tão poucas palavras não é possível dizer melhor, e muitas palavras provavelmente não o diriam tão bem...

29 de janeiro

Câmara Leme pedira-me que comentasse a entrevista que me fez Carlos Reis. Mandei-lhe isto, que sairá com o seu artigo no *Público*:
"A fita magnética do gravador passa lentamente de um rodí-

zio a outro à espera da palavra. A pergunta já lá está, agora o entrevistador olha o entrevistado com uma doce e irónica curiosidade, porque conhece quase sempre a resposta antes que lhe seja dada, ou é capaz de adivinhar o mais interessante dela quando a não conheça toda. Bem se pode afirmar que as entrevistas serão um jogo sem surpresas se não conseguirem que o próprio entrevistado se entreveja. As perguntas, ou batem no muro que todo o entrevistado é, e ressaltam trazendo mecanicamente a resposta, ou abrem nele uma brecha. Neste caso, o entrevistado terá de olhar devagar para o interior da ferida, não porque não tenha apreendido a pergunta, mas porque necessitará apreender-se a si mesmo, dar tempo a que as ideias surpreendidas pela súbita luz se busquem umas às outras a fim de que a resposta se organize num discurso coerente, ainda que hesitante, coerente, ainda que duvidoso, coerente, ainda que perplexo. Só então a palavra que o gravador vai recolher será uma palavra sincera.

"Eles eram três: Carlos Reis, que fazia as perguntas, Isabel Cristina, que zelava pelos microfones e pelas cassetes, Câmara Leme, que tomava notas. Hora após hora, tema após tema, incansavelmente, as perguntas abriram brechas no muro, como se não quisessem deixar nele pedra sobre pedra. Quando uma resposta acabava de ser dada, o muro procurava reconstituir-se, recuperar a inteireza e a solidez, preparar-se para o golpe seguinte, porém, aos poucos, as defesas iam caindo todas para acabarem em campo raso, onde o entrevistado tinha a consciência de estar a perder-se tanto mais quanto mais supusesse ter-se achado. Quiseram saber da sua vida e do seu trabalho, das suas raízes e dos seus frutos, da memória que tem de si mesmo e daqueles que o tempo lhe trouxe e levou, e ele respondia com as palavras de sempre, mas enquanto falava ia protestando interiormente: 'Não é isto, não é isto', e não o dizia porque estivesse a mentir-lhes, dizia-o porque todas as respostas são e hão-de ser sempre incompletas, que por muito que o entrevistado possa chegar a entrever-se, outro muro ao fundo estará a levantar-se por trás daquele que as perguntas fizeram mais ou menos cair, se é que não se encontrava ali desde sempre, indestrutível, indevassável, ou simplesmente à espera doutras perguntas, as últimas, as definitivas, se as há. Durante oito horas atendi a perguntas e procurei as respostas. Disse tudo. Disse tudo?"

O correio trouxe-me hoje, finalmente, um exemplar da edição italiana de *O ano de 1993*, na magnífica tradução do meu estimado e admirado Domenico Corradini Broussard, professor da Universidade de Pisa. Traz o prefácio que para ela escrevi, como segue:

"Palavras de autor no limiar de um livro escrito há quase vinte anos, extemporâneas portanto no preciso sentido da palavra, sujeitam-se ao risco de uma severa desqualificação por parte de leitores bastante argutos para perceberem que a modéstia geralmente usada em tais circunstâncias é, quando menos, puro jogo. Eles sabem que nenhum escritor, por mais longe que levasse a sinceridade, teria a coragem de desacreditar publicamente a própria obra, como também sabem que nenhum, ainda que o aplaudissem como génio ou conhecessem como vaidoso, ousaria louvar-se a si mesmo e assinar o louvor. Se a isto juntarmos a repetida afirmação dos teorizadores da literatura de que o escritor é aquele que menos sabe do trabalho que faz — compreender-se-á que o autor de *O ano de 1993*, chamado a escrever algumas linhas de apresentação, tenha preferido aproveitar o espaço que lhe foi dado para, simplesmente, dizer como e por que nasceu esse livro.

"Eis então os factos. Um mês antes da Revolução de 25 de Abril de 1974, que abriu a Portugal as portas da Democracia (não sabíamos então que a Democracia perfeita é inacessível e que aquela porta triunfal era só a primeira de um caminho que não tem fim), antes desse dia que iria ficar na história portuguesa, um pequeno grupo de militares sublevados tentou, de uma cidade da província, porém sem resultado, derrubar o Governo e mudar o regime. Aconteceu isto a 16 de março, e foi sob o efeito de um profundo sentimento de frustração que escrevi, logo no dia imediato, o primeiro dos trinta poemas que viriam a compor o livro. Tentei expressar neles a angústia, o medo e também a esperança de um povo vivendo sob a ocupação, primeiro resignado e submisso, depois, pouco a pouco, organizando a resistência até à batalha final e ao recomeço da vida, paga com o preço de mil mortes. Coloquei no futuro esse povo de um país não nomeado — imagem de quantos viveram e vivem sob o domínio e o vexame de outro mais poderoso —, pensando porventura que estaria descrevendo os últimos sofrimentos de uma humanidade que enfim iria principar a lenta aprendizagem da felicidade e da alegria, sabendo embora que nada de nós ficará debaixo da sombra que vamos projetando no chão que pisamos.

"Escrevo estas palavras em 1993. Nem os sofrimentos acabaram, nem a felicidade começou. E, a estas horas, frase por frase, palavra por palavra, quantos povos no mundo, aqui e em toda a parte, não leriam hoje estas páginas como o livro da sua dor e da sua imortal esperança?"

30 de janeiro

Não será a falta de assunto que impedirá *O livro das tentações* de avançar. José Mogas de Sousa, meu primo direito, sabedor dos trabalhos e indagações em que tenho andado metido, manda-me agora fotocópias das certidões de nascimento dos nossos avós paternos, João de Sousa e Carolina da Conceição, nascidos, respectivamente, em 1869 e 1871, além de uma folha escrita por seu pai, meu tio Francisco, em que este havia apontado, tiradas não se sabe donde, algumas notícias históricas da Azinhaga, que no mesmo papel comenta. Pelos vistos, já havia uma incipiente costela de escrevedor nestes Sousas... Quando, em 1936 ou 1937, meu pai, que então era subchefe de esquadra da Polícia de Segurança Pública, foi mandado num barco a Tarragona, com outros agentes, a fim de recolher pessoas que não queriam ficar com a República, deu-se ao gosto memorialístico de escrever num caderninho as suas impressões de viagem. O caderno desapareceu, mas ainda posso recordar a passagem em que ele descreveu o molhe do porto de Tarragona, com os milicianos no cais levantando o punho fechado para o barco. Meu pai não gostava de *rojos*...

2 de fevereiro

Paris. Expolangues. Mesa-redonda sobre a Comunidade dos Países de Língua Portuguesa. Presidiu o secretário-geral da CPLP, Marcolino Moco, e foi moderadora Solange Parvaux. A mesa, que era extensa em espaço ocupado, também o foi no tempo gasto. Estiveram presentes Monsieur Raineri, secretário de Estado para a Francofonia, José Aparecido de Oliveira, pelo Brasil, Van Dunen, embaixador de Angola junto da Unesco, Teixeira de Sousa, por Cabo Verde, Ungulani Ba Ka Khosa, por Moçambique, e este português vindo de Lanzarote para apresentar *L'Aveuglement*, convidado a participar no ato. Ouvimos um discurso de Marcolino Moco tão institucional quanto interminável, uma lição do secretário de Estado francês sobre a política da francofonia, mais um apelo veemente de José Aparecido de Oliveira à "fraternidade" da Comunidade, e finalmente falaram os autores. Conclusão a que cheguei depois do que ouvi: a CPLP é um esqueleto a que falta tudo para se tornar num ser vivo: falta-lhe o cérebro, falta-lhe o coração, faltam-lhe os pulmões, faltam-lhe os nervos e os músculos. E falta-lhe o estômago, isto é, o dinheiro, porque sem ele, já se sabe, não irá longe...

3 de fevereiro

As entrevistas de sempre, e também, uma vez mais, o incómodo pensamento de que nada disto deveria ser necessário, de que seria melhor para toda a gente ter o autor ficado em casa a pensar noutro livro ou simplesmente a olhar para as nuvens ou a regar as hortaliças, deixar o livro entregue ao seu destino, considerando que o feito feito está e já não tem remédio nem melhora, aceitar o silêncio ou o aplauso do público ou da crítica com igual serenidade. Como se andássemos a tirar água à nora voltamos aos mesmos lugares, dizemos as mesmas palavras, pomos os mesmos sorrisos, encontramos as mesmas pessoas: o fotógrafo Ulf Andersen, que conheci em Bordéus há um bom par de anos, o jornalista Manuel Carcassone, do *Figaro*... Lá de vez em quando aparece uma cara nova, como hoje, durante a gravação do programa *Un Livre des Livres*, o operador de câmara, um moço chamado Gorka Sistiaga, filho de um vasco de San Sebastián e de uma russa francesa. Sendo eu um português da Azinhaga, casado com uma andaluza de Sevilha e vivendo nas Canárias, senti-me um pouco da mesma raça ambulante, a raça daqueles que nasceram para andar com as raízes às costas e levam a vida à procura de um novo chão. Às vezes até parece, pelo tempo que permanecem no mesmo sítio, que já o encontraram, mas dentro deles, enquanto olham o outro lado da rua, as fachadas que vão perdendo a cor, os vizinhos que vão envelhecendo, há uma pequena voz que não se cala: ainda não é isto, ainda não é isto...

Ouvido a Annick Thébia-Melsan, comissária-geral da Unesco, durante uma recepção na Embaixada do Brasil, citando Aimé Césaire: "A colonização dos Estados Unidos é a única de que nunca poderemos libertar-nos". Aimé Césaire escreveu estas palavras em 1953...

4 de fevereiro

Bohumil Hrabal caiu do quinto andar em que vivia, quando, segundo a informação aparecida nos jornais, estava a dar de comer aos pombos. Morreu. Por causa das brancas e aladas criaturas (seriam brancas?), aposto que alguém vai ter a peregrina lembrança de dizer que o autor de *Comboios rigorosamente vigiados* teve uma morte "poética", quando o mais certo foi ter-se suicidado, simplesmente...

Sessão na Société des Gens de Lettres, com a ajuda de

Eduardo Prado Coelho. Diálogo, perguntas e respostas acerca de *L'Aveuglement*, poucas pessoas a assistir. Acabado o negócio fomos jantar, Pilar, Eduardo e eu, a um restaurante de inspiração e tradição maçónica chamado Aux Charpentiers, e ali estava Umberto Eco, jantando também, rodeado de jornalistas. Não o via desde Nova Iorque. Com a generosidade que sempre mostrou para comigo, Eco exclamou: "Este é o Saramago!". O pessoal da imprensa deu mostras de estar a par... Mais tarde pensei: "Quantas pessoas teria tido Umberto lá onde esteve?", e esta pergunta, ai de mim, mesmo sem sombra de inveja como era, deitou abaixo por completo as graves reflexões que fiz ontem sobre a vanidade das operações mediáticas e publicitárias dos livros e dos autores...

Dizem-nos de Lanzarote que Camões se escapou de casa. Encontraram-no e apanharam-no daí a pouco, mas o susto da família foi grande. Ele não quer fugir, disso tenho eu a certeza, mas a tentação dos espaços livres, mesmo que tais espaços sejam estradas perigosas onde a morte circula a cem à hora, é irresistível para um cão. Mil aventuras, mil cheiros o chamam do outro lado do muro, e ele não é mais que um pobre e ingénuo bicho com pouca memória para o mal que já lhe causaram os acasos do mundo. Também pode ter sucedido que o Camões, perplexo por não nos ver em casa e por tardarmos tanto, tivesse decidido ir à nossa procura...

5 de fevereiro

Palavras, leva-as o vento, diz-se. Que as palavras escritas, essas ficarão, tranquilizava-nos gravemente o latim: *verba volant, scripta manent*... Nada menos seguro. Duvido que do contínuo falar que tem sido o meu nestes dias alguma coisa fique, mas não sei o que daria para que a memória dos ouvintes retivesse para sempre a leitura das três páginas de *L'Aveuglement* feita por Sonia Emmanuel no programa *Antipodes*, em France Culture. Nunca na minha vida ouvi ler assim. Sem histrionismos, sem grandiloquência, sem artifícios, apenas a voz das palavras, a voz que as palavras certamente teriam se falassem. Os quatro jornalistas que me entrevistavam na Maison de la Radio (entre eles encontrava-se Madeleine Mukamabano, que já apareceu por estas páginas: *Cadernos — II*, 30 de setembro) conheciam a leitora, para eles só o livro era novidade, porém eu assistia ali ao nascimento da minha própria obra, ainda por cima noutra língua, mas isso não tinha importância, era como se eu compreendesse, enfim, que as palavras escritas são apenas imagens, reflexos da palavra primordial que não existirá verdadeiramente enquanto não for dita. Uma palavra no papel é o desenho de uma ilha no mapa, e o desenho não é a ilha. Dizer que devo a Sonia Emmanuel uma das maiores emoções da minha vida, seria dizer pouco, porque a essa mesma emoção não a sei eu expressar por palavras.

7 de fevereiro

A viagem de comboio para Estrasburgo foi tranquila. Colóquio na FNAC, ao fim da tarde. A sala, é certo que pequena, estava cheia. Fizeram-me companhia na mesa e ajudaram ao debate Álvaro Guerra, que é o nosso embaixador junto do Conselho da Europa, e António Souto Marques, leitor de português na Universidade. Sendo poucas as pessoas que já tinham lido *L'Aveuglement*, orientei prudentemente a conversa para matérias de interesse geral, sempre relacionadas, em todo o caso, com o tema central do romance, aquilo a que vou teimando em chamar "a cegueira da razão" ou "o uso irracional da razão". A propósito das várias maneiras de ser-se "cego", aludi e comentei um velho texto meu (artigo? ensaio? vá-se lá saber...) já publicado em dois jornais, um de Portugal e outro de Espanha, mas que, para não acabar perdido de todo nas hemerotecas, me apetece passar a estas páginas. O título é "Contra a tolerância":
"É justa a alegria dos lexicólogos e dos editores quando, ao som dos tambores e trombetas da publicidade, aparecem a anunciar-nos a entrada de uns quantos milhares de palavras novas nos

seus dicionários. Com o andar do tempo, a língua foi perdendo e ganhando, tornou-se, em cada dia que passou, simultaneamente mais rica e mais pobre: as palavras velhas, cansadas, fora de uso, resistiram mal à agitação frenética das palavras recém-chegadas, e acabaram por cair numa espécie de limbo onde ficam à espera da morte definitiva ou, na melhor hipótese, do toque da varinha mágica de um erudito obsessivo ou de um curioso ocasional, que lhe darão ainda um lampejo breve de vida, um suplemento de precária existência, uma derradeira esperança. O dicionário, imagem ordenada do mundo, constrói-se e desenvolve-se sobre palavras que viveram uma vida plena, que depois envelheceram e definharam, primeiro geradas, depois geradoras, como o foram os homens e as mulheres que as fizeram nascer e de que iriam ser, por sua vez, e ao mesmo tempo, senhores e servos.

"Crescem pois os dicionários, expandem-se como universos alfabéticos, com as suas entrelaçadas constelações de verbos e pronomes, de conjunções e preposições, de substantivos e adjetivos, de advérbios e *tutti quanti*. Seriam incrivelmente maiores se decidíssemos admitir neles as múltiplas e multímodas formas verbais, seriam um pouco mais breves se deles eliminássemos os antónimos, palavras em verdade desnecessárias sempre que não perdêssemos de vista e de sentido a simples noção dos contrários. Bastar-nos-iam, por exemplo, as palavras 'feliz' e 'felicidade', para que, por algo como uma operação mecânica comutativa, logo se nos apresentasse ao espírito, porventura ajudados pela experiência pessoal, os estados e sentimentos alternativos, a lágrima no lugar do sorriso, a tristeza no lugar da alegria. A ausência dos antónimos não tornaria melhor o mundo, mas representaria, sem dúvida, uma poupança considerável de celulose e de papel nestes esbanjadores tempos em que vivemos...

"De maneira igual procederíamos com essa detestada palavra que se escreve com as letras de 'intolerância', sombra dos nossos dias, pesadelo das nossas noites, assombração regressada ao mundo quando, ingénuos ou estúpidos, a julgávamos banida dele para sempre, tornada, quando muito, exclusiva das relações entre cães e gatos, os quais, como sabemos, não se podem nem cheirar uns aos outros. Assim lançada fora a maldita, expulsa por uma vez dos dicionários, ficaríamos a viver na boa paz da sua contrária, a humanitária e doce 'tolerância', tantas vezes cantada e louvada, pretexto para discursos de parlamento e arengas de comício, conselho de pais bem formados à prole esperançosa, guia imaculada de moralistas, estrela e farol de editorialistas e filósofos. 'A tolerância', proclamam todos eles, 'a tolerância, senhoras e senhores, é o melhor que existe, quem tem tolerância, tenha sido ela dada ou recebida, tem tudo.' Dito isto, e como se pela sua boca tivesse sido anunciada a mais irrefragável das verdades, esperam da simplicidade da gente comum — eu, vós, quase todos — que tomemos por ouro de lei o que provavelmente não passa de imitação enganadora, insuficiente e equívoca aproximação de um objetivo que já tarda — o da instauração de uma relação autêntica, por assim dizer ontológica, se os puristas da filosofia não me proíbem o termo, entre todos os seres humanos, sejam quais forem as suas origens, raças, cores e religiões.

"Com o seu inapelável magistério, o dicionário afirma que 'tolerância' e 'intolerância' são conceitos e práticas extremos, incompatíveis entre si, e, deste modo os definindo, implicitamente nos concita, com exclusão de possíveis alternativas, a situar-nos em um ou em outro dos dois polos, como se entre eles ou para além deles não existisse ou não pudesse vir a existir outro lugar, o lugar da reunião e, perdoe-se a retórica, da fraternidade. Para esse lugar, porém, não dispomos do conceito identificador, da bússola, da pedra de toque. Mas se tal palavra não se encontra no dicionário é porque não levamos no entendimento a consciência nem no coração o sentimento que lhe conferiria uma profunda e quem sabe se definitiva humanidade: afinal, os seres humanos não podem, antes do tempo certo, criar os conceitos de que, sem o saberem ou não querendo sabê-lo, vitalmente já necessitavam...

"Observados os comportamentos e as situações, que é então a tolerância senão uma intolerância ainda capaz de vigiar-se a si mesma, temerosa de ver-se denunciada aos seus próprios olhos, sempre sob a ameaça de um momento em que as circunstâncias a obriguem a deixar cair a máscara das boas intenções que outras circunstâncias lhe tinham colado à pele como aparentemente sua própria? Quantas pessoas hoje intolerantes foram tolerantes ainda ontem? Tolerar (ensina o infalível Morais) é 'suportar com indulgência; suportar. Permitir tacitamente (o que é censurável, perigoso, merecedor de castigo etc.). Permitir por lei (cultos diferentes dos da religião considerada como do Estado). Admitir, permitir. Suportar, assimilar, digerir'. Boa abonação da última acepção, digo eu, seria, por exemplo, a seguinte frase: 'O meu estômago não tolera o leite', o que, extrapolando, significa que o tolerante poderia alegar que o seu estômago, na realidade, não suporta negros nem judeus, nem ninguém dessa raça universal a que chamamos imigrantes, mas que, tendo em conta certos deveres, certas regras, e não raramente certas necessidades muito materiais e práticas, está disposto a permiti-los, a suportá-los com indulgência, provisoriamente, até ao dia em que a paciência se esgote ou as vantagens proporcionadas pela imigração venham a sofrer diminuição sensível.

"A tolerância e a intolerância são pois os dois degraus de uma escada que não tem outros. Do primeiro degrau, que é o seu, a tolerância lança para baixo, para a planície onde se encontra a multidão de tolerados de toda a espécie, um olhar que desejaria ser compreensivo, mas que, muitas vezes, vai buscar a equívocas formas de compaixão e de remorso a sua débil razão de ser. Do alto do segundo degrau a intolerância olha com ódio a confusão dos estrangeiros de raça ou de nação que a rodeiam, e com irónico desprezo a tolerância, pois claramente vê como ela é frágil, assustada, indecisa, tão sujeita à tentação de subir ao segundo e fatal degrau quanto incapaz de levar às consequências extremas o seu perplexo anseio de justiça, que seria renunciar a ser o que tem sido — simples permissão, aparente benevolência — para se tornar em identificação e igualdade, isto é, respeito. Ou igualância, se uma palavra nova faz falta, ainda que tenha tão bárbaro som...

"Tolerantes somos, tolerantes iremos continuar a ser. Mas só até ao dia em que tê-lo sido nos venha a parecer tão contrário à humanidade como hoje nos parece a intolerância. Quando esse dia chegar — se chegar alguma vez —, começaremos a ser, enfim, humanos entre humanos."

8 de fevereiro

Depois das canseiras literárias, o gosto do passeio e o prazer da amizade. De comboio, atravessando planícies arripiadas de frio, vendo passar as superfícies plúmbeas dos pântanos e dos charcos gelados (como estaria, àquela hora, a nossa ilha de Lanzarote?), viajámos de Estrasburgo para Bruxelas, onde nos esperavam o Sérgio Ribeiro e a Maria José Rodrigues. Tenho um compromisso a satisfazer no Parlamento Europeu, mas será só daqui a quatro dias. Até lá, descanso e bom trato, como dizia lá na aldeia a minha gente quando lhes dava para sonhar com o que, na ideia deles, deveria ser o País da Abundância...

9 de fevereiro

Passeio a Bruges. Reencontrei intacta a beleza da cidade, mas não a emoção do meu primeiro descobrimento dela, já lá vão muitos anos. É sempre assim. Ainda hoje posso recordar o que senti quando me encontrei pela primeira vez diante da porta da Biblioteca Lorenziana, em Florença, o terremoto do espírito que me sacudiu naquele momento. Sozinho, mudo de assombro, contemplando aqueles degraus de pedra cinzenta, aqueles corrimãos, aqueles nichos vazios — nunca, em toda a vida, uma obra de arte causou em mim tão devastador abalo, como se o resto do mundo tivesse deixado de existir naquele instante e a porta de Miguel Ângelo fosse o último e sublime vestígio da nossa passagem pelo planeta. Quando, passados tempos, ali voltei, a porta não era mais do que isso, uma porta de pedra simplesmente, belíssima, sem dúvida, mas a emoção que me havia transportado e transfigurado não se repetiu: a felicidade veio quando lhe apeteceu, não porque eu a tivesse chamado, e agora que a chamava, não vinha. O momento foi ela que o escolheu, a mim só me competira estar lá. Na hora certa, nem um minuto antes, nem um minuto depois.

10 de fevereiro

Passeio a Gand. Porque a catedral de S. Bavon se encontrava fechada ontem, tivemos de repetir hoje a viagem. Lá dentro a atmosfera estava de gelo, fazia mais frio no interior da grande nave do que na rua, onde já havíamos tiritado durante quase um quarto de hora, à espera da hora de abertura. Íamos, nem seria preciso dizê-lo, por causa do *Cordeiro místico*, que eu esperava ver no lugar de sempre, na capela mortuária de Joos Vijd e de sua mulher, Isabela Borlunt. Já não está lá. Transferiram-no para outra capela, a da Cidade, logo à esquerda do portal, onde passou a ser possível, finalmente, contemplar o tríptico de frente, e não como antes, de um ângulo oblíquo, forçado pela disposição da barreira colocada à entrada da antiga capela. O que se perdeu na mudança foi o "motivo aparente" das sombras que as figuras lançam sobre a tela... Como a luz natural, na Capela Vijd, entrava pelo lado direito do observador, Hubert e Jan Van Eyck pintaram o seu *Cordeiro místico* de modo a que as sombras das figuras parecessem causadas por ela: feito de propósito para aquele lugar, o tríptico, como uma joia que se tivesse conformado ao estojo onde iria ser recolhida, tomou dele o pouco de que necessitava: umas sombras, apenas. Hoje, as sombras que ficaram na Capela Vijd não iluminam nada...

11 de fevereiro

Peregrinação ao Museu das Belas-Artes, dia de ver a Bruegel. Ali estavam: a *Queda dos anjos rebeldes*, o *Recenseamento de Belém*, a *Paisagem com queda de Ícaro*. Por mal definidas e inquietas razões sempre me intrigou a famosa batalha celeste. Havia ali algo que eu não conseguia compreender. Não era o facto de estarem os anjos revoltosos desmunidos de armas (salvo uma curta cimitarra na mão de um deles) perante as exterminadoras durindanas do arcanjo S. Miguel e dos dois anjos que mais perto dele o ajudam na tarefa, isto sem contar os quatro que, lá para trás, se servem da cruz como de uma lança para espetá-la na barriga nua dos animalejos em que os rebeldes se transformaram. Também não era porque alguns anjos bons soprassem em trombetas curvas, ao passo que as dos corneteiros malvados eram direitas... Fazia-me espécie, isso sim, que o mal estivesse ali representado por uma multidão de animais da terra, do ar e da água, disformes quase todos, é certo, horrendos alguns, é verdade, mas, apesar disso, conservando traços obviamente associáveis a outros bichos que viriam a sair (ou tinham saído já, faltam-me ideias claras sobre esta cronologia) da mão divina no sexto dia da Criação, em alguns casos, até, exata cópia deles. Hoje creio ter compreendido. Encaixado na sua armadura dourada, semelhante a um louva-a-deus, o que S. Miguel está a fazer é a expulsar do céu a primeira insurreição pública da carne, essa que os anjos não têm ou que por vergonha ocultam (as compridas túnicas nem sequer nos permitem ver-lhes os pés), mas que os rebeldes mostram com a inocência dos animais que, por serem sem pecado, não necessitam cobrir-se. Ora, na parte inferior do quadro, ao centro, precisamente na linha de direção do olhar do arcanjo, ocupado a cortar o pescoço a um bicho que tem algo de caprídeo (não o fará, demonstrei em *O Evangelho segundo Jesus Cristo* que os demónios não podem morrer...), encontra-se um certo anjo rebelde que talvez ajude a compreender estes enigmas. Não atentemos no seu rosto boçal e grosseiro, nem nos braços, que são já como patas de animal, observemos-lhe antes os seios duros, redondos, os mamilos que quase rompem o tecido que ainda cobre o que resta de um corpo que, ao parecer, tinha tudo de humano. Sabemos que o supérfluo não existe na pintura de Bruegel. Esta mulher, a única que será possível identificar como tal no turbilhão convulso das dezenas de figuras do quadro, não foi posta ali por acaso. E também não foi certamente por acaso que o pintor colocou os seios da mulher no caminho imediato de visão do olhar do arcanjo. S. Miguel, porém, conserva a impassibilidade do puro espírito. O grito da mulher caindo nas profundas não o perturba. Pobre S. Miguel...

12 de fevereiro

No dizer de quem lá esteve, correu bem o colóquio no Parlamento Europeu. O convite veio do Grupo Confederal da Esquerda Unitária Europeia/Esquerda Verde Nórdica, mas o impulso que o pôs a caminho de Lanzarote foi, como já se calcula, o Sérgio Ribeiro, meu deputado em Estrasburgo. Falei com vagar do *Ensaio sobre a cegueira*, da minha visão pessimista do mundo, da chamada "construção" europeia, do meu trabalho, e também um pouco da minha vida. A sessão era aberta a quem quisesse, mas, curiosamente, nem um único deputado do Partido Socialista (refiro-me ao de Portugal, claro está...) achou que poderia ser compensador o esforço de ir ouvir um compatriota, saber o que tinha para dizer um escritor português e comunista no Parlamento Europeu. Deram-me, sim, a honra da sua presença os funcionários do Grupo Socialista (de Portugal, claro está...), e também, mais de agradecer ainda, por inesperado, o deputado António Capucho, do Partido Social-Democrata. E depois nós é que somos os sectários...

13 de fevereiro

Viajando para Lisboa, leio no *Libération* que uma fundação religiosa do Estado iraniano subiu para dois milhões e meio de dólares a recompensa pelo assassínio de Salman Rushdie. O *ayatollah* que preside à "benemérita" instituição, uma religiosíssima pessoa chamada Hassan Saneí, anunciou que, juntamente com o prémio, seriam também pagos os juros acumulados desde a data da sua fixação... Prevenindo algum pouco provável escrúpulo de consciência, o *ayatollah* explicou que "a *fatwa* do imã Khomeiny é um decreto divino que todos os muçulmanos devem tentar executar", que tal dever "não é reservado a uma pessoa ou a uma nacionalidade determinada, antes incumbe a todos os muçulmanos", e, como se tanto ainda fosse pouco, quis aclarar o assunto de uma vez: o prémio será entregue à pessoa que execute a *fatwa*, seja ela quem for, "tanto fazendo que se trate de um muçulmano ou não, incluindo até os guarda-costas de Rushdie", no caso de eles se decidirem a assassinar o escritor.

O que assombra é que tudo isto se diz, confirma e ameaça em nome do Corão, o mesmo Corão onde se podem ler palavras como estas: "Que ninguém seja forçado em matéria de religião: o bom caminho distingue-se por si mesmo", ou "Se Deus o tivesse querido, teria feito de vós uma única comunidade: mas Ele quis experimentar-vos nos Seus dons. O que deveis é lutar por boas ações. Deus vos dirá depois para que serviram as vossas divergências"... Meu Deus, meu Deus, quando nos veremos livres de ti?

14 de fevereiro

Morreu Pilar Donoso. Dois breves meses depois do falecimento de José Donoso (v. *Cadernos — IV*, 7 de dezembro), Pilar depôs as armas. Durante os últimos anos, ainda conseguiu fazer da sua pouca saúde o bastão em que se ia apoiando a fragilidade do marido, apenas mais visível. As preocupações dos amigos, as atenções do mundo, sobretudo, iam para os altos e baixos do estado geral de José Donoso, mas os íntimos sabiam que Pilar estava marcada pela doença, pelo menos tão gravemente quanto ele. Aguentou-se à tona até onde lhe foi possível, e agora, perdida a última razão de lutar que lhe restava, deixou-se afundar.

15 de fevereiro

Encontro com João Mota, Nuno Artur Silva e Manuela Batalha para tratar da arrastada questão que tem sido o projecto de uma adaptação teatral da *História do cerco de Lisboa*. Os obstáculos são muitos e de peso: perplexidades e dúvidas sobre as características do espetáculo, urgência do tempo, insuficiência de meios materiais... Por minha parte, tenho-me proibido acrescentar-lhes mais algumas da minha lavra, mas, na verdade, suspeito que a ideia não irá por diante. Oxalá me enganasse.

17 de fevereiro

Parece que poderemos dormir tranquilos: por muitos abomináveis erros que a humanidade continue a cometer, inventando novos pecados e crimes ou aperfeiçoando os antigos, Deus não a tornará a castigar. A informação chega-nos de fonte limpa, da própria e infalível boca do papa. Disse ele em Roma, na ocasião do início da distribuição de um milhão de exemplares do *Evangelho de S. Marcos*, que das palavras da aliança de Deus com Noé, a seguir ao dilúvio, se depreende que "já nenhum pecado poderá decidir Deus a acabar com o mundo que ele mesmo criou". Ainda bem. Em todo o caso, por mais que Woityla me diga, eu, pessoalmente, não fico sossegado. Em primeiro lugar, porque Deus, na conversa com Noé, não se comprometeu definitivamente, apenas disse que "não mais criatura alguma será exterminada pelas águas do dilúvio e não haverá jamais outro dilúvio para destruir a terra", deixando, portanto, sob capciosa reserva mental, como até uma criança é capaz de perceber, todas as outras possibilidades. Mais provavelmente, se calhar, por saber que a própria humanidade se encarregará de destruir o mundo e destruir-se a si mesma. Pergunto-me se não seria esta, afinal, a mensagem que pretendiam comunicar-me aquelas ameaçadoras mulheres do outro dia...

No autocarro que me haveria de levar ao terminal de chegada

do aeroporto de Lanzarote, dois homens, ao meu lado, conversavam. Eram espanhóis de Canárias que, como eu, regressavam a casa. Um deles disse: "Li ultimamente um romance que me impressionou muito, chama-se *Ensaio sobre a cegueira*". O outro respondeu: "Tenho ouvido falar, mas ainda não o li". "Pois deverias lê-lo, eu ando a recomendá-lo a toda a gente porque acho que vale a pena." Pensei rapidamente: "Que faço agora? Calo-me? Dou-me por achado? É evidente que não me conhecem, nem sequer repararam na pessoa que têm ao lado...". A conclusão foi meter-me na conversa: "O autor do livro haveria de ficar contente se o ouvisse...", foram as palavras que pronunciei, num tom que soou contrafeito aos meus próprios ouvidos. Olharam-me os dois com expressão de surpresa e leve contrariedade, como se não tivessem apreciado a intromissão. Continuavam a não me reconhecer, portanto só me restava uma saída: apresentar-me. Como seria de esperar, foi agradável a conversa que se seguiu enquanto o autocarro fazia o curto trajeto para o terminal, mas eu pensava que teria sido melhor ficar calado, perdera uma ocasião de ouvir falar de mim como se não estivesse presente. Algo chegara a escutar, é certo, mas quem sabe se as censuras não se seguiriam às amabilidades, se depois dos louvores não viriam as reservas? Parece que só quando não estamos é que verdadeiramente somos...

18 de fevereiro

Quando, graças à amizade de Rui Godinho, fiquei a conhecer a verdade sobre o falecimento e o enterramento do meu irmão Francisco (v. *Cadernos* — *IV*, 8 de novembro), uma dúvida ainda me restava depois de ver finalmente emendadas algumas das certezas "históricas" que julgara ter. Uma dessas certezas era de que a família residia então na Rua Sabino de Sousa, ao Alto do Pina. Afinal, onde morávamos era numa misteriosa Rua E qué nenhuma carta dessa área de Lisboa me mostrava agora onde se situava. Escrevi por isso uma vez mais ao Rui Godinho, pedindo-lhe nova ajuda, ao mesmo tempo que, pelo sim, pelo não, me sangrava em saúde: "Se achares que estou a passar das marcas, manda-me para o diabo", disse-lhe. Não mandou, ou sim, mandou gentilmente o que me faltava saber: que a dita Rua E é hoje a Rua Luís Monteiro, chamada assim desde junho de 1926, quando provavelmente ainda lá estaríamos a morar. Minha mãe não sabia ler os letreiros das esquinas, imaginaria residir na Rua Sabino de Sousa, talvez por ter nome de gente, ou, como Rui Godinho sugere, por aquela rua "se encontrar com a Rua Luís Monteiro no lado norte desta e nem sempre as confluências das ruas foram o que hoje são". Perguntar-se-á a quem poderão interessar estas miudezas? Só a mim, evidentemente. Em todo o caso, pergunto-me se haverá alguma coisa nas vidas de todos nós que mereça que lhe chamemos miudeza, ou se, pelo contrário, tudo importa, tudo conta, e somos nós que geralmente não suportamos levar carga demasiada às costas da memória. No fim das contas, não é com certeza o mesmo ter vivido na Rua E, ao Alto do Pina (numa cave, creio recordar), ou no bairro alto-burguês da Lapa...

Rosel Albero é um livreiro de Buenos Aires, dono de uma livraria a que deu o nome afortunado de Joyce, Proust & Cª. Conheci-o em 1988, por ocasião da minha segunda viagem a Argentina. É um homem cordial, afectuoso, cuja razão para vender livros é amar a literatura. Suspeito mesmo que seria capaz de os oferecer se tivesse garantida doutro modo a subsistência... Trocamos cartas (escreve num excelente português, com leve toque brasileiro no estilo), é certo que apenas de longe em longe, porque os nossos afazeres não permitem uma correspondência mais assídua, mas as suas palavras são sempre consoladoras, como se nos unisse uma antiga e leal amizade: alguém, lá longe, estima o trabalho que ando a fazer e a pessoa decente que me esforço por ser, e não se importa de o declarar simplesmente, sem rodeios. Numa carta que hoje recebi relata-me dois episódios (omitir um terceiro evita-me polémicas...) relacionados comigo. O primeiro foi este: "Recentemente entrou na livraria uma futura professora de português que procurava material para fazer um estudo intertextual de Fernando Pessoa e Mário de Sá--Carneiro ou algum outro escritor contemporâneo. Como eu não tinha nada para lhe oferecer, comecei a falar de Ricardo Reis. Acabou levando o livro, lhe facilitei algum material que eu tinha em casa (artigos de jornais, resenhas, o número especial da revista *PLURAL* de México, e agora o trabalho dela versará sobre Fernando Pessoa e... você!". O outro é o seguinte: "Para me manter em forma aos meus 73 anos, além da natação e dos passeios de bicicleta, pratico o tai chi chuan. Meu professor é um rapaz que já foi caixeiro-viajante de várias editoras e agora seu ganha-pão são as lições da disciplina chinesa citada. Noutro dia, enquanto fazíamos a prática numa praça, me disse ele: 'Um destes dias vou passar na tua livraria para ver as novidades da literatura internacional'. Eu lhe respondi que [...]. E o meu instrutor acabou comprando *Ensaio sobre a cegueira*". Rosel Albero continua: "O senhor não deve tomar isto como adulação, mas sim como a opinião sincera de um leitor que, mesmo sem ser um erudito, tem acesso à informação sobre, e à leitura de, obras literárias em várias línguas. Acontece simplesmente que eu sou um livreiro que, uma vez que se apaixona por um autor, faz o que eu chamo de proselitismo literário. Como o tenho feito sempre com James Joyce, Umberto Eco e outros escritores da minha preferência. Como o venho fazendo durante mais de trinta anos com o poeta-compositor-intérprete Georges Brassens. Imagino que o senhor deve conhecê-lo, como conhece Jacques Brel, mencionado em duas ou três ocasiões nos *Cadernos*". Rosel Albero refere depois as semelhanças que em seu entender aproximam o autor do *Evangelho segundo Jesus Cristo* e o autor de *Le Mécréant*. Não me pronunciarei sobre a exatidão delas, mas é inevitável que a partir de agora escute Brassens doutra maneira... (Faltava explicar ainda que as reticências que acima meti entre parêntesis estão a ocupar o espaço de uma opinião de Rosel Albero que a modéstia que me resta nunca me permitiria que transcrevesse.)

22 de fevereiro

Passei o dia de ontem em Puerto del Rosario, capital da vizinha ilha de Fuerteventura. As suas luzes, em noites límpidas, avistam-se da nossa casa como uma pequena fiada de candeias postas sobre a linha do horizonte. Em tempos passados, o seu nome foi Puerto Cabras, mas depois chegou o turismo, a algum político local há-de ter parecido impróprio que os ouvidos estrangeiros, recém-desembarcados das delicadezas da civilização, fossem agredidos pela plebeia designação toponímica, e o nome foi mudado religiosamente para o insignificante Puerto del Rosario que é hoje. Tratamento igual sofreu o nome de La Tiñosa, aqui em Lanzarote, que estaria bem para uma pobre aldeia de pescadores, mas nunca para o lugar de diversão, prazer e ócio turístico em que viria a tornar-se este Puerto del Carmen que temos agora diante dos olhos... Quanto à povoação de Tías, onde vivemos, que graças aos céus não interessa a turistas, apenas lhe tiraram o Fajardo que lhe vinha da origem, mas tenho esperança de que algum dia os habitantes do lugar decidam restituir-lhe o velho nome, passando a chamar-lhe Las Tías de Fajardo, tal como eu, sem ter pedido licença às autoridades, já venho pondo nas minhas cartas.

A breve estada em Fuerteventura teve por motivo decidir, com os meus colegas do júri, Marcial Morera, catedrático de Filologia Espanhola da Universidade de La Laguna, e Pedro Lezcano, poeta, conselheiro de Meio Ambiente do Cabildo Insular de Gran Canaria, quem seria o vencedor do Prémio de Criação Literária Poeta Domingo Velázquez, que o Cabildo da ilha instituiu. Ganhou um jovem de Las Palmas, Pedro Flores, que, sob um título pouco atrativo — *La vida en ello* —, apresentou uma excelente coletânea de poemas. Cumprida a grata obrigação, regressei a casa esta manhã. Muito cedo. A meia hora de travessia do canal de Robaina, que separa as duas ilhas, mostrou-me novamente quanto se ganha em quebrar uma vez por outra a rotina das manhãs domésticas: aquela luz ainda com vestígios da claridade auroral, o balanço largo das ondas que era como a respiração do mar, o vento rijo e constante que soprava do norte, dos vulcões de Lanzarote — foram impressões que recolhi profundamente, segundo a segundo, como se eu viesse, piloto e relojoeiro, a governar o tempo e o barco...

24 de fevereiro

    Há mais uma ovelha no mundo. Não veio ao mundo pelos processos tradicionais, graças aos manejos reprodutores clássicos de um pai carneiro e de uma mãe ovelha. Chama-se Dolly e é um clone, uma cópia obtida por manipulação genética doutro animal da mesma espécie. Como era de esperar, a notícia veio a lume envolvida nos aplausos dos otimistas que creem que qualquer progresso científico só poderá ser benéfico para a humanidade e nos protestos dos pessimistas que temem o possível (ou provável) mau uso futuro da revolucionária tecnologia. Como vivo de imaginar, lembrei-me de Robert Louis Stevenson e pus-me a pensar em como seria *O estranho caso de dr. Jekyll e mr. Hyde* da duplicação genética, portanto não com um protagonista, mas dois, sendo um deles clone do outro... Jekyll só pela morte conseguiu libertar-se de Hyde, e é mais do que certo que ela, nesse novo livro, teria de voltar a intervir, fazendo eliminar um pelo outro. Contudo, a dúvida continuaria. Como saber quem era um e quem tinha sido o outro? Seria o assassino o "original"? Seria ele o "duplicado"? Ficasse quem ficasse, Hyde ou Jekyll, a velha pergunta repetir-se-ia: quem sou eu? E, sem nos termos apercebido, suponho que acabaríamos por regressar ao livro de Stevenson: é Hyde quem morre na morte de Jekyll, ou é Jekyll quem na morte de Hyde morre?...

25 de fevereiro

    Uma notícia curiosa: Julien Green virou costas à Academia Francesa, onde tinha sido admitido em 1970. Parece ter-se "lembrado" subitamente de que não era francês, embora tenha nascido em Paris, mas sim norte-americano, uma vez que norte-americanos eram os seus pais... Nenhuma decisão é surpreendente aos 96 anos, que tantos são os que conta o autor de *Léviathan*...

27 de fevereiro

Há já algum tempo Juan Sager pediu-me que escrevesse umas linhas para um livro à memória de Giovanni Pontiero. Eis o que acabo de enviar-lhe:
"Escrever é traduzir. Sempre o será. Mesmo quando estivermos a utilizar a nossa própria língua. Transportamos o que vemos e o que sentimos (supondo que ver e sentir, como em geral os entendemos, sejam algo mais que as palavras com que nos vem sendo relativamente possível expressar o visto e o sentido...) para um código convencional de signos, a escrita, e deixamos às circunstâncias e aos acasos da comunicação a responsabilidade de fazer chegar à inteligência do leitor, não tanto a integridade da experiência que nos propusemos transmitir (inevitavelmente parcelar em relação à realidade de que se tinha alimentado), mas uma sombra, ao menos, do que no fundo do nosso espírito sabemos bem ser intraduzível, por exemplo, a emoção pura de um encontro, o deslumbramento de uma descoberta, esse instante fugaz de silêncio anterior à palavra que vai ficar na memória como o rasto de um sonho que o tempo não apagará por completo.
"O trabalho de quem traduz consistirá, portanto, em passar a outro idioma (em princípio o seu próprio) aquilo que, na obra e no idioma originais, já tinha sido 'tradução', isto é, uma determinada percepção pessoal duma realidade social, histórica, ideológica e cultural que obviamente não era a do tradutor, substanciada, essa percepção, num entramado linguístico e semântico que igualmente não é o seu. O texto original representa unicamente uma das 'traduções' possíveis da experiência de realidade do autor, estando o tradutor obrigado a converter esse 'texto-tradução' em 'tradução-texto', necessariamente ambivalente, por-

quanto, depois de ter começado por captar a experiência de realidade objeto da sua atenção, o tradutor realiza o trabalho maior de transportá-la intacta para o entramado linguístico e semântico da realidade (outra) para que está encarregado de traduzir, respeitando, ao mesmo tempo, o lugar donde veio e o lugar para onde vai. Para o tradutor, o instante de silêncio anterior à palavra é pois como o limiar de uma passagem 'alquímica' em que o que é precisa de se transformar noutra coisa para continuar a ser o que havia sido. O diálogo entre o autor e o tradutor, na relação entre o texto que é e o texto a ser, não é apenas um diálogo entre duas entidades individuais que hão-de completar-se, é sobretudo um encontro entre duas culturas coletivas que devem reconhecer-se.

"Na minha vida de escritor poucas vezes esse diálogo foi tão fraterno e esse encontro tão fértil como os que fizeram nascer e durar a profunda relação de trabalho e de amizade que, ao longo de dez anos, tive o privilégio de manter com Giovanni Pontiero. Recordo como se fosse ontem o dia em que nos conhecemos, em Lisboa, num restaurante à beira do Tejo, com gaivotas voando por cima das nossas cabeças, quando foi propor-me ser meu tradutor para a língua inglesa. Não o movia outro interesse que não fosse o da literatura, e com isto quero acentuar que não o movia um interesse material seu, como sem dúvida não o moveria (louvado seja...) qualquer consideração pelos meus próprios materiais interesses: havia entre nós, simplesmente, um livro que eu tinha escrito e que ele amava. Foi desta maneira que começou, para mim, com a tradução do *Memorial do convento*, uma aventura humana e literária fora do comum, mais e mais rica de lições e aprendizagens mútuas a cada livro que se ia publicando. As longas listas de perguntas e dúvidas que me chegavam, sempre manuscritas, na caligrafia minúscula de Pontiero, em que cada palavra aparecia desenhada letra a letra, eram como portas que se me abriam para uma compreensão mais exata do meu próprio idioma. Esclarecendo o tradutor, o autor esclarecia-se a si mesmo no ato de reexaminar um texto que até aí lhe tinha parecido claro, mas que havia sido tornado opaco pela leitura feita de um ponto de vista diferente, do horizonte de uma cultura diferente.

"Esta foi a nossa relação até ao *Ensaio sobre a cegueira*, traduzido (heroicamente, sim, heroicamente, a palavra não é excessiva) quando a última escuridão já se aproximava de Giovanni Pontiero."

28 de fevereiro

Havia ajuntamento à entrada do hotel, em Santa Cruz de Tenerife. De um lado e do outro dos degraus de acesso, umas boas dezenas de rapazes e raparigas, pastoreados por benévolos representantes da autoridade policial, mostravam a expressão nervosa e impaciente de quem, disposto a continuar à espera, considera, em todo o caso, que o objeto do seu desejo já deveria ter aparecido. Havia também alguns adultos, mas esses arrumavam-se discretamente lá atrás, na última fila, como quem não admite misturar-se com miúdos de treze anos, que esta seria, quando muito, a média de idade dos presentes. Enquanto subia a escada pensei que os jovens entusiastas estariam à espera de algum grupo itinerante de rock, daqueles que percorrem incansavelmente o mundo à procura de música, que só em raríssimos casos encontram. Seguro de que me confirmariam nesta ideia, perguntei ao empregado da receção, mas o que ele me disse foi que a equipa de futebol do Barcelona estava a ponto de chegar e que a agitação juvenil se devia à curiosidade: os *niños* queriam ver, em carne e osso pela primeira vez, o famoso Ronaldo... Enquanto o poeta Andrés Sánchez Robayna não me vinha buscar para a conferência, subi ao quarto a descansar. À hora combinada, desci, mas o meu custódio ainda não tinha chegado. Em compensação, dei com o salão de entrada repleto de gente miúda, como se, por já não caberem na rua, tivessem extravasado para dentro do hotel... Reparei que muitos dos *niños* estavam armados de máquinas fotográficas, que alguns acenavam com pequenas bandeiras do Barcelona e não faltavam os que declaravam publicamente a sua paixão, exibindo a camisola do Barcelona com o número de Ronaldo. Alguém recebeu uma agradecida revoada de palmas quando apareceu a anunciar que o autocarro já saíra do aeroporto. Perguntei-me então se seria mais aconselhável regressar à tranquilidade do quarto, ou esperar, resignado, que me viessem salvar do aperto. Mas o certo é que não me apetecia nada ver o Ronaldo. Nisto estava, já inclinado a fugir outra vez para o ascensor, quando um homem se aproximou a pedir-me um autógrafo: "É para a minha filha", explicou, apontando resignadamente a barreira excitada e ondulante de que víamos os dorsos, mas não as caras. Assinei o papel que ele me apresentava e fiz cara de quem pede desculpa pela insignificância. Foi nesse preciso instante que apareceu Sánchez Robayna. Como um quebra-gelos, vinha abrindo caminho por entre a turbamulta. Antes que as placas tornassem a soldar-se, aproveitando o refluxo, fui atrás dele. Na avenida cruzámo-nos com o autocarro. Por um triz não tinha caído nos braços de Ronaldo.

"Tempo de cegos" foi o título da conferência e o seu tema o *Ensaio sobre a cegueira*. Comecei por comentar uma das mais conhecidas pinturas de Magritte, aquela que nos apresenta uma maçã e tem escritas em baixo algumas palavras — "Isto não é uma maçã" — que negam o que julgamos ver. Magritte tem razão: de facto, não é uma maçã, é apenas a imagem de uma maçã. Depois continuei a falar. De cegos.

4 de março

Macau não me recebeu com palavras de boas-vindas. Depois de treze ou catorze horas de uma desgastante viagem aérea, depois de uma noite praticamente sem pregar olho, quando, ainda meio sonâmbulo, vinha a empurrar o carrinho da bagagem, ouvi uma voz dizer atrás de mim: "Vai ali o perigoso escritor Saramago". Com a rapidez que as minhas emperradas vértebras cervicais permitiram, virei a cabeça para identificar o provocador, mas não distingui em nenhum dos rostos que me seguiam qualquer vestígio do medo, do rancor ou da repugnância que poderiam explicar, inclusive do meu ponto de vista, semelhante denúncia pública. A mil vezes comentada máscara da "impassibilidade oriental" cobria, naturalmente, as caras dos chineses. Quanto às outras, portuguesas ou não, até o mais suscetível dos literatos não recusaria assinar um certificado de boa conduta moral e cívica a favor de qualquer daqueles senhores. Viria eu a dormir em pé? Teria sonhado? Perguntei a Pilar, perguntei a Carmélia, que nos acompanha nesta viagem ao Império do Meio, e ambas confirmaram: alguém revelara, em claríssimas palavras portuguesas, distintamente pronunciadas, que, além de me chamar Saramago, sou um escritor perigoso... "Até aqui, na Cidade do Nome de Deus de Macau", murmurei sucumbido. Valeu-me estarem à nossa espera, sorridentes, acolhedoras, Gabriela Cabelo, do Instituto Cultural de Macau, que é quem aqui me traz, e Ana Paula Laborinho, do Instituto Português do Oriente. Não tive a impressão de que elas me achassem especialmente perigoso. Saudámo-nos, trocámos o beijo da paz. Suspirei de alívio. "Não está tudo perdido", pensei. E lá fomos todos, a cumprir o programa.

5 de março

A manhã foi dedicada à visita do Farol da Guia, do Forte de São Paulo e das ruínas da Igreja da Mãe de Deus, também de São Paulo chamada, onde, com um pouco de menos sorte, a viagem, apenas principiada, poderia ter-se complicado seriamente. Ao salvar uma vedação a fim de encurtar caminho, como se ainda me encontrasse na flor dos meus ágeis 70 anos, não levantei o joelho esquerdo tão acima quanto conviria, do que resultou enganchar-se a ponta do sapato numa das correntes de ferro que rodeiam o recinto, e aí se estatela o autor do *Evangelho*, por assim dizer à porta da igreja, com todo o jeito de ir pagar finalmente com os ossos os insuportáveis sacrilégios e heresias que no negregado livro debitou. Felizmente, os seus reflexos têm menos idade do que diz a certidão de nascimento, a mão esquerda, chegando primeiro ao chão, suportou o pior da queda, os joelhos aguentaram-se o melhor que puderam com o resto: ainda não era desta vez que se faria justiça. Levantou-se o sinistrado meio zonzo, a articulação do pulso começava a doer-lhe como se o carpo e o metacarpo tivessem sido passados por uma máquina trituradora, mas lá conseguiu arranjar serenidade e ânimo para tranquilizar as aflitas companheiras com as palavras de sempre: "Estou bem, não tem importância", ao mesmo tempo que ia pensando: "E tudo isto por causa de uma fachada...". Que é quanto a Igreja de São Paulo tem para mostrar. Há ainda uma cripta com uns ossos de frades, que certamente mereceriam ser olhados com expressão adequadamente compungida, mas a que apenas dediquei um relance despeitado. A sua potência milagreira, que a deverão ter, de nada me tinha servido: a mão doía-me cada vez mais. Fomos dali a dar uma volta de turistas pelas cercanias, eu sempre à espera de experimentar o grande arrepio que tardava. "Pela primeira vez na tua vida estás no Oriente", repreendia-me, "como é possível que não te sintas emocionado?" De facto, não o estava. Sei, de antemão, que não irei conseguir entrar neste mundo chinês, que nunca foi suficiente abrirem-se as portas para que a casa se nos entregue. Bastante atípico neste sentido, sou um ocidental que não só rejeita por instinto qualquer espécie de imposições culturais como aceita, por respeito, ficar do lado de fora daquilo que nunca chegará a entender satisfatoriamente. Estou consciente de que daria um mau antropólogo. E certamente um catequista ainda pior...

À tarde fui falar para alunos do ensino secundário. Quero acreditar que lhes tenha valido a pena. Estiveram atentos, o que já não é pouco, mas ignoro o que depois disseram uns aos outros, os comentários que fizeram, as opiniões que trocaram. A medida real do seu interesse seria essa.

6 de março

Passeio a Hong Kong. A cidade não me interessou mais do que esperava, isto é, pouco. Logo depois do deslumbramento inevitável que foi a minha primeira visita a Nova Iorque, começaram os arranha-céus a cansar-me e a aborrecer-me. Em minha opinião, salvo algum raríssimo caso de arquitetura surpreendente (surpreendente em bom sentido, entenda-se), o que me pode levar a olhar estes edifícios com algum sentimento de admiração é o jogo da luz, o alternar contínuo das claridades e das sombras que por eles perpassam ou neles se demoram. Mas para isto não precisávamos de vir tão longe: muito mais íntima satisfação me dá o vaguear das nuvens pelas encostas dos vulcões de Lanzarote. Compreende-se portanto que não tenhamos ficado na cidade. Depois de uma volta rápida, fomos diretamente aonde parece que todo o mundo está obrigado a ir: a Repulse Bay. Que é Repulse Bay? Repulse Bay é um luna-parque. Não tem montanha-russa, nem comboio fantasma, nem roda de cavalinhos, nem poço da morte, nem barracas de tiro ao alvo, nem carrinhos de algodão-doce, mas é um luna-parque. Um luna-parque de deuses. Embora com a certeza de que não era assim, imaginei, tendo em conta a abundância e a diversidade das figuras representadas, que em Repulse Bay se encontrava reunido um completo panteão das divindades, subdivindades, génios e demónios desta metade do mundo. Não sei se se poderá chamar ao insólito ajuntamento uma operação concertada de sincretismo, mas o certo é que os budas, os dragões, os cavalos, os carneiros de cornamenta dourada, os leões de barbas, os deuses do mar e as deusas da felicidade, uns pequenos, outros de tamanho médio, outros gigantescos, convivem aqui na melhor das harmonias, como facilmente se poderá deduzir dos sorrisos alegres ou da comprazida serenidade que espelham na cara (até os bichos parecem estar contentes...). Todos eles, divindades e animais, estão profusamente pintados. Por toda a parte, os dourados ofuscam a vista, as cores fortes, brancos, verdes, azuis, vermelhos, refulgem ao sol. Numa praia ao lado, uns poucos turistas (deviam sê-lo) pareciam estar a dourar também a pele, talvez para ficarem como o buda ao lado do qual tirei o retrato. Quando dali saímos levávamos nos olhos deuses para toda a semana. Novamente em Hong Kong, ainda fomos dar um passeio pela baía em lancha a motor para ver o povo dos barcos, gente que vive na água, em embarcações de todo o tipo, e que nem sequer perde já o seu tempo a olhar os turistas que zumbem ao redor e tiram fotografias...

7 de março

Macau. A manhã foi ocupada em visitar dois templos, o de A-Ma Miu, na Ponta da Barra, e um outro, no centro da cidade, cujo nome não consegui reter, mas onde se encontra um belo jardim, com uma pequena ponte que dá voltas e voltas (sete? onze?) antes de se decidir a chegar ao outro lado. Num pequeno pavilhão, como um coreto, alguns chineses, homens e mulheres, tocavam e cantavam música sua. O templo de A-Ma Miu tem uma história que parece copiada de certas lendas de milagres do cristianismo... Aí vai. A-Ma, uma rapariga pobre, que queria ir para Cantão, foi pedir aos donos dos juncos fundeados (onde?) que por favor a levassem, mas eles responderam-lhe que não estavam para isso. Foi um pescador, pobre como ela, que acedeu a transportá-la no seu modesto bote. O que sucedeu a seguir era mais do que previsível: de súbito rebentou sobre o mar uma violenta tempestade que afundou os juncos todos, mas deixou incólume o barquito em que A-Ma viajava. Quando desembarcou em Macau, a rapariga sumiu-se, vindo a reaparecer mais tarde, em figura de deusa, neste mesmo lugar, onde os pescadores construíram depois um templo em sua honra, este que vemos... Moral da lenda: o que os homens andam a contar, desde o princípio dos tempos e em todos os sítios do mundo, é uma só história, a história do "milagre" da sua sobrevivência.

Ao fim da tarde, no Leal Senado, Ana Paula Laborinho apresentou com palavras simpáticas a tradução chinesa do *Memorial do convento*, livro onde também se podem encontrar alguns milagres...

8 de março

Passeio às ilhas de Taipa e Coloane com Gabriela Cabelo, do Instituto Cultural de Macau. Dia bonito, de sol descoberto e temperatura suave. Notei que no lado da China andam ocupados em ciclópicos trabalhos de arrasa-montanhas, imagino que será para a construção, ou talvez para fazer aterros, tão comuns nestas paragens, isto é, tiram de onde há para pôr onde fazia falta. Em todo o caso, é desconcertante, se pensarmos no tamanho que tem a China... Fiz uma palestra na Universidade, que está na ilha de Taipa e de cujas janelas se goza uma vista deslumbrante de Macau. Não sei se os alunos chineses que lá se encontravam teriam compreendido tudo o que lhes disse, mas por falta de atenção sua não seria: é pouco frequente ter diante rostos tão sérios, tão concentrados, olhares tão fixos. Ou estariam simplesmente a pensar noutra coisa enquanto esperavam que eu me calasse?

10 de março

Chegámos ontem a Beijing, que é o nome, em mandarim, do que antes, em cantonês, foi conhecido como Pequim. (A propósito: parte da edição chinesa do *Memorial do convento* é em cantonês, a outra parte está em mandarim.) Esperava-nos no aeroporto Ermelinda Galamba de Oliveira, conselheira cultural da embaixada portuguesa, que vai ser, durante os dias que cá estivermos, nossa guia e protetora. À noite, depois do jantar, levou-nos a dar uma volta de carro pelo centro da cidade, mas a escassa iluminação não dava para ver grande coisa, sem contar com o mau serviço dos meus olhos, que estão cada vez menos capazes de distinguir uma sombra de outra sombra.

Hoje, de manhã cedo, fomos a Mutianyu, que está a uns 90 km a nordeste de Beijing, para ver a Grande Muralha. Acompanhavam-nos, além da já inseparável Ermelinda Galamba, Rui Costa, seu auxiliar na embaixada, e Luís Ferreira, do Centro Internacional de Macau, onde trabalha também sua mulher, Luísa Costa

Ferreira, que em breve virá juntar-se a nós. Um outro ponto de visita da muralha é Badaling, a 70 km a noroeste de Beijing, mas aí, segundo nos disseram, são em multidão os turistas que acodem ao lugar e fazem dele a todas as horas uma quermesse carnavalesca. Tivemos sorte em Mutianyu: além do nosso pequeno grupo, não havia mais que meia dúzia de pessoas dispersas. A Grande Muralha é isso mesmo, uma muralha grande, um enorme muro que se estende ao longo de 5000 km, fazendo frente, na sua maior parte, à Mongólia Interior. Sobe à crista das montanhas, que vai bordando ao alcance da vista, de repente cai a direito na fundura de um vale, há momentos em que se perde entre os penhascos eriçados, confunde-se com eles, mas ressurge uma vez e outra, até sumir-se do outro lado de um pico que à distância a que nos encontrávamos parecia inacessível. Depois do primeiro sentimento de assombro, a reação normal só pode ser considerar que se está perante algo irremediavelmente absurdo. O mesmo devia ter pensado Gengiscão quando, antes de invadir a China, declarou aos seus generais: "A força da muralha depende da coragem daqueles que lá estiverem a defendê-la". Centenas de milhares de homens andaram a construir durante dez anos este muro, milhares deles, se a lenda não engana, ficaram sepultados debaixo destas pedras, mortos numa guerra que não chegou a haver, porque a Grande Muralha, afinal, como a Linha Maginot, em França, dois mil anos depois, nunca deteve uma invasão... (Na verdade, a história, apesar de não se repetir nunca, é terrivelmente monótona.) Era inevitável que o meu velho gosto pelas caminhadas a pé me desafiasse a aproveitar a ocasião para percorrer um trecho largo da muralha. A minha intenção era subir até um dos baluartes da encosta fronteira, ou, se as pernas e os pulmões lograssem aguentar o esforço da ascensão, até ao primeiro fortim da cumeada, lá no alto, donde poderia contemplar a paisagem do outro lado. Pilar, Carmélia e os companheiros armaram-se de paciência e ficaram à espera. Não cheguei a andar um quilómetro: o caminho estava cortado à entrada de um baluarte. Em todo o caso, ainda pude ver, desse ponto, a umas centenas de metros na vertente, um extenso pano de muro derruído. Mesmo que lá conseguisse chegar, não poderia ir mais longe: a Muralha Chinesa está a cair... Quando regressávamos ao carro, na rampa onde se reúnem os vendedores de recordações, depois de termos descido pelo funicular, comprei, com a ajuda de Ermelinda Galamba para regatear os preços, um cavalo e um búfalo de bronze. Talvez estes resistam ao tempo um pouco mais que a muralha, talvez o cavalo ainda galope quando do muro já não restar pedra sobre pedra, talvez então ainda continue a ser criança a criança que está deitada em cima do búfalo...

Ao fim da tarde, acompanhado por uma intérprete, visitei a Associação de Escritores da China, onde o professor Fan Weixin, tradutor do *Memorial*, a quem finalmente ia conhecer, me aguardava também. Após a formalidade das apresentações (não havia nenhuma mulher entre os oito ou dez diretores que se tinham reunido para me receber), expressei a minha satisfação pelo cordial acolhimento e, como é habitual em circunstâncias destas, pedi que me fossem dadas algumas informações sobre o funcionamento interno e as atividades da Associação. Em certa altura da demorada exposição (que, pelo processo explanativo e pela retórica oficialista, me fez recordar comunicações do mesmo tipo escutadas na República Democrática Alemã e na União Soviética), tendo o secretário da Direção declarado que havia cinco mil escritores inscritos, não disfarcei a surpresa: "Como é possível que num país com mil milhões de habitantes haja uma associação de escritores com apenas cinco mil membros, quando em Portugal, com os seus dez milhões, ou nem tanto, de habitantes, temos algumas centenas de inscritos?". A resposta foi a que seria de esperar: é que existem muitas outras associações de escritores espalhadas pelo país, quer locais quer provinciais. À minha pergunta: "E como se pode chegar a ser membro desta Associação?", foi respondido que estão em funcionamento comissões de diferentes escalões que têm o encargo de apreciar, passo a passo, os méritos dos autores e propô-los à consideração do escalão seguinte, até à tomada de uma decisão final, cuja competência pertence à Direção. O diálogo que se seguiu foi mais ou menos assim: "Poderão ser inscritos como membros da Associação escritores de qualquer parte do país?", "Evidentemente", "Esses escritores deverão apresentar as suas candidaturas?", "Não há candidaturas, mas sim opções", "Opções, como? Opções, por quem?", "Pelas comissões", "Segundo que critérios?", "Os critérios são diversos", "Literários?", "Obviamente", "E também políticos, suponho", "Sim", "Poderei então concluir que a Associação procede de uma maneira elitista na admissão dos seus membros?", "Em termos gerais, é uma conclusão correta". A partir deste momento não se falou mais de assuntos sérios. A atenção desviou-se para um dos escritores presentes que, por todos os indícios do olhar e dos gestos, se aplicava a desenhar num caderno o meu retrato. Soube depois que era também autor de outro retrato meu, de tamanho grande, com torre de igreja ao fundo, a sugerir Mafra, que, para benefício da ocasião, se encontrava a decorar uma das paredes da sala. Quando a entrevista, durante a qual havíamos bebido uma apreciável quantidade de chá, chegou ao fim, o escritor veio mostrar-me o resultado do seu trabalho. Achei-me gordo, opado, com cara de administrador-delegado ou de senador romano, e enigmaticamente parecido, nos seus últimos anos, com meu pai, que de senador e administrador nada teve... Este retrato (não o grande) era-me oferecido como recordação da minha passagem pela Associação de Escritores da China, mas não o poderia levar comigo já porque ainda lhe faltava o indispensável carimbo de autor, sem o qual um desenho ou uma pintura chineses de qualquer época estarão sempre incompletos. Prometeram-me que me será entregue depois de amanhã, durante a apresentação pública do *Memorial*.

11 de março

Visitar a Cidade Proibida depois de ter visto *O último imperador* de Bernardo Bertolucci é, na verdade, um duro golpe. Esta melancólica e quase soturna realidade nada tem que ver com as imagens "fabricadas" pelo realizador italiano. O esplendor dos interiores, no filme, não passou de um artifício criado por carpinteiros, estofadores e eletricistas, um cenário certamente construído longe daqui, com adereços e atmosferas de imitação. A Cidade Proibida, tal como a estamos a ver agora, contribuiu apenas com o seu exterior para o deslumbramento do início da obra de Bertolucci, e nem terão precisado de limpá-la das contaminações visuais representadas pelos lugares de venda de recordações e pelos restaurantes de comida rápida (os letreiros dizem *fast food*...) que atravancam as esplanadas de acesso, porque, como todos bem sabemos, o cinema só "vê" o que quiser ver. Perguntei onde se encontram as maravilhas artísticas (referia-me às autênticas) que deveriam rechear esta sucessão de pavilhões, e alguém me disse que o melhor da arte chinesa se encontra em Taiwan e foi para lá transportado por Chang Kai-Chek em 1949, quando teve de retirar-se da China. O que ficou viria a padecer, catorze anos depois e durante dez anos, os efeitos devastadores da denominada Revolução Cultural, que de revolução tão pouco acabou por ter, e de cultural menos ainda. Felizmente, nem aos "guardas vermelhos" foi dado arrasarem a Cidade Proibida, nem Chang Kai-Chek a podia ter levado dentro dos camiões blindados da sua bagagem de vencido. As marés contínuas de visitantes, muito mais numerosos os chineses que os turistas estrangeiros, parecem-me, apesar de tudo, deixar como intocadas a imensidade deste espaço e as construções que o balizam e definem. O sólido resiste, a permanente trivialização dos olhares não o chega a tocar. Andei às voltas com esta impressão durante toda a visita à Cidade Proibida, mas foi no Templo do Céu, para onde nos transferimos depois, que a experiência do inacessível ascendeu, para mim, a alturas inesperadas. Não sei o que ainda estará à minha espera em Beijing, mas não creio que algum outro lugar possa ser mais belo que este. Suponho que será possível, com tempo, paciência e memória pessoal bastantes, além da ajuda de um bom guia ilustrado, descrever satisfatoriamente aos vizinhos a Cidade Proibida, mas o Templo do Céu, não. Impedi-lo-á a sua própria simplicidade, um quadrilátero vastíssimo quase inteiramente despido de edificações, com algumas escadarias, alguns muros, amplas esplanadas, um grande pavilhão circular lá ao fundo, que é o Templo da Oração das Boas Colheitas. O resto, além do que tão pobremente deixo dito, não é explicável por palavras. O Templo do Céu é para ver e ficar calado. Simplesmente.

A visita ao Leitorado de Português da Universidade de Línguas Estrangeiras não poderia ter-me dado maior satisfação. A leitora, Helena Carneiro, não só está apaixonada pelo seu trabalho, como notoriamente estima e respeita os alunos por cuja aprendizagem é responsável. Durante quase uma hora ouvimos ler, ora em português ora em chinês, páginas do *Memorial do convento* que já não me pareciam "minhas" e que provavelmente o vão sendo cada vez menos. Todos aqueles rapazes e raparigas usam nomes portugueses, e era com eles que se apresentavam, não com os seus próprios de chineses, quando era a sua vez de ler: eu sou Carlos, eu sou Susana, eu sou Jorge, eu sou Daniel, eu sou Margarida... Quase não seria preciso dizer, conhecendo os materiais de que o autor destes *Cadernos* é feito, que os olhos se lhe arrasaram de lágrimas em mais de uma ocasião...

Uma história exemplar contada em poucas palavras para que não se diga que alguma foi desnecessária. Aqui, em Beijing, vive ainda um homem chamado Chen Yongy que, durante largos anos, se dedicou a traduzir para chinês *Os lusíadas*. Quando da Revolução Cultural, os "guardas vermelhos" começaram a ameaçá-lo por querer divulgar uma obra literária estrangeira. Temendo o castigo, reuniu a família para, em conjunto, deliberarem sobre o que se deveria fazer. As centenas de folhas que reproduziam em ideogramas chineses os versos de Camões já não existem. Foram queimadas.

12 de março

Cerca de 200 pessoas no lançamento do *Memorial*. A entrada fazia-se por convites e daria direito a almoço numa sala ao lado.

Sem este estímulo gastronómico, segundo alguém discretamente me informou quando manifestei a minha supresa por tal afluência de público, as pessoas interessadas em ouvir-me seriam, com grande diferença, em menor número. Parece ser um costume da terra: para o pragmatismo chinês, nascido na noite dos tempos, o alimento do espírito, que se presume estar implícito na apresentação de um livro, não é suficiente para dispensar ou suprir uma oportunidade de alimentar o corpo... Estiveram sentados à comprida mesa da sessão, além do inevitável autor, Gabriela Cabelo e Ana Paula Laborinho, que tinham vindo de Macau, o meu tradutor Fan Weixin, o editor de Montanha das Flores, e Linda Galamba. Depois de Gabriela Cabelo ter pronunciado algumas palavras de abertura, Ana Paula Laborinho fez uma análise descritiva do romance, ampla e rigorosa, preparando o ambiente para a "conversa de autor" que viria depois. Obviamente, comecei por falar do *Memorial*, como a circunstância obrigava, mas não tardei muito a passar-me com armas e bagagens para o *Ensaio sobre a cegueira*, para a "cegueira da razão" e os desconcertos do mundo... Falei portanto de política, de poder real e de poder aparente, dos dois modos da democracia, o verdadeiro das ideias e o falso da prática, falei do mercado e dos seus processos, do capital especulador não produtivo, da necessidade de compreender os mecanismos diretos e indiretos de coação na sociedade globalizada em que vivemos, falei de dúvidas e de perplexidades, de indagações e questionamentos, de aprender a dar a volta completa às coisas como única forma de chegar a saber (talvez) o que as coisas são. Afirmei, enfim, que, ao contrário do que fora dito recentemente por um alto cargo político, em Beijing, não é legítimo exigir dos escritores que se convertam em "militantes do entusiasmo", como não foi legítimo, em tempos passados, querer fazer deles "engenheiros de almas". Quando terminei houve aplausos mais do que bastantes para sossegar o temerário orador sobre o grau de satisfação do público, mas a perplexidade quase se podia palpar no ar: era evidente que o discurso lhes saíra ao contrário do que estavam à espera. Dos nossos, um dos primeiros a vir cumprimentar-me foi

João Barroso, que trabalha também na embaixada e que, além de falar a língua, conhece a cultura chinesa. Num tom de indignação, fez-me logo saber que o tradutor havia maltratado a arenga: "Não é que tenha alterado, não é que tenha dito o contrário, mas empobreceu-lhe as palavras, simplificou-as de mais". "Vá lá, do mal o menos", respondi, e encaminhei-me para a mesa dos autógrafos, onde o mesmo João Barroso teria a gentileza de me acompanhar. Os últimos da fila foram os estudantes da Universidade de Línguas Estrangeiras que conheci ontem, e as dedicatórias que nos livros lhes escrevi levaram, a pedido deles, não os seus nomes verdadeiros, de chineses, mas os nomes portugueses que gostam de usar... Lembrei-me então de perguntar a João Barroso que nome chinês achava ele que me assentaria bem à cara e ao feitio, e ele respondeu, sorrindo: "Vou pensar nisso". Enfim, faltava ainda registar que não vi nem fui procurado pelo escritor que na Associação tinha desenhado o meu retrato, o tal de administrador-delegado ou de senador romano, que prometera vir entregar-me aqui: as minhas heterodoxas opiniões deverão tê-lo feito mudar de ideias...

À tarde, num mercado, enquanto Pilar e Carmélia escolhiam pérolas de rio com a ajuda e a cumplicidade já quase fraternal de Linda Galamba, fomos, João Barroso e eu, dar uma volta pelos antiquários ou que com tal se parecem. Comprei um pequeno búfalo de bronze (mais um), mas este leva pacificamente no lombo, sentado, um sábio (tem todo o ar disso, pelo menos) a ler. João Barroso, que conversava com os negociantes tão à vontade como se tivesse nascido na China e nela vivido sempre, comprou dois bambus (ou melhor, duas metades ocas, cortadas longitudinalmente de um pedaço de caule), pintados de uma cor castanha muito escura, tendo cada um deles, em relevo, cinco ideogramas dourados. Apesar de saber-me um completo ignorante nestes assuntos orientais, achei que eram duas bonitas peças de coleção. Perguntei-lhe o que significavam os caracteres, e ele respondeu: "Depois lhe direi".

Fiquei a conhecer, enfim, o que é uma comida chinesa realmente requintada. Depois dos restaurantes que frequentámos nestes dias, de nomes turisticamente tão sugestivos como O Pato Lacado ou O Pote da Mongólia, donde sempre tinha saído a comentar: "Se a cozinha chinesa é isto...", a infatigável e atentíssima Linda Galamba havia-nos reservado para hoje a mais inesperada das surpresas. Imagine-se uma rua mal iluminada, de casas baixas, térreas, num bairro velho de Beijing. Imagine-se uma porta estreita, duas divisões escassamente mobiladas, sem luzimento, onde mal se podem arrumar, ao todo, em duas mesas redondas, umas quinze pessoas. É o Restaurante Li. Pertence aos descendentes do doceiro da última imperatriz, e esta é também a casa em que a família vive. O jantar não tem descrição possível, limito-me a dizer que foi, para o paladar e para a vista, do princípio ao fim, uma sucessão de deslumbramentos. Cada prato (quantos terão eles sido? dez? doze? perdi-lhes a conta...) foi precedido por uma explicação sobre os ingredientes que o compunham e a sua preparação, dada pelo chefe da família, um homem idoso que (viemos a sabê-lo depois) havia sido, e assim continua a intitular-se ainda, professor de matemáticas aplicadas... O seu nome é Li Shan-lin. E a rua e o bairro onde tudo isto aconteceu chamam-se Yang Fang Hutong, De Nei Da Jie, Xi Cheng. O número da porta é 11. E o do telefone 66180107. Que não se diga que guardo só para mim os tesouros que vou encontrando...

13 de março

    Recorda-nos a velha sabedoria popular, tão desacreditada nestes tempos de triunfante cirurgia plástica, que não há bela sem senão. De facto, não é raro que um defeito, embora não prejudicando seriamente a harmonia do conjunto, assuma, aos olhos de quem o notou, proporções de incómoda negatividade que bem se gostaria de poder esquecer. Que o Templo do Lama seja de uma beleza comovedora, bastará entrar e olhar ao redor para o perceber. Porquê, então, aquela estúpida placa de bronze do *Guinness* dos recordes a dizer-nos que a estátua de Buda que se oferece à vista dos visitantes foi esculpida num tronco de árvore com 23 metros de altura? Que o Templo de Confúcio seja outro admirável lugar, facilmente o proclamarão os nossos olhos. Porquê, então, esse monge de cara espessa e sorriso boçal (com perdão dos expeditos qualificativos), a tocar, lá ao fundo, numa escala de campainhas de diversos tamanhos, quando lhe aparece um turista, o mil vezes maldito e condenado aos infernos "Parabéns a você"? São desgostos e senões que a beleza do resto não chegará para fazer esquecer...

14 de março

Ao almoço, em sua casa, Linda Galamba ofereceu-nos, como lembrança da nossa passagem por Beijing, um pitoresco relógio de mesa da época da Revolução Cultural: pintados no mostrador circular (de um lado e do outro, apreciam-se citações de Mao) há uns quantos "guardas vermelhos" exibindo na mão levantada o Livro da Mesma Cor. Um dos dois ponteiros de segundos que tem, movendo-se à esquerda e à direita, como quem está a acenar um adeus, é o antebraço duma jovem e sorridente "guarda" (aliás, os moços estão contentíssimos, todos sorriem), o outro ponteiro, em arco de círculo, tem na extremidade um aviãozinho prateado que vai dando voltas ao redor do eixo central... João Barroso cumpriu a promessa que havia feito, trouxe-me um nome chinês. Além de Saramago, serei também San Ku, que quer dizer Três Amarguras: amargura (explicou ele) por eu ter de viver num mundo de crueldade, amargura por não o poder mudar, amargura por não ser o homem (completo) que gostaria de ser... Já agora, transcreverei uma parte do escrito que João Barroso me entregou (como uma nova certidão de nascimento), e em que fundamentou a nominação. Diz ele que o carácter San é um pictograma constituído por três traços horizontais que simbolizam a Terra, o Ser Humano e o Céu, sendo a Terra o elemento Yin (feminino), o Céu o elemento Yang (masculino), e o Ser Humano, entre eles, simultaneamente junção e divisão do masculino e do feminino. Que o carácter Ku significa "amargo", "dor", "sofrimento", "dificuldade", "estar perturbado", e é composto por Cao, que quer dizer "erva", e por Gu, que significa "antigo", "marcado pela idade", "envelhecido". Que no taoísmo e no budismo Zen ou Chan o carácter "erva" é frequentemente usado como nome, e também como símbolo da efemeridade. E eu que digo? Que tudo isto (embora alheio ao meu entendimento da vida e do mundo) parece assentar-me como uma luva à cara e ao feitio... Mas as ofertas não iriam ficar por aqui: aquelas duas metades de bambu compradas por João Barroso no mercado como se fossem para ele passaram às minhas mãos, como uma lembrança sua e de Linda Galamba... Se emocionado já estava, mais emocionado fiquei ainda. Quanto aos caracteres dourados em relevo, que representavam para mim um enigma, eis, segundo João Barroso, o que significam: "Quando nada tenho para fazer, sento-me aqui e medito" e "Contente, dedico-me ao estudo"... Para escritor, não está mal.

15 de março

Regressados a Macau, empregámos este último dia a conhecer três instituições que o pouco tempo disponível antes da viagem a Beijing não nos tinha permitido visitar: o Arquivo Histórico, a Biblioteca Central e o Instituto Português do Oriente. Tirando o penoso efeito da arquitetura interior do Instituto do Oriente, verdadeiramente traumatizante, um cenário caligaresco capaz de criar alucinações diurnas e pesadelos noturnos em quem lá trabalhe, tudo o mais (pessoas, serviços e instalações) foi útil de ver, instrutivo de ouvir e agradável de conversar. Não pude eu, em todo o caso, durante as três visitas, fugir a um pensamento: que irá suceder a tudo isto quando o relógio da Praça de Tianamen (por enquanto, só está a contar os poucos dias que restam a Hong Kong...) marcar a hora do regresso de Macau à China? A Cidade do Nome de Deus não tem, nem por sombras, a importância industrial, financeira e cultural de Hong Kong, as cartas que vai ter para colocar em cima da mesa serão apenas, ou com pouca diferença, aquelas com que nos casinos se joga — temo bem que estes enclaves lusitanos (sempre foram enclaves, de facto) não durem mais tempo que o tempo que à China convier. Geralmente, as promessas políticas com data à vista têm vida curta, sobretudo quando o poder se deslocou inteiro para um lado só. Construímos um bom aeroporto, abrimos estradas, ganhámos terrenos ao mar, temos andado a levantar nas praças e avenidas enormes peças escultóricas para recordação (de quê?), mas ouvir falar a um chinês, nas ruas de Macau, algo que mesmo remotamente tenha parecenças com a língua portuguesa, só por um milagroso acaso. A Revolução Cultural acabou, mas eu pergunto-me por quantos anos poderá ainda Camões continuar a trocar impressões sobre os destinos da pátria com João de Deus, seu companheiro no jardim do Leal Senado...

16 de março

Do aeroporto de Lisboa, sem pausa, sem descanso, seguimos de automóvel para Braga, eu arrasado de fadiga, Pilar só um pouco menos. Esperava-me lá em cima a Feira do Livro para um colóquio com Carlos Reis. Durante a viagem, enquanto lutava para manter a cabeça firme sobre os ombros ou me abandonava a repentinas e inquietas incursões pelo país dos sonhos, duvidei seriamente de conseguir levar a bom termo a missão. O melhor seria pedir a Carlos Reis que fizesse ele as despesas da conversa, contribuindo eu com os monossílabos adequados e os troços de frases inteligíveis que lograsse fisgar no estado de confusão lamentável em que sentia o cérebro, ou, para falar com precisão, o estado em que ele me dizia que se encontrava... A escassa hora que dormitei no quarto do hotel, à chegada, recompôs-me um pouco, a experiência e a adrenalina ajudaram depois, mas, sem a reconfortante presença e a sábia participação de Carlos Reis, não sei o que teria sido deste recém-chegado da China...

18 de março

Lanzarote. Não esperávamos que as obras de ampliação da casa, apesar de bastante adiantadas quando daqui saímos, estivessem concluídas na altura do regresso, mas o que não contávamos era vir encontrá-las praticamente no mesmo estado. A obra não tem nada de complicado: trata-se de construir no terraço, por cima do que tem sido o meu escritório, uma nova divisão, onde irei passar a trabalhar, deixando Pilar, por sua vez, o seu próprio espaço de trabalho, que cada vez se vinha tornando mais pequeno, para vir instalar-se no meu. O problema não está tanto no tempo que ainda levará a construção, mas no facto de a obra estar a ser feita precisamente por cima da minha cabeça e a um metro atrás de mim, e ter o pobre autor entre mãos, nesta altura, uns desafortunados *Todos os nomes*, nascidos, a julgar pelo que vejo (blocos de cimento, entulho, vigas, ferraria vária), mas sobretudo pelo ruído que sou obrigado a suportar (marteladas, conversas dos pedreiros, motor da betoneira), em má conjunção astrológica...

21 de março

Passou hoje por aqui Luis Alemany, um escritor de Tenerife, autor teatral e de ficção (sempre me pergunto se não será o teatro ficção), que há tempos descobri em uns contos saudavelmente sarcásticos, mas também de uma ironia rangente e dorida que me deixou impressionado. Conversámos com vagar canário diante de uma chávena de café, num diálogo que se foi distendendo aos poucos, à medida que as palavras que íamos dizendo começaram a falar daquilo que mais conta, isto é, não das obras que temos escrito um e outro, mas das pessoas que as escreveram. Pessoalmente, gostaria que esta relação, agora principiada, viesse a prosperar, mas suspeito que tal não acontecerá: quando se despediu, Alemany não nos deixou nem a direção nem o número do telefone, esses pequenos fios de Ariadne que o costume manda oferecer aos outros enquanto, não raro, estamos a pensar noutra coisa. Não seria da minha parte o caso, nem creio que tenha sido o dele. Luis Alemany não me pareceu, como em Portugal se diz, um bicho do mato enfermo de timidez, mas adivinho que vive demasiado fechado em si mesmo, talvez sofrendo a mágoa de não se ver reconhecido segundo a ideia que tem (certamente justa) da importância do que escreveu. O pior que têm as ilhas é quando se põem a imitar o mar que as rodeia. Cercadas, cercam. Suponho que é assim que se sente Luis Alemany: cercado. Deixou-me como lembrança um romance de título prometedor: *Los puercos de Circe*.

De António Pedro Faria, que pelas melhores razões já passou por estas páginas (v. *Cadernos — III*, 25 de abril), chega-me uma carta dizendo que foi atribuído o meu nome a uma escola portuguesa de Waterbury, Connecticut, USA. A notícia deixou-me meio orgulhoso, meio humilde, sentimentos que parecem, à primeira vista, incompatíveis entre si, mas que de facto o não são, como qualquer pessoa concluirá se se decidir a pensar um pouco.

27 de março

Terminei hoje *O conto da iilha desconhecida*, com o que deverá ficar mais ou menos satisfeito (espero bem que sim) o pedido de Simonetta Luz Afonso, que queria que eu lhe escrevesse algo sobre o tema "Mitos", destinado ao Pavilhão de Portugal da Expo 98, de que ela é a principal responsável... Em *Uma aventura inquietante* de José Rodrigues Miguéis há um capítulo chamado "Onde um leigo afronta a ciência", que comecei por conhecer publicado isoladamente, não sei quando nem onde (talvez na revista *Ver e Crer*), com o título "Inocente entre os doutores", e que sempre recordo quando me aparece alguém a convidar-me a fazer algo para que não tenho preparação. Tento desfazer o equívoco, dissuadir quem tanto parece confiar num imaginário ecletismo dos meus dotes, e geralmente consigo-o. Não foi assim com Simonetta Luz Afonso. Insistiu tanto que não tive outra saída que aceitar um trabalho que me iria dar água pela barba. Levei meses a encontrar uma porta de saída que ao mesmo tempo me servisse de porta de entrada, e finalmente acabei por usar aquela por onde entro e saio todos os dias: a porta da ficção. Destinando-se o conto a publicação em livro, não posso nem devo transcrevê-lo para aqui (seria nada menos que concorrência desleal), mas não resisto à tentação de copiar-lhe o primeiro parágrafo, onde logo fica reduzida a cacos a erudita gravidade do Mito:

"Um homem foi bater à porta do rei e disse-lhe, Dá-me um barco. A casa do rei tinha muitas mais portas, mas aquela era a das petições. Como o rei passava todo o tempo à porta dos obséquios (entenda-se, os obséquios que lhe faziam a ele), de cada vez que ouvia alguém a chamar à porta das petições fingia-se desentendido, e só quando o ressoar contínuo da aldraba de bronze se tornava, mais do que notório, escandaloso, tirando o sossego à vizinhança (as pessoas começavam a murmurar, Que rei é este, que não atende), é que dava ordem ao primeiro-secretário para ir saber o que queria o impetrante, que não havia maneira de se calar. Então, o primeiro-secretário chamava o segundo--secretário, este chamava o terceiro, que mandava o primeiro--ajudante, que por sua vez mandava o segundo, e assim por aí fora até chegar à mulher da limpeza, a qual, não tendo ninguém em quem mandar, entreabria a porta das petições e perguntava pela frincha, Que é que tu queres. O suplicante dizia ao que vinha, isto é, pedia o que tinha a pedir, depois instalava-se a um canto da porta, à espera de que o requerimento fizesse, de um em um, o caminho ao contrário, até chegar ao rei. Ocupado como sempre estava com os obséquios, o rei demorava a resposta, e já não era pequeno sinal de atenção ao bem-estar e felicidade do seu povo quando resolvia pedir um parecer fundamentado por escrito ao primeiro-secretário, o qual, escusado seria dizer, passava a encomenda ao segundo-secretário, este ao terceiro, sucessivamente, até chegar outra vez à mulher da limpeza, que despachava sim ou não conforme estivesse de maré."

31 de março

Trinta anos depois do revolucionaríssimo "Maio de 68", que mudou muitas coisas, mas deixou intactas as importantes, seis milhões de franceses (15% do eleitorado) estão a ser atraídos para o abismo fascista. A Frente Nacional de Jean-Marie Le Pen, no congresso agora realizado em Estrasburgo, acaba de aprovar um programa eleitoral que é uma mistura demagógica de liberalismo, protecionismo e xenofobia: supressão do imposto sobre o rendimento, expulsão de três milhões de estrangeiros, salário para as mães de família para que se dediquem à educação dos filhos, soberania nacional plena, fortalecimento do Estado de bem-estar social segundo o modelo fascista, reinstauração da pena de morte. A Frente Nacional é o partido mais votado por operários e desempregados, os seus eleitores acreditam que a expulsão maciça de estrangeiros acabará com o desemprego e a delinquência ("Duzentos estrangeiros por avião, seis aviões por dia, em menos de sete anos devolveremos aos seus países três milhões de imigrantes", anunciou Bruno Mégret, número dois de Le Pen), é caso para dizer que o prato está servido...

3 de abril

O marmeleiro que batizei com o nome de Antonio López (v. *Cadernos — II*, 9 de fevereiro) está, enfim, a dar os frutos a que, por natureza, foi obrigado. Mas a outra árvore, aquela a que chamei Victor Erice, saiu-me pereira em vez de marmeleiro. Como foi que em tanto tempo não dei por que as folhas eram diferentes...

8 de abril

Manhã cedo, aeroporto de Corumbia, São Paulo. Cansado da viagem e de uma noite como sempre mal dormida, fui levado por uma hospedeira de terra até à sala dita de "atendimento especial", onde me afundei num sofá de molas tão desgastadas como estavam as minhas energias. Ali deveria ficar até me virem chamar para o voo que haveria de levar-me a Porto Alegre. Suponho que condoída do mísero estado em que me via, uma empregada quis saber se eu aceitaria uma bebida, um café, um refresco, qualquer dessas muletas a que encostamos o corpo quando o espírito sem ânimo precisa de ajuda. Meio sonâmbulo, suspeitando que o esforço de levar uma chávena ou um copo à boca poderia acabar por me derrubar, respondi que não. Por trás de mim, a televisão oferecia à sala, nessa altura deserta, um programa de desenhos animados, a disparar a metralha de golpes, explosões e derrapagens que caracteriza formativamente o género. Como o desenfreado tiroteio não parecia suficiente para me arrancar ao letargo, a empregada responsável pela sobrevivência física e mental dos passageiros transportados ao "atendimento" veio pôr-me ao alcance do braço um jornal. Já ao entrar, menos por curiosidade autêntica do que por efeito de um incurável tropismo de leitor, eu lhe tinha lançado um olhar soturno. Era a *Folha de S.Paulo*. Foram precisos ainda largos minutos para que me decidisse a sair do estado de vida suspensa em que me encontrava e estender a mão para o mundo. Pouco a pouco fui "caindo na real", no enorme mar convulso que é o Brasil, as trapalhadas da sua vida política, a corrupção como sistema organizado de vida, a delinquência urbana, os desmandos e violências da polícia militar, e, assim passando do mau ao pior, às vezes a um talvez-mude, a um quem-sabe, a uma esperança fugaz, fui ter à página das bandas desenhadas. Confesso que gosto de muitos destes bonecos, do Calvin e do Hobbes, do Snoopy, do Garfield, daquela Mafalda sábia e subversiva de quem continuo a ser discípulo fiel. Em geral, havendo por perto testemunhas, tenho a fraqueza de olhar para eles meio disfarçadamente, com medo de que se pense que o autor da *História do cerco de Lisboa*, afinal de contas, não é este, mas outro... Ali, no aeroporto de Corumbia, estava a salvo de espias e denunciantes, podia regalar-me à vontade. E é que não só me regalei, como despertei completamente... Uma das séries, assinada por Galhardo, mostrava-me a seguinte sequência: no primeiro quadradinho, encimado pela frase "Como ser rejeitado por um grupo de intelectuais", uma figura perguntava: "Alguém viu a novela ontem?", recebendo a resposta indignada num balão vindo de fora do desenho: "Argh!"; no segundo quadradinho, que tinha escrito por cima "Como ser aceito", a pergunta era "Alguém leu o último livro do Cony?", e a resposta "Mmmm"; no terceiro e último desenho, debaixo de "Como ser amado", decorre o seguinte diálogo: "Alguém viu meu amigo Zé?", "Que Zé?", "O Zé Saramago!", "Oh!". Esfreguei os olhos uma e duas vezes, com força, não fosse dar-se o caso de ter passado do sono ao sonho sem dar por isso, mas o desenho não desapareceu. Pensei então, deliciado: "Eis-me personagem do mundo dos quadradinhos, eis-me, enfim, imortal! A partir de hoje, tenho um lugar garantido no panteão...". E, claro está, ali mesmo jurei que nunca mais voltaria a esconder-me para saborear os cinismos implacáveis de Garfield e fingir indignações contra ele...

11 de abril

Em Porto Alegre, com Orlanda Amarílis e Helder Macedo, para um encontro coordenado pelas professoras Jane Tutikian e Tania Franco Carvalhal, da Universidade Federal do Rio Grande do Sul, sobre o tema "Literatura & história — três vozes de expressão portuguesa". Assistentes em grande número, sessões animadíssimas. Orlanda Amarílis, tal como eu, pertence ao grémio dos improvisa-e-logo-verás-aonde-chegas, mas não lhe perguntei se, como eu, experimentou uma picada de inveja (inveja sã, tingida de rendida admiração) ao ouvir a comunicação de Helder Macedo: quanto eu gostaria de ser capaz de falar dos meus livros com a finura analítica e a visão perspectiva com que Helder discorreu sobre o seu romance *Partes de África*... Quando a minha vez chegou, aproveitei a ocasião

— no rescaldo ainda do *Ensaio sobre a cegueira* e agora a braços com *Todos os nomes* — para tentar esclarecer as razões profundas do repentino corte dos laços que, como romancista, pareciam ligar-me para sempre às histórias da História desde *Levantado do chão* ou, mais demonstrativamente, desde *Memorial do convento*, com ressalva do a-histórico episódio da *Jangada de pedra*, que se meteu pelo meio. Depois de ter proposto à reflexão dos presentes uma ideia em que havia tanto de absurdo como de instrutivo (pelo menos assim me pareceu), pedindo-lhes que imaginassem um mundo em que todos os livros de História ou sobre História teriam desaparecido e em que se teria refeito uma história a partir da literatura, formulei algumas perguntas que não poderiam receber resposta, nem eu, aliás, esperava que a tivessem, a saber: Seria a História nova mais exata ou menos exata que a outra? Confrontando essa nova História, reelaborada graças aos materiais fornecidos pela literatura, ainda seria possível, pelo recurso às fontes documentais Históricas, reconstituir todas as versões desaparecidas? Seria impossível harmonizar as contradições de textos literários erigidos em história como havia sido escrever uma História "histórica" igualmente fiável do ponto de vista de todas as partes nela envolvidas? Expliquei depois que levantar estas questões, tal como eu julgava entendê-las, não significava que me estivesse a distanciar mais e mais da "História" para me aproximar mais e mais da "Literatura", mas que, muito pelo contrário, sentia (sinto) que estou, de algum modo, a afastar-me também da "Literatura". *Ensaio sobre a cegueira* não foi um romance "literário", e *Todos os nomes*, posso já dizê-lo, também não o será...

A uma pergunta sobre como leria o autor a sua obra passados vinte, trinta ou cinquenta anos, respondi: "O autor, se volta a ler-se, não relê, reencontra-se".

12 de abril

Em São Paulo a fim de participar na apresentação pública de *Terra*, o magnífico livro de fotografias de Sebastião Salgado sobre os duros dias dos camponeses sem-terra do Brasil, para o qual, há alguns meses, eu tinha escrito um prefácio (v. *Cadernos — IV*, 28 de julho), e que, nesta edição brasileira, vem acompanhado (o livro) por um CD com quatro belas canções de Chico Buarque, uma delas chamada "Levantados do chão"... O primeiro ato do lançamento foi uma conferência de imprensa invulgarmente concorrida e animada, com muitos jornalistas de todos os meios de comunicação social (jornais, rádios, televisões) que ouviram com atenção o que Sebastião Salgado e os seus três acompanhantes (como editor de *Terra*, Luiz Schwarcz estava connosco) tinham para dizer-lhes e depois fizeram perguntas como se o assunto lhes dissesse mesmo respeito, como se também eles estivessem a sofrer no seu próprio corpo (no espírito, com certeza) o drama dos camponeses brasileiros que andam a lutar por um pedaço de chão onde possam viver com dignidade e sem a companhia permanente da fome. Não estou habituado a ver comportarem-se assim no meu país os chamados "profissionais da informação". O costume da classe (ressalvadas raríssimas exceções) é arvorar um ar de entediada displicência, muito ensaiada para que se note, ou, na melhor das hipóteses, uma espécie de benevolência fingida (na pior, uma impertinência provocadora que pretende fazer as vezes da independência de juízo), como se, por deles depender a sorte das notícias, deles dependesse também a importância dos factos (o que é verdade, mas eles deveriam ser os primeiros a rejeitar semelhante perversão). Aqui, em São Paulo, pude alimentar, durante duas horas, a ilusão de que as coisas não têm de ser sempre assim. O mérito coube inteiro a esses milhões de camponeses que todos os dias sacodem a consciência do Brasil e lhe perguntam: "Até quando?".

14 de abril

Na Universidade Mackenzie, que, pela sua história recente e passada, pelas teorias e pelas práticas, segundo me informaram, tem vivido mais aconchegada aos interesses ideológicos e materiais da direita do que a impenitentes e incorrigíveis sonhos da esquerda, dois mil alunos encheram a deitar por fora a Aula Magna apenas para ouvirem falar dos sem-terra. Que é isto, que se está a passar? perguntámo-nos quando, sob estrondosas aclamações, entrávamos na enorme sala. Algo estará a mudar neste Brasil? Dois mil rapazes e raparigas da classe média alta e da burguesia altíssima (o ensino é caro) tinham-se reunido ali para ouvirem da boca de um fotógrafo (é certo que este), não somente o relato das circunstâncias e vicissitudes do seu trabalho, mas uma informação clara, séria e rigorosa sobre a situação dramática de milhões de outros brasileiros, só por nascimento seus compatriotas. A Chico Buarque não foi necessário falar muito para levantar a assistência, e eu, cumprindo os deveres da minha vocação de advogado do diabo, chamei a atenção daquela juventude para o facto de o objetivo último da preparação universitária que estavam a receber ser servirem o "sistema" que lá fora os esperava. "Quando terminarem os estudos", disse, "entrarão num 'sistema' que, para se manter, precisa das vossas capacidades profissionais, para isso é que estão aqui. Terminado o curso, de duas uma, ou vocês entram no 'sistema' para o destruir e mudar, ou será ele a destruí-los a vocês. Não se conhecem outras alternativas, salvo se quiserem chamar alternativa a compromissos que só servirão para mascarar, aos vossos próprios olhos, a derrota." Não creio ter sido imaginação minha a corrente de ar frio que atravessou a sala...

16 de abril

Rio de Janeiro. Na Praça de São Francisco, comício ao ar livre de apoio ao Movimento dos Sem-Terra. A praça não estava cheia, havia menos pessoas que na Universidade Mackenzie... Não tiro conclusões, limito-me a registar o facto: numa cidade cujas ruas, durante o dia, sempre estão cheias de gente, muita dela dando a impressão (verdadeira? falsa?) de que não tem ou não sabe aonde ir, os sem-terra não tiveram casa cheia. Além dos falantes do costume (Salgado, Chico Buarque e o escrevente destes *Cadernos*), estavam também uma representante do MST e alguém a quem eu desde há muito desejava conhecer: o sociólogo Hebert de Souza, ou só Betinho, carinhosamente, para os brasileiros, que o adoram. É um homem muito doente, mas percebe-se que o anima uma força moral impressionante, daquelas que seriam capazes de mover o mundo, se o mundo se deixasse mover por "insignificâncias" dessas. No fim do comício, tendo eu dito antes, durante a minha intervenção, que havendo outra vida gostaria de ser árvore, uma rapariga mulata veio entregar-me uma folha de papel arrancada a um caderno escolar onde tinha desenhado uma árvore e escrevera as seguintes palavras: "Não é preciso ser árvore para deixar raízes". Em baixo, o nome: Letícia Luísa. Foi como um ramo de flores.

17 de abril

Lisboa. Lançamento de *Terra* e do romance *Benjamim* de Chico Buarque no salão grande da Sociedade Nacional de Belas-Artes, no meio de um autêntico caos: a maior parte das centenas de pessoas presentes, todas de pé, nem viram a mesa a que estavam sentados Sebastião Salgado, Chico, os editores das duas obras, respectivamente Zeferino Coelho e Francisco Espadinha, e eu, na dupla qualidade de prefaciador de *Terra* e de apresentador de *Benjamim*. Entre nós e o público, como um enxame zumbidor, implacável, uma nuvem de fotógrafos levou o tempo todo da sessão a disparar flashes. Duvido que algum dos assistentes tenha conseguido ouvir três palavras seguidas do que ali foi dito... No meio de tudo isto, uma pessoa cuja cara, em meio da confusão, mal pude ver, entregou-me um sobrescrito grande e pesado. Quando, já fora dali, o abri, dei com uma carta assinada por Fernando Paralta, trabalhador ferroviário e dirigente sindical, que, segundo conta, anda desde há sete anos a escrever poesia, "tendo já três livros publicados, dois dos quais, o primeiro e o segundo, esgotados. Como poeta popular não me posso queixar, dado que vendi já mil e oitocentos livros, sem que fossem para as livrarias. Ultimamente, e baseado no seu livro *O Evangelho segundo Jesus Cristo*, decidi traduzi-lo em versos, como estes que junto lhe envio". Os versos são 120 sextilhas que narram, em paralelo, desde o aparecimento do anjo anunciador até à morte de Herodes, a minha história de Jesus. Transcrevo alguns exemplos:

Foi um pedinte esfarrapado
Com cara de esfomeado
Que à porta de Maria bateu
E apesar da pouca comida
Foi com ele repartida
Sem saber porque lha deu
....
Os três pastores que ali apareceram
Vendo a pobreza de José lhe perguntaram
Se comida com eles que chegassem eles trouxeram
José embora tímido acabou por lhes dizer
Que dentro de dois dias já não tinha que comer
E pão queijo e leite estes lhe deram

Os pastores as ofertas à gruta foram levar
E junto do casal as foram depositar
No terceiro homem Maria reparou
Quando lhe disse que o pão que trazia
Foi cozido no fogo que na terra havia
Maria logo o homem reconheceu.
....
Enquanto isto José vai fazendo contas à vida
Terá que se preparar para a hora da partida

Mas Maria ainda está débil para caminhar
O dinheiro que trouxera estava já a acabar
Só havia uma maneira de o poder arranjar
Era em Belém ele ficar a trabalhar

Deixando Maria com Jesus que ainda dormia
De porta em porta nas casas de Belém ele batia
Oferecendo os seus serviços a quem deles precisasse
Mas o mercado de trabalho em Belém não abundava
E só mais tarde no templo ele arranjava
Cresce que só por compaixão o capataz lho desse

A terminar o seu *Guardador de rebanhos* tinha escrito Alberto Caeiro: "Esta é a história do meu Menino Jesus./ Por que razão que se perceba/ Não há de ser ela mais verdadeira/ Que tudo quanto os filósofos pensam// E tudo quanto as religiões ensinam?". Pergunto-me se Fernando Paralta, ferroviário e dirigente sindical, não poderá dizer o mesmo...

19 de abril

Dividiu-se, mas reorganizou-se com novos efetivos, a "brigada" de lançamento de *Terra*: Sebastião Salgado e José Sucena avançaram para o Sul, Zeferino e eu subimos para o Norte. Quanto a Chico Buarque, esse, porque tinha compromissos em Paris, teve de deixar-nos. A coluna nortenha começou por Tondela (ali se encontraria com dois parceiros benévolos, Carlos Amado e Oliveira Baptista), onde não teve a ouvi-la mais do que trinta pessoas, se tantas eram. Hora matinal, dia de sábado, outra coisa não se poderia esperar. Como também não esperaria eu, quando andávamos às voltas à procura do local da palestra, que uma senhora de meia-idade a quem tínhamos pedido orientação me reconhecesse e nos convidasse para um café em sua casa. Agradecemos, muito obrigado, já tomámos o pequeno-almoço, e continuámos a busca. "É incrível", dizia depois Zeferino, "até em Tondela." Ao fim da tarde, em Coimbra, havia muito mais gente, a sala estava completamente cheia, com pessoas sentadas no chão. Pouco depois de termos começado a falar, uma mulher aproximou-se da mesa e deixou um papel. Uma rápida vista de olhos bastou-me para perceber do que se tratava. O escrito, que não estava assinado, tinha como título a palavra "Moção", e, em estilo ferrabrás, numa linguagem que me fez recordar a dos maoístas lusitanos a seguir ao 25 de Abril, "exigia" do governo brasileiro, com a coragem da distância, entre outras reclamações, a realização imediata da reforma agrária... Um papel que não iria servir de nada e que era, de facto, uma provocação, e das estupidamente gratuitas, como logo se viu quando, depois de informar os presentes do conteúdo da "moção", pedi à portadora que se identificasse e viesse à mesa assinar, como era sua obrigação, o "revolucionário" documento. A recadeira já não estava, tinha-se sumido, pusera o ovo e levantara voo... Terminada a sessão, arrancámos para o Porto, onde chegámos com atraso. Havia muitas pessoas esperando as notícias dos sem-terra, como se os camponeses do Brasil fossem os seus parentes e amigos emigrados há muitos anos. Chovia quando saímos para o hotel. Tinha sido um bom dia de trabalho.

20 de abril

A estreiteza dos limites da minha capacidade de compreensão, da minha perspicácia, da minha inteligência, em suma, está a tornar-se verdadeiramente inquietante, sobretudo quando me vejo em situação de ter de destrinçar e assimilar, como cidadão interessado que sempre quis ser, o sentido das declarações dos políticos. Pelo menos, verifico que sou incapaz de distinguir, à primeira vista, se eles calam o que estão a pensar ou se, pelo contrário, estão a dizer o que não pensam. Aconteceu-me isto uma vez mais ao ler numa entrevista de Jacques Delors ao *Diário de Notícias* a seguinte frase: "As políticas de emprego e do mercado de trabalho devem, no essencial, continuar a ser da competência nacional". Quer dizer, não é novidade para ninguém que a mundialização da economia e o desenvolvimento mundializado da tecnologia multiplicam o desemprego e instabilizam os mercados de trabalho, mas, de acordo com aquelas palavras de Jacques Delors, serão os países como tal que, nos respectivos espaços nacionais, terão de descobrir e aplicar os remédios para o problema. O que significaria, obviamente, se encontrassem esses remédios, que o desemprego, deixando de existir nos países (é um supor...), automaticamente deixaria de existir no mundo... Portanto, de duas, uma: ou os países têm afinal de contas mais poder que o mundo (e não têm), ou o mundo tem mesmo mais poder que os países (e tem). Se alguma vez encontro Monsieur Delors por aí não me esquecerei de lhe perguntar se naquele dia pensou o que dizia, ou se disse, vá-se lá saber porquê, o que não pensava...

21 de abril

Madrid. Onde Sebastião Salgado chega, parece que se movem as multidões: a sala das colunas do Círculo de Belas-Artes estava a rebentar pelas costuras. Continuando a desempenhar as minhas gratas funções de pajem, pronunciei umas quantas palavras. Por exemplo: "Estamos rodeados de imagens que nos mostram que o mundo está mal, mas nós estaremos bem pior no dia em que nos tivermos acostumado tanto à violência que a consideremos natural — ou cultural, se assim preferirem. Precisamos de uma outra maneira de olhar as imagens que nos mostram a realidade, já que com a realidade, ela própria, não ousamos enfrentar-nos. Estas fotografias de Salgado são a voz dos sem-terra que atravessou o oceano e chegou a esta sala, são imagens que dispensam legendas, que podem ser identificadas por uma só palavra: 'Porquê?'". Sebastião Salgado precisou depois: "Não fotografo miseráveis, fotografo gente pobre que conserva uma enorme dignidade e luta por melhorar a sua vida.

Este livro, *Terra*, tal como os meus trabalhos anteriores, forma parte de um projecto único a que chamei 'A recomposição da família humana'". Os aplausos foram tão entusiásticos e calorosos que Salgado se comoveu: "Não esperava isto", disse-me, e tinha os olhos húmidos.

22 de abril

Viagem a Castril, com Pilar, de quem, em última instância, estas coisas me vêm (e outras, e todas...), para participarmos na inauguração de uma biblioteca a que a generosidade das autoridades do lugar decidiu dar o meu nome. Não nasci aqui, não pertenço a este mundo, não me devem nada estas pessoas, e contudo, por algo de respeito, por algo de amizade, por algo também de admiração, pareceu-lhes que o nome do escritor português, posto à entrada da sua biblioteca municipal, não iria representar um desdouro para o pueblo nem para quem nele vive. Não seria eu de carne e osso se não me tivessem vindo à memória, neste dia, certas histórias tristes da minha terra, recentes e antigas, conhecidas algumas, outras que por caridade guardo para mim, a vergonha que uns quantos deveriam sentir, mas afinal não sentem. Sei que sou muito amado em Portugal, sobejam-me as provas. Sei também que sou detestado, as provas sobejam-me, mas isso não está na minha mão evitá-lo. O pior de tudo, porém, foi aquele dia em que me defrontei com uma fria, gratuita e despiedada indiferença, vinda precisamente de quem tinha o dever absoluto de oferecer-me a mão estendida. Sendo, porém, os casos e acasos da vida férteis em contradições, sabe-se lá se a minha vida de escritor não terá começado justamente nessa hora? Uma vez que todas as portas me eram fechadas, não me restava outra solução que abrir uma porta nova, uma porta por onde teria de entrar sozinho. Pesados agora os factos, vejo que foi graças a essa decisão que cheguei hoje a Castril como escritor, e isso é bom, mas a ofensa nunca se apagará de mim, e isso é mau.

Deveria calar-me, há coisas muito piores. À noite, na televisão, apareceram-me as imagens do assalto à embaixada do Japão, em Lima. Foram mortos, isto é, falando com mais rigor, assassinados, os guerrilheiros do Movimento Revolucionário Tupac Amaru. Todos. Decididamente não gosto da cara deste Fujimori.

23 de abril

A festa foi bonita. Houve discursos, o meu um tanto insosso, acho que por causa da comoção, que não me deixou arrumar aceitavelmente as ideias. Enquanto falava, percebia dentro de mim uma voz incómoda que não parava de resmungar: "Não é isso, não é isso, vê-se que hoje não estás nos teus dias". Provavelmente não estaria, provavelmente teria preferido abraçar em silêncio todos os presentes, mas o costume exige que estas coisas tenham de ser levadas ao fim com discursos, quando devíamos saber que não há palavra que valha um abraço quando ele vem do coração (do coração? sim, do coração, também não encontro melhor maneira de o dizer...). A alma destes acontecimentos foi, desde o princípio, José Juan Mar, um moço pintor (e que bom pintor é ele), nascido e criado neste pueblo entre montanhas, que vem animando com o seu talento e com o seu entusiasmo por esses estranhos "desvios" da humanidade a que damos o nome de arte e literatura. Enquanto olhava e escutava a José Juan recordei dois velhos amigos, o Augusto Barreiros e o José dos Reis, a quem, nos tempos de outrora, deveu a minha Azinhaga tantas alegrias. As da música, as do teatro, o lado amável e sedutor da vida, a gargalhada da farsa, o riso da comédia, a lágrima do drama, a cantiga de amor e de amigo, também às vezes a de escárnio e maldizer... Para que não tivesse de ser tudo trabalho e padecimento. Naqueles anos, qualquer espetáculo, por mais insignificante que fosse, era uma janela de imaginar. Hoje, no momento em que se liga a televisão, desliga-se a imaginação. Convém adormecer rapidamente para que o sonho acuda a salvar-nos.

24 de abril

Em Lisboa, para a entrevista com Adelino Gomes. O tempo está de chuva, mas estas águas em nada se parecem com aquelas outras, brandas, cariciosas, que, segundo o provérbio, sempre o mês de abril nos traria: águas mil, sim, porém coadas por um funil. Hoje, para contrariar, o céu destapou todos os cântaros e potes que se movem pelo ar disfarçados de nuvens, e a chuva cai ruidosa lá fora, violenta, como se a simples força da gravidade não bastasse para ensopar os que têm de andar na rua... Distraio-me passando os olhos pela correspondência que ainda julga encontrar-me em Lisboa. São sobretudo convites para exposições e apresentações de livros, publicidades várias, alguma que outra revista. E foi precisamente quando folheava uma dessas, *El Siglo*, de Espanha, que desejei que o céu se abrisse mais ainda, para outro dilúvio, um niagara, mas a sério, capaz de limpar de uma vez a miséria moral e a merda mental acumuladas no mundo. O artigo que tinha diante dos olhos versava sobre as habilidades prestidigitadoras de Mario Conde, o banqueiro que anda a contas com a justiça, mas não foi o texto que me prendeu a atenção: a história das trafulhices financeiras de Conde é um folhetim que ainda agora vai no princípio e que, em verdade, pouco me interessa. O que me deixou atónito e nauseado foi uma sequência de cinco fotografias que vem a ilustrar a prosa e que regista uma crueldade do dito Conde, só explicável pela óbvia natureza depredadora do sujeito. Nas opíparas festas campestres com que costumava regalar a "nata" de uma sociedade espanhola que lhe lambia as botas, o banqueiro, para divertir-se e divertir os seus convidados, mandava soltar uma cria de javali, a que açulava os cães. Quando o bicho se encontrava acurralado, sem poder escapar, o corajoso Conde aproximava-se e matava-o à punhalada. Depois deixava o cadáver entregue à ferocidade estimulada dos cães. Imagino que os aplausos da elegante assistência deviam ser mais ferozes ainda... Só é pena que os cadáveres destroçados dos pequenos javalis não possam ser levados, como prova acusatória, ao tribunal que julgará o sr. Conde. Então, sim, se faria justiça completa.

25 de abril

Exemplar e oportuno, Vasco Lourenço acaba de produzir uma importantíssima declaração, contribuindo, como só ele poderia, para as alegrias deste dia fasto: "Se fosse preciso, faria outro 25 de Abril...". Dá vontade de lhe dizer que teria podido consegui-lo facilmente se não tivesse ajudado tanto a fazer o 25 de Novembro...

28 de abril

Lanzarote. As obras continuam. Quanto a *Todos os nomes*, esses fazem o que podem para continuar. Pilar aparece-me à porta e pergunta, compadecida: "Como consegues tu escrever com todo este barulho?". Encolho os ombros, armo um sorriso de heroica resignação, como se fosse um novo Sísifo vítima da embirração dos deuses: "Habituei-me a tal ponto que já quase não os ouço". Não era verdade, cada pancada que os pedreiros iam desferindo atrás ou por cima de mim, cada golpe, cada palavra trocada, ressoavam-me dentro da cabeça como um badalo batendo no interior de um sino. O melhor remédio seria começar o meu dia de trabalho só ao fim da tarde, depois que os operários se tivessem ido embora, mas o hábito e a rotina têm muito poder: a noite não me rende, sou uma ave diurna. Tomo isto como fazendo parte dos azares do destino, há que ser mais paciente do que ele, até as obras de Santa Engrácia, que pareciam eternas, tiveram um fim...

1 de maio

Na casa ao lado, a de María e Javier, apareceu um novo inquilino. Chama-se (chamar-se-á) Olmo. Ainda não o pude ver, mas Pilar diz-me que é um bonito menino, saudável e escorreito. Curiosamente, aquele nome esteve à espera desta criança durante vinte anos. Quando, ainda noivos, Javier e María viram *Novecento*, o filme de Bernardo Bertolucci, a impressão que ele lhes causou foi tão profunda que ali mesmo decidiram dar o nome de Olmo, o mais generoso e leal dos protagonistas da história, ao primeiro filho que tivessem. O dia levou tempo a chegar, mas chegou, enfim. Já sabemos que um nome não obriga, um nome não sabe fazer mais que nomear. Foi necessário que o Olmo do filme fizesse o nome que lhe tinham dado para que o nome pudesse ser a pessoa em que ele se tornou. Este primeiro dia do novo Olmo é o primeiro dia de uma construção. Que seja sólida, limpa, levantada, é o voto do padrinho que vou ser.

2 de maio

Miguel García-Posada publica em *El País* de hoje um magnífico artigo sobre o livro *Terra* de Sebastião Salgado, de que, com a vénia devida, me permito transcrever para aqui algumas passagens:

"Os irrestritos apologetas do capitalismo liberal deveriam ver estas fotografias, ainda que fosse só para perceberem que o mundo não se acaba em Hayek, Friedman ou Popper. É verdade que já conhecemos a cantilena apologética: no Brasil, como em outros países similares, não há autêntico capitalismo, mas sim uma conjunção de formas capitalistas não democráticas e de resíduos feudais muito fortes. Certamente que é assim, certamente, mas vão lá explicá-lo às crianças que vivem em caixas de cartão, aos milhares de pessoas que dormem debaixo dos viadutos e das pontes nos subúrbios das grandes cidades, aos camponeses, crianças incluídas, que trabalham todo o dia em condições insuportáveis para ganharem um salário fraudulento, aos familiares dos dirigentes da reforma agrária assassinados pela polícia militar, aos que disputam aos abutres os desperdícios da opulência, aos famintos de pão e de dignidade.

"Tudo isto pode soar a social fora de moda, politicamente incorreto e esteticamente reacionário para alguns literatos. A moda é falar do pensamento único e da globalização. Vejamos então em que pensamento único e em que globalização se movem os deserdados que o grande fotógrafo brasileiro tão magistralmente retrata. O pior da injustiça é podermos acabar por acostumar-nos a ela. Há anos, passeando pelos arredores de Bogotá, soube-o de modo especialmente direto, vívido, gráfico, através dos impassíveis comentários que o meu acompanhante, um professor espanhol, me fazia sobre a paisagem de esfarrapados que tínhamos diante dos olhos. A verdade é que agora, no final do século, estamos redescobrindo o mundo: os pobres são pobres porque sim, porque são feitos de outra substância, como dizia a monstruosa Bernarda de García Lorca. [...]

"'Eu não aprendi a liberdade em Marx, mas sim na miséria', disse Albert Camus, uma testemunha da dignidade dos homens. Como o é Sebastião Salgado. Este seu livro é um livro necessário, feridor, justiceiro. Um livro para a guerra, não para a paz. Que se há-de fazer? Há a guerra da dignidade, há a paz dos sepulcros. Eu estou com a primeira."

A notícia de que os trabalhistas ingleses ganharam as eleições não tem uma importância por aí além, e se aqui a deixo apontada é só para mostrar como estão mudados os tempos e andam alteradas as vontades: que estes socialistas ou quaisquer outros, sem exceção dos nossos, subam ou venham a subir ao poder, não fará mudar nada na Europa nem a desviará do caminho que leva. A bússola europeia é exclusivamente económica, a política como ideologia deixou de ser o seu polo magnético. Consta que não terá sido em Marx que Tony Blair bebeu as ideias que, após o terem elevado à chefia do Partido Trabalhista, o içaram a partir de agora às alturas de primeiro-ministro, mas sim em Peter Thomson, um pastor protestante australiano seguidor da doutrina de um filósofo escocês, John Macmurray, que, segundo parece, põe o acento nos valores da comunidade perante o indivíduo. Foi com esta filosofia de inspiração mais ou menos cristã que Blair traçou os alicerces do seu Novo Trabalhismo, um socialismo que aceita as regras do mercado, temperadas, supostamente, pela solidariedade do grupo, administrada, por sua vez, através das organizações sociais. Uma espécie de capitalismo compassivo... Também há quem diga que Tony Blair é um camaleão que aposta na perigosa possibilidade de agradar a toda a gente, o que, se não me engano demasiado, só poderá significar decepcionar (ou trair?) a todos...

3 de maio

Morreu Paulo Freire, aquele grande e exemplar brasileiro autor da *Pedagogia do oprimido*, título que poderia ser dado também à sua obra completa. Chamaram-lhe justamente "o pedagogo da libertação", e é para minha própria lição e governo que abro espaço nestes simples *Cadernos* a algumas palavras suas: "Ler um livro não é passear pelas palavras. É relê-lo, é reescrevê-lo. Não ensinar às crianças que ler e escrever são quase a mesma coisa do ponto de vista do exercício intelectual e humano, é um grande erro". "O neoliberalismo ensina o operário a ser um bom mecânico, mas não a discutir a estética, a política e a ideologia que há por trás da aprendizagem." "Não se pode mudar o sistema educativo se não se transforma o sistema global da sociedade." Se isto é tão luminoso, tão transparente, tão fácil de compreender, por que será tão difícil pô-lo em prática?...

7 de maio

Repugna escrever: uma empresa portuguesa de construção civil, em Vila Nova de Gaia, andava a escravizar trabalhadores toxicómanos pagando-lhes com droga... Os desgraçados viviam em decrépitas barracas que deixavam entrar o frio e a chuva, dormiam em cima de tábuas sem nada com que pudessem tapar--se, sem casa de banho, sem contrato, sem seguro, nada de nada.

Trabalhavam de sol a sol por três doses de heroína, uma pela manhã, outra à hora do almoço, outra à noite. Brandos costumes, brandos costumes... Acabemos com essa treta: na nossa terra querida, no jardim à beira-mar plantado, não existem menos seres indignos que na pior das cloacas do primeiro, do segundo e do terceiro mundos reunidos...

8 de maio

O ministro da Cultura, Manuel Maria Carrilho, acaba de me transmitir, por telefone, um convite do primeiro-ministro: António Guterres faz-me saber que apreciaria que eu o acompanhasse no dia 19 deste mês a Mafra, onde, se bem entendi, irá assinar, com o Exército, um acordo para utilização de algumas instalações do convento até agora ocupadas pela Escola Prática de Infantaria. Respondi que com muito gosto: lá vou ter de voltar ao lugar do crime...

9 de maio

Uma notícia inquietante: o ministro de Bens Culturais e vice-presidente do governo italiano, Walter Veltroni, em conversa à mesa de um almoço com correspondentes estrangeiros, propôs a elaboração de "um Tratado de Maastricht para a cultura", a fim de que a construção europeia, segundo as suas próprias palavras, "seja algo mais que uma união monetária". Como exemplo dos possíveis "critérios culturais" a cumprir pelos países da União, Veltroni citou o nível de escolarização obrigatória, a tutela dos bens culturais, o número de bibliotecas... Oxalá a ideia, apesar de aparentemente sedutora, tenha sido levada com os pratos sujos para o lava-louças do ministério: era o que estava a faltar-nos, uma "Europa cultural" regida por "critérios maastrichtianos", precisamente aqueles que determinaram, em todo o espaço comunitário europeu, reduções drásticas nos orçamentos das universidades públicas, dos institutos de investigação científica, dos museus — e das bibliotecas... Que deixem a cultura em paz, coitada dela: se sobreviver a tantos trancos e barrancos, que seja graças às suas minguadas forças, às que ainda lhe restam, não a medidas reguladoras que, por muito bem-intencionadas que fossem, logo entrariam em contradição com os critérios rasamente economicistas que pautam os cérebros que nos governam. Não dou dez tostões pela ideia de Veltroni.

18 de maio

De uma Maria brasileira, que, a julgar pelo carimbo dos correios estampado no sobrescrito, mora em Iguatemi (Fortaleza), recebi a carta que passo a copiar, melhorando-lhe a ortografia e ajustando os tempos verbais, mas respeitando-lhe a pontuação, muito mais extravagante que a minha:

"Não lhe escrevo, com cortesias e respeito para quem não merece, pois não passas de um herege, ateu e ímpio. Só escreveste heresias, deboches e burrices, pois como se diz e todo o mundo fala 'todo português é burro'. Comprovaste com tua pena e ainda tens o descaramento de achares que foste chamado a contar a vida de Jesus Cristo, tu que não és digno, nem de pronunciar o nome Dele. Só se foste chamado pelo Satanás, teu amigo.

"Não respeitaste os dogmas da fé, não respeitaste a Virgem Santíssima. Vamos pelo princípio de teu livro Evangelho 2º Jesus Cristo, isto é simplesmente 2º o teu cérebro que não deve funcionar muito bem e ainda se arvora de quereres saber mais que os evangelistas, que viveram naquela época e estiveram presente a tudo, e tu coitado não passas de um mero analfabeto que devias estar vendendo verduras, bebidas nos botequins de Lisboa.

"Debochas da Virgem Imaculada, dizendo que teve Jesus Cristo se juntando com S. José e ainda mais, tendo nove filhos. Te dói, saber que Jesus era filho exclusivamente de Deus e por obra e graça do Divino Espírito Santo? S. José simplesmente pai adotivo? Teu coração, não aguenta isto, queres modificar uma coisa de 3000 anos e escreves, tantas barbaridades no teu livro, para quê? Não conseguirás modificar uma Verdade.

"Não queres entender o Mistério da Santíssima Trindade Pai, Filho e Espírito Santo? Não aceitas, porque achas melhor debochar e querer levar os outros a aceitar, porque tens o coração depravado e indecente. Deves levar uma vida sem dignidade, sem respeitar teus semelhantes. Deves ser um desses portugueses, que vivem de camiseta, suado, bigodudo nojento de se ver. És repugnante.

"Tens a audácia de debochar de Deus, achando que se Herodes, mandou matar as crianças inocentes, com ciúme e medo de perder o poder, por ter nascido em Belém o Rei de Israel, esta culpa nunca poderia ser de S. José, pois nunca houve guarda nenhum falando na matança das crianças. Esta culpa fica só para ti que vais pagar por levantar falso, e querer que as pessoas desavisadas que lerem o teu indigno livro possam acreditar. Vais penar por cada palavra escrita por você. Tens sorte de Deus não ser igual a mim, pois eu sendo Ele, tu a estas horas estarias todo entrevado e carcomido, para pagares a audácia que tiveste ao escrever este livro imundo.

"Negaste até a presença dos Reis Magos, a fuga para o Egito. Não falaste e o pior é que no Egito ainda existe o lugar que a Sagrada Família morou. O que é verdade tu não escreves, esqueces o que se passou, a verdade te dói. Jesus só voltou a Nazaré já com quase sete anos, já o povo de Nazaré não se lembrava mais deles, pois tinham a língua ferina, igual à tua.

"Aos 8 anos Ele foi a Jerusalém, e perdeu-se e os pais encontraram depois de 3 dias, entre os doutores da lei ensinando a eles e não atrás da culpa do pai pelos inocentes tendo pesadelos e culpas. És, mesmo um palhaço inventar que S. José morreu crucificado, só na tua cabeça de camarão. Jesus viveu com os pais até os 30 anos quando S. José morreu de velhice. Nunca foram pobres miseráveis eles tinham posses para teu governo. O Satanás nunca andou na companhia de Jesus e Ele nunca saiu de casa aos 13 anos. Vês quantas mentiras contaste? És um mentiroso de marca maior, querendo ganhar graças e fama dos leitores. Tiveste a pouca sorte de eu ter comprado o teu livro, pensando que era uma coisa boa e só encontrei lama, que saiu da tua pena e da tua cabeça desequilibrada e devassa. Jesus só encontrou os apóstolos em sua vida pública dos 30 aos 33 anos quando morreu pregado na cruz. O teu Jesus saiu de casa aos 13 e aos 25 começou a encontrar os apóstolos.

"Descreves Nossa Senhora, como se ela fosse uma mulher que não soubesse nada, rude, invejosa, implicante e neurótica. Será que sua mãe era deste modelo, para descreveres assim N. Senhora? Pois o Jack estripador, estrangulava as mulheres que encontrava, para se vingar da mãe.

"Sabes muito bem que Nossa Senhora era e é carinhosa, dócil, misericordiosa, bondosa e pura que até hoje conhecemos com a Virgem da Imaculada Conceição. Aí mesmo, na tua terra, em Fátima onde ela apareceu aos 3 pastores e aí perto na França em Lourdes, procurando redimir os pecados do mundo, onde tem gente como tu, que não quer aceitar a Verdade, rezar à Mãe de Deus e procurar o caminho certo. Fizeste dela uma mulher sem entendimento sem querer entender a Jesus.

"A Jesus Cristo, tiveste o descaramento de apresentá-lo como um revoltado, que abandona e foge de casa para ganhar o mundo e prostituir-se, de chegar ao ponto de receber dinheiro da prostituta. No mínimo era o que tu devias fazer quando rapaz. Como diz o adágio 'Gato ruivo do que usa disso fruida'. Achando pouco, ainda maculas a vida de Cristo, escrevendo no teu livro imundo, que ele vivia com Maria Madalena. Estavas lá presente? Viste Ele na cama dela? Vivendo aos beijos e com safadagens de uma prostituta? Chegar ao ponto de ser apresentado aos irmãos dela como cunhado? És um pilantra descarado, para contar tanta mentira num livro só. Madalena só conheceu Jesus no Sermão da Montanha, quando ouviu as Bem-Aventuranças, e ainda tiveste a audácia de debochar, dizendo que o sermão era dirigido para gentinha, pobre e ignorante. Como o que Jesus pregou não tivesse valor e sabedoria, coisa que não entendes.

"Se não sabes, ou te fazes desentendido, Nosso Senhor Jesus Cristo não poderia viver com mulheres, pois era puro de corpo e alma, principalmente por ser o Filho de Deus. Mas, isto te incomoda bastante, pois, deves ser um depravado português, sem moral no mínimo deves ser viciado.

"Nem a Deus Todo-Poderoso, tu não respeitas. Dizer que Jesus se rebelou contra Deus dando respostas e discutindo e Deus ter que pedir a opinião do Satanás. Os 3 juntos sentados num barco, isto é patético. Deus dá satisfação ao Satanás e tramando o futuro das criaturas na terra, como se fôssemos brinquedos, uns fantoches e eles resolvendo um jogo desonesto. Os teus 40 dias no mar tu queres negar os 40 dias de jejum que Jesus passou no deserto, e nas montanhas de Jericó. Tudo que tem nos Evangelhos tu queres avacalhar. Pobre da tua alma, nestas alturas já deve estar negra. Será que ainda tem salvação? Gostas de deturpar os Evangelhos à tua maneira querendo saber mais do que os evangelistas que tiveram presente a Vida de Cristo, coisa que não te foi dado a presenciar, pois não mereces. Nem agora, não serias escolhido para ver a Virgem Imaculada como os pequenos pastores de Fátima, nem como Bernadete em Lourdes e Catarina Laboré em Paris, tu que manchastes com teus rabiscos a honra da Virgem Santíssima.

"S. Pedro, tu fizestes um alarde, na barca aos brados para os que estavam em terra que Jesus era o Filho de Deus, fazendo encenação e pose, como se à beira do lago estivesse a televisão para filmar a chegada de Jesus, só Pedro falava, só faltou colocar a maquiagem e a TV portuguesa presente. Tens mesmo o cérebro oco. S. Pedro só soube que Jesus era Filho de Deus na Transfiguração, e isso por intermédio do Divino Espírito Santo.

"Os apóstolos tu escolheste tudo na mesma hora sem saberem o que deviam fazer e ainda dizes que Jesus mandou saírem aos pares para pregar e ensinar o Evangelho, só se era o teu Evangelho. Se Nosso Senhor, ainda não tinha explicado aos apóstolos e ensinado a doutrina de Cristo. Primeiro de tudo Mateus não estava na beira do teu mar, pois era cobrador de impostos e só viu Jesus quando ele passou em frente ao telónio, e o chamou para segui-lo. Mais mentiras. Os apóstolos saíam, cada um com uma mulher, conforme o gosto e escolha de cada um. Que cérebro de lama o teu, só vês indignidade, não respeitas nada que é puro.

"Não sabes nada. A família de Betânia os 3 irmãos eram Marta a mais velha, Lázaro o segundo e Maria Madalena a mais nova, nunca foi gémea de Marta, esta era casada com Simão o leproso, na casa em que Mª Madalena, enxugou os pés de Jesus com os cabelos. Como poderia Jesus o Filho de Deus andar com uma prostituta a não ser que Ele fosse um deus pagão do Olimpo grego ou romano. Quanta heresia esta tua.

"E a ressurreição de Lázaro? Porque negas? Dizes que Jesus o curou. Te dói a verdade? Que depois de 3 dias morto e enterrado, Jesus mandou que ele se levantasse e andasse. Porque negas o que é verdade e inventas mentiras, falsos testemunhos? Porque não aceitas as coisas como elas foram e são até hoje e todo sempre.

"Deve ser o Satanás que te possui e te coloca para escreveres inverdades, para que, assim tu arranjes mais adeptos para teu pai Satanás.

"Teu Jesus, não conhecia João Baptista nunca nem tinha visto. Como pode se eram primos? João Baptista era quem pregava Jesus não fazia nada, para ti Jesus era um ignorante e desinformado que precisava até do próprio Judas para ensinar a ele o que deveria fazer ou dizer.

"Tens a audácia de dizer que Jesus foi preso quando saía da tenda onde tinha dormido com Madalena, que falta de respeito. Negas até o horto onde Jesus suou sangue, antes de ser traído por Judas, por 30 dinheiros. Quanto dinheiro, tu recebeste por este livro? Igual ao de Judas? Com este dinheiro compras o teu túmulo. Tu estás fazendo a mesma coisa que Judas, vendendo este teu livro mentiroso e deturpado, por dinheiro. Estás tão necessitado assim? Porque não arranjas um trabalho mais digno?

"No julgamento do teu Jesus, diante de Pilatos, ele se proclama Filho de Deus, rei dos judeus e ainda fala de fazer guerra e expulsar os romanos, como se ele fosse um revolucionário e ainda pediu para ser crucificado. Jesus mal falou no seu julgamento.

"O teu Jesus nunca pregou, nunca ensinou nada. Agora para e pensa. Com os ensinamentos de Jesus Cristo existe até hoje, pelos séculos e séculos, sempre a mesma coisa que Ele ensinou naquela época e se seguem até hoje os mesmos Evangelhos, o mesmo Padre Nosso que Ele ensinou no sermão da Montanha, a mesma caridade a mesma fé e a mesma esperança para os cristãos. Isto te incomoda, não?

"Já pensaste, se os Evangelhos de S. Mateus, S. Lucas, S. Marcos e S. João, não contassem a Verdade de Cristo e só existisse o teu o que seria de nós? E o que teria sido de Miguelangelo, com a sua Pietà, pois para ti a Virgem Santíssima não existiu na vida de Jesus Cristo em hora nenhuma até no pé da cruz, pois para ti quem estava lá era Madalena.

"O que é mais patético, no fim do teu livro é que o teu pai Satanás, ainda aparece com a tua tigela negra, tão negra como tua alma.

"Pensa e medita nas besteiras que escreveste. Avalia o tempo que perdeste, escrevendo estas heresias, sem futuro, pois, não servem para nada, só para servir de escândalo dos falsos que inventaste que só vai servir, para a perdição da tua alma, pois, as penas da maledicência, da falta do devido respeito, que deverias ter para com Deus, os jogaste no mundo, e encontrares alguém que leu, o teu maldito livro, e não pensa como eu, e tiver o miolo mole igual ao teu, não vais conseguir recolher as penas que o vento levou, e serás responsável.

"Teu livro, vou tocar fogo para que eu não contribua contigo. Não quero que ninguém da minha casa leia semelhante desatino. Comprei este maldito livro pensando que prestava. Achei que poderia ser como as belas leituras de Nikos Kazantzakis e os de Taylor Caldwell, que escrevem coisas maravilhosas de se ler. Mas não chegarás nunca nem a quilómetros deles, pois és ímpio um verme. É pena não existir nos dias de hoje a inquisição, pois nesta altura já não existirias, pois já terias sido queimado em praça pública e eu assistiria de camarote, terias o mesmo destino do teu livro.

"Que Deus, consiga te perdoar!"

A carta está datada de 10 de março, mas sete dias depois Maria ainda lhe acrescentou umas linhas:

"Engraçado, hoje encontrei umas informações tuas no computador, tuas obras publicadas, olhando a relação encontrei outro livro teu, que deve ser do mesmo tipo deste. *A segunda vida de Francisco de Assis*. Avalio as barbaridades que escreveste, com S. Francisco. Se tiveste o descaramento de escrever o que escreveste com Jesus Cristo, imagino o que disseste de S. Francisco. Teus livros devem ser uns verdadeiros abacaxis destes que não se conseguem ler. Devem ser todos umas belas porcarias. Coitado. (Será que alguém te conhecerá em Portugal?)."

No fim da carta havia algumas palavras cobertas com líquido corretor. Raspei a massa branca com a unha, e eis o que me apareceu: "Tua cara é tão feia quanto". Não continuou. Portanto, uma de duas: ou Maria não conseguiu encontrar um termo de comparação satisfatório para a fealdade da minha cara, ou concluiu, sabe Deus com que contrariedade, que ela, afinal, não era assim tão feia... Pobre Maria de Iguatemi (Fortaleza), lamentando-se por já não haver Inquisição para poder assistir de camarote ao churrasco da minha pessoa. Pobre, pobre Maria, que crê ter garantidas as riquezas espirituais prometidas pelo céu. Ou por quem em seu nome fala, a Santa Igreja Católica Apostólica Romana, autora moral desta carta.

19 de maio

Regresso a Mafra para assistir à assinatura de um protocolo entre o Ministério da Cultura e o Estado-Maior do Exército com vista à regularização dos espaços ocupados pela Escola Prática de Infantaria e pelo Instituto Português do Património Arquitetónico e Arqueológico. Com grande surpresa minha, o primeiro-ministro pediu-me que dissesse algumas palavras. Não tinha sido combinado antes, mas não podia furtar-me. Recordei então o ano já distante de 1981, quando um certo homem, hospedado numa pensão da Ericeira, utilizava a camioneta da carreira para ir a Mafra com o objetivo de percorrer o convento por fora e por dentro (até onde lho permitiam) porque tinha na ideia escrever um romance sobre a sua construção. O livro existe, deu a volta ao mundo, levou o nome de Mafra a toda a parte. Fala da construção da gigantesca mole, fala das pedras talhadas e sobrepostas, fala das mãos que as afeiçoaram e assentaram, fala do esforço dos homens, do suor e do sangue, do sacrifício. Ali, na biblioteca do convento, rodeado de livros, lembrei que as pedras morrem quando não as cuidamos, quando nos esquecemos do trabalho que representam. Tinha muitas outras coisas no coração, mas fiquei-me por aqui. O presidente da Câmara Municipal de Mafra e o presidente da Assembleia Municipal, presentes no ato, tiveram o bom senso de não se chegarem a mim. Ou foi medo de que eu os mordesse...

20 de maio

Viajando para Frankfurt, meio adormecido pelos comprimidos que tenho andado a tomar contra as vertigens causadas pelo meu velho padecimento da síndrome de Menière, vou lendo os jornais e encolhendo os ombros, resignado. Como o primeiro-ministro António Guterres, no breve discurso com que ontem encerrou a cerimónia da assinatura do protocolo entre o IPAAR e o Estado-Maior do Exército, teve a gentileza de salientar a importância de *Memorial do convento* e de *Blimunda* na divulgação internacional do convento de Mafra, um perspicacíssimo jornalista do *Diário de Notícias* diz hoje o mesmo na reportagem do acontecimento. Quase o mesmo, uma vez que resolveu chamar livro à ópera...

21 de maio

Vim a Frankfurt a convite de Portugal-Frankfurt 97, a entidade que, sob a orientação de António Mega Ferreira, está a organizar a nossa presença, como país-tema, na Feira do Livro deste ano. E como me tinha sido pedido que fizesse um "discurso" na conferência de imprensa em que iria ser apresentado o programa da participação portuguesa, estas foram as palavras:

"De quantos se sentam a esta mesa, sou eu a única pessoa a quem seria lícito perguntar por que razão aqui veio e em nome de quê ou de quem participa nesta reunião. Tais perguntas, claro está, não poderiam ser feitas ao sr. Peter Weidhaas, uma vez que é ele o Diretor da Feira do Livro e nosso anfitrião, como não teriam igualmente cabimento se fossem dirigidas ao responsável principal, no plano organizativo, do que será a nossa presença no certame deste ano, dr. António Mega Ferreira, ou ao Comissário para a Literatura, prof. Nuno Júdice. Todos eles são o que são e representam o que representam. Quanto a mim, sendo isto que à vossa vista está, não represento nada nem a ninguém. Em primeiro lugar, não represento os escritores portugueses, uma vez que deles não recebi encargo ou mandato para vir falar em seu nome. E, em segundo lugar, muito menos presumiria de representar a literatura portuguesa, grande de mais, no que foi ontem e no que hoje é, para aceitar-me como intérprete, mesmo no âmbito restrito duma conferência de imprensa: em pouco tempo, literal e figuradamente, a voz se me poria enrouquecida, para mais ou menos usar palavras de Camões, tão pouco usado em citações nos últimos tempos, tão afastado de nós pela presença devoradora de Pessoa... A razão de ter sido chamado a ocupar um lugar nesta mesa talvez se deva, afinal, ao facto de ter ido viver para fora da minha pátria, numa distante ilha atlântica: alguém terá tido a ideia generosa de dizer-me que não fui esquecido, que estou perdoado...

"Tereis aqui, em outubro, nesta e noutras cidades da Alemanha, escritores e livros portugueses, os de sempre e os de agora. Eles falarão por si próprios, que têm muito para contar. Não gostaria eu de ceder à banalidade de vos recordar que já levamos às costas oito séculos de história se não fosse para acrescentar que a essa história de oitocentos anos nem sempre felizes correspondem, dia por dia, oito séculos de literatura muitas vezes magnífica. E, não como quem se propôs oferecer uma informação útil, porquanto seria esta a maneira menos própria de fazê-la chegar ao vosso conhecimento, mas para meu próprio prazer, permito-me recitar-vos, como se de um verdadeiro poema se tratasse, uns quantos dos nossos nomes de portugueses, alguns sem dúvida conhecidos de vós, outros bastante menos, outros provavelmente ignorados, mas que são, cada um deles e todos juntos, substância da nossa identidade, semelhança profunda de família, sinal de reconhecimento coletivo. Como uma epopeia que estivesse feita só de nomes, ei-los como soam: Fernão Lopes, Gil Vicente, Damião de Góis, Fernão Mendes Pinto, Luís de Camões, Diogo do Couto, Francisco Manuel de Melo, padre António Vieira, padre Manuel Bernardes, António José da Silva, Nicolau Tolentino, Bocage, Almeida Garrett, Alexandre Herculano, Camilo Castelo Branco, Antero de Quental, Oliveira Martins, Eça de Queiroz, Cesário Verde, António Nobre... E estes outros, que o século em que estamos viu morrer: Raul Brandão, Camilo Pessanha, Teixeira de Pascoaes, António Sérgio, Jaime Cortesão, Aquilino Ribeiro, Fernando Pessoa, Mário de Sá-Carneiro, Irene Lisboa, Almada Negreiros, Florbela Espanca, Ferreira de Castro, José Gomes Ferreira, José Rodrigues Miguéis, Vitorino Nemésio, José Régio, António Gedeão, Miguel Torga, Alves Redol, Vergílio Ferreira, Fernando Namora, Jorge de Sena, Carlos de Oliveira, Alexandre O'Neill, Natália Correia, David Mourão- -Ferreira... Quanto aos vivos, aos que a luz da vida continua a proteger, não citarei mais que um nome, que esse, sim, acabo eu de decidir que nos represente a todos: Sophia de Mello Breyner Andresen.

"Poderia calar-me chegado a este ponto, dando por terminada a parte que me competia na apresentação, mas, se o fizesse, sairia de Frankfurt com o remorso de ter deixado escapar a oportunidade de dar voz a umas quantas preocupações que vêm apoquentando o português e o escritor que sou. Tenho por certo que não é descabido expressá-las neste dia e neste lugar, e confio que ao menos nesse particular possais concordar comigo, mesmo que todo o resto só venha a merecer-vos desaprovação.

"Perante uma assistência informada, como esta é, não teria sentido pretender traçar um quadro do mundo de hoje nos seus múltiplos e complexos aspectos: políticos ou económicos, ideológicos ou culturais, científicos ou tecnológicos. Nem o tempo seria bastante, nem o meu saber chega a tanto. Contentar-me-ei com pedir a vossa atenção para o facto de hoje só lidarmos com grandes números, como tudo atualmente se conta por milhões e milhares de milhões, quer se trate de toneladas excedentárias de manteiga ou de prováveis, senão confirmadas, vítimas da fome. As pequenas porções são geralmente desdenhadas, as estatísticas ignoram-nas, como ignoram também os indivíduos. No plano internacional, aos países menores (é este o meu tema) não lhes resta muito mais que negociar o seu voto pelo melhor preço possível, se não preferiram, cada vez mais raros, aceitar os riscos duma independência incómoda e duma personalidade nacional orgulhosa. Mas a regra não é essa, a regra é uma qualquer forma de obediência forçada a interesses de parceiros mais poderosos, a regra é a mão estendida e resignada, a humilhação que, por habitual, já se vai tornando modo de vida. Não sobra neste mundo espaço para os países menores, exceto se conseguiram ser admitidos no clube dos países ricos, o que, podendo algumas vezes ter sucedido por mérito próprio, depende as mais das vezes das conveniências alheias. A palavra dos pequenos países, que as normas básicas da vida pública democrática ainda vão permitindo que se ouça, é geralmente recebida com um misto de impaciência e benevolência merecedor de cuidadoso estudo. Qualquer representante secundário de uma potência será sempre escutado com atenção respeitosa, mas a fala de um país fraco e dependente é o melhor dos pretextos para um passeio higiénico pelos corredores, em benefício da circulação sanguínea.

"E isto não acontece apenas nas disputadas áreas da política e da economia. As indústrias culturais do nosso tempo, servidas por máquinas de promoção e propaganda apontadas a táticas e estratégias de prevalência ideológica que de alguma maneira vieram tornar obsoleto o recurso a ações diretas, têm vindo a reduzir os países menores a mero papel de figurantes, conduzindo-os a um primeiro grau de invisibilidade, de inexistência. As hegemonias culturais de hoje resultam, essencialmente, de um processo duplo e simultâneo de evidenciação do próprio e de ocultação do alheio, considerado já como fatalidade inelutável e contando com a resignação das próprias vítimas, quando não mesmo com a sua cumplicidade.

"Não figura nas minhas intenções fazer opor ao chauvinismo habitual das grandes potências um chauvinismo dos países pequenos, unidos pelo legítimo direito de fazerem ouvir a sua voz, e, quem sabe, menos nobremente, pelo despeito natural de quem se viu menosprezado uma e muitas vezes. O que desejaria, sim, é que se reconhecesse que, em definitivo, não existem culturas grandes ou pequenas, que todas elas respondem ou intentam responder à dimensão sensível e inteligente do ser humano, e por aí necessariamente se igualam. Não é uma questão de dinheiro ou de poder, mas de saber e de sentir.

"Talvez se esperasse que só viesse falar aqui de literatura. Na verdade, preferi falar do mundo que é o lugar onde as literaturas se fazem... Em Frankfurt, que é o lugar aonde as literaturas vêm."

Ray-Güde Mertin tinha-me pedido que fosse dar uma aula aos seus alunos da Universidade Goethe. A nossa primeira ideia havia sido de que eu falaria (outra vez, outra vez...) sobre as relações entre a História e a Ficção, mas acabei por discorrer sobre um tema que anda a interessar-me muito mais: "O Autor como Narrador". Boa assistência, e interessada, tanto quanto me pude aperceber. Desse interesse até poderia ter sido prova (mas já se vai ver que não o foi) a nenhuma atenção dada pelos estudantes, tanto raparigas como rapazes, ao episódio, para mim mais do que insólito, inimaginável, do homem que entrou completamente no na sala de aula e ali se deixou ficar durante uns quinze minutos, sentado a uma das carteiras, como se fosse outro aluno. Ninguém olhou para ele, não apareceu um contínuo da Universidade nem se chamou um polícia para levá-lo dali com bons modos ou a empurrão. Quando se fartou de uma conversa que não podia entender, levantou-se, simplesmente, e foi-se embora. Como a sala em que nos encontrávamos está situada no rés do chão, pude vê-lo, logo a seguir, quando passava lá fora, impassível, sob a chuva. Contou-me depois Ray--Güde que o homem é muito visto neste preparo, nuzinho como veio ao mundo, passeando-se pela cidade. Parece que sofre de uma alergia que não lhe permite o contacto de quaisquer roupas com a pele. O certo é que no Inverno, segundo se diz, não sai de casa.

22 de maio

Lisboa. Levados por Carmélia, assistimos, no Teatro de São Carlos, ao ensaio geral dos dois primeiros atos de *Os troianos*. Nunca tinha ouvido esta ópera de Berlioz, foi novidade absoluta para mim. Talvez por não ter gostado da encenação (aquelas projeções, aquele cavalo, aquelas marcações de cena...), dei por mim a pensar que teria preferido ouvir estes *Troianos* na modalidade de concerto, com o coro quietinho lá ao fundo, os solistas alinhados à frente, a orquestra bem à vista, o maestro de corpo inteiro — e todos cumprindo o melhor que pudessem a sua obrigação...

24 de maio

Mais uma Feira do Livro...

26 de maio

A peremptória declaração de Mário Soares de que "hoje, ser de esquerda é avançar no sentido da Europa", mostra até que ponto andam desoladoramente confundidas as ideias (e também as pessoas) a que continuamos a chamar de esquerda. De acordo com a desconcertante percepção do ex-secretário-geral do Partido Socialista e ex-presidente da República, a esquerda ter-se-ia tornado numa espécie de catavento sem norte, girando ao sabor das variações políticas da meteorologia económica e financeira, podendo até, pelos vistos, sem ter de abjurar de si mesma, coincidir milimetricamente com qualquer brisa que lhe venha do quadrante oposto: valeria tanto dizer que "hoje, ser de esquerda é avançar no sentido da Europa", como afirmar que "hoje, avançar no sentido da Europa é ser de direita". Digo que valeria tanto, mas não é assim: um Mário Soares socialista não pode permitir-se ignorar que a construção da unidade europeia anda a servir, acima de tudo, os interesses da direita, e que não está à vista qualquer possibilidade de que essa orientação venha a mudar algum dia. Perceber-se-á melhor o que tudo isto significa se imaginarmos o sr. Kohl da Alemanha a dizer, pegando nas palavras de Mário Soares: "Sou de esquerda, por isso é que estou tão interessado na Europa"...

Porto. Jantar depois da sessão de autógrafos na Feira do Livro. Um grupo de dez ou doze estudantes universitários, numa mesa perto, celebrava o aniversário de uma colega. Pediram-me que escrevesse algumas palavras na fita da pasta da festejada, e eu fiz o melhor que se pode nestas circunstâncias: desejei-lhe felicidade. No fim do jantar, quando me levantava para sair, despediram-me com sorrisos e palavras simpáticas. A frase saiu-me espontânea diante daqueles rostos abertos de raparigas e rapazes: "Que bonitos sois todos!".

30 de maio

A Universidade Popular Bento de Jesus Caraça, que me convidou para vir hoje falar a Setúbal, não tem dinheiro nem possui instalações próprias. Vive da dedicação e do entusiasmo de uns quantos dirigentes e apoiantes, sobretudo da sua presidente, Maria Adriana Nóbrega Simões. Se estas pessoas, que, apesar de tudo, não faltam em Portugal, fossem ajudadas com critério e respeito, estou certo de que o panorama cultural do país melhoraria consideravelmente, sobretudo nos pequenos meios, onde as atividades deste tipo, além de não gozarem de prosperidade, são muitas vezes olhadas com desconfiança pelas forças vivas...

3 de junho

Em Madrid, para atribuição do Prémio Rainha Sofía de Poesia Iberoamericana. Ganhou-o Álvaro Mutis, poeta e narrador colombiano. Desta vez, entre os portugueses que já são candidatos permanentes (algum dia haverá de ser...), por exemplo, Albano Martins, António Ramos Rosa, Eugénio de Andrade e Mário Cesariny, deu-se o estranho aparecimento da candidatura de uma aluna da Faculdade de Economia da Universidade de Coimbra, formalmente apresentada pelo presidente do respectivo Conselho Diretivo... Claro que a estudante de Economia poderia ser um excelente poeta, claro que o presidente de Conselho Diretivo poderia ser um exato avaliador de vocações líricas, tudo isto poderia ter acontecido, mas, simplesmente, não aconteceu: nem um nem outro têm a menor ideia do que seja poesia. Espero que recuperem a sensatez e não tornem a aparecer. Quase corámos de vergonha, Ana Hatherly, que fez parte do júri este ano, e eu.

4 de junho

Madrid. Círculo de Belas-Artes. Mais de cinquenta jornalistas na conferência de imprensa convocada para apresentação dos *Cuadernos de Lanzarote* (1993-5)... Por muito numerosa que tenha sido, esta pluralíssima presença não quer dizer (sosseguem os patriotas) que eu deva começar a perguntar-me de que país sou realmente, apenas me dá mais razões para pensar, como vem sucedendo desde há alguns anos, que a minha terra se tornou maior do que era antes...

5 de junho

Almoçámos, Pilar e eu, com Julio Anguita. Para mim será sempre um mistério que a Espanha não saiba ou não queira reconhecer a invulgar qualidade deste homem, quer como pessoa quer como político. Ou não há mistério nenhum, afinal: o grau de exigência ética de Anguita é incompatível com um tempo que fez da ausência de valores um valor e da hipocrisia pública e privada uma regra.

6 de junho

Lisboa. Chuva. Feira molhada...

8 de junho

José Luís Judas deve ter atingido as supremas alturas do pragmatismo político. Perguntando-lhe um jornalista por que se filiou no Partido Socialista, em lugar de continuar como independente, deu a seguinte resposta: "Porque constatei que qualquer partido, e o PS não é diferente, tem uma atitude com os independentes antes de chegar ao poder e tem outra depois de lá estar. Depois de eu ter ganho as eleições em Cascais não houve da parte do PS uma atitude como se eu fosse um deles. Havia claramente alguma desconfiança". O jornalista quis saber se a filiação resolve a desconfiança, e Judas respondeu: "Não resolve, mas cria ambiente". A conclusão parece fácil: José Luís Judas saiu do Partido Comunista para ser independente, foi como independente que entrou nas listas do Partido Socialista, mas o que lhe falta esclarecer é se foi por se ter tornado socialista que se filiou nele...

11 de junho

De Margarida Lage Reis Correia, a leitora a quem, sem lhe

citar o nome, já me tinha referido nestas páginas (v. *Cadernos — III*, 2 de junho), recebi uma belíssima carta, em que depois de me dar a grata notícia de que encontrou um novo trabalho, escreve: "O segundo motivo: mandar-lhe um cavalinho de feltro que fiz quando tinha 11 anos! Já há bastante tempo que tinha vontade de o fazer — desde que li num dos *Cadernos* que o meu amigo gostava de cavalos, então pensei em oferecer-lhe este que guardo desde a minha meninice — fi-lo na disciplina de Trabalhos Manuais (na Escola Alfredo da Silva, do Barreiro, de onde sou natural), lembro-me do muito tempo que levei a fazê-lo — para mim era uma tarefa complicadíssima, custou-me uns bons 'raspanetes' da professora... que nessa altura não eram propriamente um modelo de compreensão! Mas quando o terminei achei que nunca tinha tido nada tão bonito... tinha sido feito por mim! As outras garotas perguntavam-me então que nome lhe poria... que nenhum respondia eu... era só o meu cavalinho! Nunca me separei dele, e quando os meus filhos eram pequenos não fui capaz de não os deixar brincar com ele... e o resultado são os pontarelos que depois tive que fazer para que não ficasse com as tripas de fora! Tenho olhado para ele e sinto que o seu lugar não é aqui, porque o gosto que tenho em lho oferecer é enorme, fico muito feliz se o aceitar, a ninguém mais o daria com tanto gosto e carinho, não cabe dentro deste cavalinho de 42 anos de idade toda a minha gratidão, porque essa é enorme, soubesse quando o fiz o destino que lhe queria dar!... A vida ainda tem coisas muito bonitas! Então este tão modesto cavalinho vai agora cumprir o seu destino, que alegria sinto em pensar que se irá juntar, na sua arca de recordações, a outras que certamente lhe terão oferecido com igual amizade e gratidão! O nome que eu em menina não lhe dei, dou-lho agora... Sete-Sóis se chamará... e acho que terá sido o seu nome desde que nasceu!".

Obrigado, Margarida, a vida, realmente, ainda tem coisas muito bonitas...

12 de junho

Delícias da Justiça brasileira... Não haverá maneira de arranjar no mundo uns quantos juízes sérios, honestos, incorruptíveis, limpos de mente e de coração, sem rancores à vista ou disfarçados, para julgarem os juízes e os júris a quem precisamente andam a faltar estes atributos? Acusado de ter assassinado um fazendeiro e um polícia durante a ocupação de uma fazenda no estado de Espírito Santo, o dirigente do Movimento dos Sem-Terra, José Rainha, acaba de ser condenado a 26 anos de prisão. De nada lhe serviu ter provado que no dia do crime se encontrava a 2000 quilómetros de distância do local, de nada lhe serviu que o próprio Ministério Público não tivesse apresentado testemunhas, de nada lhe serviu que a única testemunha de acusação que afirmava havê-lo visto na fazenda tivesse faltado ao julgamento — apesar de tudo isto, a sentença especifica que "o júri decidiu que o réu foi responsável por ter organizado o grupo de camponeses que cometeu o crime e ter facilitado, depois, a sua fuga". Afortunadamente, a lei penal brasileira determina que os réus sentenciados a penas superiores a 19 anos têm direito a um segundo julgamento. José Rainha esperará em liberdade que o julguem outra vez. Que irá suceder então? E outra pergunta: como estava constituído o júri que considerou José Rainha culpado? Se calhar é aí que está a chave da questão...

Bom mensageiro sempre, Juan Cruz telefonou para informar que os *Cuadernos* vão para segunda edição...

14 de junho

Madrid, outra vez. Feira do Livro...

16 de junho

Regresso a casa, decidido a não levantar a cabeça do trabalho enquanto não tiver terminado o romance... No escritório alto ainda faltam estantes e outros móveis, nem todos os quadros estão colocados nas paredes, é mais ou menos um acampamento, mas o maior cuidado será manter apartados os olhos da janela, para que o céu e o mar não me distraiam das sombras da Conservatória do Registo Civil e das prosaicas aventuras (insignificantes, decerto lhes vão chamar alguns) do meu sr. José, à procura de uma mulher que não quer encontrar...

1 de julho

José Antonio Ortega Lara foi libertado. Viveu durante mais de 500 dias (se aquilo foi viver...) num buraco subterrâneo onde mal se podia mexer e onde com certeza o deixariam acabar se os movimentos dos sequestradores não tivessem suscitado suspeitas que, após a necessária vigilância, levaram a polícia a intervir, embora sem ter a certeza absoluta sobre o que iriam encontrar, tanto assim que estiveram a ponto de abandonar a busca. O que finalmente saiu do zulo foi um fantasma de homem à procura de uma razão para voltar à vida. Isto é a ETA, esse outro nome da infâmia, esse bando de criminosos que, sem que eu consiga compreender porquê, ainda tem em Portugal quem os considere como corajosos revolucionários e acendrados patriotas...

2 de julho

Ponto final em *Todos os nomes*. Não sou capaz de imaginar o que se dirá deste livro, inesperado, creio, para os leitores, de certo modo ainda mais que o *Ensaio sobre a cegueira*. Ou talvez sim, talvez imagine: dirão que é outra história triste, pessimista, que não há nenhuma esperança neste romance. No que a mim respeita, vejo as coisas com bastante clareza: acho, simplesmente, que quando escrevi *O Evangelho segundo Jesus Cristo* era novo de mais para poder escrever o *Ensaio sobre a cegueira*, e, quando terminei o *Ensaio*, ainda tinha que comer muito pão e muito sal para me atrever com todos os nomes... À noite, enquanto passeava no jardim para acalmar os nervos, tive uma ideia que explicará melhor o que quero dizer: foi como se, até ao *Evangelho*, eu tivesse andado a descrever uma estátua, e a partir dele tivesse passado para o interior da pedra. Pilar acha que é o meu melhor romance, e ela sempre tem razão.

3 de julho

Para acompanhar, na edição dum livro, umas fotografias feitas por Eduardo Gageiro, a Câmara Municipal de Évora tinha-me pedido, há tempos, que escrevesse algo sobre a cidade. Embora pense, sinceramente, que é impossível escrever sobre um lugar como Évora, aqui está o que consegui extrair da cansada cabeça que acaba de se ver livre dos *Nomes*:
"O mais surpreendente será pensarmos que uma tal beleza começou por não existir. O lugar estava ali, estava ali a colina, o monte, a altura desafogada de onde os olhos poderiam abraçar um vasto horizonte, tão vasto que mais parecia estar a planície a empurrá-lo até ao infinito. Apesar de perto correr uma ribeira, daquelas que sempre atraíram e depois fixaram a morada dos homens para lhes oferecer o alimento e o refresco do corpo, esta colina, que um dia viria a receber o mágico nome de Évora, só teve para dar, durante anos e anos sem conto, a mesma humildade de quantas a rodeavam — ser atalaia de pastores e mirante de viajantes perdidos à procura de um caminho. O destino dos lugares, porém, é como uma carta fechada à espera do gesto único que um dia o dará a conhecer. De quem fosse, a quem tivesse pertencido a mão que pela primeira vez veio colocar uma pedra sobre outra pedra na falda do monte a fim de construir um abrigo de vivos ou levantar uma casa de mortos — não se sabe. Nem nunca se saberá. Os primeiros homens e mulheres que escolheram para viver a colina de Évora não tinham para enterrar solenemente um cofre de prata ornado de cabochões com a ata da fundação duma cidade que ainda haveria de ser, mas a memória

da sua passagem por este lugar do mundo, se a soubermos procurar, aparecer-nos-á tão viva como a presença do zimbório da Sé, que de tantas destas ruas se espreita. Algum vestígio dessas mulheres e desses homens primitivos perdurará ainda por aí, alguma fina poeira, algum entalhe na mais velha de toda as pedras, algum suspiro cansado que o ar naqueles dias recolheu e que a Évora constantemente retorna quando os ventos mudam. Diz-se que a história certificada é só aquela que tiver sido passada a escrito, mas a história autêntica da colina de Évora e das suas cercanias, a história que não teve ninguém que a escrevesse, mas que nem por isso foi menos substancial, essa história ilegível, inscrita na superfície do tempo, é o alicerce mais profundo sobre o qual se edificou, destruiu e tornou a edificar a cidade. Até hoje.

"O próprio topónimo, Évora, quando o pronunciamos, quando nos detemos a escutá-lo, ressoa na nossa boca e nos nossos ouvidos como a memória de uma voz arcaica. Chamaram-lhe Ebora os celtiberos, e como Ebora Cerealis a tem nomeada Plínio, o Velho, na sua História Natural, o que servirá para dar testemunho de que as planuras transtaganas já davam pão pelo menos dez séculos antes que os 'alentejanos' (os que viveram e vivem além do Tejo...) se tornassem portugueses. Conta-se que foi sede de um talvez imaginário reino céltico-lusitano, o de Astolpas, sogro de Viriato, também se conta que mais tarde viria a ser fortificada por Sertório, mas isto não passa de uma lenda inventada no século XVI, quando se pretendeu que o general romano teria instalado na ainda incipiente localidade a sua capital. Mesmo depois que a Ebora lhe pusessem o nome de Liberalitas Julia, ainda Ebora continuou a ser, e quando Júlio César ou Vespasiano determinaram que se lhe chamasse Jus Latim Verus, é mais do que duvidoso que os eborenses se resignassem a dar todas essas voltas à língua em vez de dizerem simplesmente Ebora, como o haviam feito os avós dos seus tataravós. Curioso vocábulo, este. Se efetivamente foram os celtiberos que puseram o nome de Ebora à cidade e se, neste caso, a aparente filiação etimológica é algo mais do que uma ocasional coincidência, então haverá motivo para que nos perguntemos por que a teriam nomeado eles com

340

uma palavra de raiz latina, pois que eboraria é a arte de esculpir o marfim, eborário o artista que o marfim trabalha, ebóreo o que de marfim é feito. Honra e gratidão, portanto, ao ignoto profeta, ao bruxo celtibero que leu o futuro e foi o primeiro a saber que uma cidade chamada Évora se tornaria, com o tempo, tão preciosa como o marfim.

"Regressaram à sua terra os romanos, de cujas construções civis e militares os azares da fortuna e as mudanças da estratégia só consentiram que herdássemos alguns troços do cinto de muralhas e o templo sem nenhuma razão chamado de Diana, a seguir aos romanos vieram os visigodos, depois os mouros, uns e outros ainda com menos ventura nas artes que os de Roma, pois das suas obras, salvo uns restos de muros, nada ficou que tivesse perdurado até ao nosso tempo. Enfim, ao cabo de mais de quatrocentos anos de ocupação moura, chegaram os que então começavam a ser portugueses. Ia principiar a história da Évora que temos diante dos olhos, uma Évora que miraculosamente conseguiu sobreviver aos desastres e aos tumultos, às invasões e aos saques, aos caprichos e variações do gosto, aos egoísmos, às vaidades, às depredações antigas e modernas. O marfim velho de que Évora está feita resistiu a tudo.

"A singularidade de Évora não deve, porém, ser procurada nas suas igrejas nem nos seus palácios. Palácios e igrejas é o que não falta pelo mundo fora, muitos deles, sem dúvida, de maior beleza e sumptuosidade do que estes que a invenção criadora e o engenho edificador das gerações portuguesas vieram erguer aqui. Évora podia ter a Sé, e apesar disso não ser Évora. Podia apresentar à admiração a relação completa dos seus monumentos, e Évora continuar a não ser. Podia enumerar e descrever com amorosa minúcia os méritos arquitetónicos e artísticos de S. Francisco e de S. Brás, dos Paços de D. Manuel e da Igreja da Graça, dos Loios e do templo romano, do aqueduto da Água da Prata e do Seminário Maior, e ainda assim não chegaria a ser Évora. Há cidades que são sobretudo famosas pelos esplendores materiais que o tempo nelas foi depositando, ao passo que esta Évora seria sempre a Évora que profundamente sabemos ser, mesmo que um maligno passe de prestidigitação fizesse desaparecer da noite para o dia os seus atrativos mais evidentes, deixando-a apenas com a nudez das suas ruas e dos seus pátios, dos seus largos e calçadas, dos seus becos e travessas, das suas arcadas, dos seus terreiros. Com a nudez das suas frontarias, com a claridade das suas fontes, com o segredo das suas portas.

"Porque Évora é principalmente um estado de espírito, aquele espírito que, ao longo da sua história, a fez defender quase sempre o lugar do passado sem tirar ao presente o espaço que lhe é próprio, como se, com o mesmo olhar intenso que os seus horizontes requerem, a si mesma tivesse contemplado e portanto compreendido que só existe um modo de perenidade capaz de sobreviver à precariedade das existências humanas e das suas obras: segurar o fio da história e com ele bem agarrado avançar para o futuro. Évora está viva porque estão vivas as suas raízes."

5 de julho

Festival de Teatro de Almada. Dezoito anos depois da sua estreia, *A noite* regressou a Almada, desta vez a falar espanhol, na encenação de Joaquín Vida, a mesma com que se apresentou, no ano passado, em Madrid e em Granada. O público saiu satisfeito: creio que uma boa parte dele terá aplaudido também as suas próprias recordações. É curioso que a peça me tenha deixado um certo ressaibo a antigo. Em menos de vinte anos, *A noite* tornou-se "história", documento de uma época que já vai parecendo remota, testemunha de um tempo em que os jornais, imagine-se, ainda eram feitos por linotipistas... Conversando com Joaquim Benite sobre estas e outras transformações da sociedade e do trabalho, ouvi-lhe dizer que uns espanhóis (não fixei de quem se trata) estão a pensar em produzir *In Nomine Dei*, sendo ele o encenador. Espero que o projeto vá por diante. Pelo menos, poderemos ter a certeza de que quando tiverem passado vinte anos anos sobre a data da estreia (se ela vier a dar-se) o mundo será igual ao que é hoje, como é igual, hoje, ao que era há quatrocentos anos. Refiro-me à intolerância e à crueldade, não à exploração do espaço nem aos computadores...

7 de julho

Voltei hoje ao dr. Mâncio dos Santos, o médico e amigo que desde há seis anos anda a cuidar dos meus olhos. Anunciou-me que a catarata há tempos aparecida no olho direito está a aumentar de tamanho. "Não é para já", disse-me, "mas vai ser preciso tirar isso." Assim seja.

8 de julho

Lanzarote. A trabalhar, da manhã à noite, na revisão de *Todos os nomes*.

10 de julho

Nova ação violenta da ETA: foi sequestrado um jovem *consejal* do Partido Popular, chamado Miguel Ángel Blanco Garrido. Pende sobre ele uma ameaça de execução se no prazo de 48 horas não forem satisfeitas as exigências dos terroristas. Calhou a Miguel Ángel Blanco "pagar" a libertação de Ortega Lara.

12 de julho

Miguel Ángel Blanco foi encontrado num campo, ferido com dois tiros na cabeça. Os médicos declararam-no inoperável.

13 de julho

Miguel Ángel Blanco morreu esta madrugada. Não chegou a sair do coma.

14 de julho

Gigantescas manifestações contra a ETA em toda a Espanha. Milhão e meio de pessoas em Madrid, quase um milhão em Barcelona. Em Arrecife éramos três mil. Penso que em nenhum outro país do mundo a população se teria levantado com tanto ímpeto e tanta indignação. Quanto tempo mais terão de durar este calvário, esta demência, este regueiro de sangue?

15 de julho

A disquete que contém *Todos os nomes* seguiu hoje para a editora. Fico à espera da sentença de Zeferino Coelho.

16 de julho

Carlos Mota de Oliveira e Maria Cândida, sua mulher, vieram visitar-nos hoje. Conheço-o a ele (mas a minha memória precisou de ajuda) do tempo em que convivi (e muito, e intensamente) com o José Carlos Ary dos Santos. Falámos do passado e do presente, da ilha, de livros (Carlos é poeta também), e prometemos continuar a conversa pelo meio clássico: carta cá, carta lá. Foi uma tarde bem passada, ou melhor ainda, bem vivida. Que voltem.

17 de julho

A revista *Visão*, de Lisboa, pediu-me um artigo sobre a ETA. Eis o que pude escrever, esforçando-me por ser objetivo:
"Falemos claro, e simples, se possível. O problema vasco vem de longe. Também de longe vêm o problema catalão e o problema galego. Espanha foi no passado e hoje continua a ser uma constelação de conflitos surdos ou declarados entre o poder

central e as tendências autonomistas e independentistas de algumas das suas regiões. A palavra Espanha não se ouve muitas vezes na boca de espanhóis. Compreende-se: dizer Espanha soaria inevitavelmente a Estado espanhol, e o conceito de Estado espanhol é, de forma consciente ou não, rejeitado por populações que não se veem a si mesmas como espanholas, mas sim como vascas, catalãs ou galegas (a lista não terminaria aqui). A dificuldade que Espanha sempre teve em unificar-se não poderia ser resolvida pela democracia, porque democracia é liberdade, e livre e plural teria de ser, nela, a vontade dos cidadãos. O grande desafio que Espanha enfrenta no limiar do século que se aproxima será o da sua conversão em Estado federal, a grande ameaça a fragmentação numa nova espécie de 'reinos de taifas'.

"Que lugar tem a ETA neste quadro? Euzkadi Ta Azkatasuna (ETA), que significa Euskadi e Liberdade, foi fundada em 1959. Passou à luta armada em 1960 e adotou a ideologia marxista em 1965. Depois do atentado contra o almirante Carrero Blanco dividiu-se em dois ramos: a ETA político-militar e a ETA militar. Da primeira surgiu em 1976 o partido Euskal Iraultzako Aldadia (EIA), posteriormente integrado na coligação Euskadiko Ezquerra, que teve representação parlamentar. Em 1983 o ramo político-militar dissolveu-se quando a maioria dos seus membros aceitou medidas de reinserção social. Por seu lado, a ETA militar intensificava a ação terrorista, ao mesmo tempo que reivindicava a chamada alternativa KAS (Koordinadora Abertzale Socialista), que consistia na unificação do País Vasco e Navarra, na retirada do exército e forças de segurança do Estado e na autodeterminação do povo vasco. Desta alternativa KAS sairia, por sua vez, em 1979, a coligação Herri Batasuna, que quer dizer Povo Unido.

"Estes são os factos históricos, datas, acontecimentos, nomes, aparentemente inócuos na sua secura e brevidade. Faltou mencionar o sangue e a morte. Tenho ouvido dizer a gente portuguesa bem-intencionada, ainda com restos de romantismo revolucionário no coração, que a ETA é apoiada pela generalidade do povo vasco. Nada mais falso. ETA não vai às eleições, mas o seu braço político, sim. Qual é então a percentagem de votos obtida por Herri Batasuna no País Vasco? Doze por cento. Cada vez que se quer justificar as ações terroristas da ETA alega-se que 180 000 dos eleitores vascos votam em HB, o que é verdade, mas omite-se, ou cala-se, ou escamoteia-se (o verbo fica à escolha) que 88% desses eleitores não votam em Herri Batasuna e portanto estão contra a ETA. E ainda falta saber quantos daqueles 180 000 votos não tiveram como motor o medo...

"Suponho que duas palavras andam a confundir algumas consciências portuguesas: que a ETA é 'socialista', que a ETA é 'marxista'. A ingenuidade tem limites: a ETA não é nem marxista nem socialista. Ou será socialista na medida em que o nacional-socialismo também dizia sê-lo. A mentalidade nazi reencarnou nos militantes (dirigentes ou não) da ETA, e, a julgar pelo seu comportamento habitual, não anda longe dos dirigentes de HB. Talvez alguns se sintam chocados por esta imputação de nazismo à ETA e a muitos dos que a rodeiam e apoiam. A essas almas escrupulosas adiantarei outros dados igualmente exatos: a ETA é um bando mafioso e assassino que vive de extorsões e atemoriza o próprio povo que diz defender, põe bombas em supermercados, dispara sobre funcionários, políticos e juízes, sequestra (Ortega Lara esteve 532 dias metido num buraco infecto), executa (num país que aboliu a pena de morte, dois tiros na nuca acabaram com a vida de Miguel Ángel Blanco, cujo único 'crime' foi ser militante do partido que está no governo)...

"Isto é a ETA. Matou, até hoje, 816 pessoas, crianças incluídas. Continuará a matar. E já avisou que a próxima vítima será um jornalista. A liberdade, para quem não o compreendeu ainda, é o alvo das pistolas da ETA."

18 de julho

Zeferino Coelho gostou de *Todos os nomes*. Ainda não foi desta vez que o editor torceu o nariz... Mas não tenho ilusões, o dia chegará. Chega sempre.

21 de julho

A verborreia continua. Cada vez mais deveria defender-me, e cada vez mais me encontro desarmado nas entrevistas que vou dando. Prometo a mim mesmo que passarei a ser conciso, lacónico, que não voltarei ao que já tenha dito antes, mesmo quando fosse necessário explicá-lo melhor, que não levarei as respostas para fora das perguntas, que, e que, e que. É inútil. Se me pediram vinte minutos, já se sabe que falarei durante três quartos de hora. Um desastre. E o pior é quando este meu desejo de ser prestável se vê apanhado em armadilhas criadas pela incompreensão que frequentemente se enreda em palavras que começaram por parecer claras e depois se vê que tinham sido entendidas de diferente maneira pelos interlocutores, sem culpa objetiva de qualquer deles. Hoje sucedeu-me uma destas. Vim a Lisboa para ser entrevistado por três televisões alemãs, e a primeira equipa apareceu-me matinal, logo às dez horas da manhã. Tratava-se de um documentário sobre a cidade, sobre as suas transformações, ou metamorfoses, como fez questão de me precisar Jürgen Wilcke, o realizador. Pretendia-se que o escritor falasse da sua relação com Lisboa, dos sítios onde morou, da presença da cidade na sua obra. Pelo menos foi isto o que entendi. Por causa da *História do cerco de Lisboa* começámos por subir ao Castelo de São Jorge, onde com aceitável pertinência perorei sobre mouros e cristãos. Fui filmado a subir e a descer escadas, a olhar ao longe, a apontar o rio, a aparecer e a desaparecer, já impaciente com estes pouco imaginativos narizes de cera do documentarismo, que ainda por cima me pareciam fora do assunto. Como na nossa conversa preliminar havia dito a Jürgen Wilcke que os meus últimos bairros lisboetas tinham sido a Madragoa e a Estrela, descemos das históricas e afonsinas alturas, a caminho da Rua da Esperança. Chegados lá, o equívoco desfez-se. O que Jürgen Wilcke queria, afinal, era que eu comentasse o antes e o depois de Lisboa, segundo a minha "perspectiva de escritor", e ali, na Rua da Esperança, estava tudo como dantes. (Soube então que tinham ido pedir a José Cardoso Pires que falasse das novas estações do metropolitano...) Disse-lhes que um arquiteto urbanista lhes seria infinitamente mais útil, que encontrariam na Câmara Municipal tudo quanto precisavam, pessoas e documentos, e dispus-me a virar costas. No último instante, porém, resolvi fazer ainda um esforço, convidei-os a entrar no bairro, podia ser que se lhes tornassem finalmente claras aos olhos do espírito as metamorfoses que procuravam e que não tinham conseguido perceber andando simplesmente pela cidade. O operador de imagem ficou encantado, Jürgen aplaudiu, e eu fiz um novo discurso, agora sobre o contraste entre o antes-agora em que nos encontrávamos e o agora-depois em que Lisboa está a transformar-se. O pessoal gostou e, como as pazes estavam feitas, fomos dali para a Rua dos Ferreiros. A sorte esperava-nos nas pessoas da D. Irene e do sr. Manuel, na mercearia de bairro que é o seu ganha-pão, mas sobretudo na figura do sr. Raul, meu antigo vizinho, um simpático e sorridente velho de 98 anos de idade que deixou os alemães de cabeça perdida quando lhes mostrou uma fotografia da época em que foi motorista de táxi, não de automóvel mas de motocicleta com *side-car*, uma das motocicletas que sobraram da guerra de 1914-8 e que, durante não sei que tempo, por Lisboa circularam em missões de paz. Foi aquilo em 1920, o sr. Raul tinha a idade do século, e ali, na Rua dos Ferreiros, neste ano de 1997, os alemães encontraram finalmente a metamorfose de que andavam à procura...

22 de julho

Os alemães de hoje ainda foram mais madrugadores: às oito e meia da manhã já eu estava sentado diante da câmara. A conversa foi normal, falou-se do *Ensaio sobre a cegueira*, que sairá na Alemanha em setembro (o jornalista, Rüthard Stablein, da Hessischer Rundfunk, coincide comigo em achar enganoso e redutor o título que deram ao livro: *Die Stadt den Blinden*, a cidade dos cegos), também se falou das personagens femininas dos meus romances, e para não ser tudo literatura vieram à baila a União Europeia e as minhas suspeitas sobre a essência e a práxis muitas vezes nada democráticas das nossas democracias. Nos dias de hoje não é de bom-tom falar deste tema, mas de cada vez que o trago à conversa verifico que há muito mais gente preocupada com ele do que em geral se julga. "De facto, a hipocrisia da vida pública é grande", concordou Stablein, e eu calei a resposta que devia ter dado: "Você é jornalista, diga isso em voz alta lá onde trabalha". É triste que até na democracia haja maneiras de fazer calar as pessoas.

Brigitte Kleine, da Zweites Deutsches Fernesehen, tinha-me convencido a ir ao outro lado do Tejo dar-lhe a entrevista. Por causa do simbolismo, alegou. Morando eu agora longe de Lisboa, a distância sugeriria o exílio, a ausência, talvez mesmo a saudade. O dia, porém, alheio a fantasias, não esteve pelos ajustes. O céu já tinha amanhecido encoberto, e com o passar das horas foi-se adensando cada vez mais o borrão cinzento da atmosfera. Ir para a Outra Banda significaria perder Lisboa para sempre... Instalámo-nos no miradouro da Senhora do Monte, donde conseguíamos ter um vislumbre do rio. Durante uma hora aguentámos a pé firme um vento que soprava com endemoninhada força e que deve ter levado para longe, por escusadas, quase todas as palavras. Ali no alto, o que melhor se via da cidade era a cratera em que está transformada a Mouraria. Os alemães que andavam à procura de metamorfoses perderam esta.

23 de julho

Antonio Perdomo publica em *Canarias 7* um artigo tão inteligente quanto simpático sobre *Cuadernos de Lanzarote*. A dado passo diz o seguinte: "[...] el escritor bordea el sentido de Lanzarote, quizá desconoce las claves de la isla, aunque en su descargo baste decir que tampoco tiene por qué conocerlas". Não pondo em dúvida as boas razões que assistam a Antonio Perdomo quando alude à probabilidade de eu desconhecer as "chaves da ilha", acho que talvez valha a pena deixar aqui um comentário breve sobre o que designamos por "sentido de lugar". Sem chegar aos radicalismos e paradoxos de Fernando Pessoa, quando afirmava que o único sentido das coisas é não terem elas sentido nenhum, penso que Lanzarote, como qualquer outro sítio do mundo, não tem um sentido só, mas uma pluralidade deles, tantos, por assim dizer, quantos os olhares, as contemplações, as observações, as análises que sobre a ilha incidiram, e sendo certo que dessa diversidade de complementaridades e de contrariedades há-de ter resultado uma certa expressão convergente, ela é em si mesma indefinível porque nunca poderá ser tomada como algo fixo ou simplesmente estável. O sentido que Lanzarote tinha para os habitantes da ilha quando ainda o nome dela não era esse, quando a paisagem, os costumes e a cultura eram abissalmente diferentes dos de hoje, não é o mesmo que terá tido para César Manrique ou tem para Antonio Perdomo. Se Lanzarote tivesse realmente um sentido, vê-lo-íamos constante em cada momento, igual ao que foi antes e ao que será depois, alheio à passagem do tempo, imarcescível. E bem sabemos que não é assim. Na verdade, se me perguntassem qual é o sentido de Lisboa, confesso com toda a humildade que não saberia encontrar a resposta. Apesar de lá ter vivido setenta anos, apesar de conhecer a sua história e os seus costumes, apesar de falar a língua que os lisboetas falam. E chegado a este ponto, uma dúvida inquietante me assalta: que sentido tenho eu?

26 de julho

Fernando Sánchez Dragó veio de longada até esta casa, onde entrou como colega e de onde saiu como amigo. Conversámos muito, sem reservas nem despeitos acertámos as nossas pequenas diferenças, ou as que, por duas vezes, com alguma injustiça decerto, expressei em relação a ele (v. *Cadernos — II*, 9 de março, 28 de junho). Em certa altura falou-me do seu projeto de adaptar *O Evangelho segundo Jesus Cristo* ao teatro, e eu só lhe disse: "Avança!". Este *Evangelho*, pela resistência que opõe a deixar-se arrumar na prateleira, parece ter ainda muito para contar...

Não há dúvida: as coincidências, ou as simetrias, não foram uma invenção de espíritos com preguiça de remontar à origem dos factos. Estivemos, Sánchez Dragó e eu, a falar do *Evangelho*, e Norman Mailer, em *El País* de hoje precisamente, dá uma entrevista a Barbara Probst-Solomon sobre o seu último romance, *The Gospel According to the Son*. Creio que vale a pena transcrever o princípio da conversa:

"Pergunta. Quando uma ideia é boa e chegou o seu momento, pessoas que não se conhecem entre si e habitam em diferentes partes do mundo tiram conclusões similares. Você acaba de publicar *O Evangelho segundo o Filho*, e há pouco tempo o romancista português José Saramago publicou também *O Evangelho segundo Jesus Cristo*; quer dizer, dois [...] escritores contemporâneos que não se conhecem pessoalmente, mas que têm a mesma idade e viveram as mesmas vicissitudes históricas, elegeram o tema de Deus e Jesus Cristo. É interessante que estes dois romances, tão distintos, compartam as mesmas inquietações espirituais. A conclusão de Saramago é que o homem precisa de perdoar a Deus pelas coisas terríveis que fez, porque 'Deus não sabe o que faz'. Você sugere que Deus é limitado, que não podemos esperar tudo dele. Porquê, em lugares do mundo tão diferentes, os nossos romancistas [...] coincidem nesta linha de pensamento?

"Resposta. É difícil responder a isso com brevidade. Eu acreditava no que costumávamos chamar a *Weltanschauung*, isto é, que há um sentir compartilhado em todo o mundo. Talvez isto explique a história. Em todo o caso não me surpreende que pessoas de diferentes países tenham as mesmas ideias ao mesmo tempo. Claro que os nossos pontos de vista são distintos. O meu: que Deus não seja todo-poderoso vai significar ofenderem-se nove décimas partes da gente que nele crê. É um conceito perturbador. Mas a visão de Saramago é ainda mais radical. Que tenhamos que perdoar a Deus, é algo que me supera: onde estão os meios para levá-lo a cabo? Em certo sentido é estupendo poder dizer que temos que perdoar-lhe, mas, como se faz isso?

"P. José Saramago é um latino católico que trabalha imerso numa tradição em que tem cabimento a blasfémia. Ao passo que as suas ideias derivam de inquietações tipicamente judias.

"R. Suspeito que os motivos que o levaram a escrever o livro diferem enormemente dos meus. Eu tinha razões pessoais para o meu romance, embora não as conhecesse todas: descobri algumas depois de o ter terminado.

"P. Tanto Saramago como você viveram a Segunda Guerra Mundial e o Holocausto, de modo que, até certo ponto, pode-se dizer que, quando jovens, ambos quase viram o fim do mundo."

É mais do que forçado dizer que "vivi" a Segunda Guerra Mundial e o Holocausto, e, talvez por causa desta incongruência da entrevistadora, Norman Mailer, depois de responder que "o Holocausto é o precursor direto da ideia de que Deus está morto", manifestou que queria falar da sua obra. De facto, já bastava de falar de um livro que não era seu...

29 de julho

Lá para outubro, mais ou menos na altura da publicação de *Todos os nomes*, a Editorial Caminho, vencidas todas as minhas resistências, irá reeditar *Terra do pecado*... Zeferino Coelho tinha-me pedido há dois meses umas palavrinhas de introdução, e eis o que, com o simples título de "Aviso", me saiu:

"O autor é um rapaz de 24 anos, calado, metido consigo, que ganha a vida como auxiliar de escrita nos serviços administrativos dos Hospitais Civis de Lisboa, depois de ter estado a trabalhar durante mais de um ano como aprendiz de serralharia mecânica nas oficinas dos ditos Hospitais. Tem poucos livros em casa porque o ordenado é pequeno, mas leu na biblioteca municipal das Galveias, tempos atrás, tudo quanto o seu entendimento logrou alcançar. Ainda estava solteiro quando um caridoso colega da repartição, segundo-oficial, de apelido

Figueiredo, lhe emprestou trezentos escudos para comprar os livrinhos da coleção 'Cadernos' da Editorial Inquérito. A sua primeira estante foi uma prateleira interior do guarda-louça familiar. Neste ano de 1947 em que estamos nascer-lhe-á uma filha, a quem medievamente dará o nome de Violante, e publicará o romance que tem andado a escrever, esse a que chamou *A viúva*, mas que vai aparecer à luz do dia com um título a que nunca se há-de acostumar. Como no tempo em que viveu na aldeia já havia plantado umas quantas árvores, pouco mais lhe resta para fazer na vida. Supõe-se que escreveu este livro porque numa antiga conversa entre amigos, daquelas que têm os adolescentes, falando uns com os outros do que gostariam de ser quando fossem grandes, disse que queria ser escritor. Em mais novo o seu sonho era ser maquinista de caminho de ferro, e se não fosse por causa da miopia e da diminuta fortaleza física, imaginando que não perderia a coragem entretanto, teria ido para aviador militar. Acabou em manga de alpaca do último grau da escala hierárquica, e tão cumpridor e pontual que à hora de começar o serviço já está sentado à pequena mesa em que trabalha, ao lado da prensa das cópias. Não sabe dizer como depois lhe veio a ideia de escrever a história de uma viúva ribatejana, ele que de Ribatejo saberia alguma coisa, mas de viúvas nada, e menos ainda, se existe o menos que nada, de viúvas novas e proprietárias de bens ao luar. Também não sabe explicar por que foi que escolheu a Parceria António Maria Pereira quando, com notável atrevimento, sem padrinhos, sem empenhos, sem recomendações, se decidiu a procurar um editor para o seu livro. E ficará para sempre como um dos mistérios impenetráveis da sua vida haver-lhe escrito Manuel Rodrigues, da Editorial Minerva, dizendo ter recebido *A viúva* na sua casa por intermédio da Livraria Pax, de Braga, e que passasse ele pela Rua Luz Soriano, que era onde estava a editora. Em momento nenhum ousou o autor perguntar a Manuel Rodrigues por que aparecia a tal Pax metida no caso, quando a verdade é que só tinha enviado o livro à António Maria Pereira. Achou que não era prudente pedir explicações à sorte e dispôs-se a ouvir as condições que o editor da Minerva tivesse para lhe propor. Em primeiro lugar, não haveria pagamento de direitos. Em segundo lugar, o título do livro, sem atrativo comercial, deveria ser substituído. Tão pouco habituado estava o nosso autor a andar com tostões de sobra no bolso e tão agradecido a Manuel Rodrigues pela aventura arriscada em que se ia meter, que não discutiu os aspectos materiais de um contrato que nunca veio a passar de simples acordo verbal. Quanto ao rejeitado título, ainda conseguiu murmurar que iria tentar arranjar outro, mas o editor adiantou-se-lhe, que já o tinha, que não pensasse mais, o romance iria chamar-se *Terra do pecado*. Aturdido pela vitória de ser publicado e pela derrota de ver trocado o nome a esse outro filho, o autor baixou a cabeça e foi dali anunciar à família e aos amigos que as portas da literatura portuguesa se tinham aberto para ele. Não podia adivinhar que o livro terminaria a sua pouco lustrosa vida nas padiolas. Realmente, a julgar pela amostra, o futuro não terá muito para oferecer ao autor de *A viúva*."

30 de julho

De uma carta de Karl Marx a um seu amigo chamado Kügelmann: "Até hoje pensava-se que a formação dos mitos cristãos durante o Império Romano só havia sido possível porque a imprensa ainda não tinha sido inventada. Hoje, a imprensa diária e o telégrafo, que difundem os seus inventos por todo o universo num abrir e fechar de olhos, fabricam em um só dia mais mitos do que aqueles que se criavam antes em um século". Não sei quando foram escritas estas palavras, mas, se nos lembrarmos de que Marx morreu em 1883, ainda na primeira infância dos meios de comunicação de massa, assombra ver como a sua perspicácia se adiantou, também neste ponto, ao seu tempo...

1 de agosto

Em Santander, na Universidade Internacional Menéndez Pelayo, para participar num seminário sobre "O cinema e as belas-artes. O cinema e os grandes textos". O meu reiterado protesto de que de cinema não percebo mais que o mais vulgar dos espectadores não foi suficiente para convencer Manuel Gutiérrez Aragón e Enrique Torán, diretores do seminário, de que a assistência só teria a ganhar com a minha falta. Foram eles quem, benevolamente, por necessidade do programa, deram um título — "Diário de um espectador" — à intervenção improvisada que acabei por vir fazer. Atrevi-me a declarar que uma coisa é gostar de filmes e outra coisa será gostar de cinema, do mesmo modo que não é da literatura que geralmente dizemos gostar, mas de livros. Observei que muitas vezes me tem sido insuportável aceitar a convenção de que a câmara pode estar em toda a parte, mesmo quando seria rigorosamente impossível que lá estivesse. Dei o exemplo de uma sequência de *Roma* de Fellini, quando a máquina perfuradora que trabalha na ampliação do metro deita abaixo um muro que dá para uma sala cujas paredes estão decoradas com pinturas. Como se estivéssemos dentro da sala, vemos aparecer a broca da perfuradora, e logo a violenta irrupção do ar exterior que fará desaparecer as figuras. A montagem em paralelo mostra as imagens do fresco antes e até ao final da sua desintegração. Tudo se passa como se uma câmara, preparada para funcionar no instante em que alguém entrasse, tivesse sido deixada ali desde os tempos do Império Romano... Recordei as inúmeras vezes que temos assistido à entrada de personagens em casas que se nos disse estarem desabitadas, e afinal encontrava-se lá uma câmara à espera, isto é, nós próprios. Esta pretensão que a câmara tem de contar tudo, de imiscuir-se em lugares impossíveis ou nos recantos mais secretos, de desfrutar com a sua própria e não raro gratuita mobilidade, parece-me um tópico da linguagem cinematográfica, um abuso de convenções e clichés que levará a narrativa fílmica à banalização. A omnipresença da câmara nem sequer pode ser justificada por analogia com o narrador literário omnisciente. O narrador não é omnisciente por poder estar em toda a parte e em todas as personagens, mas porque relata a história com as suas próprias crenças e emoções, com a sua memória e com o seu próprio corpo, ao passo que a câmara nunca conseguirá olhar-se a si mesma. Fui desenvolvendo umas quantas opiniões mais, tão heterodoxas como estas, e terminei (depois de ter protestado contra os denominados "efeitos especiais" que acabarão por nos matar a imaginação) pedindo o regresso do cinema a um essencialismo que liberte os seus modos narrativos dos tópicos que veio acumulando ao longo do século. Enfim, se a minha participação não serviu para que os assistentes saíssem do seminário mais informados cinefilamente, ao menos teve a pequena virtude de os divertir...

2 de agosto

Era inevitável: os jornalistas presentes em Santander estavam mais interessados em pôr-me a falar sobre a vida real do que em discutir as minhas opiniões sobre a arte cinematográfica... Perguntaram-me pela Europa e eu respondi-lhes que a União Europeia não passa de um império económico, e que não gosto de impérios, em particular se se excluem as ideologias políticas ou as reduzem a meras etiquetas sem valor. Perguntaram-me pela democracia, e eu respondi-lhes que a democracia, tal como a estamos vivendo, é uma mentirosa falácia, que não se pode falar de democracia quando sabemos que os governos, resultando de atos eleitorais democráticos, logo se tornam em meros mandatários do único poder real e efetivo, que é o das corporações económicas e financeiras transnacionais. Também me perguntaram pelo comunismo, e eu respondi-lhes que o socialismo não se pode construir nem contra os cidadãos nem sem os cidadãos, e que por isto não ter sido entendido é que a esquerda é hoje um campo de ruínas onde, apesar de tudo, uns quantos ainda teimam em buscar e colar fragmentos das velhas ideias com a esperança de poderem criar algo novo... "Irão consegui-lo?", perguntaram-me, e eu respondi: "Sim, um dia, mas eu já cá não estarei para ver...".

4 de agosto

Não pelo que diz de mim, mas pelo que diz de Julio Anguita, e sobretudo pelo que diz dos outros, permito-me transcrever, contando de antemão com as habituais acusações dos guardiães da modéstia lusitana (que sou um vaidoso, um egocêntrico, um orgulhoso, um presumido, um narcisista...), o artigo de Javier Ortiz publicado em *El Mundo* de hoje:

"Creio que foi Rosa Aguilar quem o disse há uns dias: 'Se Almunia se entrevista com Aznar, a maioria dos meios informativos assinala o facto como um sinal positivo de normalização democrática; em troca, se é Anguita quem se reúne com Aznar, sempre sai alguém a apresentar o encontro como um exemplo mais da pinça'.

"O establishment não simpatiza com o coordenador geral da Esquerda Unida. Sem falar de questões pessoais, o que mais incomoda a gente instalada — instalada na política, na indústria cultural, no jornalismo — é que não o entende. Não compreende a sua maneira de fazer política. 'É como se quisesse ficar sozinho', dizem uns. 'Ignora as regras do jogo', sentenciam outros.

"Nem ao menos lhes passa pela cabeça a possibilidade de que Anguita conheça essas regras, mas que simplesmente não as admita. De que se negue a considerar que a organização social e o seu aproveitamento sejam um jogo.

"Entre os jornalistas é coisa corrente pôr a pão e laranja os políticos pela sua falta de princípios, pelo seu oportunismo, pela sua demagogia. Mas quando se encontram com alguém que tem princípios e que não renuncia a eles para conquistar mais adeptos, que não admite que a ação política seja uma mera variedade do marketing, logo o acusam de sonhador, de inábil, de visionário, de sectário.

"O mundo das letras funciona de outro modo. José Saramago

é geralmente considerado um magnífico escritor. [...] Admiram-no, festejam-no. Não obstante, as opiniões políticas de Saramago, quer na forma quer no conteúdo, são bastante mais radicais do que aquelas que Anguita se permite expressar. O respeitado romancista português afirmou, na sexta-feira passada, na Universidade de Santander, que a democracia, tal como a conhecemos nas nossas sociedades, é 'uma falácia'. Se Anguita se permitisse lançar semelhante asserção, linchá-lo-iam.

"Claro que, no sentido em que o disse, Saramago tem toda a razão: as nossas sociedades atuais — a sociedade global que tende a impor-se à escala mundial — estão dominadas pelos grandes consórcios económicos e financeiros cujos responsáveis não foram eleitos por ninguém. Elege-se — quando se elege e na medida em que haja verdadeira eleição — aos políticos, mas os políticos mandam cada vez menos, e de maneira cada vez mais vicária.

"Na realidade, isto sabe-o quase toda a gente que tem dois dedos de testa. Mas supõe-se que um político que aspire a ser alguém — que não tenha 'vocação de minoria', como dizem os pedantes que pautam a linguagem dominante — não o pode dizer em voz alta.

"Pode sustentá-lo um romancista de fama e prestígio. Ou um colunista de três por quatro. Porque se supõe que os desses grémios estão — estamos — autorizados a ser sonhadores, ácidos, radicais, críticos, marginais. Mas não o dirigente máximo de uma organização política que pode ser decisiva na hora de decidir quem governa.

"Deus meu, que pouca inveja tenho de Anguita."

Cento e vinte e oito partidos e organizações políticas da América Latina reuniram-se em Porto Alegre (Brasil) com o objetivo de debater os grandes temas da esquerda naquela parte do mundo. Fazem-no desde há sete anos. Ao documento final deram o título "Construir uma alternativa democrática e popular ao neoliberalismo". Propuseram-se elaborar programas conjuntos de ação dos partidos participantes com as organizações sociais e populares que se enfrentam com o neoliberalismo e aprofundar o diálogo com as forças de esquerda doutros continentes, em particular com os grupos europeus. Evocaram a figura de Ernesto Che Guevara, animaram à recuperação do seu exemplo ético, da sua obra e da sua luta. Concluíram que a política externa é um tema demasiado importante para estar apenas nas mãos dos ministérios dos Negócios Estrangeiros, e que a esquerda deverá construir uma política externa alternativa, capaz de expressar, à escala internacional, um novo projeto de sociedade. Não se diz como se espera conseguir realizar todos estes objetivos. Da leitura do documento fica-se com a impressão de que há ali palavras a mais, e, mais grave ainda, com a suspeita de que elas aspiram a disfarçar uma pungente incapacidade de ação. Como estas reuniões são anuais, será interessante ler o documento de 1998 para ver que caminho se andou. Ou desandou...

6 de agosto

Uma notícia triste. Morreu André Mâncio dos Santos, o guardião da luz dos meus olhos, como alguma vez lhe chamei. Um cancro fulminante levou-o deste mundo. Pilar e eu tínhamo-lo achado decaído quando estivemos com ele, há um mês. Naquele mesmo dia, disse-nos num tom sereno que nos enganou, como se quisesse que não nos preocupássemos, que iria saber o resultado de umas análises que lhe tinham sido feitas no Instituto de Oncologia. Não voltámos a ter notícias dele até hoje. Era um admirável carácter, um homem simples e bom, como já se encontram poucos. Se tais palavras tivessem algum sentido, apetecer-me-ia dizer paz à sua alma...

16 de agosto

Escrito para a revista *Visão*, de Lisboa, com o título "Ai do lusíada, coitado!":
"Toda gente conhece o verso, é de António Nobre e vem no

Só. Aquele lusíada, a chorar o 'triste fado', é o poeta, mas poderia ser também um emigrante, dos inúmeros que passaram a fronteira a salto, com grande cópia de trabalhos e perigos, e depois se viram carregados de razões de queixa, tanto no Bairro Latino como em outros sítios menos prestigiados de letras, artes e boémia. À emigração, nos tempos idos, não se lhe chamava diáspora, palavra de ressonâncias bíblicas que tem andado a enfeitar com fitas e laços a realidade brutal da fuga de milhões de portugueses de um país — o seu — que os tratava como pessoal de terceira classe, gente na miséria ou à beira dela, boa para o trabalho pesado porque não lhe tinha sido ensinado outro. Com o fim de manter viva a chama do amor pátrio na desamparada alma do emigrante, e também para lhe atiçar a cultura ao crisol do espírito, Portugal, ano após ano, pontualmente, despachou para lá quanto conseguiu gerar de notícias de futebol, trinados de guitarra e ranchos folclóricos. A diáspora, humilde e agradecida, pagava o serviço com alcofas a abarrotar de marcos, cestas a rebentar de florins e cabazes a transbordar de francos. Portugal revia-se naqueles seus admiráveis filhos que, longe do torrão natal, se roíam de saudade e juravam voltar quando fossem ricos. Até que isso acontecesse iriam mandando o dinheiro com que se remendaram os rombos da caravela económica portuguesa enquanto não se destapou o corno da abundância de Bruxelas. E, quando se lhes pedia, votavam.

"Continuam a votar. Têm os seus representantes na Assembleia da República, figuras mais ou menos ectoplásmicas chamadas deputados pela emigração, mas em número tão escasso que, quando os vamos contar, se lográmos encontrá-los, sobram dedos na mão. Só um ingénuo incapaz de aprender as lições da vida não perceberá que estratégia política, de um maquiavelismo de trazer por casa, anda a ocultar-se por trás da modéstia da representação parlamentar da emigração: sendo esses deputados tão poucos, é praticamente inexistente o perigo de que alguma vez influam nos resultados eleitorais do reino ao ponto de ter de se tirar o poder a um partido para o dar a outro...

"Onde os emigrantes não têm voz nem voto é na eleição para

presidente da República. Aí fia mais fino. Contentam-se com assistir de longe à peleja decorativa da primeira volta, com vários candidatos metidos numa briga pouco convincente e em que o equilíbrio dos respectivos direitos nem sempre brilha esplendoroso, depois, atenuados pela distância, chegam-lhes os ecos do duelo mortal dos dois sobreviventes, aliás previsíveis desde o primeiro dia, e finalmente os portugueses têm o seu presidente. Que, ponhamos duramente o dedo nesta ferida aberta, não é presidente dos emigrantes pela muito simples razão de que a eles não se lhes permitiu que votassem, nem a favor nem contra. Nem sequer puderam abster-se estes lusíadas. Quando um presidente da República vai à diáspora, por muitos abraços que lá receba, por muitas palmas que lhe deem, por muitas filarmónicas que lhe ponham a tocar, por muitas criancinhas que pegue ao colo, imagino que sentirá certos amargos de boca e alguma dentada na consciência: não pode dizer que está ali em representação do povo português, uma vez que precisamente aquela parte de povo ainda português que tem na sua frente não pôde votar.

"Alega-se que aos nossos emigrantes lhes falta uma adequada formação política, que se encontram afastados dos problemas do país e, cúmulo dos cúmulos, que são facilmente manipuláveis. Deixando de lado o sarcasmo (espero que involuntário) de se dizer que não conhecem os problemas do país pessoas que emigraram exatamente por causa dos problemas do país, duas palavras apenas sobre a falta de formação de que supostamente padecem e sobre a manipulação de que supostamente são susceptíveis. A primeira palavra será para recordar que se os emigrantes têm formação política suficiente para eleger deputados, também a têm para eleger presidentes. A segunda e final palavra será para perguntar se os portugueses lá de fora são mais manipuláveis do que os cinco milhões de analfabetos funcionais que temos cá dentro, cinco milhões de pessoas que compreendem mal o que leem e que, em esmagadora maioria, nunca puseram os olhos no programa eleitoral do próprio partido em que votam?

"Ai do lusíada, coitado! Quanta razão tinha António Nobre..."

28 de agosto

Carlos Fuentes, o grande escritor mexicano, a quem admiro desde que, há muitos anos já, li esse livro fascinante que é *Aura*, passou ontem por Lanzarote. Veio com sua mulher, a jornalista Silvia Lemus, estiveram algumas horas (duas delas ocupadas por uma entrevista que dei a Silvia), e juntos visitámos a Fundação César Manrique. Ficou claro, logo desde o primeiro momento, que estávamos a colocar a primeira pedra de uma amizade que se consolidará (estou certo disso) na viagem que Pilar e eu faremos, no próximo ano, ao México. Registo aqui o recolhimento com que Carlos Fuentes leu o poema de Rafael Alberti dedicado a César Manrique, aquele que está na Fundação: Vuelvo a encontrar mi azul... No fim, Fuentes disse: "Poetas como Alberti e Neruda convertem em poesia tudo o que tocam". Foi um dia grande para Lanzarote.

31 de agosto

Chegaram à ilha dois jornalistas do *Frankfurter Allgemeine Zeitung* para fazerem uma reportagem sobre o autor destes *Cadernos*. Acompanha-os Ray-Güde Mertin. Durante dois dias vou ter de andar por aí a dizer coisas e a ser fotografado. Ela também, já que a ideia do jornal é apresentar o autor do *Ensaio sobre a cegueira* e o seu tradutor aos leitores alemães interessados em localismos literários extraeuropeus. Tudo isto é para ser publicado em outubro, durante a Feira do Livro de Frankfurt. Tenho a impressão de que algumas pessoas propendem a crer que a grande notícia desses dias — o Prémio Nobel, o tal — me puxará pelas orelhas para alcandorar-me aos focos esplendorosos da publicidade mundial... O mais certo é estar redondamente enganado quem assim pense. Por mim, já estou mais que escarmentado.

Diana de Gales morreu num acidente de viação, em Paris: os alicerces do mundo, claro está, vacilaram. Faleceu também no desastre um senhor chamado Dodi Al Fayehd com quem ela mantinha um romance de amor que, segundo se bacoreja, poderia vir a resultar em enlace formal que fatalmente indisporia a Coroa britânica: imagine-se, os filhos de Carlos de Inglaterra enteados de um árabe... Uma vaga de lágrimas e um vento de suspiros varreu imediatamente o planeta, os jornais, as rádios e as televisões estão de cabeça perdida, a ver qual deles caça a notícia mais chocante ou a imagem mais dramática. Marx escreveu há cento e tal anos aquilo dos mitos que a imprensa diária e o telégrafo do seu tempo podiam fabricar em um só dia. Queria vê-lo hoje a assistir, nem sequer estupefacto, porque aqui já nada consegue surpreender-nos, à coroação, pela morte, do mito mais descabelado que as idades do homem foram capazes de produzir desde a primeira madrugada do mundo: Diana de Gales, a princesa infeliz. Apesar de não o ter pretendido ao princípio, esta senhora teve, ao menos, uma virtude merecedora de todo o aplauso: acabou de pôr à mostra a roupa suja dos Windsor...

Carta para Carlos Mota de Oliveira: "Não tendo a sua sido datada, o meu remorso pelo atraso com que lhe respondo, sendo real e verdadeiro, faz o que pode para deixar-se enganar, como se o tempo fosse uma coisa sem dimensão, a salvo de relógios e calendários. Tanto assim que neste momento em que escrevo me parece que a carta e os livros chegaram ontem e eu sou o mais pontual dos correspondentes. Fantasias. E como são fantasias, aqui ficam já as desculpas. Foi um prazer tê-los cá, a si e a Maria Cândida, e esperamos que a visita se repita. Entretanto iremos conversando. Gostei do *Livro das coisas santas*, embora, tenho de confessá-lo, estivesse à espera de algo mais corrosivo. A ironia e o sarcasmo estão lá, servidos por uma magnífica prosa, mas o tom fica-se quase sempre por uma espécie de anticlericalismo bem-disposto que não deixa mossa. A minha dúvida, quando digo mais corrosivo, está em que não vejo como isso se conseguiria. Começo a pensar nos ataques violentos ou subtis feitos desde o princípio à Instituição Santíssima, e dou por que ela continuou a seguir o seu caminho como se não tivesse acontecido nada. Creio que é precisamente o anticlericalismo que nos tem impedido de atingir o mais fundo do animal para regenerá-lo ou... eliminá-lo. Mas não preciso dizer-lhe que passei ótimos momentos com as *Coisas santas*. Na sua carta não fala do outro livro que nos ofereceu: *A camisola do mundo*. Porquê? Porquê, se esse livrinho é uma autêntica joia? Por diferentes razões, por vias que evidentemente não são as mesmas, como não são os mesmos os pontos de partida e de chegada, esta *Camisola* não me impressionou menos que a recente leitura do último livro de Al Berto, o *Horto de incêndio* [...]".

5 de setembro

Soube-se hoje que o anel de noivado que Dodi Al Fayehd havia acabado de oferecer a Diana de Gales vale quase 40 mil contos... Ora, entre outras lindezas igualmente edificantes, sabe-se que o dito Al Fayehd, nos intervalos dos exercícios amatórios da sua intensa atividade de playboy, aplicava o mais substancial das energias da alma ao tráfico de armas de guerra, não sendo portanto disparatada a hipótese de que lhe tivessem passado pelas unhas muitos milhares das terríveis minas antipessoais para cuja erradicação e proibição andava em acesa cruzada a sua aristocrática e louríssima noiva, fazendo-se fotografar (obscenamente, digo eu), com os pezinhos intactos e pedicurados, ao lado de crianças atrozmente mutiladas. Suponho que não deverá ser necessária uma lente de aumento especialmente potente para distinguir alguns sinais de sangue nas pedras preciosas do anelzinho...

E hoje morreu Madre Teresa de Calcutá, personagem de celebridade mundial que nunca me caiu nas boas graças e me parecia ser, até, uma das mais orgulhosas criaturas que o Deus dos católicos alguma vez pôs no planeta. Desconfio que, lá no fundo, Inês Gonxha Bojaxhiu não queria que os pobres se lhe acabassem, duvido mesmo que o mais importante para ela fosse sarar as enfermidades do corpo dos infelizes que recolhia no seu "hospital" (as aspas estão mais do que justificadas pela recusa que opôs sempre a ofertas de hospitais devidamente equipados, que mais de uma vez lhe foram feitas). A suprema preocupação de Madre Teresa de Calcutá consistia em salvar as almas aos pobrezinhos, e, quando a prioridade é essa, então quanto mais depressa elas se libertem do carnal e sofredor invólucro, melhor. Acabo de ler nos jornais que a famosíssima religiosa, entrevistada depois da morte de Diana de Gales, declarou que a princesa teria gostado de ajudar as Missionárias da Caridade na sua obra, mas que não o tinha podido fazer devido à posição social que ocupava... Não sei qual das duas foi mais hipócrita.

10 de setembro

Estocolmo. Leio, releio e torno a ler, mal acreditando que seja certo o que os meus olhos veem, a extensa lista de compromissos (entrevistas, conferências, jantares...) que, a partir de hoje e durante os dois próximos dias, terei de satisfazer aqui. Hans Berggren, meu tradutor desde que Marianne Eyre me "abandonou" porque a sua fé cristã não lhe permitia traduzir *O Evangelho segundo Jesus Cristo*, observa-me compadecido e promete que me ajudará a levar a cruz o melhor que puder. O meu velho amigo Amadeu Batel, professor na Universidade, português emigrado dos melhores, abana a cabeça e murmura-me palavras de piedoso consolo. Em contrapartida, Maria João Ganhão, que me acompanhou desde Lisboa para vir ser vigilante anjo da guarda, põe uns olhos risonhamente irónicos e diz: "É preciso sofrer...". Nem sequer pergunto o que estará por trás desta vinda a Estocolmo: pensam, todos eles, embora não o confessem, que estando o prémio a ponto de soltar-se da árvore das patacas suecas para me cair nas mãos, trazer-me até aqui servirá para tornar mais visíveis na paisagem o meu nome e a minha cara, para florir o ambiente, enfim. Francamente, não dou nada pela estratégia, se de facto o é. Fizesse eu parte do júri, e com certeza diria aos meus colegas: "Que anda esse tipo a fazer aí, a pôr-se nos bicos dos pés?...". E votaria num autor mais discreto.

11 de setembro

Zeferino Coelho enviou-me um recorte do *Diário de Notícias* com a notícia do falecimento de Sam Levy. Estimávamos muito este homem, Pilar e eu. Recordo a sua ajuda quando eu andava, como que de candeia na mão, a tentar penetrar nas obscuridades do universo de crenças dos judeus. Melhor que cem artigos de enciclopédia, serviu-me o "livro de orações" que então me emprestou, foi graças a esse livro que creio ter captado algum vislumbre mais essencial da mentalidade hebraica. Parte dos acertos psicológicos de *O Evangelho segundo Jesus Cristo* é a Sam Levy que se devem. Nos últimos anos amparou-se a dois grandes sonhos: publicar a sua tradução de *Os lusíadas* para francês e decidir do destino de uma parcela da sua extraordinária coleção arqueológica, que, malgrado a indiferença política e a voracidade burocrática, queria deixar ao Estado português. Por razões que ignoro, não chegou a ver realizado o primeiro sonho; quanto ao segundo, creio que pude influir alguma coisa (perdoe-se-me esta vaidade) nas resoluções positivas que finalmente acabaram por ser tomadas. Temos em casa uma pequena cabeça de barro representando a deusa Afrodite, foi o que Sam Levy ("É como a de Praxíteles", disse-me) quis oferecer-nos como testemunho de amizade. A nossa para com ele não era menor, mas não tínhamos tanto para dar-lhe.

12 de setembro

Como havíamos combinado, Sérgio Ribeiro estava à minha espera no aeroporto para me levar à casa do Zambujal. A seu convite, assistirei amanhã à apresentação pública dos candidatos da CDU às eleições autárquicas do concelho de Ourém. Regressado às pequenas realidades da terra portuguesa, os dois dias que passei em Estocolmo dão-me agora a impressão de terem sido vividos por outra pessoa. Estive quase a perguntar ao Sérgio se ele não se sente assim quando, no sossego da casa rural, entre vizinhos e amigos de toda a vida, lhe vêm à lembrança as suas obrigações em Bruxelas e Estrasburgo como deputado europeu. Depois pensei que não valia a pena porque de antemão conhecia a resposta: o Sérgio não é feito de metades que se possam separar e duvidar uma da outra, sempre o conheci inteiro, esteja onde estiver e faça o que fizer.

14 de setembro

Como o Sérgio ainda tinha algum trabalho para terminar, foi a Maria José quem me trouxe à capital. Viemos conversando durante todo o caminho como amigos que por se verem pouco têm de aproveitar o tempo, e à entrada de Lisboa, quando passávamos debaixo do primeiro viaduto, interrompi o que ela estava a dizer-me: "Espera, acabei de ter uma ideia". À nossa frente, sobre o lado direito, um enorme painel publicitário anunciava a próxima inauguração do Centro Comercial Colombo. "Uma ideia de quê?", perguntou Maria José. "Aquilo", respondi, "talvez esteja ali um livro." "O anúncio?" "Não propriamente o anúncio." "Então?" "Não te posso dizer mais, foi como um relâmpago que me tivesse atravessado." "Como em outras vezes..." "Talvez, quem sabe..." Os caminhos pareciam multiplicar-se dentro da minha cabeça. "Podia chamar-se *O centro*...", murmurei. "Agora só te falta escrevê-lo", sorriu Maria José.

No hotel, depois de, sem preocupações de estilo, ter metido no computador a ideia que me havia surgido, mais os desenvolvimentos, pus-me a escrever o artigo que estava a dever à revista *Visão*. Glosando um velho conto tradicional, dei-lhe o título "O velho, o rapaz e o burro", já se verá porquê:

"Os desencontros e turbulências das relações entre Portugal

e Brasil resultam provavelmente de um equívoco. Meteu-se-nos na cabeça que estamos obrigados a unir-nos por um amor mais que perfeito, por uma compreensão exemplar, por uma ligação espiritual sem par no universo. E que se não puder ser assim, então não vale a pena. Oscilamos portanto entre o tudo e o nada, como se andássemos a incubar desde há séculos uma paixão tempestuosa (em todo o caso mais sofrida do lado de cá do que sentida do lado de lá), a qual, não tendo podido alcançar a consumação plena, passou a alimentar-se de pequenas anedotas, de pequenos despeitos, de pequenos rancores, sempre demonstrativos de que a culpa é deles. A história do velho, do rapaz e do burro parece ter sido escrita para mostrar como no dia a dia da relação de portugueses e brasileiros uns com os outros se armam conflitos, se insinuam suspeitas de segundas intenções, se desenham conscientes ou inconscientes desdéns. Claro que o símile não é exato em todos os seus pontos. Se é certo que os portugueses não se oporiam demasiado a desempenhar o papel do velho (a isso aconselhariam os séculos de história de que tanto se gabam), se a personagem do moço assentaria como uma luva aos brasileiros (independentes, por assim dizer, desde anteontem), já é duvidoso haver alguém em qualquer das nossas duas margens atlânticas disposto a reconhecer-se no burro, mesmo sendo o que menos culpas tem na historieta. Que para ilustração das novas gerações brevemente se narra.

"(O avô ia a pé e o neto no burro. Cruzaram-se com uma pessoa a quem pareceu o caso mal: que vergonha, o pobre velho à pata e o moço regalado de poleiro. Atento às bocas do mundo, o avô fez descer o rapaz e foi ocupar-lhe o lugar no lombo do jumento. Imediatamente protestou outro contra o atentado: o infeliz menino a pisar o pó dos caminhos enquanto o malandro do velho viajava repimpado na albarda. Desceu então o avô e resolveu que continuariam os dois a pé, deixando ir o burro sem carga. Mas não tardou que outro passante se risse da estupidez: aqueles tinham uma besta de carga e não se serviam dela. Perante isto, o velho tornou a sentar o neto no burro e montou atrás dele, mas logo surgiu outra pessoa a protestar contra a crueldade com que os desapiedados tratavam o animalzinho, obrigando-o a aguentar dupla carga. Então o velho disse: 'Deixemos que falem estes e vamos nós como antes'. Fez subir o neto para o dorso do jumento, e, com a lição aprendida, seguiram os três o seu destino.)

"Há muito desta história de velho, rapaz e burro nas relações luso-brasileiras. Não damos um passo sem que nos atropelem dificuldades, umas nascidas ali, outras vindas de longe mas renovadas e melhoradas para a ocasião. Ainda as assinaturas não secaram em alguns tratados e acordos laboriosamente tecidos e já os patriotas encartados de um lado e do outro começam a gritar que eles nos enganaram. Nunca se viu gente que tanto desconfie do parceiro a quem ao mesmo tempo vem chamando irmão e amigo. Por cima da mesa assiste-se ao florir contínuo duma retórica vã, bordada de artifícios e aparências, mas por baixo fervem as chacotas e as piadas insultantes. Põe-se milagrosamente de pé, tem-te não caias, uma CPLP, e imediatamente se começa a minar-lhe o chão para que se desmorone e afunde. Proclamamos reciprocidades de direitos e logo tratamos de fechar a porta a quem os reivindica. Imaginámos uma fraternidade que não existe de facto, fizemos dela um teto sob o qual nos abrigaríamos juntinhos, como irmãos ou primos carnais, e todos os dias vemos que o tal teto não tem colunas que duradouramente o sustentem, que quase tudo o que debaixo dele se diz e faz será para desmentir ou anular no dia seguinte.

"Ponhamos então o amor de parte, deixemo-nos de irmandades postiças, comporte-se Portugal como se o Brasil fosse um outro qualquer país com que simplesmente mantemos boas relações. Faça o Brasil o mesmo em relação a nós. Depois identifiquemos interesses comuns aos dois países, definamos claramente as opções, ponhamos os meios necessários, e cometido isto, trabalhemos juntos. Sem discursos. Quem sabe se o amor (um verdadeiro amor feito de respeito mútuo e de dignidade discreta) não virá depois? Já se tentou tudo, e não deu resultado. Ao menos o avô da história acabou por compreender."

15 de setembro

Évora, com Zeferino Coelho, para participar na apresentação do livro de fotografias que Eduardo Gageiro fez sobre a cidade e para o qual (v. 3 de julho último) escrevi um prefácio. Tendo-me o presidente da Câmara Municipal, Abílio Fernandes, pedido que pronunciasse algumas palavras na ocasião, achei, depois de louvar o excelente trabalho de Gageiro, que viria muito a propósito comunicar à assistência que enchia o salão do Palácio de D. Manuel uma ideia (quase me atreveria a chamar-lhe uma tese) que há tempos me nasceu em Lanzarote e que considero merecedora da atenção das autoridades que decidem destas coisas: a ideia, aparentemente insólita, de que existem grandes semelhanças entre as abelhas e os turistas... Passo a explicar. Assim como é de nosso interesse, porque nos dão o mel docinho, proteger os simpáticos heminópteros de todas as incomodidades que lhes possam prejudicar a produção, assim também deveremos estimar e apaparicar os turistas que têm a gentileza de nos vir visitar, porque o dinheiro que cá deixam faz o melhor dos arranjos às nossas finanças, quer as particulares quer as do Estado. Mas, tal como há que tomar precauções para que as abelhas não venham espetar nas nossas carnes os seus venenosos ferrões, também é muito conveniente que nos acautelemos com os turistas, se não queremos que nos deem cabo do que é nosso em menos tempo do que levaria a contá-lo. A assistência sorriu, achou graça, fez gestos de concordância, mas eu não sou pessoa para me deixar iludir: ninguém é profeta na sua terra (e na alheia é bastante duvidoso), amanhã já não se lembrarão das palavras avisadoras que ouviram. Enfim, fiz o que me parecia bem. No regresso a Lisboa, um pouco antes de chegarmos à altura de Montemor-o-Novo, contei ao Zeferino Coelho a outra ideia, aquela que me ocorreu quando vinha do Zambujal, e nesse preciso momento, enquanto lhe explicava o mais claramente possível o que por enquanto não é mais que uma simples intuição, um pressentimento, foi que percebi que era sobre o mito platónico da caverna que estava a falar. "Uma versão atualizada, assim a puxar ao pós-moderno", aventurei. Então, o Zeferino, tal como tinha feito a Maria José Rodrigues, sorriu e disse: "Agora não te falta mais que escrever".

18 de setembro

Voltei hoje à Biblioteca Municipal do Palácio das Galveias, ali no Campo Pequeno, onde, vai para sessenta anos, comecei realmente a aprender a ler... Em palavras sóbrias, discretas, deliberadamente comedidas, Manuel Alegre apresentou o seu último livro de poesia, *Che*, e eu, que, como colega, amigo e admirador de Alegre, estava ali de apresentador-adjunto, dei conta, com muita mais emoção do que pudera prever, do meu sentir. O público (a sala estava repleta, havia muitas pessoas de pé) comoveu-se intensamente (alguns até às lágrimas, que as vi eu correr) com a leitura dos poemas. Foi uma hora mais do que mágica, transcendente, milagrosa (não encontro melhores expressões), como se a emotiva generosidade do momento tivesse tornado claro para todos que a boa revolução é afinal possível, que bastava que saíssemos à rua com aqueles versos, aquelas vozes e aqueles corações, e logo os dois mundos adversos, o do poder do dinheiro e o do dinheiro do poder, deporiam as suas armas ignóbeis perante a força conjunta e mutuamente multiplicada da poesia e da razão... Foi assim mesmo que eu o pensei, com palavras que buscaram a contradição e a guardaram ciosamente para si, à espera dos frutos únicos que só ela será capaz de dar: "Razão da poesia, poesia da razão...".

20 de setembro

Em Agüimes, uma pequena povoação da ilha de Gran Canaria, realiza-se desde há dez anos um festival de teatro denominado Festival do Sul — Encontro Teatral Três Continentes, já com reputação assente no espaço cultural e geográfico para o qual foi projetado: Europa, África e América. Tinham-me convidado a estar presente num dos espetáculos deste ano: "É que gostaríamos de lhe fazer uma homenagem", justificaram, sem que eu percebesse bem por que razões Agüimes se preocupava a esse ponto comigo. Não podia imaginar o que me estava reservado. A peça levada à cena esta noite foi *A secreta obscenidade* do dramaturgo chileno Marco Antonio de la Parra, e a companhia que a representou (primeira surpresa) foi, nada mais, nada menos, a *nossa* Seiva Trupe, com o *nosso* António Reis e o *nosso* Júlio Cardoso. Já isso foi suficiente para abalar a sensibilidade do emigrado escritor... Quando o espetáculo terminou (e os aplausos foram muitos e calorosos, apesar das dificuldades do português falado para os renitentes ouvidos espanhóis), fizeram-me subir ao palco. Ali, em cena aberta, foi-me oferecido (e eu pensei que nisso iria consistir a homenagem) um estojo com um *cuchillo* canário, réplica aperfeiçoada (em estilo e materiais) da faca de trazer no cinto que os camponeses de Gran Canaria usavam (e os mais idosos usam ainda) no trabalho agrícola. Mas logo a seguir vieram Júlio Cardoso e António Reis, traziam uma caixa pesada, pequena mas pesada, que eles próprios tiveram de ajudar-me a abrir para que não se me escapasse das mãos. Era um belíssimo bronze de José Rodrigues, um rosto-máscara sustido por uma mão, numa postura ambivalente, pelo menos é assim que eu a vejo, como se estivesse a propor-me dois sentidos contraditórios na imagem que oferece: na verdade, não sou capaz de decidir-me sobre se é de descobrimento de uma cara invisível, ou de ocultação da máscara por si mesma, o gesto que o escultor fez deter no espaço... Já era muito, já seria de mais, mas não terminou aqui: Teddy Bautista, presidente da Sociedade de Autores de Espanha, numa alocução final, pediu ao governo de Canárias que tome a iniciativa de apresentar formal e oficialmente, à Academia Sueca, a minha candidatura ao Nobel — e que a continue a apresentar, ano após ano, até que mo deem... Agradeci a todos, ao *ayuntamiento* de Agüimes, à direção do Festival, a António Reis e a Júlio Cardoso, a Teddy Bautista, ao público que de pé aplaudia, nem sei com que palavras lhes agradeci, apenas sei que é preciso ter-se um coração também de bronze para aguentar tamanhas emoções.

21 de setembro

   Juan Arias, jornalista de *El País* e velho amigo nosso, tinha-me proposto, há tempos, fazer comigo uma extensa entrevista para depois publicá-la em livro, a exemplo do que já havia feito com Fernando Zavater. Experiências assim havia--as tido eu já com José Manuel Mendes, Baptista-Bastos e Carlos Reis, e de cada vez deu-me algo como uma crispação mental, como uma ordem ao meu vigilante interior para fechar todas as portas, vedar todos os acessos, barricar todas as frestas, calafetar todos os postigos... É sempre com esta disposição de espírito que me coloco diante do gravador e começo a escutar as perguntas. Suspeito, até, que se o entrevistador, nesse momento, reparasse na expressão do meu olhar, de real angústia, talvez desistisse do propósito e saísse discretamente, respirando de alívio por ter escapado a salvo. De nenhum perigo. Porque daí a pouco estarei a confessar mais do que for perguntado, levado na corrente das próprias palavras que digo, cada vez mais frágil de defesas à medida que o cansaço for aumentando, até que a fadiga, abençoada seja, se transforma em um último reduto, nem uma palavra mais, basta. Tivemos hoje a primeira sessão de conversa, com a presença simpática e atenta de Roseanna Murray, uma poetisa brasileira que acompanhou Juan Arias nesta sua viagem de "investigação" a Lanzarote. Continuaremos por mais dois dias.

23 de setembro

   Enviado por Maria José Rodrigues, chegou-me hoje aqui o recorte de um artigo que Teresa Pizarro Beleza acaba de publicar a propósito da recente apresentação do livro de Manuel Alegre na Biblioteca das Galveias. Por em dado passo se referir à minha participação nesse ato (que Teresa Beleza, embora não por estas exatas palavras, duvida como classificar: teria sido ela "espontânea"? teria sido ela "estudada"?), o artigo veio sugerir-me uma questão porventura interessante, que se poderia designar como "o caso do ator inconsciente". Em primeiro lugar, digo que a tal intervenção minha não foi objeto de "estudo" prévio: não preparei um discurso, não organizei umas razões, não carpinteirei uma introdução, um desenvolvimento, uma conclusão. Da mesma maneira não estive a "estudar" ao espelho gestos, pausas e modulações, esses solícitos ajudantes do dito, tão eficazes que não é raro captarem e reterem eles a atenção mais ainda do que as próprias palavras. Que fiz então? Nada. Simplesmente, tinha lido o livro, respirava a emoção da expectativa no ambiente, as caras e os olhares das pessoas diante de mim eram como os instrumentos musicais de uma orquestra à espera do toque, do sopro, do afago que os iria fazer vibrar. É aí que entra em ação o "ator inconsciente". As palavras que disser não serão palavras apenas, cada uma delas, no momento de ser pronunciada, gerará por si mesma o gesto, a pausa, a modulação de que precisava para ser mais palavra, ainda mais palavra. Assim como o suceder da água é que faz o rio, assim as palavras vão saindo umas das outras, e cada uma delas é música e bailado, altura e queda, anúncio e silêncio. O "ator inconsciente" deixou-se guiar pelas palavras que dizia e pela emoção que delas ia nascendo. Creio que foi isto o que aconteceu. Mas que não teria acontecido se não fosse a beleza dos versos de Manuel Alegre...

24 de setembro

Pela mão do seu alcaide, Joaquín Fernández Romero, chegou-nos hoje a notícia de que o *ayuntamiento* de Castril de la Peña, reunido em sessão plenária, nos nomeou, a Pilar e mim, filhos não só adotivos mas também prediletos do pueblo. Mais nos comunicam que foi decidido apresentar, nas formas devidas, a minha candidatura ao Prémio Nobel de literatura. Todos sabemos, sem que seja preciso explicar porquê, que a proposta de uma pequena povoação espanhola escondida entre montanhas não produzirá o mínimo efeito no ânimo dos académicos suecos. Todos o sabemos. Mas só eu é que posso saber o efeito que teve no meu ânimo...

Helder Macedo telefona-me indignado pelo procedimento de Norman Mailer, que se encontra em Inglaterra a promover o seu *The Gospel According to the Son*, e que não teve, em nenhuma das muitas entrevistas que deu, a delicadeza de mencionar o *Evangelho* do autor português com título semelhante. Não há que estranhar. Já na entrevista que Mailer deu a Barbara Probst-Solomon se lhe notara uma maldisfarçada impaciência quando ela insistia em falar do meu livro.

27 de setembro

Yuya Reina Jiménez, de Las Palmas, escreve no jornal *Canarias 7* uma carta em que repudia a atitude de um poeta canário, chamado Justo Jorge Padrón, que, segundo creio depreender, protestou publicamente contra a proposta feita por Teddy Bautista no final do espetáculo da Seiva Trupe em Agüimes, alegando que "não se pode apoiar um estrangeiro"... Para saber de quem se tratava, fui ver se teria por aqui algum livro do dito Padrón, cujo nome de facto me soava conhecido, e encontrei uma *Antologia poética*, integrada na coleção "Biblioteca Basica Canaria". Pelo prefácio que traz, tive a surpresa de saber que Justo Jorge Padrón é secretário-geral do PEN Club de Espanha, ou o foi pelo menos até 1988, ano da publicação da antologia. Como se pode verificar, é de nula solidariedade e de curtíssimo alcance o espírito internacionalista deste secretário-geral...

28 de setembro

Não tenho palavras para acrescentar. A carta que transcreverei a seguir foi-me escrita por um leitor, José Luis Draper de seu nome, que vive em Alcanar Playa, perto de Tarragona. Tem a data de 15 do mês que corre e vai, para que nada se perca, na mesma língua em que foi escrita. São estas as minhas coroas de louros:

"José, permiteme que me dirija a tí como amigo y maestro: amigo porque lo eres, sin duda, de todos los que te leemos; maestro porque día a día nos enseñas la dificil asignatura de ser hombres.

"Nunca, cuando, leyendo alguno de tus libros, me habian surgido comentarios, me había atrevido a escribirte. Ahora, sin embargo, algunos párrafos de tus 'Cuadernos' me impulsan a hacerlo.

"Eres, en efecto, como dice alguno de tus corresponsales, un escritor 'diferente'. En general tus colegas quieren explicarnos en sus libros 'sus' vivencias, 'sus' pensamientos, verdaderos o no, pero en todo caso 'suyos'. Tu, por el contrario, nos llevas, como de la mano, por los caminos de la historia de la humanidad, obligandonos a pensar, a reflexionar en nosotros mismos.

"Como lectores nos hemos convertido en entes televisivos, en lectores de sillón que ven pasar ante sus ojos vidas ajenas dificilmente asimilables. Tu nos haces, al leerte, pensar en nuestra vida: qué y quienes somos; adonde vamos; como podriamos cambiar nuestro rumbo...

"Eres un narrador, como bien dices: un narrador que nos gustaría que nos contara una historia (nuestra historia) cada día. No te leemos; te escuchamos. Hay que leerte despacio, oyendo con los ojos cerrados la frase que acabamos de leer.

"De donde te viene esta forma de explicarte? Seguramente de la edad a la que has empezado a escribir, lleno ya de experiencias pero capaz de reflexionar sobre las mismas. Sin embargo, otros que empezaron tambien a escribir a tu edad describen solo la nostalgia, la decadencia, mientras que tú, aún esceptico, no niegas tu creencia en la humanidad.

"Al leerte, al 'escucharte', se dialoga contigo. Vas literalmente tirando de nuestras ideas perezosas, adormecidas, haciendonos pensar que todo lo que escribes es obvio, evidente y ya sabido por nosotros.

"Comunista; ateo; gracias a Pilar má joven ahora y cuando llegue tu hora que si hubieras muerto hace años; tu religión es el Hombre y la Naturaleza... Comparto contigo todo eso aunque aún tengo veinte años menos de experiencia y no puedo por menos que pensar que, si unicamente en veinte años has sido capaz de escribir todos tus libros, algunos deberiamos invertir contigo nuestra edad para que fueras capaz de escribir otro tanto y tan bueno.

"De cualquier modo, nuestra vida no acaba mientras alguien se acuerde de nosotros; piense con y por nosotros. En tí, José, se pensará durante mucho tiempo y 'viverás' en la vida de cada lector futuro. No eres un personaje de novela, un político o una figura de moda que pueda facilmente arrinconarse o ser intercambiada. Para mí, y espero que para muchos de tus lectores, eres la conciencia del hombre que ha equivocado su camino, que ha errado su rumbo y al que haces desear encontrarlo: llegaremos, ciegos, a volver a ver?

"Amigo, discipulo y agradecido como lector solo pido poder seguir viajando contigo no solo por ese Portugal que tanto nos has descubierto, sino por la contemporaneidad de esa Historia del Hombre que un narrador tan intemporal como tu sabe convertir, en cada libro, en eterna."

29 de setembro

Outra vez sem comentários, a não ser para dizer que me faltariam palavras para fazê-los:
"Querido Amigo:
"Vaya que confianza me he tomado! pues ni siquiera nos

conocemos, o al menos el conocimiento es sólo unilateral hasta ahora.

"Resulta ser que desde ya muchos meses estoy leyendo sus libros, disfrutando en cada momento de sus pensamientos e historias y se me ha vuelto tan grata y familiar su compañia que es por eso el encabezado de ésta carta.

"Creo que es oportuno que me presente. Mi nombre es Rossana Vinocur, nací y vivo en la Argentina (en Buenos Aires). Soy psicoanalista de profesión y pensamiento. Tengo cuarenta y un años flamantes (vió que a determinada altura lo único flamante son los años que uno cumple, todo el resto es más de lo mismo), soy divorciada y tengo dos maravillosos tesoros llamados Nicolás de 16 años y Andrés de 11 años.

"A mediados del año pasado un colega y amigo, con el que comparto frecuentemente literatura y música, me comentó que estaba leyendo *Historia del cerco de Lisboa*. Mi amigo habló elogiosamente del libro y de su autor y me hizo la promesa que una vez concluído me lo prestaría (cosa que hacemos habitualmente, pero siempre es un fiasco porque yo termino comprándolo, ya que algo que me gusta quiero tenerlo, como es natural).

"Al día siguiente de hablar con mi amigo y disponiendo de un par de horas en blanco, fuí a mi librería habitual y pregunté que libros tenían de un tal José Saramago. Me respondieron que sólo les había quedado la *Historia* y el *Ensayo sobre la ceguera*. Casi sin pensar, leí la contracapa del *Ensayo*, luego miré su foto que aparece en la primera solapa y pensé 'tiene cara de buena persona, veamos qué tiene para decir'. Y me fuí contenta, habiendo adquirido un libro que me llamó la atención por su nombre y que por ese motivo no pude dejar de asociar al *Informe sobre ciegos* de Ernesto Sabato.

"Qué sorpresa la mía!, a poco de leer las diez primeras páginas se armó un clima absolutamente envolvente entre el autor y yo. Muchas cosas quisiera contarle que me pasaron a partir del *Ensayo* y que voy a tratar de ponerlas aquí, aunque que sea desordenadamente. Una de ellas es que bien podría ser yo su representante en la Argentina, ya que he iniciado una Saramagomanía con la cantidad de libros suyos que he regalado, cuando daba la ocasión, y por toda la gente que he iniciado e inicío en la lectura y publicidad de su nombre (eso de ser su representante es un chiste, lo otro no), y que leyendo sus *Cuadernos*, bien creo que lo necesita. El *Ensayo* es un libro fuerte y movilizador. Cuando me preguntan qué me gustó, digo que nunca había encontrado en una novela a alguien tan conocedor del alma humana, porque en ese libro están descriptos todas las posibilidades de sentimientos que albergamos en nuestro interior. Y también está usted, creo yo, representado por la esposa del médico que es la única 'vidente' de la historia como usted, que era el único que 'veía' a estos personajes.

"Le decía que a poco de leerlo sentía interiormente un clima muy especial que me llevaba a una lectura casi frenética, a punto tal de desear que faltara un paciente para aprovechar la lectura de esa magnífica historia de humanidades... y casi llegando al final desacelerar el ritmo porque no quería que acabara.

"A partir de ahí, compré todos sus libros (tarea nada sencilla, porque no son fáciles de conseguir), y se me abrió un panorama muy interesante.

"Como usted comprenderá mi profesión me exige un estudio casi permanente, de hecho he realizado dos carreras de postgrado de cuatro años cada una, formándome como yo entiendo que se debe hacer, que es con responsabilidad y dedicación. Yo trabajo con humanos y la mente es un material sumamente delicado con el que no se juega, por lo tanto me he dedicado con empeño a mi profesión, de la cual vivo.

"Como le estaba diciendo, el *Ensayo* es una gran novela con mayúsculas, aguda, sutil por momentos y de una gran profundidad. La mía está bastante subrayada en todas las ideas que me han parecido fuertes a mi sensibilidad, como por ejemplo ese concepto que da usted sobre la eternidad, entre otros.

"Cuando la terminé (ya había comprado el *Evangelio*) dejé pasar unos días para metabolizarla mejor y comencé con el *Evangelio*. Al igual que usted, yo soy una atea tranquila, con lo cual me sentí totalmente identificada con este Jesús humanísimo que usted plantea, con el tratamiento que le da a la culpa, como un sentimiento que más de una vez nos gobierna (ya sea ésta conciente o inconciente).

"Siempre me costó entender a las personas que dicen tener fé. Yo prefiero la esperanza. La fé me parece una efe mal pronunciada. Las certezas siempre me dieron mala espina; es que uno puede tener certezas de tan pocas cosas en esta vida, que para personas que tienen un ruidoso mundo interno, es difícil tragarse el cuento de los milagros.

"Hay muchas escenas y pensamientos en el *Evangelio* dignos de destacar, pero esa escena del bote donde están Dios, Jesús y el Diablo, no tiene desperdicios. Los diálogos que allí se juegan que tienen que ver con el poder y el sometimiento son espectaculares, lo que hizo reforzar mi visión de la Iglesia como una multinacional completa.

"También es cierto que, a veces, cuando la vida me pone a prueba, no siempre siento esperanza, sino más bien un realismo, para analizar la cuestión, por momentos hasta cruel, y es ahí cuando pienso en esas personas con fé y seguro que no sentirían (puestas en la misma situación) la angustia y la incertidumbre en la que yo navego.

"Pertenezco a una generación de sobrevivientes de una feróz dictadura que dejó treinta mil desaparecidos, y heridas que todavía hoy no han cerrado completamente (como si ésto fuera posible). Hay una estrecha semejanza entre los militares y la iglesia. Los militares se manejaban con lo que se conoce como pensamiento psicótico, concreto. Ellos pensaban que si desaparecía la persona por lo tanto desaparecía la idea y trabajaban arduamente para producir un vaciamiento del pensamiento de los que quedábamos. La iglesia por su parte abona la desaparición del pensamiento individual y también del sometimiento.

"Bueno, pido disculpas por toda ésta disgreción, pero ha sido su *Evangelio* el que me la ha provocado.

"El tiempo que me llevó a leerlo, hizo que tomara una decisión importante para mí y de la cual todavía disfruto enormemente. Yo, que desde que aprendía a leer no he parado, ya porque cuando chica escapaba de las garras autoritarias de mis padres (que no son lectores) o porque luego, ya más grande me daba gusto hacerlo ('primeiro la necesidad, luego el gusto' dice su Ricardo Reis). Le decía anteriormente que el haberme conectado con usted a través de sus libros me abrió un panorama interesante; también hacía referencia a todos los años de rigurosa formación profesional que me tuvieron 'tomada', en donde la literatura quedaba reducida al los meses de diciembre-marzo, época en la cual no tenía los seminarios de estudio.

"Luego de haber leído el *Ensayo* y el *Evangelio*, tomé la decisión de tomarme un tiempo sabático con respecto al psicoanálisis y dedicarme a leer todo lo que me gustara, por el sólo gusto de hacerlo (si después de casi veinte años de profesión, con un montón de experiencia acumulada, no puedo hacerlo, entonces no aprendí nada).

"Es así como me dedico a sus novelas, a Proust, al Dante, a Pessoa, a Harold Bloom, a Foucault, Bianciotti, Kristeva, Castoriadis etc.... y otros tantos que seguirán y que he descubierto en sus *Cuadernos*.

"Y todo este frenesí literario tan agradable, se lo debo a usted. Desde ya, muchas gracias!!!

"Porque la manera que usted dice las cosas abre caminos en mi mente y hace salir pensamientos que estaban pero que no encontraba la forma de hacerlos aparecer. Freud decía del psicoanálisis lo mismo que Miguel Ángel de la escultura, que tan sólo sacaba los sobrantes del mármol, que la escultura estaba ya en su interior. Y usted hizo lo mismo conmigo a través de sus libros.

"Es muy interesante el planteo sobre lo narcisista que usted hace en sus *Cuadernos*. Creo que usted deberá saber que hay un narcisismo bueno y otro malo, al decir de Kohut.

"El bueno es el que nos cuida, el que hace que cuando tenemos fiebre nos quedamos haciendo reposo para curarnos y no salgamos a desafiar el cuerpo, negando lo que nos ocurre. O el que nos hace leer una novela y sentir un intenso gozo. En definitiva, José, casi todo es narcisista ya que es UNO en propia persona, el que sale a enfrentar el día a día de cada una de nuestras vidas.

"El malo está ligado a la soberbia, a la mudez de los sentimientos humanos, al no poder mirar la vida más allá del propio ombligo y que en general hace daño a los que están cerca.

"Recuerdo una pequeña anécdota en la que yo le llevé un cuento que escribií a mi psicoanalista, y luego le pregunté si lo conocía a usted, para lo cual me respondió 'por supuesto, cómo no voy a conocer al camarada Saramago'.

"En fín, muchas más cosas podría decirle, pero voy a ir terminando esta lata que a una mujer del Cono Sur se le ha antojado darle. A lo mejor es mucho pedir que me respondiera a esta carta, pero me haría muy feliz si lo hiciese... y si no, me dió gusto haberme podido acercar a usted de ésta manera (previa llamada a la Embajada de Portugal para que me facilitaram su dirección).

"Si llegase a venir por estos lares, desde ya tanto usted como Pilar serán bien recibidos en mi hogar, el que pongo a su disposición.

"Hágale llegar a Pilar mis calurosos saludos, y dígale de mi parte, que por las cosas que usted escribe de ella en los *Cuadernos*, sobradamente hace honor a su nombre.

"Y para usted, José, con la esperanza de iniciar un diálogo por demás ameno, le mando un gran abrazo de su amiga argentina, Rossana."

1 de outubro

O súbito acesso de intolerância que fez protestar o poeta canário Justo Jorge Padrón, por ser eu um estrangeiro no arquipélago, contra a sugestão de Teddy Bautista de apresentar Canárias a minha candidatura ao Nobel, levou outro escritor canário, J. J. Armas Marcelo, meu amigo, a vir tomar posição num "conflito" que, em verdade (e é o que as aspas estão aí a significar), não o chega a ser (um conflito que se preze, para tornar-se efetivo, necessitará pelo menos duas partes, e eu não só me encontro fora dele, como nem sequer cheguei a entrar). Dispensar-me-ei portanto de passar a estes *Cadernos* as palavras de estima com que Armas Marcelo me presenteia nos seus dois artigos, mas não deixarei fugir a ocasião de o ajudar a divulgar um episódio da história literária de Canárias (e pelos vistos não só literária) citando uma passagem de um deles. Diz Armas Marcelo: "Al hablar del Nobel para Saramago, no está demás hoy citar a Galdós, que fue 'olvidado' a principio de siglo por los suecos gracias las presiones monarquicas que se recibían desde España para que nuestro escritor no fuera lo que tenía que ser (y es, aunque los suecos no le direon el Nobel), tan eterno y necesario como el agua y el aire. En su defecto, y para llenar el vacío, le dieron el Nobel a Echegaray, como si por ser suecos y académicos tuvieran la facultad divina de tapar el sol con un dedo. Sic transit gloria mundi. Tampoco voy a pasar por alto que a Galdós se le tuvo, entre las islas, su clase dirigente y durante largas décadas, como um 'renegado' que después, una vez pasados toros y corridas de mucho tiempo, fue reclamado como canario universal, gloria local e ilustre canario de todas las épocas". Dá vontade de dizer que, cá e lá, más fadas há...

5 de outubro

Uma breve nota publicada ontem no jornal *El Mundo* deu-me o tema para o artigo que tinha de escrever para a *Visão*. Levou o título de "Troca de galhardetes":
"A cerimónia é conhecida. Antes de apitar para o começo do jogo, o árbitro convoca ao centro do campo os capitães das duas equipas em confronto, a fim de procederem à troca de galhardetes. O galhaderte é um pedaço de pano, têxtil verdadeiro ou de imitação, em geral em forma de triângulo isósceles, onde se mandou estampar (já não se ganha para bordaduras...) o emblema do clube. Nem o árbitro nem os jogadores (e muito menos o público que veio assistir à partida) tomam a sério o ritual, toda a gente sabe que o que conta não é o gesto de paz e respeito mútuo a que obrigou a tradição, mas a guerra que logo a seguir principiará. O que não significa que não se encontrem às vezes por aí

admiráveis exceções. Têm-se visto casos, é certo que fora do âmbito das atividades desportivas, em que o jogo, todo ele, do princípio ao fim, não passou de uma contínua e incansável troca de galhardetes. Não tinha sido preciso chamar o árbitro para velar pelo cumprimento das regras, não havia mais jogadores que os capitães, e tudo sucedeu de forma elegante, consensual e equilibrada, como há que esperar de um triângulo equilátero.

"O lugar de um desses felizes acontecimentos foi a nossa bem-amada e sempre Invicta Cidade, a circunstância um ciclo de conferências sobre o tema candente que é o futuro da Europa, organizado (o ciclo, não o futuro) pelo Instituto Superior de Estudos Empresariais da Universidade do Porto. Os capitães sem equipa chamavam-se Mário Soares, ex-presidente da República portuguesa, e Felipe González, ex-primeiro-ministro da Monarquia espanhola. Como cabia a um anfitrião, o primeiro a esmerilar-se no cumprimento foi Mário Soares, que decidiu apresentar González ao público estudioso como tratando-se do 'melhor candidato a Monsieur Europa', apodo pitoresco, já a prosperar nos *media*, que se pensa dependurar ao pescoço do futuro porta-voz da política externa e de segurança da União Europeia. Não consta que tivesse havido protestos nas bancadas nem lançamento de almofadas, o que, atrevo-me a dizer, torna os Estudos Empresariais da Universidade do Porto suspeitos de indesculpável distração ou de limitadíssima eficiência informativa: qualquer pessoa moderadamente esclarecida sobre a política do país vizinho sabe que Felipe González, quando o atanazam com questões espinhosas alegadamente relacionadas com os seus governos ou o seu partido (GAL, corrupção, fundos reservados, financiamento ilegal etc.) responde sem pestanejar que, quer como primeiro-ministro quer como secretário-geral, não conhecia nada de tais assuntos, que tomou conhecimento dos factos pela imprensa, como qualquer cidadão vulgar. A minha pergunta (ingénua como duas ou três mais que adiante terei de fazer) é esta: caberia no sentido comum nomear como porta-voz da política externa da União Europeia alguém que adquiriu o prudente costume de não saber nada enquanto não leu os jornais, e que, depois de os ter lido, continua a jurar que nada sabe?

"Era a altura de Felipe González trocar galhardete por galhardete, e foi nestes termos que o fez, perante um público que não custará imaginar enlevado e simpático: 'Oxalá', disse, 'eu viesse a representar em Espanha o papel de Mário em Portugal, que conseguiu uma coisa maravilhosa para o país e para ele: ser a consciência crítica de Portugal'. Tenho de confessar que ao ler isto tremi de puro pavor. Teria Mário Soares respondido? Como? Chamaria à cara uma expressão de falsa modéstia? Iria confirmar que sim, que é a 'consciência crítica' de Portugal? Não o mencionava o jornal que me fez ciente destes prodigiosos sucessos da vida política ibérica, e eu rezo a todos os santos da corte dos céus por que não se tenha tratado de uma omissão, rezo por que Mário Soares não tenha pronunciado nem sequer admitido no seu pensamento semelhante coisa. Porquê? Porque em tal caso eu ver-me-ia obrigado a perguntar por que misteriosas razões não damos nós pelas manifestações da 'consciência crítica' dos políticos enquanto se mantêm em atividade, porquê essa suposta 'consciência crítica' só consegue nascer e desenvolver-se depois de deixado o poder, e, sobretudo, o que é que impede os políticos de serem, ao mesmo tempo, em cada ato e em cada palavra, no governo ou na oposição, no parlamento ou no comício eleitoral, 'políticos' e 'consciências críticas'. Fosse esse o caso, e outro galo nos cantaria. Em Portugal, em Espanha, no mundo."

9 de outubro

Foi muito simples. Encontrávamo-nos na cozinha, Pilar e eu, sós, quando a rádio informou que o Prémio Nobel tinha sido atribuído a Dario Fo. Olhámo-nos tranquilamente (sim, tranquilamente, jurá-lo-ia se fosse necessário) e eu disse: "Pronto. Podemos voltar ao nosso sossego". Falámos depois sobre o que naquele momento sentíamos, e ambos estivemos de acordo: alívio. Amanhã partiremos para Colónia, onde me reunirei a alguns colegas a fim de iniciarmos o périplo que nos foi traçado, e a outros que virão ou já se encontram em terras alemãs, para cabal execução dos planos da presença portuguesa na Feira do Livro de Frankfurt. Iremos diretamente a Colónia num voo charter que sairá de Fuerteventura de manhã cedo: teremos de madrugar se não queremos perder o avião.

10 de outubro

Colónia. Um programa de rádio que durou três horas, numa espécie de café-concerto. De vez em quando chamavam um escritor português ao microfone, traduziam-lhe as perguntas, ele dava as respostas que podia no pouco tempo que lhe era concedido, e depois voltava para o seu lugar, quase sempre desabafando a sua frustração por não lhe parecer esta a melhor maneira de fazer chegar a ouvidos alemães os recados literários e pessoais que levava. Um após outro, cumprimos a obrigação o melhor que pudemos, Maria Isabel Barreno, Lídia Jorge, Mia Couto, Mário de Carvalho, José Riço Direitinho e este que isto escreve. Dispersar-nos-emos amanhã.

11 de outubro

Bona. Leitura na Literaturhaus, com Ray-Güde Mertin.

13 de outubro

Heidelberg. Leitura na Biblioteca Municipal. O projeto de mostrar a cidade a Pilar foi, em sentido próprio, por água abaixo. Uma chuva torrencial acompanhou-nos durante toda a viagem de automóvel, foi preciso reduzir a velocidade na estrada a passo de caracol, quando chegámos a Heidelberg, já em cima da hora de começar a leitura, era noite fechada.

14 de outubro

Frankfurt. Pilar telefonou hoje para casa, a saber se havia alguma novidade, e realmente, sim, havia novidade, a mais inesperada de todas as possíveis, aquela que nunca seríamos capazes de imaginar: nada mais nada menos que uma chamada telefónica de Dario Fo a dizer: "Sou um ladrão, roubei-te o prémio. Um dia será a tua vez. Abraço-te". Mal saído do assombro em que a notícia me tinha deixado, disse a Pilar: "Suponho que uma coisa assim nunca terá acontecido na história deste prémio...", e Pilar, sábia, respondeu-me: "Não há que perder a confiança na generosidade humana...".

15 de outubro

Há dois dias que não faço outra coisa que dar entrevistas. Ajuda-me no transe agónico uma simpática e competente intérprete alemã, Kirstin Henzen, que, além de ser quem me leva a todo o lado onde me dizem que sou preciso, acabou em pouco tempo por saber de cor e salteado as respostas que costumo dar às questões quase sempre repetidas dos jornalistas. A tal ponto que algumas vezes lhe tenho dito, após haver deixado em meio, por tédio, por aborrecimento, por cansaço, uma dessas respostas: "Desenvolve...". E ela, imperturbável, como um compositor que terminasse a obra que outro deixara inacabada, põe em funcionamento a sua magnífica memória e recita ao jornalista o que eu, provavelmente, já não conseguiria explicar com a mesma propriedade e a mesma exatidão.

16 de outubro

Encontrava-me eu a cumprir tranquilamente as minhas obrigações na área da Feira destinada à representação dos editores portugueses, quando me vieram dizer que Dario Fo estava a dar uma conferência de imprensa e que, depois de terminada, me viria cumprimentar. Quem o disse mal parecia acreditar na informação que me estava a dar, mas eu tinha presente na memória algo que os mais ignoravam: a chamada telefónica que Fo tinha feito para minha casa logo no dia seguinte ao anúncio do prémio. Quando ele chegou daí a pouco, rodeado de uma nuvem de fotógrafos, fui ao seu encontro, abracei-o e felicitei-o. Os flashes estralejaram à nossa volta, o mundo (esse mundo mínimo a quem estas coisas continuam a interessar) ia ficar a saber que o respeito e a estima ainda não se extinguiram de todo entre a gente das letras, que é possível estarem frente a frente um vencedor e um vencido, sem presunção o que ganhou, sem despeito o que perdeu, e conversarem, simplesmente, como dois amigos. Quando Dario Fo se retirou, levando atrás os admiradores e os fotógrafos, pensei: "Também isto nunca terá sucedido na história do Nobel...".

17 de outubro

Hoje foi dia de mesas-redondas. De manhã, no Pavilhão de Portugal, sobre o tema "Transposições", que teve Eduardo Prado Coelho como moderador, reunimo-nos, de um lado, para falar de adaptações de obras literárias ao cinema, Manuel de Oliveira, Agustina Bessa-Luís e João Bénard da Costa, e do outro, para o mesmo em relação à música, Azio Corghi e eu. Foram ditas coisas interessantes, mas, uma vez mais, ou porque o tempo é curto ou porque os participantes não se põem de acordo previamente sobre o âmbito do debate, sobretudo sendo ele "misto", como neste caso, a impressão final, pelo menos a minha, foi de que o mais importante não chegou a ser dito. Perde-se demasiado tempo com o anedótico, o circunstancial, o pessoal, e a matéria de fundo quase não chega a ser tocada. Na parte que me dizia diretamente respeito, beneficiei com o facto de ter Azio Corghi ao meu lado: o universo musical é outro, mais rigoroso, mais preciso, não se presta a devaneios metaliterários. Quanto à mesa-redonda da noite, sobre o tema "Caminhos do romance contemporâneo", que à primeira vista parecia destinada a ser uma sucessão de monólogos (estávamos Agustina, Maria Velho da Costa, Almeida Faria e eu), acabou por animar-se muito, graças à intervenção de Fernando Venâncio, que, em louvor e justificação dos romancistas novos protestou, congestionado e furibundo, contra uma inocente declaração de Agustina. Ela tinha dito (e eu estive de acordo, conforme deixei claro na minha intervenção) que, tendo em conta as novas tecnologias de comunicação de massa e o desvio, para elas, da atenção das novas gerações, a literatura pode vir a acabar, pode vir a não ser necessária. Agustina Bessa-Luís falava da literatura em geral, não do romance em particular, o mesmo faria eu depois, de modo que ficou por perceber-se como de repente se tinha passado a falar da morte do romance, só da morte do romance, precisamente quando, na opinião de Fernando Venâncio, se vêm publicando em Portugal "romances maravilhosos escritos por jovens autores". Que não havia direito, disse ele, que os escritores velhos (não fomos designados assim tão cruamente, mas quase) estivessem a matar as justas esperanças dos novos escritores, anunciando egoistamente, agora que já tinham obra feita, a morte do romance, isto é, o fim dos tempos. A sessão acabou entre recriminações e lágrimas, como se nos encontrássemos numa sessão dramática do parlamento, em dia de moção de censura. Tudo isto é um pouco pueril, mas assim são as coisas. Se alguma vez a literatura vier a deixar de ser necessária à imaginação do género humano, os aspirantes a escritor não terão mais remédio que procurar outra vida. Foi o que tiveram de fazer os despachantes de alfândega quando deixou de haver alfândegas...

19 de outubro

Descíamos uma escada rolante, Mário Soares e eu, conversando, trocando impressões sobre os méritos da representação portuguesa na Feira, e de repente Soares pergunta-me num tom que me pareceu de autêntica preocupação: "Disseram-me que você estava místico. É verdade?". Na vida comum, na vida de todos os dias, o interpelado teria estacado de chofre e exclamaria, já atrasado um passo: "O quê?". Mas ali não podia ser, a escada descia, descia sempre, e, não podendo eu transferir-me para o degrau de cima, de onde manifestaria de maneira adequada a minha surpresa, tive de contentar-me com a exclamação: "O quê?". E Soares: "Que você está místico, disseram-me". "Quem foi que lhe contou semelhante história?", perguntei. E Soares, que não queria comprometer o seu informador: "Disseram-me, disseram-me...". A escada já nos tinha depositado em terra firme, de modo que respondi com firmeza: "Não senhor, não estou místico, Deus me livre de um tal acidente...". Mário Soares olhou-me com uma expressão de alívio no olhar e no gesto, como se eu lhe tivesse tirado um peso de cima, e murmurou: "Ah, bem...". Não voltámos a falar do assunto, mas eu tenho a impressão de que as palavras dele, lá no seu íntimo, tinham uma formulação diferente. Ou eu estou muito enganado, ou o que Mário Soares de facto me perguntava era: "Você *também* está místico?...".

À noite, na Alte Oper de Frankfurt, realizou-se um debate sobre Europa com o poético e marinheiro título de "Rosa dos Ventos". Oficiou Mário Soares e estiveram de ajudantes à missa Hans-Dietrich Genscher, Ivan Klíma, Friedrich Schorlemmer, Eduardo Lourenço e quem isto escreve. Por escrúpulo de objetividade e um sentido quase obsessivo de relativismo, sou, nisso a que damos o nome de patriotismo, um moderado, não entra nos meus hábitos correr a foguetes por mais que as diversas pirotecnias de vocação nacionalista se me esmerem em efeitos de *son et lumière*. Em todo o caso, se alguma coisa a memória do público que assistia à sessão reteve (por quanto tempo já seria outra questão...), não tenho dúvidas de que foram as intervenções dos portugueses, em particular a de Eduardo Lourenço. Inquietações, dúvidas, interrogações sobre o futuro, fomos nós quem as expôs ali. Hans-Dietrich Genscher produziu um discurso de figurino institucional, o mesmo que terá feito mil vezes, um discurso tipicamente "europeísta", daqueles que ladeiam as questões sérias e preferem derramar-se em generalidades tranquilizadoras. Do checo Ivan Klíma, o mais que se pode dizer é que ninguém deve ter percebido aonde queria ele chegar com o arrazoado. Quanto ao pastor evangélico Friedrich Schorlemmer, que viveu e continua a viver no que foi a República Democrática Alemã e que estava na mesa para completar, ao lado de Genscher, a imagem duma Alemanha unificada, poucas vezes na vida fui espectador de uma tal vacuidade mental, de uma tal ausência de pensamento próprio, de um tal fanatismo. Levantei-me do meu lugar mais preocupado do que estava quando me sentei...

20 de outubro

Também na Alte Oper, concerto de Maria João Pires. Magnífico, nem seria preciso dizê-lo. Um regalo para todos os que tiveram a sorte de a ouvir, mas, além disso, uma profunda alegria para os portugueses: é este patriotismo que eu quero, este sentimento de partilha do trabalho e dos êxitos dos nossos, e também das suas penas e dos seus desgostos, que nem tudo na vida são taças festivas de vinho e braçados de rosas. Jantámos depois com ela e com Manuel Machado Macedo, a quem Maria João Pires chama carinhosamente "padrinho" sem o ser. Foram quase duas horas de íntima e sossegada conversa falando das nossas coisas, uma das minhas melhores recordações destes dias alemães.

21 de outubro

Leitura em Hamburgo...

22 de outubro

Leitura em Berlim...

23 de outubro

Madrid. Numa cerimónia simples, mas comovedora de mais

para uma sensibilidade fragilizada por duas semanas de exaustivo trabalho e de emoções, a Residência de Estudantes da Universidade Carlos III concedeu-me a sua "Beca de Honor". É uma distinção atribuída pelos estudantes, não pelo claustro universitário, e isto não significa que valha mais ou que valha menos. Vem dos estudantes, simplesmente...

24 de outubro

Luiz Schwarcz e Lili acompanharam-nos a Lanzarote, a passar uns dias, mas, pelo que julguei perceber hoje, será muito difícil que Luiz chegue a descansar: está preocupado com a edição do livro de Caetano Veloso, *Verdade tropical*, telefona vezes seguidas para São Paulo a saber como vão as coisas, quando não telefona fala-nos do livro, e, se não fala, vê-se-lhe na cara que está a pensar nele... Ainda há editores assim. Amanhã daremos uma volta pela ilha: Timanfaya é o melhor remédio para preocupações.

28 de outubro

Lisboa. Entrevistas sobre *Todos os nomes*, o novo livro a ponto de sair...

29 de outubro

Mais entrevistas...

30 de outubro

Madrid. Convidado a participar numa homenagem a Rafael Alberti promovida pela Casa de América, vim ler a Madrid este discurso:
"As minhas primeiras palavras serão de agradecimento pela

honra com que fui distinguido ao convidarem-me para falar em nome dos escritores ibero-americanos neste ato de homenagem a Rafael Alberti. Gostaria de pensar que a generosa lembrança se deveu, não a supostos merecimentos de representatividade, que não conseguiria encontrar na minha pessoa, mas ao propósito, ainda mais generoso, de imaginar aqui, de conceber e recuperar para o mundo ibero-americano a sua verdadeira dimensão, isto é, aquela que, por simples acatamento da geografia e respeito da história, sempre haverá de abranger os dois países atlânticos de língua portuguesa, Portugal e Brasil, cada um em sua margem. Em geral, quando dizemos "mundo ibero-americano", é no "mundo hispano-americano" que estamos a pensar, como se o grande Brasil e o pequeno Portugal pertencessem a um continente diferente, como se não fossem, no bom e no mau, no sublime e no trágico, carne daquela mesma carne e espírito daquele mesmo espírito. E se é certo que não venho habilitado com cartas credenciais para representar hoje a Portugal e a Brasil, é também em nome deles que agradeço ter sido um escritor de língua portuguesa o escolhido para, neste ato, durante alguns minutos, ser a voz dos escritores ibero-americanos de todas as falas, de onde quer que sejam e onde quer que estejam, elas e eles.

"Querido Rafael,

"Ainda antes que no teu formoso *Marinero en tierra* tivesses reunido num amplexo poético insolitamente moderno algumas das velhas objetividades da terra e os novos e resplandecentes mitos do mar, já havias criado quatro versos que bem poderiam ser colocados no limiar de toda a obra literária, como uma espécie de epígrafe universal. São estes:

Le quité el antifaz a una palabra

Y mudos
frente a frente
nos quedamos

"Todos os que escrevemos conhecemos esse instante de mudez perplexa, quase angustiante. A palavra apareceu-nos de súbito nua, desarmada, surpreendida pela luz, será preciso deitar-lhe a mão rapidamente, não a deixar escapar-se, não lhe dar tempo a que se esconda outra vez. Escrever é aprender a ver, escreve-se por ter visto a palavra que está por detrás da palavra. Ela terá, uma por uma, as mesmas letras, mas tornou-se noutra a partir desse momento. A poesia, muito mais que a expressão dramática ou novelesca, é a revelação da palavra que havia oculta.

"Quando, com apenas vinte e cinco anos, publicaste *Sobre los ángeles*, já as máscaras das palavras haviam caído todas diante de ti, já o teu olhar havia captado definitivamente as fulgurantes claridades de som e de sentido que se resguardam sob a opacidade que é a consequência fatal do hábito de não ver o que se olha e da rotina indiferente da fala.

Ninguno comprendíamos el secreto nocturno
                    [de las pizarras
ni por qué la esfera armilar se exaltaba tan
                    [sola cuando la mirábamos.
Sólo sabíamos que una circunferencia puede
                    [no ser redonda
y que un eclipse de luna equivoca a las flores
y adelanta el reloj de los pájaros.

Ninguno comprendíamos nada:
ni por qué nuestros dedos eran de tinta china
y la tarde cerraba compases para el alba abrir
                    [libros.
Sólo sabíamos que una recta, si quiere, puede
                    [ser curva o quebrada
y que las estrelas errantes son niños que
                    [ignoran la aritmética.

"Umas vezes curva, outras vezes quebrada, porque a haveriam de torcer e romper dolorosamente as circunstâncias do tempo e do mundo, a linha reta que espiritualmente Rafael Alberti foi desde sempre, reta e íntegra se manteve até hoje. Quanta razão tiveram aqueles seus ascendentes que, como Rafael escreveu em *Sermones y moradas*, 'predijeron que él sería un árbol en medio del mar'... Na aparência semelhante a uma daquelas estrelas errantes que seriam as crianças sem gosto pelos números, Rafael Alberti, destinado à frequentação das matemáticas superiores da poesia, podia, ternamente, fazer de conta que ignorava as aritméticas elementares. Ou talvez que no caso do poeta que ele é, o elementar e o superior sejam tão indissociáveis como a luz e a sombra, como o côncavo e o convexo, como a pedra e os olhos que a interrogam. *Sobre los ángeles* e *Sermones y moradas* são os picos altíssimos donde Rafael Alberti poderá contemplar a larga vida que vai ter por diante. Casou com María Teresa León, companheira em espírito e em corpo, ser admiravelmente humano, não uma daquelas musas inconsistentes de que com falsidade certos poetas fingiam necessitar, e juntos vão enfrentar os exaltantes e trágicos anos que se avizinham. É possível identificar (eu, ao menos, creio identificá-los) alguns traços premonitórios dessas esperanças e dessas ameaças num poema aparentemente enigmático de *Sermones y moradas*:

Amigos,
no sentís como andan las islas?
No oís que voy muy lejos?
No veis que ya voy a doblar hacia esas
        [*corrientes que se entran*
lentísimas en la inmortalidad de los mares sin
        [*olas y los cielos paralizados?*
Oigo el llanto del Globo que quisiera seguirme
        [*y gira hasta quedarse*
mucho más fijo que al princípio,
tan borrado en su eje
        que hasta los astros
        [*menos rebeldes transitan*
          [*por su órbita.*

No oís que oigo su llanto?
Siento que andan las islas.

"Sonhos, ansiedades, preságios, jangadas de pedra, nuvens pousadas sobre o mar — não é raro que as ilhas andem, porém nem sempre caminham na boa direção. O poeta disse: 'Siento que andan las islas', e se estaria a pensar na ilha maior que é o mundo, pensaria também, certamente, numa ilha pequena, a sua Espanha. Por enquanto ainda não se vislumbram motivos para chorar, mas Rafael Alberti já começou a ouvir o pranto do mundo. Pergunta: 'No oís que oigo su llanto?'. Primeiro que o mundo, chorará Espanha. De dores, porque nenhuma lhe foi poupada, mas também de ira, de indignação, como um animal traiçoeiramente ferido. Foi um tempo em que a coragem se chamou povo, um tempo em que as palavras mais simples foram as mais necessárias, um tempo em que a poesia se tornou realmente companheira dos homens. Tomo como exemplo o poema dedicado às Brigadas Internacionais, publicado em *Capital de la gloria*, e que é um canto à solidariedade mútua daqueles que se buscaram e reconheceram iguais em dignidade.

Venis desde muy lejos... Mas esta lejanía,
que es para vuestra sangre, que canta
              [sin fronteras?
La necesaria muerte os nombra cada dia,
no importa en qué ciudades, campos
              [o carreteras.

De este país, del otro, del grande, del pequeño,
del que apenas sí al mapa da un color desvaído,
con las mismas raíces que tiene un mismo
              [sueño,
sencillamente anónimos y hablando habéis
              [venido.

No conocéis siquiera el color de los muros
que vuestro infranqueable compromiso amuralla,
La tierra que os entierra la defendéis, seguros,
a tiros con la muerte, vestida de batalla.

Quedad, que así lo quieren los árboles,
                    [los llanos,
las mínimas partículas de la luz que reanima
un solo sentimiento que el mar sacude:
                    [Hermanos!
Madrid con vuestro nombre se agranda
                    [y se ilumina.

"Mas é também em *Capital de la gloria* que Alberti escreve: 'Siento esta noche heridas de muerte las palabras', como se percebesse já o avançar das sombras que durante quarenta dolorosos anos virão cobrir de luto e melancolia o rosto de Espanha.

"A hora do exílio chegou, é preciso partir. Rafael e María Teresa trabalham como locutores em Paris. É o tempo em que María Teresa León baterá à porta de editores franceses para que lhe publiquem os contos, e receberá como resposta estas palavras geladas de indiferença: 'As coisas de Espanha não interessam, madame...'. Sim, as coisas de Espanha não interessavam, como não interessavam também as coisas de Portugal, essas duas excrescências transpirenaicas, esse páramo incompreensível, para as requintadas sensibilidades do centro europeu. É olhando o Sena que Rafael Alberti escreverá o poema dedicado à memória de Antonio Machado, publicado em *Entre el clavel y la espada*, versos que a Sorbonne talvez considerasse bárbaros, mas que ressoaram e continuarão a ressoar como uma voz profunda da terra ibérica.

Pienso en tí, grave, umbrío,
el más hondo rumor que resonara a cumbre,
condolido de encinas, llorando de pinares,

hermano para aldeas, padre para pastores,
pienso en tí, triste río,
pidiéndote una mínima flor de tu mansedumbre,
ser barca de tus pobres orillas familiares
y un poco de esa leña que hurtan tus cazadores.

Descansa, desterrado
corazón, en la tierra dura que involuntaria
recibió el riego humilde de tu mejor semilla.
Sobre difuntos bosques va el campo venidero.
Descansa en paz, soldado.
Siempre tendrá tu sueño la gloria necesaria:
álamos españoles hay fuera de Castilla,
Guadalquivir de cánticos y lágrimas del Duero.

"Muitos anos depois, vivendo já em Itália, outra memória de poeta o visitará:

Federico.
Voy por la calle del Pinar
para verte en la Residencia.
Llamo a la puerta de tu cuarto.
Tu no estás.

Federico.
Tú te reías como nadie.
Decías tú todas tus cosas
como ya nada las dirá.
Voy a verte a la Residencia.
Tú no estás.

Federico.
Por estes montes del Aniene,
tus olivos trepando van.
Llamo a sus ramas con el aire,
Tú sí estás.

"Entre os poucos meses que durou o exílio em Paris e os catorze anos passados em Itália, Rafael Alberti viveu durante vinte e três anos em América. Foram vistos e admirados, ele e as suas pinturas e os seus desenhos ('Diérame ahora la locura/ que en aquel tiempo me tenía,/ para pintar la Poesía/con el pincel de la Pintura'), foi ouvido, aplaudido, amado em Argentina, Uruguai, Chile, Cuba, Venezuela, Peru, Colômbia, e aonde não chegou a ir ele, chegaram os seus poemas e as suas exposições. Trinta e sete anos longe da sua terra e, como tantos outros exilados, sempre com ela no coração, plantando-a nos seus jardins, dizendo-a nas suas conversações, suspirando-a dia a dia, patriota cabal que manteve a esperança e viveu para nos reunirmos hoje, uma margem e outra margem, o poeta oficiando a cerimónia da palavra e a coerência, universalidade total e definitiva lograda pela dimensão do amor e da lealdade. Quando em 1977 regressou a Espanha, à nova Arboleda e à nova família, a María Asunción, aos amigos, aos camaradas, Rafael Alberti poderia ter dito, como poderia com todo o direito repeti-lo aqui, aqueles versos de *Abierto a todas horas* que são o seu retrato de corpo inteiro:

Éste ha sido estos años mi destino:
no callar y seguir abiertamente,
entre flores y espadas, mi camino.

Yo nunca he sido un viento contra viento;
pero si un huracán quiere tumbarme,
resistiré mi desmoronamiento.

No quisiera vivir en escapada,
no me fuera posible aunque quisiera,
yo soy un hombre de la madrugada,
comprometido con la luz primera.
Me pide el sol que cante en cada aurora
y yo no puedo al sol decirle 'espera'.

"Confirmo, Rafael. Todos o confirmamos. Obrigado."

31 de outubro

Apresentação de *Todos os nomes* em Évora e Beja...

1 de novembro

... em Portimão e Faro...

2 de novembro

... em Almada.

3 de novembro

Lisboa. Hotel Altis. Casa cheia, apesar da chuva. Apresentação de *Todos os nomes*. Muito belas e inteligentes (novidade seria o contrário) as palavras ditas por Eduardo Lourenço. Uma frase sua que vai dar (dará?) discussão: "*Todos os nomes* é a história de amor mais intensa da literatura portuguesa de todos os tempos". É evidente que me agrada que uma pessoa com as responsabilidades de Lourenço tenha dito isto de um livro meu, mas adivinho que Camilo Castelo Branco, lá onde estiver, protestou indignado: "Então, e o *Amor de perdição*?...". Talvez a diferença (menciono esta, não as outras...), esteja precisamente no teor, não na dimensão, de intensidade, que o nosso tempo afere de outra maneira e com outros instrumentos. Talvez. E tão-pouco vale a pena que me preocupe. O mais certo será cair a frase no esquecimento, e o próprio Eduardo Lourenço poderá confessar amanhã: "Realmente, exagerei um bocado...".

5 de novembro

Em Toledo, para receber o grau de doutor "Honoris Causa"

pela Universidade de Castilla-La Mancha em presença do príncipe Felipe, que presidiu à sessão, tendo ao lado José Bono, presidente de Castilla-La Mancha, e Luis Arroyo, reitor da Universidade. Foram meus padrinhos Basilio Losada e Felipe Pedraza, de quem ouvi palavras demasiado altas para serem merecidas... Quando chegou a minha vez, comecei por dizer: "Tendo generosamente considerado que existem no meu trabalho como escritor merecimentos de tão especial atenção, deliberou o Digníssimo Claustro Universitário da Universidade de Castilla-La Mancha conferir-me o grau de doutor 'Honoris Causa'. Recebo-o com o claro sentimento da gratidão, mas também com um outro sentimento, bem mais complexo, a que chamarei, sem temor à óbvia contradição dos termos, uma orgulhosa humildade. É orgulho porque o meu caminho vital teve origem no seio de uma família de camponeses pobres, é orgulho porque, sem ter tido a fortuna de beneficiar de estudos adiantados, creio, não obstante, ter sido capaz de construir uma obra digna — mas é também humildade porque estou cada vez mais consciente de que todo o orgulho é vão perante o Tempo e que as vidas não têm que ser forçosamente menos do que as obras. Para esta vida e para esta obra que são minhas, não tenho maior ambição: que se mereçam uma à outra".

E continuei:

"Sendo este discurso de escritor, natural seria que vos falasse dos livros que escrevi e dos seus *comos* e *porquês*. Permita-se-me, porém, que neste lugar antes dê voz a umas quantas preocupações minhas sobre a língua portuguesa e sobre o que chamo a necessidade da sua reinvenção. Não se inventam as línguas, claro está, mas talvez possam, e devam, ser reinventadas. Assumo o paradoxo e prossigo.

"Uma língua, num certo instante, ainda não existe, noutro instante depois já poderemos identificá-la, reconhecê-la, dar-lhe um nome. Entre esses dois instantes é difícil apurar até que ponto o que há-de ser já está sendo, ou se o que foi já se transformou o suficiente para que seja possível antecipá-lo como forma do que será. É a mil vezes repetida metáfora da crisálida, vida entre duas vidas, simultaneamente criador e criatura. Assim, mais ou menos segundo esta figuração, se terá feito a passagem do baixo-latim ao português, com aquela crisálida linguística pelo meio a tentar chegar aos mesmos significados através de outros significantes.

"Abusando dos privilégios generalizadores do ficcionista, em quem sempre habita, latente, alguma animadversão contra a imobilidade dos factos, tenho afirmado que bem mais importante que o facto em si é o momento em que ele se dá, e que, sem uma compreensão de tudo quanto os envolve, os factos tornam-se, não raro, ininteligíveis, apenas os salvando de se tornarem em enigmas o seu próprio peso bruto, que acaba por constituí-los em evidências mais ou menos incontornáveis. Gostaria de saber, por exemplo, que causas se congregaram para que o português escrito, e presumo que também o falado, tivesse atingido um grau tão elevado de precisão e de beleza no século XVII, e que enfermidades o atacaram depois e o trouxeram, salvo algumas intermitências fulgurantes (Garrett em primeiro lugar), a esta outra crisálida em que se está organizando não sei que inseto linguístico, por todos os indícios e demonstrações provavelmente um mutante.

"Eu sei, ai de mim, que os otimistas são de parecer diferente: eles dizem que a língua não precisou de quem cuidasse dela durante todos estes séculos e nem por isso se finou, que uma língua é um órgão vivo eminentemente adaptável, que essa capacidade de adaptação contínua é a própria condição da vida, e que, depois de bem baralhados os naipes, sempre estarão na mesa as mesmas cartas, isto é, ainda haverá língua portuguesa bastante para que os portugueses saibam de que estão a falar. Oxalá. Mas eu, se é preciso dizê-lo, por deformação original do espírito ou ceticismo que veio com a idade, não sou otimista. A convivência pacífica nunca foi característica principal das coexistências linguísticas. Por modos mais ou menos sub-reptícios sempre se estabeleceram formas de cerco, sempre se delinearam manobras de proteção, mas os vagares da História e as rudimentares técnicas de comunicação no passado retardaram e alongaram os processos de envolvimento, absorção e substituição, o que nos permitia, sem maiores inquietações, considerar que tudo isto era da ordem do natural e do lógico, como se na Torre de Babel tivesse ficado decidido o destino de cada língua: vida, paixão e morte, triunfo e derrota, ressurreição nunca.

"Ora, as línguas, hoje, batem-se." Não há declarações de guerra, mas a luta é sem quartel. A História, que antes não fazia mais do que andar, agora voa, e os atuais meios de comunicação de massa excedem, na sua manifestação mais simples, toda a capacidade imaginativa daqueles que, como o autor destas linhas, fazem da imaginação, precisamente, instrumento de trabalho. Claro que desta guerra de falantes e escreventes não se esperam, apesar de tudo, resultados definitivos em curto prazo. A inércia das línguas é um fator, também ele, de retardamento, mas as consequências derradeiras, verificáveis não sei quando, mas previsíveis, mostrarão, então demasiado tarde, que o emurchecimento prematuro da mais alta folha daquela árvore prenunciava já a extinção de toda a floresta.

"Línguas que hoje ainda se apresentam apenas como hegemónicas em superfície tendem a penetrar nos tecidos profundos das línguas subalternizadas, sobretudo se estas não souberam encontrar em si mesmas uma energia vital e cultural que lhes permitisse oporem-se ao desbarato a que se veem sujeitas, agora que as comunicações no nosso planeta são o que são. Hoje, uma língua que não se defende, morre. Não de morte súbita, já o sabemos, mas irá caindo aos poucos num estado de consumpção que poderá levar séculos a consumar-se, dando em cada momento a ilusão de que continua vivaz, e por esta maneira afagando a indolência ou mascarando a cumplicidade, consciente ou não, dos seus suicidários falantes.

"Seria agora a altura de entrar no exame da situação do português em Portugal. Não o farei. Como escritor, sou apenas um prático, sei somente o que aprendi, o que fui capaz de aprender na leitura e releitura de tanta gente que escreveu ou escreve melhor do que eu. Por isso me está vedado penetrar nos arcanos teóricos onde se movimentam muitas das pessoas que têm a paciência de escutar-me aqui. Limitei-me a uns quantos *ses* e *mas*, e após ter desfiado o que suponho serem algumas fundadas razões de cuidado, ainda me autorizarei mais duas observações, que espero justifiquem o discurso.

"A primeira refere-se ao ensino da língua. Não ouso, claro está, duvidar da competência dos professores que a ensinam, nem da irreprimível vontade de aprender que certamente habita no espírito dos estudantes, e menos ainda duvidaria da excelência científica e pedagógica dos programas. Estarei portanto retirando-me os motivos de carácter imediato que explicariam o baixíssimo nível de conhecimentos e a confrangedora inépcia com que gerações de estudantes de todos os graus do ensino lidam com a sua língua natal quando a escrevem e quando a falam. Dizem-me que se trata de um fenómeno geral, até mundial. Seja assim ou não seja, bastem-me as nossas preocupações. E é por me preocupar eu tanto que chamo a atenção para uma evidência que desde há alguns anos se transformou, para mim, em obsessão: é que, em rigor, a escola, que tão mal ensina a escrever, não ensina, de todo, a falar. A aprendizagem elementar da fala e o desenvolvimento da língua estão entregues às famílias, ao meio técnico e cultural em que a criança vai crescer, o que em si mesmo não é um mal, uma vez que é assim que costuma decorrer todo o processo de aprendizagem, pelo exemplo e pela exemplificação, sucessivos e constituidores. Mas a escola, ao não intervir no processo de edificação da fala, demite-se de uma responsabilidade que deveria ser a primeira a reivindicar, e, pelo contrário, vai receber o influxo negativo dos surtos degenerativos externos, assim 'oficializando', indirectamente, o vicioso e o errado contra o exato e o harmonioso. E é facilmente verificável que a escola não só não ensina a falar, como fala mal ela própria.

"A segunda observação talvez venha a soar como uma impertinência aos vossos ouvidos, e é bem possível que a benevolência com que até este momento fui escutado se mude em contrariedade no próximo minuto. Porque vou ser, eu, aquele sapateiro grego que não se satisfez com criticar o desenho da sandália que Apeles calçara a uma figura, e atreveu-se a apontar defeitos na anatomia do joelho. Com a diferença de que não me limitarei a desdenhar do joelho da língua (perdoai a imagem libérrima), e irei apontar uma falha na cabeça, sede do entendi-

mento. A temerária sugestão a que me atrevo consistiria precisamente na introdução de uma disciplina de história da língua a partir dos dois ou três últimos graus do ensino básico. Já sei que a minha inteligência não vai além de uma honesta mediania, mas ela surpreende-se ao ver que se começa a estudar a história da literatura como se o suporte dessa literatura não fosse a língua, como se fosse indiferente, para cada época literária, o estudo concreto dos processos de transformação desse mesmo suporte. Mais ainda: como se não houvesse relação direta entre uma impressão que se quer comunicar e o instrumento que tornará possível a sua expressão.
"Perguntar-me-eis agora se, chegado a este ponto, já reinventei a língua portuguesa. A ironia é merecida. Dizei-me, porém, se não vos parece que uma escola que ensinasse de facto a escrever e a falar, a falar, insisto, uma escola que fizesse da história da língua a matéria vertebradora por excelência de uma formação humanística — dizei-me se essa escola não estaria revitalizando as maltratadas línguas em que nos comunicamos, reinventando-as todos os dias no espírito de cada estudante, a quem, finalmente, poderíamos dar, no sentido mais profundo da palavra, o nome de iniciado."

6 de novembro

   Apresentação de *Todos os nomes* em Coimbra...

7 de novembro

   ... no Porto, à tarde na Faculdade de Letras, à noite no Ateneu Comercial...

8 de novembro

   ... em Guimarães.

9 de novembro

Finalmente em casa. De uma notícia do *Público* desentranhei, para a *Visão*, o artigo que a seguir transcrevo e a que dei o título "De cabeça perdida":

"Deus não fez só um Adão e uma Eva. Qualquer pessoa percebe que não teria o mínimo sentido ter criado imperialmente um universo e contentar-se depois com o povoamento de um insignificante planeta aquecido por um insignificante sol de uma insignificante galáxia. Deus tinha vistas muito mais largas e grandiosos projetos de futuro. Há que reconhecer que a ideia inicial era atrativa: pôr em funcionamento um universo animado pelo moto-contínuo e a viver nele uns animais simpáticos, bípedes, de agradável presença no conjunto, respeitadores tanto do próprio como do alheio e trabalhando à boa paz para a felicidade comum. Todos os planetas receberam portanto a sua Eva e o seu Adão, em todos eles, de acordo com o Plano da Criação, houve pecado original, e em poucos séculos achou-se constituída a humanidade que Deus tinha querido. Desgraçadamente, porém, não como ele a quis. Ao fim de algum tempo o mau comportamento da espécie tinha atingido tais extremos que o Criador achou que o mais prudente seria reuni-la num único planeta antes que a infecção pudesse ganhar raízes e acabasse por lhe dar cabo do universo todo. Não tendo as coisas melhorado desde então, Deus ainda se lembrou um dia de despejar-nos em cima um dilúvio, a que impropriamente chamamos universal, mas, dado que a erva ruim não a cresta a geada, a espécie humana não só sobreviveu à drástica tentativa purificadora como tem prosperado nas diversas artes e ofícios. Atualmente, Deus limita-se a manter-nos sob apertada vigilância (diz-se mesmo que os discos voadores os envia ele), e está, segundo fortíssimos indícios, determinado a impedir-nos de pôr os pés fora do planeta. Ainda consentiu que fôssemos de passeio até à Lua, mas foi por ingenuamente ter acreditado que, se éramos capazes de lá chegar, também seríamos capazes de acabar de vez com a fome e a miséria no mundo, esperança que, sendo a situação o que é, só um deus realmente muito desanimado poderá ter.

"Talvez não seja inútil lembrar ao leitor que este deus, para mim, não passa de uma interessante personagem de ficção, e é apenas como tal que com tanta frequência o convoco ou o deixo instalar-se nas minhas prosas. Mas devo confessar que algumas vezes, ao longo da minha vida, tenho lastimado a falta duma sua presença real e duma sua intervenção efetiva. Não naquela versão compassiva, amorosa e passa-culpas que Jesus Cristo inaugurou e que o mais hipócrita dos sentimentalismos de sacristia veio prolongando até hoje, mas na figura da indignação e da rebelião, já que a temos perdida nós próprios, se é que alguma vez fomos dotados dela na medida mais justa e necessária. Incapazes de indignar-nos e rebelar-nos, sempre teríamos um deus para obrigar-nos a encarar de frente e a responder pelas nossas ofensas, não a ele, mas à ideia de humanidade que, com melhores ou piores resultados, tem alimentado as filosofias e as religiões.

"Fala-se agora da possibilidade de vir a transplantar cabeças para corpos, ou, mais precisamente, por mor da simples hierarquia, corpos para cabeças, uma vez que, sendo ela considerada a parte nobre do corpo, é ela que deverá receber o transplante, e não o corpo com todas as suas misérias. Mas também com todas as suas forças e belezas. Não será nada de surpreender que, nesse futuro feliz, alguém com bastante dinheiro, suficiente poder e total falta de escrúpulos, querendo gozar de um corpo mais harmonioso e saudável do que o seu de natureza, pague a assassinos e a cientistas para que lhe resolvam o problema. Se é tão frequente hoje raptarem-se pessoas para lhes extrair um rim ou um olho que depois serão enxertados por bom preço em clínicas inacessíveis à gente vulgar, amanhã iremos ter quadrilhas organizadas e laboratórios especializados no grande negócio das decapitações. O autor da ideia, que já vem de meados dos anos 60, é um tal Robert White, neurocirurgião duma universidade de Cleveland (EUA). Até agora, segundo parece, só experimentou em macacos, que aos poucos dias morrem. Um deles, antes de finar-se, abençoado seja, ainda teve alma para morder e quase arrancar um dedo a um colaborador do sr. White. 'São perigosos', comentou o cientista. Eu diria o mesmo destes sábios de má-morte, mas é inútil: nem sequer já somos capazes de indignar-nos."

30 de novembro

"Como é que consegue aguentar?", perguntam-me, e eu respondo que não sei. Foram três semanas de viagens, entrevistas, encontros, um rodopio de imagens, um torvelinho de sons, muitas alegrias e emoções, e eu realmente não sei como fui capaz de viver cada um desses momentos como se o momento anterior não me tivesse deixado à beira da exaustão. Pilar olha-me com pena, diz-me que descanse, que não me empenhe como se a existência (a minha e a dela) dependesse de cada palavra que diga e de cada atitude que tome. É inútil. Já uma vez escrevi nestes *Cadernos* que tenho a impressão de andar a viver uma vida que havia sido prometida a outra pessoa, e hoje pergunto-me como se sentirá essa pessoa no seu íntimo, em particular se crê que merecia muito mais do que o pouco que lhe coube, o tal pouco que me estava destinado a mim... De todo o modo, faço por não esquecer o que ainda não há muitos dias declarei em Toledo: todo o orgulho é vão perante o Tempo. É quase certa a probabilidade de que o pouco e o muito, o tudo e o nada apareçam igualados no último futuro, porém, cuidado, o facto de duas paralelas se encontrarem no infinito não anula a distância que as separa neste aqui em que estamos e neste agora que somos...

Contrariando o que se espera de um diário, renuncio a dispor por ordem, dia a dia, os acontecimentos destas semanas. Preferirei olhá-los como componentes de um processo de fusão que foi transformando o dia e a noite, o sono e a vigília, o silêncio e as palavras em um compacto bloco de tempo sem soluções de continuidade. Chegámos a São Paulo no dia do meu aniversário (75 anos...), a festa (tranquila, como eu aprecio) fizemo-la em casa de

Lili e Luiz Schwarcz, companhia de letras e de amigos, como outra viríamos ainda a celebrar na véspera do nosso regresso, com o escritor israelita Amós Oz e sua mulher, também ela Lili. A leitura de *Todos os nomes*, em São Paulo, foi admiravelmente feita pelas atrizes Fernanda Torres e Giulia Gam, e, demonstração de uma camaradagem e de uma amizade que nunca esquecerei, por esse magnífico escritor que é Raduan Nassar. Seria igualmente de nível excepcional, passados dois dias, a leitura no Rio de Janeiro, de que aceitaram encarregar-se Fernanda Montenegro e Marieta Severo, perante o enlevo (palavra desusada, mas neste caso insubstituível) do autor do livro. Também no Rio de Janeiro me encontrei com Lígia Verdi e Júlia Catelli, as duas "valentes" mulheres que, contra os ventos e as marés do costume, sonham pôr em cena *O Evangelho segundo Jesus Cristo*. Estava presente o encenador José Possi Neto, em princípio interessado em participar no projeto. Conversámos muito, surgiram propostas e ideias que dariam para meia dúzia de encenações diferentes. Quanto à minha intervenção no debate, creio que poderei deixá-la resumida nesta frase: "Recordem que o meu *Evangelho* é um livro de ideias. Deste ponto de vista, seria mau que os valores de espetáculo, por muito legítimos que sejam, viessem a sobrepor-se a elas...". Têm muito trabalho por diante, Lígia e os seus amigos, eu não posso fazer mais que animá-los — e confiar. Confiar nas pessoas, confiar nas circunstâncias, confiar nos acasos, como aconteceu na visita que fizemos à Casa do Pontal, um fabuloso museu de arte popular brasileira, a quarenta minutos do Rio em automóvel, milhares de peças de artesanato autêntico recolhidas por um amador francês (amador, de amar...) que, durante anos e anos, cruzou o Brasil de lés a lés, salvando de irremediável perda, em muitos casos, peças talvez únicas. Foi neste museu, contemplando umas figuras de barro, ouvindo Luiz Schwarcz, a poucos passos de distância, que dizia: "Estes aqui podiam ser o princípio de um romance de José Saramago" (representavam dois camponeses de pé, conversando, como se tivessem acabado de encontrar-se no meio do caminho), foi neste museu, olhando estas figuras, sentindo agudamente a presença de todas as outras, que, de súbito, saltou na minha cabeça a centelha que andava a faltar-me para que a ideia de *A caverna* venha (talvez) a tornar-se em livro. São coisas que não se anunciam, acontecem sem precisar que as procurem, só há que dar por elas, nada mais... Não é que eu acredite em milagres, mas dá vontade de dizer que eles existem se, por exemplo, uma pessoa vai dentro de um carro, entre o aeroporto de Belo Horizonte e a cidade, e de repente o telefone portátil toca, o condutor atende e diz a quem vai ao seu lado: "É para si". "Para mim?", estranhei. "E como é que sabem que estou aqui?", tornei a estranhar. Já pusera o telefone no ouvido: "Quem fala?", perguntei. "É o José Carlos de Vasconcelos", e a conversa prosseguiu, ele tranquilo, eu surpreendido: "Como é que você me apanhou?", "Um jornalista só não sabe se não quiser saber", disse ele modestamente, "Vou aqui dentro de um automóvel, quase a entrar em Belo Horizonte, você, suponho, está em Lisboa, é milagre", "Não é milagre, é satélite", "Preferiria que fosse milagre", "Porquê?", "Porque fazendo este, também poderíamos fazer outros". José Carlos de Vasconcelos não queria tanto, apenas que eu lhe desse uma entrevista no fim de semana que Pilar e eu iremos passar a Tiradentes com Lili, Luiz Schwarcz e os filhos, Júlia e Pedro. Conjugados no satélite, pusemo-nos de acordo e não se falou mais de milagres... A meio da tarde os viajantes foram recebidos pelo prefeito de Belo Horizonte, Célio de Castro, bom médico e bom prefeito segundo nos foi dito. Falámos da situação do Brasil, de Portugal, da Europa e do universo mundo, e chegámos a uma conclusão que desde o princípio da conversa já tínhamos claríssima: que isto está a precisar de uma grande volta. Só o que não sabemos é como haverá de ser... À noite, perante mais de 1300 pessoas (foram contadas à entrada, não é um cálculo pela rama...), falei da história e da ficção, de *Todos os nomes* e do *Ensaio sobre a cegueira*, da terra em que vivemos e dos que sem pão nem terra vivem nela. As palmas pareciam não querer acabar (já à entrada, com toda a gente de pé, a aplaudir, me tinha perguntado, aturdido: "Como é possível uma coisa destas?"). Tanto nos queixamos de que não há maneira de que os brasileiros e os portugueses se entendam, e eu tinha ali, pelo contrário, a prova de um entendimento profundo, determinado por preocupações comuns a quem falava e a quem ouvia: penso que é o que nos anda a faltar, reconhecer e discutir o que nos é comum e, sobre isso, depois, trabalhar. No dia seguinte, de manhã cedo, sob uma chuva torrencial, saímos para Tiradentes. À saída de Belo Horizonte, um grande anúncio ao lado da estrada animava os caminheiros: "Vive a ousadia de sonhar". Por trás dele, espalhada na encosta do monte, uma favela parecia estar a agarrar-se ao chão para não ser levada pela água. Quando, muitos quilómetros andados, a chuva deixou de cair e o céu se descobriu, uma paisagem belíssima abriu-se toda até aos horizontes para nos acompanhar no caminho. Tiradentes vive do turismo, mas disfarça o melhor que pode... É uma pequena e sossegada cidade (no Brasil chama-se cidade a tudo, mesmo quando não há mais que quatro casas com uma pracinha ao meio...) onde íamos poder, enfim (como nos tinha "exigido" Luiz), descansar do turbilhão dos últimos dias. Depois do jantar, Pilar e eu fomos dar um passeio pelas ruas desertas. A certa altura, um cão, vadio pela pinta, começou a seguir-nos, de cabeça baixa e evidentemente faminto. De ameaçador, nada, pobre bicho. Como não despegava, entrei num bar e perguntei se podiam vender-me um pão. Que não, ali não tinham pão. "Há-de haver um restaurante", disse Pilar. Encontrámos um na rua seguinte. Entrei e repeti o pedido. Pão, não tinham, mas podiam dar-me um pedaço de bolo. Lembrei-me dos meus cães — o Pepe, o Camões, a Greta —, que mesmo sem fome nenhuma devorariam todos os bolos que lhes déssemos (mas não damos), e aceitei a oferta, convencido de que viria a ganhar o céu dos cães com uma obra de tanta caridade. O cão tinha-se deixado ficar com Pilar, talvez por se fiar mais dela que de mim. Quando lhe pus o bolo na frente, aproximou-se, cheirou-o e, sem lhe ter tocado sequer com os beiços, olhou para nós. Olhámos nós um para o outro, como se perguntássemos por que estranho motivo se recusava a comer bolo um cão de Tiradentes, e Pilar propôs uma explicação: "Cheira a aguardente, provavelmente é por isso". Seria. Faminto, mas abstémio, o que é certo é que o cão desistiu de nos seguir e o pedaço de bolo desprezado lá ficou no meio da rua... Então perguntei: "Não haverá pão em Tiradentes? Em Tiradentes não se come pão?". No dia seguinte, Luiz confirmaria que as pessoas destas terras não são pãozoeiras, como quando eu era garoto se dizia na Azinhaga (corrompendo o termo que passa por correto: pãozeiro) e como mo dizia a avó Josefa quando eu lhe pedia pão uma vez e outra: "És um pãozoeiro...". Neste dia, domingo, 23 de novembro, a partir das cinco da tarde e até muito depois da meia-noite, desabou sobre Tiradentes aquela que creio ter sido a maior trovoada da minha vida, com relâmpagos, raios e coriscos disparados de todas as direções, uma chuva, agora sim, de natureza diluviana, horas seguidas as águas caindo do céu com estrondo, como uma catarata inesgotável. No dia seguinte partíamos para Belo Horizonte, daí para Brasília, onde a Universidade me faria doutor "Honoris Causa". Deram-nos carinhosa guarida na sua casa o conselheiro cultural da Embaixada, Rui Rasquilho, e sua mulher, Maria Manuel, amigos muito falados por Pilar nos *Cadernos* do ano passado, quando vim a Brasília para receber o Prémio Camões. A cerimónia na Universidade foi calorosa, mas simples, nada como os complicados rituais ingleses e espanhóis, e breve, apesar dos discursos. Apadrinharam-me o professor Almir Bruneti e o senador José Sarney, e a estola verde e azul foi-me posta nos ombros pelo reitor, Lauro Mohry. No dia seguinte, já quase perdidas as energias que tinha ido buscar a Tiradentes, apresentei *Todos os nomes* no Centro Cultural do Instituto Camões. Enfim, cumpri no Brasil, o melhor que soube e pude, os meus deveres de escritor e de cidadão português, e no regresso, passando por Madrid, ainda arranjei forças para apresentar na Casa de América um livro — *El día en que...* — de Fernando Morán, um dos espanhóis mais portugueses que existem em Espanha...

1 de dezembro

Melhorado na forma, desbastado de repetições, um tanto mais breve, o discurso que li na Universidade de Brasília teve de ser, por falta de tempo e de condições para apresentar algo novo, o que havia levado à Embaixada de Portugal em Londres (v. *Cadernos* — *1*, 6 de dezembro) e que, salvo algum curtíssimo excerto, não tinha passado a estas páginas. Aproveito a ocasião para o fazer agora:

"É conhecido o caso daquele moço que, sem nunca ter tomado aulas de belas-artes ou aprendido de mestres particulares, e não dispondo de melhor ferramenta que um simples canivete, em pouco tempo transformava um toco de madeira bruta no mais acabado e perfeito urso de que rezariam histórias da escultura se fosse objetivo delas ocupar-se de talentos rústicos e paisanos. Aos que se maravilhavam com a rapidez e o jeito, o rapaz respondia invariavelmente: 'Não tem nenhuma dificuldade. Agarro na madeira e fico a olhar para ela até ver o urso. Depois é só tirar o que está a mais'. O nosso escultor ingénuo dava-nos, assim, duas lições: a lição da modéstia e a lição da generosidade. Revelava-nos o seu segredo de oficina e ensinava-nos como deveríamos proceder para criar um urso: olhar para onde ele não está, e, apenas com o olhar, fazê-lo aparecer.

"Mas, ai de nós, não há perversidade maior que a dos ingénuos. Este amável moço, tão prestante em explicar-nos como fez, não deixou que lhe saísse da boca uma única palavra sobre como se faz. O urso está ali, vemo-lo, mas entre ele e as nossas mãos há uma muralha de madeira fechada, com nós duríssimos, veios intratáveis, traiçoeiras maciezas de fibra: é por de mais evidente que será preciso muito engenho e arte para abrir caminho. A arte, afinal de contas, não é fácil, o rapaz dos ursos esteve a divertir-se à nossa custa.

"Contudo, bem descuidado seria quem se atrevesse a jurar que no interior de cada pedaço de madeira não há um urso à nossa espera. Há, e há sempre. Ainda que não consigamos vê-lo distintamente, ao menos deveremos ser capazes de adivinhá-lo, de intuí-lo, aparece-nos ao longe como uma luz instável e lenta, um vago luzeiro, tão vago que mal chega a iluminar-se a si mesmo. Assim foi como me apareceu também o que sobre uma presumível relação entre o antigo canto e um novo romance aqui me propus trazer-vos. Julguei perceber-lhe os contornos, tornar-se nítido e preciso o vulto, cheguei mesmo a pensar que me bastaria estender a mão e tomá-lo firme, mas no momento triunfal em que vou exclamar: 'Minhas senhoras e meus senhores, aqui está o urso', verifico que tudo não era mais que ilusão e ludíbrio, e apenas tenho para apresentar isto que aqui se vê, um tronco cortado, um cepo, uma raiz torta. E outra vez a luz começa a pulsar, como um coração que chama: 'Tirem-me daqui'.

"Disse canto, disse romance, e essa relação, esse percurso, essa viagem por espaços, mundos e tempos, desde os poemas homéricos a Marcel Proust, Kafka ou James Joyce, passando pelas *Mil e uma noites*, pelas epopeias indianas, pelas parábolas dos livros sagrados, pelo *Cântico dos cânticos*, pelas fábulas milésicas, pelo *Asno de ouro*, pelas canções de gesta, pelos ciclos de Roldão, da Demanda do Graal, de Alexandre, de Robin Hood, pelos *Romances da rosa* e da *Raposa*, por *Gargântua*, pelo *Decameron*, por *Amadis de Gaula*, pelo *Quixote*, e também por *Gulliver* e *Robinson*, por *Werther* e *Tom Jones*, por *Ivanhoe* e *Cinq-Mars*, pelos *Três mosqueteiros*, pela *Nossa Senhora de Paris*, pela *Comédia humana,* pelas *Almas mortas*, pela *Guerra e paz*, pelos *Irmãos Karamazov*, pela *Cartuxa de Parma*, pelos *Maias*, por *Brás Cubas*, até agora, até aqui — essa viagem começou um dia, em voz e em grito, à sombra de uma árvore, ou no interior de uma gruta, ou num acampamento de nómadas à luz das estrelas, ou na praça pública, ou no mercado, e depois houve alguém que escreveu o que tinha ouvido, e a seguir veio alguém que escreveu sobre o que tinha sido escrito antes, ouvindo sempre, escrevendo sempre, dispondo palavras em silêncio, infinitamente repetindo, infinitamente variando.

"Importa-me pouco a mais do que provável incoincidência desta visão lírica do trânsito histórico de narrativas entoadas, de melopeias, para uma escrita organizada e disciplinada, obediente a regras, a normas, a preceitos, a convenções que nunca o serão menos pelo facto de serem transitórias, logo substituídas por outras, condenadas por sua vez em lhes chegando o tempo. A evocação que aí deixei serviu apenas para ilustrar, tão persuasivamente quanto fui capaz, o que teria sido a passagem de um canto narrativo à narração escrita. Bem mais difícil me será propor, como hipótese plausível, que o género literário a que damos o nome de romance, tendo chegado ao extremo do arco que, como imaginário pêndulo, traçou, se lança agora, retornando, pelo caminho por onde veio, até chegar outra vez ao canto primordial, donde teria de recomeçar a viagem já conhecida, galgando mais uns quantos séculos para o futuro.

"Não sou tão desprovido de senso comum. Dinâmica e cinética são programas de um diferente foro do conhecimento, e a literatura, se infinitamente repete, como já foi dito, também infinitamente varia, como foi dito já. Visto o que, no ponto em que nos encontramos, é irresistível recordar aquele Pierre Menard, autor de parte de um *Quixote* idêntico, literalmente, ao de Cervantes, consoante nos informa Jorge Luis Borges nas suas *Ficciones*, e que, tendo repetido, palavra por palavra, o imortal 'Manco de Lepanto' (assim o designamos para não lhe repetir o nome, sina de que por fortuna escapou Camões, pois a ele ninguém, até hoje, ousou chamar 'Zarolho de Ceuta'), diz, muitas vezes, coisas bem diferentes por diferentes serem os modos de as entender, neste século xx em que ainda estamos e naquele século xvii em que nunca poderemos estar. O exemplo mostra que qualquer repetição exata é impossível e que, na sua viagem de retorno às origens, ao outro extremo do arco, o pêndulo, ainda que percorrendo uma identidade reconhecível, iria deixando atrás de si algo como uma alteridade coincidente, se se pode admitir uma tão grosseira contradição em termos.

"Ora, se ao romance não é permitido fazer nenhum percurso inverso, se Pierre Menard, tendo fielmente repetido o *Quixote*, acabou por escrever outro livro, como alcançaríamos nós de novo o canto, o desejado canto, e, se lá chegássemos, que canto seria esse que a nossa boca formaria, ainda que fosse igual a música e fossem iguais as palavras? Os homéridas não têm mais lugar neste mundo, o tempo é, de todas as coisas, a única que não se pode emendar. Que restará, então? Como iremos inventar o canto novo, esse a que me estou obrigando? E com que pertinência me proporia eu, supondo que essa fosse a minha intenção, anunciar o advento de novas formas literárias sem cuidar de saber se elas agradariam ou conviriam a quem as tivesse de viver e praticar? Chamar Homero aos nossos dias, 'homerizar' o romance, terá sentido? Estas perguntas, em si mesmas, e pela ordem em que se apresentam, não são inocentes. Autorizam-me, enfim, a trocar o geral pelo particular, penetrando no único universo de que posso falar com a legitimidade que dá o conhecimento de causa, isto é, no meu próprio e pequeno mundo, o do romance que faço, o seu *porquê* e o seu *para quê*.

"Comecemos por considerar o tempo. Não este em que estamos agora, não aquele outro que foi o do autor quando escreveu o seu livro, mas o tempo contido e encerrado no romance, e que tão-pouco é o das horas ou dias que levará a ser lido, ou uma referência temporal implícita no discurso ficcional, muito menos um tempo explicitado fora da narrativa, por exemplo, o título que recebeu, caso de *Cem anos de solidão* ou *Vinte e quatro horas na vida de uma mulher*. Falo, sim, de um tempo poético, feito de ritmos, suspensões, um tempo simultaneamente linear e labiríntico, instável, movediço, tempo capaz de criar as suas próprias leis, um fluxo verbal que transporta uma duração e que uma duração por sua vez transporta, fluindo e refluindo como uma maré entre dois continentes. Este tempo, repito, é o tempo poético, usa todas as possibilidades expressivas do andamento, do compasso, da coloratura, é melismático e silábico, longo, breve, instantâneo. De um tempo assim entendido tem sido minha ambição que vivam as ficções que invento, consciente de que estou querendo, mais e mais, aproximar-me da estrutura de um poema que, sendo expansão pura, se mantivesse fisicamente coerente.

"Afirmam músicos e musicólogos que uma sinfonia, hoje, é algo impossível, como o será também, digo-o eu, esculpir um capitel coríntio segundo os preceitos clássicos. Claro que qualquer pessoa, desde que dotada de habilidade suficiente, estará em posição de contrariar uma tal interdição de princípio, compondo de facto a sinfonia ou esculpindo de facto o capitel: o que dificilmente poderá é levar-nos a crer que, fazendo-o, estaria a responder a uma necessidade autêntica, quer no plano da sua criação quer no plano da nossa fruição. Ora, quem sabe se não deveríamos nós próprios confrontar-nos com a responsabilidade de aplicar a mesma sentença ao romance, afirmando, por exemplo, que também ele se tornou impossível na sua forma, por assim dizer, paradigmática, prolongada até hoje apenas com variações mínimas, só muito raramente radicais e logo assimiladas e integradas no corpo tópico, o que vem permitindo, com a graça de Deus e a bênção dos editores, que continuemos a escrever romances como comporíamos sinfonias brahmsianas ou talharíamos capitéis coríntios.

"Mas este romance, que assim pareço estar condenando, contém acaso em si, já nos seus diferentes e atuais avatares, a possibilidade de se transformar no *lugar literário* (propositadamente digo lugar e não género) capaz de receber, como um grande, convulso e sonoro mar, os afluentes torrenciais da poesia, do drama, do ensaio, e também da filosofia e da ciência, tornando-se expressão de um conhecimento, de uma sabedoria, de uma mundivisão, como o foram, para o seu tempo, os grandes poemas da antiguidade clássica.

"Porventura estarei caindo em um erro de perspectiva, se tenho em conta a crescente e parece que irreversível especialização, já quase microscópica, das aptidões humanas. Não é impossível, porém, que essa mesma especialização, por força de mecanismos ou impulsos de compensação, e talvez como recurso instintivo de sobrevivência e de reequilíbrio psicológico, nos leve a procurar uma nova vertigem do geral em oposição às aparentes seguranças do particular. Literariamente, porque só de literatura é que estou falando aqui, talvez o romance possa restituir-nos essa vertigem suprema, o alto e extático canto de uma humanidade que ainda não foi capaz, até hoje, de conciliar-se com a sua própria face.

"E assim concluo. Manejando o meu canivete rombo, aparei e escavei o pedaço de madeira que aqui trouxe. Juro-vos que via o urso antes, via-o perfeitamente, juro-vos que continuo a vê-lo agora. Mas não tenho a certeza — culpa minha — de que o vejais vós. Provavelmente saiu-me a estatueta de um ornitorrinco, esse mamífero desajeitado, com bico de pato, feito de peças soltas de outros animais, desconforme, bicho fantástico — ainda que não tanto quanto o homem. Este que somos quando escrevemos romances, ou os lemos. Interminavelmente."

2 de dezembro

Depois de ter proclamado que a queda do comunismo (ou daquilo que esse nome teve) significaria o fim da História, o famoso Francis Fukuyama vem dizer-nos agora (explicá-lo-á com mais pormenores no livro que promete para daqui a dois anos) que a libertação da mulher é a culpada da atual desordem social. Pelo que já se sabe (foi dizê-lo a Oxford), o filósofo preconiza, para remediar a situação, a proibição da pílula anticoncepcional e do aborto, o aumento do sentido de responsabilidade do homem em relação à mulher pela recuperação das suas antigas e respectivas funções: ele ocupado com a aquisição dos meios necessários ao sustento da família, ela com a reprodução... Ou muito me engano, ou o sr. Fukuyama anda a sonhar com o regresso a uma moral de tipo " neovitoriano"...

3 de dezembro

De vez em quando abre-se uma janela, ou acende-se uma luz, ou passa uma corrente de ar fresco, ou caem-nos as escamas dos olhos (as metáforas ficam à escolha...). Foi o que me sucedeu com um artigo de Óscar Mascarenhas publicado há duas semanas no *Diário de Notícias* e que só agora tive ocasião de ler. O assunto é o recente debate entre Mário Soares e Álvaro Cunhal, que também aqui me chegou, mas que não me pareceu valer a pena comentar. Óscar Mascarenhas vem demonstrar-me até que ponto me equivoquei. Tendo começado por transcrever uma passagem do debate, a que retirou uma pequena frase intercalar, pergunta: "Quem disse isto? Mário Soares, ou Álvaro Cunhal?". A frase é a seguinte: "Perante a globalização em curso, o poder político é apenas o terceiro poder, sendo o primeiro o dos grandes grupos financeiros, em acelerada concentração, e o segundo o poder mediático. E, perante esta evolução, cava-se, cada vez mais, um fosso intolerável entre pobres, marginalizados, excluídos, sem acesso aos conhecimentos e à informação, e ricos — tanto pessoas como nações. Não é preciso ser profeta para prever neste quadro [...] gravíssimos conflitos sociais. Um dos objetivos da globalização é o desmantelamento do Estado Social, o welfare state, em nome do mercado, da sacrossanta competividade e do rolo compressor do chamado pensamento único. Manifesta uma absoluta insensibilidade pelas questões sociais, pelas conquistas sociais dos trabalhadores, conseguidas em século e meio de ásperas lutas". Quem isto escreveu, esclarece-se depois, foi Soares: no entender do articulista, denuncia-o a expressão em inglês welfare state, que Cunhal não usaria... O que, aliás, seria confirmado pela frase retirada ("se não for atalhado por políticas reformistas coerentes e sérias"): estas palavras, sim, nunca sairiam da boca de Álvaro Cunhal. Ora, aonde quer Oscar Mascarenhas chegar com este (para Mário Soares) incómodo prólogo? A isto, que passo a copiar com a devida e agradecida vénia:

"Nestas duas décadas em que Mário Soares foi poder ou seu visitante assíduo, teve oportunidade de lutar taco a taco com o poder económico. Descobre, agora que está fora, que o jogo foi sendo viciado pela globalização e que o campeonato da política ficou num escalão abaixo. A política de hoje limita-se a gerir o trânsito e a arrumar os carros dos senhores da economia.

"Foi, por isso, dolorosamente perversa a pergunta irónica de Medeiros Ferreira a Mário Soares, que não deixa de ter um sabor a autocrítica: 'Em que é que se sente a presença desses onze governos socialistas na União Europeia?'. A resposta é: em tudo o que não tenha que ver com o socialismo, claro!

"É como o balanço da carreira de Mário Soares: somou vitórias no seu lado democrata, republicano, liberal e centrista — e cedeu por completo em tudo o que dizia respeito aos seus ideais socialistas. Estes, aliás, só lhe aparecem, como sezões, quando está afastado do poder efetivo.

"Soares pode dar-se agora por contente por ter obtido o que o seu lado republicano e centrista exigiam. Mas Cunhal também pode assinalar que se cumpriu a 'revolução democrática e nacional' que previu.
"A ambos falta — 'o resto'. Com uma diferença: Soares teve o pássaro na mão e deixou-o fugir; Cunhal continua de vigília pelos amanhãs que chilreiam. Quem é o vencedor? Quem é o vencido?"
Boas perguntas, digo eu. A minha resposta seria: "Vencedor, nenhum o foi, mas o mais vencido é Soares". Por muito absurdo que possa parecer, à vista da maneira como andam a festejá-lo, dentro e fora das fronteiras. Festejá-lo-iam tanto se tivesse gannho a batalha?

4 de dezembro

Gorbachov anuncia pizzas na televisão russa...

7 de dezembro

Chamei " A rainha vai nua" ao artigo que enviei hoje à revista *Visão*:
"Durante uma breve estada em Belo Horizonte, no estado de Minas Gerais, aonde fui fazer uma palestra incluída no programa das comemorações do Centenário da Cidade, foi-me narrada pelo respectivo prefeito, o médico Célio de Castro, respeitadíssima figura de político, uma instrutiva história. Com estas ou semelhantes palavras, eis o que da boca dele ouvi: 'Quando o governo do Brasil anunciou o denominado "pacote económico", um conjunto de medidas fiscais e administrativas destinadas a minorar as consequências do sismo financeiro mundial provocado pela crise da bolsa de Hong Kong e os seus efeitos na economia brasileira, uma mulher aqui residente veio à prefeitura e pediu para falar comigo. E o que ela me disse foi o seguinte:

"Prefeito, sei muito bem que não cabe nas suas competências o dever de resolver estas questões, mas peço-lhe ao menos que me explique por que razão não jogando eu na bolsa, não sabendo sequer como a bolsa funciona, vou ter de pagar os prejuízos daqueles que, quando ganharam, não partilharam comigo os seus lucros". A resposta que dei foi simples: "Senhora, o absurdo não pode ser explicado". 'Tenho-me interrogado [conclusão de Célio de Castro] se existirá uma resposta à pergunta daquela mulher, ou se estaremos a viver num pesadelo feito de pesadelos, cada qual mais absurdo que os outros.'

"Prometi a mim mesmo que haveria de repetir esta história edificante quantas vezes viesse a propósito, ou mesmo sem a-propósito nenhum, acrescentando-lhe, como agora farei, umas quantas reflexões que de algum modo ampliam a conversação mantida depois com o prefeito de Belo Horizonte. Em primeiro lugar, a urgência de reexaminar de alto a baixo, com olhos que vejam e um juízo que faça por entender, aquilo a que, abusando da ingenuidade de uns e fazendo capa ao cinismo de outros, continuamos a chamar Democracia. Em segundo lugar, como decorrência não só lógica, mas necessária, analisar com as pinças de um senso suficientemente comum para ficar ao alcance de toda a gente, a questão da natureza do poder e do seu exercício, identificar quem efetivamente o detém, averiguar como foi que a ele chegou, verificar o uso que dele faz, os meios de que se serve e os fins a que aponta.

"Creio que as coisas aparecem hoje bastante claras: ou o poder económico e o poder financeiro (deles é que se trata) consideram que já não precisam de disfarçar-se por trás de uma fachada democrática cujo desenho, aliás, vinham definindo em função exclusiva dos seus interesses, ou é a própria democracia que tem vindo a tornar-se porosa e inconsistente até à quase desagregação da sua ideia fundadora: a de que o governo de um povo deve ser exercido por esse povo e para esse povo. Em palavras mais claras, ainda que correndo o risco de um não desejado esquematismo: os povos não elegeram governos para que estes os levassem ao Mercado, é o Mercado que está condicionando os governos para que lhe levem os povos... Se aqui se fala do Mercado como *bête noire* é por ser ele o instrumento do autêntico, único e insofismável poder que nos governa, o poder financeiro e económico em processo expansionista, esse poder que não é democrático porque não o elegeu o povo, que não é democrático porque não é regido pelo povo, que finalmente não é democrático porque não visa nem visou nunca o bem do povo.

"Dizer hoje 'socialista', 'social-democrata', 'conservador' ou 'neoliberal', entendendo-o como meras expressões políticas, e depois chamar-lhes poder, será como nomear algo que não se encontra onde parece, mas sim em outro inalcançável lugar. A rainha que anda a passear nua pelo mundo é a Democracia. Não parece decente falar dela em abstrato, sem o estímulo da presença, da participação e da intervenção dos cidadãos na vida coletiva; sem a clarificação pública das fontes de poder não democráticas; sem o cumprimento rigoroso do preceito de que todos os cidadãos são iguais perante a lei; sem o reconhecimento, não apenas formal, mas verificável nos factos, de que quaisquer benefícios e melhorias sociais, tanto de natureza estrutural como económica ou cultural, deverão ser, sem condições redutoras, extensíveis a toda a comunidade. Etc.

"A rainha vai nua e doente. Mas, por favor, não a tapem, curem-na."

16 de dezembro

Em Paris novamente, para uma reunião da Academia Universal das Culturas. Debate sobre a organização de dois colóquios a realizar no ano que vem, um sobre o tema "A fronteira, memória e história", outro sobre "Cidades e imigrações". Num dos descansos do trabalho, aproximei-me duma janela para olhar as primeiras árvores das Tulherias e vi que caíam, dançando com a aragem, pequenos flocos de neve. Homem do Sul, que poucas vezes pôde gozar um bom nevão, daqueles que em meia hora deixam tudo branco, desejei que Paris me oferecesse o espetáculo (neve em

Paris...). A coisa, porém, não parecia querer ir a mais: mal tocavam a balaustrada do terraço, os brancos farrapitos sumiam-se como por artes mágicas... Em todo o caso, disse-me alguém, a cor do céu anuncia neve. Vamos a ver.

17 de dezembro

Para a história da aviação. Vi e fartei-me. Quando me levantei da cama, ainda noite fechada, espreitei pela janela do quarto: havia neve nos telhados, alvíssima sobre o negrume dos revestimentos de ardósia. Alcançar o aeroporto de Roissy foi uma odisseia que teria deixado malparada a argúcia e a persistência de um Ulisses, com filas infinitas de carros imobilizados, a rádio do táxi dando informações sobre o caos que se instalara na maior parte do país, a neve que recomeçara a cair e mal deixava perceber a estrada... O motorista, asiático, talvez vietnamita, fazia prodígios para caçar os raros espaços que o arranca-e-para do engarrafamento abria de vez em quando, mudava de faixa de rodagem, tornava a mudar, tudo isto sem perder a calma, enquanto eu não fazia outra coisa que olhar o relógio e murmurar impaciências. Chegámos ao aeroporto mesmo em cima da hora. Corri a ver onde era o balcão, enganei-me e perdi alguns minutos, finalmente acertei, acertei duas vezes, porque, no meio do nervosismo geral e da confusão, ouvi da boca sorridente da empregada que me atendeu as melhores palavras que poderia desejar: "Teve sorte em estar eu aqui. O voo já fechou, mas vou metê-lo lá dentro". A minha vontade foi saltar por cima do balcão e dar-lhe um beijo, mas o tempo urgia... Pois sim. Antes que o avião pudesse descolar ainda teve de passar mais de uma hora. A cinquenta metros já nada se via, a neve deixara de cair em flocos, agora era em blocos que tombava... A fila de aviões avançava a passo de caracol, e no fim, antes de entrar na pista, uma máquina que eu nunca havia visto lançava-lhes nuvens de um composto químico destinado a aliviá-los do peso do gelo que carregavam, especialmente sobre as asas. Tinha perdido a conta ao número de vezes que olhara o relógio, e agora já estava resignado: não chegaria a Barcelona a tempo de apanhar o avião para casa. Como poderia eu imaginar que Mercúrio, deus dos viajantes, ia estar a meu favor? (Tenho a certeza de que foi Mercúrio, e não S. Cristóvão, porque Mercúrio, como toda a gente sabe, voava, e S. Cristóvão só sabia atravessar rios...) Faltavam cinco minutos para sair o avião de Lanzarote quando pus o pé no terminal. Disparei à procura do balcão de ligações e tive a sorte incrível de encontrar-se ali uma irmã gémea da empregada da Air France em Roissy: telefonou imediatamente às colegas da porta de acesso e disse-me: "Vá depressa, que estão à sua espera". Ainda há esperança para o mundo, pensei, ao mesmo tempo que sentia que os bofes me queriam saltar pela boca fora... Quando cheguei ao aeroporto de Lanzarote, mal restabelecido ainda das emoções, encontrei-me com a terceira e mais grata surpresa do dia na pessoa do Manuel Freire, que acabava de chegar de Lisboa, via Madrid. Vinha para a festa. Em lugar de ter acompanhado a Iva, a Maria José e o Sérgio na viagem para a Guiné-Bissau, onde passarão as férias do Natal e do fim do ano, o Manuel Freire veio estar connosco, veio cantar na festa, ele e o Carlos do Carmo, que chegará amanhã com Judite, e também o Pedro Guerra, um moço e talentoso cantor de Canárias. Para se reunir à Iva e aos amigos que o esperam nas Bijagós, o Manuel Freire, quando se for daqui, terá de refazer a viagem até Lisboa — e daí tornar a partir para a Guiné-Bissau. A História da Amizade está por escrever...

19 de dezembro

Eis-me, oficialmente, filho adotivo de Lanzarote. A festa foi no auditório dos Jameos del Agua, entre os amigos que tenho cá e alguns que vieram de longe — a escritora Josefina Molina, Amaya Elezcano, minha editora em Alfaguara, as sempiternas Carmélia e Maria do Céu —, mas também muitas outras pessoas residentes a quem mal conheço e que acharam que não perdiam o seu tempo assistindo ao ato de homenagem com que a sua ilha decidira agasalhar o escritor português que a ela veio para viver.

Em nome do Cabildo discursou o seu presidente, Enrique Pérez Parrilla (antes tinha sido projetado um belíssimo vídeo de Ildefonso Aguilar em que apareço), eu agradeci a todos em meu nome e no de Pilar (a alegria também era sua) com uma comoção que esteve a ponto de vencer-me, e depois foi a festa. Cantou o Carlos do Carmo, que arcava com o peso maior da representação portuguesa, ajudou-o o Manuel Freire (ah, a *Pedra filosofal*...), cantou o Pedro Guerra, cantou também Luís Pastor, que estava na assistência, "contaminaram-se" os quatro, e a todos os assistentes também (*Contaminame* é o nome de uma canção de Pedro Guerra), de amizade e camaradagem, de contentamento e emoção. Filho da Azinhaga pela circunstância do nascimento e pela memória de quanto fez de mim a pessoa que sou, agora filho de Lanzarote por adoção (e de Castril de la Peña), vai-me crescendo a família na altura da vida em que ela costuma diminuir. Sou um homem de sorte, não há dúvida.

20 de dezembro

Hoje foi dia de trabalho. Câmaras, focos, cabos espalhados no chão, casa desarrumada e invadida: Carlos do Carmo a entrevistar-me para o seu programa de televisão. De surpresa, foi-nos posto um vídeo com uma declaração do presidente da República dando os parabéns a Carlos do Carmo, que faz anos amanhã. Beneficiei também por tabela: com palavras simpáticas, Jorge Sampaio evocou os dias já distantes em que andámos em campanha eleitoral...

21 de dezembro

O jantar de aniversário do Carlos do Carmo foi num restaurante da povoação de Nazaret, perto de Teguise. A casa, que foi "inventada" por César Manrique na cratera de um vulcão, pertenceu a Omar Shariff, que nunca viveu nela e veio a perdê-la, tempos depois, numa partida de bridge... O efeito do reflexo das paredes da cratera no pequeno lago que cobre o fundo do vulcão chega a ser inquietante: a água estava imóvel, nenhuma brisa a fazia estremecer (caso raro em Lanzarote), e a tal ponto a ilusão de óptica atuou em mim que durante alguns instantes não vi o lago, era como se a cratera, refletida de cima, continuasse pela terra dentro... Mesmo depois de ter percebido que se caísse lá dentro, a água, provavelmente, nem aos joelhos me chegaria, mesmo assim não me aproximei da borda. A boa comida e a melhor companhia acabaram por limpar-me da cabeça a angústia. O que mais me intrigava era que nenhum dos outros (éramos quinze ou dezasseis) dava o menor sinal de ter visto o que eu vira...

23 de dezembro

Marcelo Rebelo de Sousa foi levar bolo-rei aos drogados do Casal Ventoso... E não nos cai a cara de vergonha. A televisão esteve lá para registar um momento histórico que só tem equivalente hagiográfico na manipulação do pão e das rosas obrada por Santa Isabel. Obrigado, televisão, resguarda essas preciosas imagens para quando o Vaticano as necessite...

Há menos de duas semanas a ETA matou outro *consejal* do Partido Popular. Agora foi descoberto que num centro de ensino da língua vasca (o euskera) se dava aos alunos um exercício em que se planeava um sequestro... A explicação dada pelos responsáveis é simplesmente delirante. Segundo a AEK (Coordenadora de Alfabetização e Euskaldunização de Adultos), o exercício sobre o sequestro era apenas "um jogo de simulação em que se tratava de representar uma situação fictícia com o objetivo de trabalhar os aspectos temporais do verbo e a descrição de pessoas". E acrescenta: "Só uma mente enferma poderia relacionar um jogo de rol com um facto delitivo real". Todos sabemos que não faltam mentes enfermas no País Vasco, e eu próprio, perante o que acabo de ler, sou obrigado a reconhecer que também não estou bom da cabeça...

26 de dezembro

Crónica para a revista *Visão*. O título é "Chiapas": "O que se vai ler é uma 'escandalosa ingerência nos assuntos internos de um país estrangeiro'. Em março irei ao México, onde estarei duas semanas, primeiro dando um curso na Universidade de Guadalajara, logo participando num ciclo de conferências na capital. Menciono estas obrigações profissionais de escritor simplesmente para dizer que, na mesma viagem, uma outra obrigação me vai levar a Chiapas. Essa obrigação é moral.

"Perante a estupefação de alguns dos que me ouvem, tenho dito por aí que cada vez menos me interessa falar de literatura. Em primeiro lugar porque falar eu de literatura não lhe acrescenta mais proveito do que aquele, questionável e duvidável, que lhe teriam acarretado os livros que ando a escrever, e em segundo lugar porque os discursos literários (os que a literatura faz e os que sobre ela se fazem) me parecem cada vez mais um coro de anjos pairando nas alturas, com grandes rufos de asas, gemidos de harpas e alaridos de trombetas. A vida, essa, está onde a acostumaram a ficar, em baixo, perplexa, angustiada, a murmurar protestos, a ruminar cóleras, às vezes bramindo indignações, outras vezes suportando, calada, torturas inimagináveis, humilhações sem nome, desprezos infinitos. Por isso irei a Chiapas. Poderia ir (não seria a primeira vez) ao Casal Ventoso, onde não há muitos dias o presidente do Partido Social-Democrata fez uma notável exibição de pornografia política distribuindo bolo-rei aos desgraçados toxicodependentes do bairro, mas vou a Chiapas. Levam já cinco séculos de existência aqueles desprezos, aquelas humilhações, aquelas torturas, e sinto que é meu dever de cidadão do mundo (assumo a retórica) escutar os gritos de dor que lá soam. E também aqueles protestos e aquelas cóleras.

"Os factos são conhecidos. Grupos paramilitares, ligados, segundo indica, não só aos terra-tenentes da região mas também ao Partido Revolucionário Institucional (PRI), o mesmo que desde 1929, sem pausa nem excessiva honra, governa o México, mataram pelo nefando 'crime' de serem simpatizantes do

Exército Zapatista de Libertação Nacional 45 camponeses índios que se encontravam recolhidos numa igreja, para onde, a fim de escaparem ao rebrotar da violência no maciço dos Altos de Chiapas, ao norte de San Cristóbal de las Casas, tinham sido levados por organizações, não governamentais. Entre os assassinados, a golpes de machete e disparos de armas de fogo de grande calibre, havia 21 mulheres, 14 crianças e 1 bebé. É possível que as mulheres, todas elas, e os nove homens igualmente chacinados, fossem zapatistas confessos: teriam idade suficiente e consciência bastante para haverem escolhido a dignidade suprema duma revolução popular contra a humilhação contínua infligida pelos viciosos poderes exercidos pelo conúbio histórico entre o Estado e o capital. Mas, aquelas crianças, aquele bebé? Também seriam zapatistas como os pais, também seriam revolucionários como os avós? Pretenderão os assassinos, ao mesmo tempo que vêm empilhando cadáveres sobre cadáveres para deter a corrente da revolução, extinguir o rio na fonte, isto é, matar os pequenos para que depois não possam seguir o exemplo dos grandes? Deixando agora de lado se deveríamos ou não envergonhar-nos de ser a espécie a que pertencemos aquilo que é, ao menos envergonhemo-nos das nossas apatias, das nossas indiferenças, das nossas cumplicidades tácitas ou abertas, das nossas penosas cobardias disfarçadas de neutralidade. Já que os poderes do mundo se mostram tão empenhados em globalizar-nos, globalizemo-nos nós por nossa conta...

"A polícia militar do Brasil e os pistoleiros à ordem dos latifundiários assassinam camponeses que apenas reclamam uma reforma agrária, mas esses crimes não são punidos. Grupos vinculados ao partido que governa o México e aos terra-tenentes que o protegem e por ele são protegidos trucidam à vontade quantas pessoas encontram pela frente, sem olhar a sexos nem idades. Olhando, porém, isso sim, a condições: só os pobres é que são chacinados, só àqueles que não tinham mais do que a triste vida, a vida lhes é tirada. Há que perguntar porquê. Sabe--se quem mata, mas não se sabe quem manda matar. A mão que paga ao assassino esconde-se, só vemos (quando vemos) a mão que dispara ou degola. Tal como os drogados do Casal Ventoso, os índios de Chiapas morrem porque não ousamos apontar a dedo os criminosos. Os outros."

28 de dezembro

"Pior do que um mundo com guerras, com fome e com doenças só um mundo de homens todos iguais, pacíficos e saudáveis." Este foi o pedacinho-de-ouro oferecido pelo *Expresso* no seu editorial de ontem, provavelmente para acautelar o futuro do negócio. Tem toda a razão: esses homens iguais, pacíficos e saudáveis não leriam certamente o *Expresso*...

31 de dezembro

Salvo os raros casos de uma fé mais teimosa, que tenha resistido às desilusões e aos enganos da vida prática, não é de uso em Lanzarote retirar os santos da santíssima paz das igrejas para os passear em procissão por ruas e caminhos, a ver se, com a direta assistência do céu, serão capazes de cometer o milagre que com um teto por cima da cabeça não lograram: fazer chover. A gente da ilha habituou-se a confiar mais na direção do vento e no cariz e altura das nuvens do que nos efeitos das orações sobre o comportamento dos meteoros. Mais tarde ou mais cedo, a chuva sempre terá de cair, e a paciência, por ser infinita, ganhará infalivelmente a batalha, mesmo não aproveitando o triunfo a ninguém porque, entretanto, no campo ressequido, já as sementes se haviam perdido. Nestas alturas do ano, quando tenho de tomar um táxi no aeroporto para me trazer a casa, como sucedeu anteontem, é inevitável: pergunto ao motorista se choveu nos últimos dias. Desta vez a resposta foi que tinha caído uma pouca de água, nada do outro mundo. "Só serviu para molhar o chão", disse. Mas o vento estava a soprar com força do lado certo, e isso parecia bom sinal, quer dizer, promessa de tempo pior... Que se cumpriu durante quase todo o dia de hoje. A chuva caiu com razoável abundância até ao fim da tarde, regou os campos o melhor que soube, fazendo de vez em quando da claraboia um sonoro tambor e irritando Greta, que tem o ouvido delicado. O pior é que, nesta casa, se um cão se põe a ladrar, logo ladram os outros de parceria, talvez por imitação, talvez porque as razões de um eram, afinal, as razões de todos. Como se veria quando a meia-noite chegou. Sossegados, acompanhados por Maria do Céu e por Carmélia, assistíamos (eu com a melancolia do costume) ao escoar dos últimos minutos do ano canário, que são igualmente os do ano português, quando de súbito estoirou um morteiro lá fora. Ainda os cães mal tinham tido tempo de correr a ladrar para o jardim, já outras detonações atroavam os ares. Os animais ficaram loucos de fúria, certamente também de medo. Eram-lhes indiferentes as pirotécnicas belezas que longe e perto se abriam em forma de estrelas, de rosas, de chuvas, de repuxos, de coroas, de lágrimas, de ramalhetes, de cascatas, o que os pobres bichos não podiam suportar era o tumulto que, sem poderem compreender porquê, tomara conta de um céu no geral tranquilo. E eu pensei: "Os cães têm razão. Com uma barulheira destas, como é que alguém poderá fazer o seu exame de consciência de fim do ano?".

1ª EDIÇÃO [1999] 1 reimpressão
2ª EDIÇÃO [2023]

ESTA OBRA FOI COMPOSTA PELA SPRESS EM TIMES E IMPRESSA EM OFSETE PELA GRÁFICA BARTIRA SOBRE PAPEL PÓLEN SOFT DA SUZANO S.A. PARA A EDITORA SCHWARCZ EM MARÇO DE 2023

A marca FSC® é a garantia de que a madeira utilizada na fabricação do papel deste livro provém de florestas que foram gerenciadas de maneira ambientalmente correta, socialmente justa e economicamente viável, além de outras fontes de origem controlada.